실리콘밸리의 MZ들

일단 공정할 것

실리콘밸리의 MZ들

JUST WORK

킴 스콧 지음 | 석혜미 옮김

청림출판

◆

내 소울 메이트, 내 사랑, 언제나 나의 반쪽인 앤디 스콧에게.
내가 뒷마당 작업실에서 일에만 집중할 수 있게
코로나19 격리 기간 내내 아이들의 줌 수업을 도와주고 요리를 맡아줘서 고마워요.
이제 책을 마무리했으니, 당신이 일상의 기쁨과 여유를 누릴 수 있도록
내가 식사를 준비하고, 아이들 숙제를 도와주고,
백만 가지 다른 일을 할 차례네요.

내 아이들, 배틀과 마거릿에게.
너희는 망가진 세상을 물려받게 될 거야.
아빠와 엄마가 고치려고 노력했지만 아직 갈 길이 멀다.
너희가 우리 일을 이어갈 때,
이 책이 유용한 도구가 되면 좋겠구나.

◆

◆

차이는 용인되는 것에 그치지 않고 자산으로 여겨져야 한다.
양극단 사이에서 창의성에 불꽃이 튈 수 있으므로…….
이렇게 생각해야만 상호 의존성이 반드시 필요하다는 사실에
위협을 느끼지 않게 된다.

오드리 로드(Audre Lorde)

◆

실리콘밸리의 팀은 어떻게 변화하는가

나는 직장에서 부당하게 피해를 본 희생자를 자처하고 싶지 않았다. 피해를 주거나 불평등을 거드는 가해자라는 자각은 더더욱 원치 않았다. 그래서 그냥 생각하지 않았다. 내가 겪는 부당한 불이익과 이익, 자연스럽게 과대평가되거나 과소평가되는 지점들을 무시하며 사회생활을 해나갔다.

백인 여성이라는 정체성이 내 경력에 영향을 주었냐고 5년 전에 누군가 물었다면, 그저 어깨를 으쓱했을 것이다. "아니요, 그다지."

'지독한 솔직함'을 강조하는 책의 저자로서 인정하기 어렵지만, 나는 문제를 부정하고 있었다. 나는 멤피스·보스턴·뉴욕·실리콘밸리·파리·모스크바·예루살렘·프리슈티나 등지에서 일했고, 일본·중국·호주·인도·아일랜드·브라질·멕시코까지 전 세계에 걸친 팀을 이끌었다. 그러나 어디를 가도 나는 나였다. 나는 항상 여성이었고, 어디에나 성차별이 있었다. 반면 인생을 손쉽게 해주었던 여러 가지 특권[1]도 누렸는데, 그 사실은 외면하고 싶었던 것 같다. 나는 항상 백인이었고, 어디에나 인종차별이 있었다. 나는 가난했던 적이 없었고, 어디에나 경제적 차별이 있었다. 나는 항상 이성애자였고, 어디에나 동성애 혐오가 있었다.

내가 얼마나 심각하게 현실 인식을 거부했는지, 대학 졸업 후 첫 직장에서 있었던 일을 들어 말해보려 한다. 1991년의 일이다. 그때 스물세 살이었던 나는 사모투자사에 취업했다.

사건의 발단은 어떤 일화였다. CEO 로버트(가명)[2]는 틈만 나면 소련 협력사와 볼쇼이 발레 공연에 갔던 일을 입에 올렸다. 처음으로 그 이야기를 들은 건(그 후로 몇 번이고 다시 들었다) 전략 회의를 마친 뒤였다. 로버트의 말을 옮기자면 이렇다.

"드디어 발레가 끝났어. 블라디미르가 내게 몸을 기울이더니 속삭였지. '로버트, 발레리나 좋아하십니까?'"

로버트는 그때를 재연하듯 어리둥절한 표정을 지어 보였다. "그럼요."

러시아 공장장이 낮은 소리로 귓속말을 했다. "로버트, 그게 아니라…… 어느 발레리나 말입니까?"

로버트가 눈살을 찌푸리며 청중을 둘러보았다. 젊은 남자 셋에 여자는 나 하나였다. "발레리나를 고르면 호텔 방에 넣어주겠다는 거지!"

남자들은 감탄과 불신이 뒤섞인 웃음을 터뜨렸다. 하지만 나는 속이 안 좋았다. '어떻게 이게 웃을 일이지?'

"그래서, 고르셨어요?" 남자 하나가 물었다. "진심으로 한 말이었을까요?"

로버트는 이 대목에서 내 쪽을 흘끔 보더니, 한껏 거만한 눈으로 다시 그를 보았다. "당연히 아니지. 나 그런 사람 아니야. 하지만 그쪽에서는 진심이었을 거야."

남자들은 감동한 듯했지만, 나는 몸서리를 쳤다.

로버트는 제안을 거절했으니 할 만큼 했다는 투였다. 비록 소련에서 영웅처럼 나서진 않았지만, 로버트도 나와 마찬가지로 성매매가 비윤리적이라고 생각할 것이다. 듣고 있던 다른 남자 팀원들도 그렇고. 그러나 아무도 발레리나를 침대에 올려놓을 회사와 우리 회사가 협력한다는 사실에 반발하지 않았다. 나조차도. 로버트는 웃어넘기면 없던 일이 된다는 듯, 그 상황을 '재미있는' 일화로 바꿔놓았다. 문제의 부정이다.

얼마 지나지 않아, 내 연봉이 동일 직종의 시장 평균보다 훨씬 적다는 걸 알게 되었다. 비슷한 일을 하는 친구는 내 연봉의 4배를 받았다. 그 친구는 그 정도가 남자들이 받는 연봉의 평균이라고 설명했다. 이 이야기를 꺼내자, 직속 상사 토머스는 반사적으로 소리를 질렀다. "그 친구는 사장이랑 잤나 보지!" 헛소리였다. 연봉을 인상해 달라고 하자, 토머스는 CEO 로버트에게 그 말을 꺼내야 하는 본인 입장이 엄청나게 곤란한 듯이 굴었다. 로버트는 업계 전설급의 성공한 역투자자였지만, 분노를 조절하지 못하는 성격으로도 악명 높았다. 토머스는 내가 직접 로버트를 찾아갈 거라고는 생각하지 못했을 것이다.

기회를 보아 면담을 청하자, 로버트는 곧 나를 회의실로 불렀다. 팔걸이의자에 편히 기대앉은 로버트의 불뚝한 배와 헝클어진 흰 머리는 산타클로스처럼 푸근한 인상을 주었다. 그는 맞은편의 작은 나무 의자에 앉으라고 손짓했다. 처음에는 권위적이긴 해도 다정했다. "러시아 협력사에서 당신이 내 비밀 병기라고 하더라, 들었어?" 로버트는 요란하게 웃었고, 나는 뭐가 웃긴가 싶었지만 따라 웃어 보였다. 하지만 연봉 얘기를 꺼내자, 로버트는 돌변했다. 산타클로스는 사라졌다. 이제는 사나운 독수리 같았다. 회색 눈썹을 찡그리고 날카로운 눈빛을 보내는 걸 보니, 나처럼 젊은 여자에게 도전받는 데 익숙하지 않은 모양이었다. 그가 눈도 깜박 않고 나를 쏘아보는 시간이 몇 분은 되는 듯 길게 느껴졌다.

"왜 지금 연봉이 적다고 생각하는지 몰라도, 너한테 돈을 더 주면 다른 직원들에게 불공평한 처사야. 그건 확실해." 단호한 어조로 말한 로버트는 팔걸이를 짚고 일어나려 했다. 그러나 나는 이를 악물고 준비해 간 자료를 내밀었다. 동료들의 연봉과 산업군 평균 급여였다. 로버트는 제대로 화가 났다.

"그만큼이나 주면 내 딸보다도 많이 버는 건데. 나와 딸 사이에 끼어들고 싶진 않겠지."

이거야말로 터무니없는 비논리였다. 로버트의 딸은 교사였다. 교사 연봉이 적다고 여성 금융업 종사자(남성은 말고, 여성만) 연봉을 깎는 건 누가 봐도 말이 안 된다. 그러나 로버트가 분노로 거의 발작하고 있었기 때문에 감히 그렇게 말하지는 못했다. 대화는 갑작스럽게 끝이 났다.

30년이 지나고 보니, 로버트의 반응은 전형적인 가스라이팅[3]이었다. 하지만 논리적인 주장을 비논리적으로 거부당한 스물셋의 나로서는 내 잘못이 있는지, 내가 놓친 부분이 있는지 고민되는 것이 당연했다. 안타깝게도 맞서 싸우는 법을 모른다면 가스라이팅에 넘어가고 만다. 나 역시 대처법을 몰랐다. 그래서 부당한 연봉에 대한 불만을 그냥 묻어두기로 했다.

우리 팀은 소련 협력사와 일하느라 대부분의 시간을 모스크바에서 보냈다. 모스크바에 있는 동안에는 소비에트 국방부가 프로젝트를 위해 내준 숙소에서 함께 지냈다. 직속 상사 토머스와는 러시아와 우크라이나 전역으로 출장을 다니며 늘 식사를 함께 했다. 토머스가 심각한 만성 지병으로 마흔을 넘기기 어려울 것 같다고 털어놓았을 때부터 나는 마음이 쓰였다. 하루는 늦게까지 금융 전망을 분석하다가 토머스가 내게 키스하더니 바로 눈물을 쏟았다. 성관계를 한 번도 못 해보고 죽을까 봐 무섭다는 거였다. 나는 그럴 일이 없게 만들어주었다. 나중에 친구들은 그게 다 수작이라고 했다. 그럴지도 모른다. 어찌 되었든 토머스가 오늘날까지 건강하게 살아 있어서 기쁘다. 그가 아프길 바라지는 않지만, 책임을 졌더라면 좋았을 것이다.

팀장과 잔 건 큰 실수였다. 내 잘못이다. 아니, 절반은 내 잘못이다. 그러나 대가를 치른 건 나 혼자였다. 우리 관계를 알게 된 로버트는 토머스를 통해 나에게 모스크바 사택에서 나가라고 통보했다. 토머스가 내 편을 들지 않고 얌전히 지시를 따른 탓에, 나는 로버트에게 직접 항의해야 했다. 로버트는 말했다. "러시아는 성차별이 심해. 젊은 여자가 사택에 살고 있으면, 소비에트 정부에서는 우리가 사택을 부적절하게 사용한다고 생각할걸."

화가 나서 말이 나오지 않았다. 로버트는 나를 위험으로 밀어 넣은 셈이었다. 나는 소비에트 모스크바에서 혼자 불법 임대를 구해야 했다. 미국 대사관에서 미국인의 지하철 이용이 위험하다고 경고한 직후였다. 모스크바에는 제대로 된 택시도 없어서 지나가는 차에 손을 흔들어 세워서 출퇴근을 했다. 내 친구는 그렇게 불러 세운 차가 인적 없는 공원으로 향하는 바람에 달리는 차에서 뛰어내린 적도 있었다.

나는 불법 임대를 구했고, 마음을 졸이며 낯선 사람의 차를 탔다. 이 상황의 부당함과 위험을 애써 외면한 채. 심지어 두 달 더 토머스와 사귀었는데, 그는 진심으로 사랑하는 여자가 자신을 받아주지 않는다며 또 눈물을 보였다. 내가 "당신을 이렇게 사랑하는 사람이 있으니 괜찮아요"라고 말하며 안아주길 기대하는 것 같았다. 마침내 나의 인간적 존엄을 지키려면 힘퍼시[4](himpathy, 힘과 권력을 가진 남자에 대한 부적절한 공감—옮긴이)를 버려야 할 때가 왔다. 나는 토머스를 차버렸다. 안타깝게도, 그는 여전히 내 상사였다.

한 명이 위치 권력을 갖는 경우(예를 들어 상사와 부하 직원), 합의된 성관계도 흔히 심리적 폭력으로 치닫는다. 관계가 끝났을 때는 특히 그렇다. 우리도 예외가 아니었다. 하루는 출장을 가서 호텔 로비에 앉아 신문을 읽는데, 토머스가 지나가다 내 손에서 신문을 낚아채며 쏘아붙였다. "애널리스트보다 팀장이 먼저지." 이즈음 그는 매사에 이런 식이었다.

출장에 동행했던 토머스의 상사 프레드가 이 광경을 보고 엘리베이터로 나를 따라왔다. 프레드는 우리 관계를 알고 나를 다른 팀장 밑으로 이동시키려고 힘쓰고 있었고, 연봉을 약간 인상해 주기도 했다. 내게는 믿을 수 있는 멘토였다.

"토머스가 너무 심했어." 프레드의 동정 어린 말에 분노의 눈물이 차올랐다.

나는 고개를 끄덕였다. 엘리베이터가 내 방이 있는 층으로 올라가는 동안, 나는 고등학교 수학 선생님에게 배운 대로 소수를 세며 마음을 다스렸다. 프레드는 양팔을 벌려 보였다. 신뢰하는 사람이니까, 안기면 우는 모습을 보이지 않아도 되니까, 나는 그의 품에 안겼다. 다음 순간, 발기된 성기가 문질러지는 느낌이 났다. 자비롭게도 엘리베이터 문이 열렸고, 나는 그의 팔 아래로 몸을 숙여 쏜살같이 빠져나갔다. 사방이 적이었다. 그렇게 외로울 수가 없었다. 그러나 모든 일을 애써 지워버렸다.[5] 미투 운동 이후 젊은 여성들이 나와 달리 이런 상황에서 행동할 용기가 생겼을 거라고 생각하면 기분이 나아진다. 하지만 당연하다고 생각하지는 않는다. 비슷한 일은 여전히 일어나고, 대응하기는 여전히 어렵다.

몇 주 뒤, 로버트가 수석 보좌관 피터, 임원 에밋과 함께 모스크바를 찾았다. 에밋이 표지가 닳은 《오만과 편견》을 읽는 모습이 눈에 들어왔다. 내가 좋아하는 소설을 읽는 걸 보고 마음이 열려 에밋에게 상담을 청했다. 책 얘기로 시작한 대화는 현실적인 문제로 이어졌다. 에밋은 최근 인상한 것을 고려해도 정당한 금액의 절반밖에 되지 않는 내 연봉이 부당하다는 데 동의했다. 또, 사택에서 내쫓긴 데 경악했다. "토머스가 나갔어야 맞는 것 같은데." 그가 중얼거렸다. 나도 이미 로버트에게 그렇게 주장했다. 소용은 없었지만. 에밋이 연봉을 올려주거나 사택으로 돌려보내 주지는 못했지만, 내게는 의미가 컸다. 내가 느낀 부당함의 정당성을 확인했으니까. 에밋은 그야말로 생명줄이었다. 당시 나는 온종일 눌러두었던 상념과 분노 때문에 새벽 세시까지도 잠들지 못했다. 제정신이 아닌 게 나인지, 같이 일하는 남자들인지 고민하며 밤을 지새웠다. 나와 의견을 같이하는 사람이 있다는 걸 알고 나자 비로소 밤에 잠을 이룰 수 있었다.

에밋은 영향력이 큰 피터와 상의해 보라고 했다. 피터는 내 말에 공감해주는 것 같았다. 저녁을 먹으며 이야기하자는 제안을 받아들이면서, 나는 희미한 희망을 품었다. 어쩌면 모든 일이 잘 풀릴지도 몰랐다. 몇 시간 뒤, 피터에게 연락이 왔다. 생각했던 레스토랑에 예약할 수 없었다며 음식을 포장해 내 숙소로 오겠다는 것이었다. 느낌이 좋지 않았지만, 뭐라 거절해야 할지 몰랐다.

피터가 음식을 가지고 도착했고, 테이블에 마주 앉아 다시 한번 내 상황에 안타까움을 표했다. "스트레스가 심한 직종이죠." 그가 말했다. 여성들은 스트레스를 감당하기 어려워하며, 자기 여동생이 나와 같은 상황을 겪지 않았으면 좋겠다고도 했다. 나는 스트레스를 받는 것이 아니라 저임금에 화가 난 것이라고 말했다. 피터는 고개를 끄덕였지만, 자기 고향 이야기를 꺼내면서 말투가 달라졌다. 거기선 누구나 미국인은 상상도 할 수 없을 정도로 적은 돈을 받는다는 것이었다. 무슨 속셈인지 알 만했다. 세계에 나보다 못사는 사람이 너무나 많다는 것을 강조하며 더 큰 돈을 요구하는 데 대한 죄책감을 유도하는 것이었다. 피터가 위선적이라는 생각도 들었다. 연봉이 내 20배는 됐을 테니까. 나보다 2배를 받는 남자 동료들에게는 죄책감을 뒤집어씌우려는 시도조차 하지 않았을 것이다. 이 모든 것을 알았는데도 그의 작전은 통했다. 내가 막무가내로 욕심을 내는 사람처럼 느껴졌다.

상황을 파악하기도 전에 피터는 내 등 뒤에서 어깨를 주무르기 시작했다. 나는 꼼짝도 할 수 없었다. 긴장으로 몸이 굳고, 기분이 섬뜩했다.

사람들은 이런 상황을 박차고 나가지 않는다고 여성들을 비난한다.

그러나 피터는 내게 무한한 권력을 행사할 수 있는 회사의 최고 임원이었다. 게다가 내 숙소에 와 있었고. 도망쳐 봐야 어딜 가겠는가?

거우 30초 만에—극도로 길고 불편한 30초였지만—피터는 내 어깨너머로 손을 뻗어 가슴을 만졌다. 그제야 몸이 움직였다. 펄쩍 뛰어 일어나서 숙소의 문을 열고 계단을 뛰어 내려가 거리를 질주했다. 그가 따라오진 않는지 계속 돌아보면서. 모스크바의 차디찬 밤공기 속을 성큼성큼 걸으면서, 내 숙소에 혼자 멀뚱히 남은 피터가 얼마나 바보 같은 기분일지 생각하며 혼자 웃었다. 소속 회사 임원과 집에 있는 것보다 모스크바의 밤거리에 혼자 있는 편이 더 안전하다는 걸 그 순간에 퍼뜩 깨달았다.

말할 것도 없이, 연봉 인상은 없었다.

인사팀에 사건을 보고한 적이 있냐고? 없다. 여러 이유가 있었지만, 토머스와의 상황이 뒤늦게 다시 문제가 될까 두려운 마음이 컸다. 사람들의 반응도 짐작되었다. 토머스의 일을 알고 있던 프레드와 피터라면 내가 회사 사람과 사귈 마음이 있다고 생각했을 것이라 말할 터였다. 물론 헛소리라는 건 안다. 내가 토머스와 데이트했다고 해서 프레드가 동의도 없이 엘리베이터에서 내게 성기를 비벼도[6] 되는 건 아니다. 피터에게 내 가슴을 움켜쥘 권리가 생기지도 않는다. 그러나 나는 연봉에 대한 로버트의 가스라이팅이 통한 것처럼, 이 부조리한 논리 역시 어쩐지 통할 것을 익히 알았다. 이길 가능성이 없는 싸움이었다.

사생활 문제로 끝나지 않고 업무 능력까지 의심받을 터였다. 성희롱을 신고하는 여성에게 사람들이 제일 먼저 하는 말은 "트집 잡히지 않을 만큼 실적이 좋아야 한다"는 것이다. 불합리한 대우를 받으면서도 나는 업무를 잘 해냈다. 그러나 솔직히 말해서, 그런 취급을 받으면서 최고의 역량을 펼칠 수 있는 사람은 없다. 이직 후에는 훨씬 좋은 성과를 냈다. 2년 안에 연간 1억 달러의 수익을 내는 사업을 일궈냈다. 업무 여건이 나아진 것이 결정적인 성공 요인이었다. 로버트가 내게 공정한 보상을 해주고, 피터와 프레드가 공격적인 행동을 할 수 없도록 견제와 균형의 환경을 마련했다면 최고의 투자가 되었을지도 모른다. '한 알의 모래에서 세계를 본다'(윌리엄 블레이크(William Blake)의 시, 〈순수의 전조(Auguries of Innocence)〉에서 인용한 것으로, 아주 작은 것에서 전체를 볼 수 있다는 것을 의미한다—옮긴이)고 하지 않는가. 다양성이 있고 잘 기능하는 팀이 결국 이익을 내는 이유다.

인사팀에 사건을 보고하지 않은 이유로 돌아가자. 나는 경력을 막 시작하는 스물세 살 직원이었고, 로버트는 회사의 창업자이자 CEO, 대주주였다. 아무도 그를 견제할 수 없었다. 퇴사하고 새 직장을 찾는 것이 최선이라고 판단했다. 로버트에게 내 급여 문제를 제기했던 에밋이 다른 회사를 소개해 주었다. 그쪽에서는 시장 평균 연봉을 제안했다.

놀랍게도 내가 그만둔다고 하자 로버트는 면담을 원했다. 이번에도 화가 나 있었고, 애사심이 없다고 나를 비난했다. 이번에도 나는 할 말이 없었다. 하고 싶은 말은 있었지만. "해준 게 뭐가 있다고 애사심이 생겨? 성매매를 우스갯소리 취급했지, 연봉을 쥐꼬리만큼 주다가 올려달라니까 버럭댔지. 이 회사에서는 임원들이 내 가슴을 주무르고 엘리베이터에서 자기 물건을 나한테 문질러도 되는데, 나는 그걸 신고도 못 하잖아!"

안타깝게도, 나는 한마디도 하지 못했다. 내게 있었던 일을 정확히

16

묘사해야 하는 상황이 싫기도 했고, 그래 봤자 나만 수치스럽고 프레드와 피터가 책임질 일은 없을 것 같았다.

그래서 이렇게만 말했다. "로버트, 그쪽에선 연봉이 2배예요."

"그래서, 넌 돈이면 다라는 거지?" 로버트가 대답했다. 본인이 금융업에 종사한 목적은 돈이 아니라는 듯, 여성이 공정한 급여를 받는 건 범죄라도 된다는 듯.

대학 졸업 후 첫 직장에서 있었던 일이다. 나는 작지 않은 타격을 입고 이직했다. 모든 경험이 비슷하게 느껴지는 동시에, 각기 다른 분리된 사건이기도 했다. 나는 그 사건들을 제대로 이해할 수 없었다. 내가 속한 환경이 뭔가 틀렸다고 인정하기보다 소련의 잘못된 점을 파악하는 편이 더 쉬웠다. 소련 시스템의 부정의와 비효율성은 나와 관련이 없다 보니 쉽게 인식되었다. 반대파를 감금하고 발레리나에게 성매매를 강요하는 부정의가 소련의 시스템을 무너뜨린 요인이라는 건 자명했다. 시스템이 작동하지 않아서(모스크바에서는 화장지와 빵을 제대로 구할 수 없었다) 소련이 무너졌다는 것도 자명했다. 공산주의는 (파시즘과 마찬가지로) 부당한 만큼 비효율적이었다.

그렇게 삐걱거리는 썩은 정권이 어떻게 그렇게 오래 버텼는지 경이로우면서도 이해하기 힘들었다. 이 궁금증은 경영대학원에 진학한 원동력이기도 했다. 그러나 내가 최고의 업무 능력을 '즐겁게' 발휘할 수 있는 환경을 조성하는 데 평생 매달린 이유 역시 위 사모투자사(소련 정권과 함께 무너진)에서의 개인적 경험이라는 걸 깨닫는 데는 몇 년이 더 걸렸다.

첫 직장의 기억은 너무도 혼란스러웠다. 그래서 일에 집중할 수 있는 환경을 조성하는 법에 대한 지적 호기심과 직장에서 부당한 대우를 받았던 개인적인 경험을 이론적으로 통합하기까지 30년이 걸렸다. 이 책은 그 노력의 결과물이다.

이제는 그때 겪은 문제를 분석하고, 구성 요소들로 나누고, 각각에 대한 효율적인 대응 방식을 파악할 수 있게 되었다. 내가 경험한 직장의 불평등은 한 덩어리로 보였지만, 뒤늦게 눈뜨고 보니 그렇지 않았다. 직장 불평등은 사실 선입견, 편견, 따돌림, 차별, 언어적 폭력, 신체적 침해라는 여섯 가지 문제로 나타난다. 이 책에서는 각각의 태도와 행동에 대해 깊이 분석하고, 우리가 함께 공정한 직장으로 움직일 수 있도록 리더, 관찰자, 피해자, 심지어 가해자가 대응하는 방식을 모색한다. 모두가 협력하고 서로의 개성을 존중하는 환경을 만드는 것이다. 또한 이러한 태도와 행동 사이의 상호작용에 의한 흐름과, 리더가 만드는 시스템이 나쁜 흐름을 강화하거나 차단하는 사례도 살펴볼 것이다.

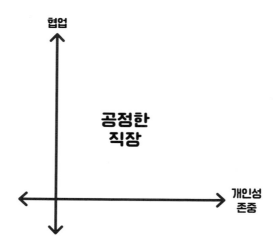

성차별은 다른 문제와 동떨어져 있지 않다. 직장을 비롯한 다양한 상황에서 일어나는 여러 형태의 차별과 영향을 주고받는다. 사람마다 다른 방식으로 조합된 선입견, 편견, 따돌림, 차별, 언어적 폭력, 신체적 침해를 겪을 수 있다. 직장의 불평등을 근절할 유일한 방법은 우리가 함께 나아가는 것이다. 아이비리그 졸업장을 쥐고 풍부한 경제적 자원의 특혜를 누리는 이성애자 백인 여성이 마주하는 일로 범위를 좁혀도 문제는 단순해지지 않는다. 이렇게 접근하면 오히려 문제를 해결할 수 없게 된다.[7]

이 책을 쓰면서, 내가 직장에서의 불평등을 어떻게 해결해야 할지 가장 많이 배운 지점은 킴벌리 크렌쇼(Kimberle Crenshaw)가 말하는 "교차로(intersection)"[8]라는 사실을 깨달았다. 성차별이 인종차별과 만나고, 성차별이 경제적 차별과 만나며, 여성의 권리를 위한 투쟁이 동성애자의 권리를 위한 투쟁과 교차되는 곳, 장애인에 대한 편견을 만드는 언어와 여성에 대한 편견을 만드는 언어에 대한 인식이 겹치는 지점이다.[9]

이러한 교차로에 설 때마다 고통스러웠다. 나는 피해자이면서 가해자였기 때문이다. 어느 쪽도 되고 싶지 않았다. 그러나 문제를 인정하지 않으면 해결할 수도 없다. 내 특권이 누군가에게 피해를 준다는 사실을 느껴야만 내려놓을 수 있다. 교차로는 불편했지만, 가장 중요한 치유가 일어난 곳이기도 했다. 최고의 지혜를 얻었고, 자유롭게 숨 쉬며 만사를 있는 그대로 볼 수 있었다. 불편함을 뚫고 나아갔을 때에야 비로소 아주 오래된 긴장이 어깨에서 녹아내리는 것을 느꼈다. 나는 교차로에서 직장 문제에 대한 실용적이고 윤리적인 교훈을 얻었다.

직장과 기관에서의 차별은 불공평하기만 한 것이 아니다. 비효율적이기도 하다. 맥킨지의 연구에 따르면, "성별, 민족/문화적 다양성 측면에서 하위 25%에 속하는 기업들은 모집단 기업 전체와 비교하여 평균 이상의 수익성을 올릴 가능성이 29% 낮았다. 요약하면, 앞서가지 못하는 데 그치지 않고 뒤처진다."[10] 동질적인 집단의 성과가 낮다는 뜻이다.

동질적인 집단은 구성원 대부분이 동질적인 네트워크를 갖고 있어 자기강화를 하는 경향이 있다. 인사팀은 자격이 좀 부족하더라도 인맥이 있는 사람을 채용할 확률이 높다. 인맥이 없으면 아무리 능력이 있어도 취직의 문턱을 통과하기 어려운 것이다.[11]

어렵게 일자리를 얻은 비주류 집단의 사람들도 열려 있지 않은 환경에서 잠재력을 펼칠 수 없다. 나 역시 프레드와의 엘리베이터 '마찰' 사건 이후 최고 성과를 낼 수 없었다. 그렇게 비주류 집단의 업무 능력이 떨어진다는 편견이 강화되고, 이 편견은 다시 채용 결정에 작용한다. 그러면 이 기업은 결국 동질적인 집단이 되고, 동질적인 집단은 다양성이 있는 집단보다 평균적으로 성과가 낮다. 혁신은 어렵고 생산성도 낮아진다.[12] 원래 다양성이 없었으니 문제의식을 느끼긴 어렵겠지만, 경쟁에 나서면 수익에서 차이가 발생한다.

윤리적으로 보든 실용적으로 보든, 우리는 모두 공정한 직장을 만드는 데 한몫을 해야 한다. 이 책에서는 부당한 피해를 본 사람들을 위한 전략을 제안한다. 물론 피해자가 모든 부담을 짊어지길 기대하면 안 된다. 따라서 불평등을 지켜보는 사람을 위한 전략을 제안하여, 방관자가 아닌 조력자가 될 수 있도록 할 것이다. 피해를 유발하는 사람은 자신의 행동이 어떻게 팀의 협동력을 해치는지 인지할 수 있을 것이다. 리더는 이 책을 통해 문제가 발생했을 때 효과적으로 대응할 뿐 아니라 애초에 불평등을 예방할 수 있게 될 것이다.

이 책에서는 우리가 공정하고 효과적인 직장 환경을 위해 지금 당장 할 수 있는 일을 말한다. 나도 세상 모든 문제에 대한 답을 가지고 있지는 않다. 그러나 모든 것을 해결할 수 없다고 해서 아예 손을 놓을 수는 없다. 우리가 개입하지 않는다면, 시간이 지나면서 불평등이 더 심각해지는 악순환을 강화하는 것이나 다름없다. 불평등의 양상은 너무나 흔하지만, 불가피한 것은 아니다. 연습을 하면 실제적인 피해를 초래하는 생각 없는 태도와 행동의 관계를 파악할 수 있다. 시스템이 불평등을 지속하는 양상을 꿰뚫어보고, 그런 시스템을 바꿀 수 있다. 주도적으로 움직여서 서로의 개성을 존중하고 효율적으로 협업할 수 있는 직무 환경을 조성하면 모두가 동료와 즐겁게 일하고, 더 나은 결정을 내리고, 성공을 이룰 수 있다.[13]

사회생활을 하면서 옳은 방향으로 나아간 내 경험과 돌아보니 후회되는 대응 사례를 이야기하면서 공정한 직장(Just Work)으로 가는 길을 알아볼 것이다. 이 책에는 나 자신의 경험을 이해하려 한 노력이 담겨 있다. 독자들이 자신의 상황을 이해하는 데, 또 우리가 더 공정한 업무 환경을 만드는 데 도움이 되길 바란다. 작가이자 디자이너인 캣 홈스(Kat Holmes)의 말처럼, "한 사람을 위해 해결하고, 많은 사람을 위해 확장하자."[14]

계속 내 이야기를 들을 독자들을 위해 내 소개를 조금 하려고 한다. 앞에서 이미 설명했듯이 사회생활의 시작은 괴로웠지만, 나는 축복받은 사람이라고 생각한다. 행복하고 성공적인 경력을 일궜으니까. 열심히 일해서이기도 하지만, 몇 가지 차원에서 내가 저절로 집단에 받아들여지고 과대평가를 받은 것도 중요한 요인이다. 건강한 백인 이성애자 미국인으로 태어났고, 경제적으로 풍족하다는 사실 자체는 내 잘못이 아니다. 하지만 이 특권을 타고나지 못한 사람들이 겪는 불평등을 해결하지는 못해도, 인정하지도 않는다면 잘못이다. 마찬가지로, 여성이라는 것이 곧 피해자라는 의미는 아니다. 그러나 여성으로서 직장에서 겪은 피해를 인정하지 않으면, 나를 포함한 여성들은 더 큰 위험에 노출될 뿐 그 정도가 약해지지는 않을 것이다. 이 책은 나부터 현실 부정을 그만두고 잘못된 부분을 바로잡는 긴 여정을 시작하려는 노력이다.

나는 테네시주 멤피스에서 변호사와 주부의 딸로 자랐다. 내가 아는 한, 양가의 가족과 친척은 모두 대학에 갔다. 모든 가족 구성원이 잉글랜드 또는 아일랜드 출신 백인이다. 크리스천 사이언스 교도로 자랐고, 유치원부터 고등학교까지 성공회 사립 여학교에 다녔다. 다섯 살 이후로 대학 진학에 필요한 모든 환경이 갖춰져 있었다. 헌신적인 선생님들의 격려를 받고, SAT 준비반을 여러 차례 수강하고, 특별히 좋지는 않은 머리로 엄청난 노력을 한 끝에 프린스턴대학교에서 러시아문학을 전공했다. 부모님과 조부모님이 등록금을 지원해 주어서 빚 없이 졸업했고, 위험부담이 있는 선택을 할 수 있었다. 그렇게 위험을 감수한 보람은 나중에 돌아왔다. 특권에는 이자가 붙는다.

1990년부터 1994년까지 모스크바에서 일했다. 처음으로 경영을 경험했으며, 다이아몬드 세공 공장을 시작했고, 훌륭한 경영에 대한 일생의 집착이 시작된 곳이다. 어떤 업무 환경에서는 일하기가 고통스럽고 성과도 나지 않지만, 어떤 환경에서는 기쁜 마음으로 일에만 집중할 수 있다. 왜 그럴까? 이유를 찾으려고 하버드경영대학원에 갔고, 기술 스타트업 두 곳에서 CEO로 재직했으며, 구글과 애플의 임원이 되었다가 드롭박스, 퀼트릭스, 트위터의 CEO를 코칭하게 되었다. 이 과정에서 얻은 교훈을 책으로 썼는데, 바로 《실리콘밸리의 팀장들: 까칠한 인재마저 사로잡은 그들의 지독한 솔직함(Radical Candor: Be a Kick-Ass Boss Without Losing Your Humanity)》이다.

《실리콘밸리의 팀장들》을 출판하면서, 나는 이 책이 페미니즘을 행간에 숨긴 게릴라 페미니스트 서적이라고 장난처럼 말했다. 부끄럽게도, 나는 이 말의 모순을 깨닫지 못했다. 솔직함을 논하는 책에 평등한 업무 환경에 관한 메시지를 은밀하게 숨겨 두다니, 내 철학을 실천하지 못한 것이다.

《실리콘밸리의 팀장들》은 직장 문화가 어떠해야 하는지 큰 그림을 그리는 데 성공했다. 사람 대 사람으로 배려하는 한편 솔직하게 문제를 제기하면 성과를 높이면서도 좋은 관계를 유지할 수 있다. 그러나 내가 헛소리의 본질을 부정한다면 직장에 '헛소리 청정 구역'을 만들 수 없을 것이다. 이와 관련하여 나조차 인정하고 싶지 않았던 부분이 있다. 지독한 솔직함은 효과가 있다. 단지, '모두에게 똑같이' 효과가 있는 건 아니다.

지독한 솔직함이 위험하게 느껴진다는 여성이 많았다. 다국적 정유 대기업의 한 여성이 손을 들더니 본인은 원래 지독하게 솔직한데, 그래서 승진을 놓친 것 같다고 발언했다. 아마 실제로 그랬을 것이다. 지독하게 솔직한 여성은 독하고 공격적이고 권위적이라는 평을 듣는다. 게다가 능력-호감 편향은 실재한다. 지독하게 솔직하면 유능해지지만, 여자라면 포기할 부분이 생긴다. 능력이 있을수록 상사를 포함한 동료들의 호감도가 낮아진다. 상사의 호감을 얻지 못하면 승진하기 어렵다. 그렇다면 능력이 부족해야 할까? 당연히 아니다. 그렇게 여성들은 부당한 딜레마에 빠진다. 내가 이런 현실을 인정했을 때 그녀의 얼굴에 떠오른 안도와 감사는 잊을 수가 없다. 청중석의 남자들도 배운 점이 있을 것이다.

편견은 서로 다른 사람들이 서로 다른 방식으로 지독한 솔직함을 활용하는 능력에 영향을 미친다. 내 세미나에 참석했던 제임스는 그와 내가 각자 지독한 솔직함을 시도했을 때 사람들의 반응이 다르다는 점을 지적했다. 맞는 말이다. 나는 작은 백인 여성, 그는 키 큰 흑인 남성이다. 우리는 같은 문제를 갖고 있다. 사람들은 키, 성별, 인종에 따라 부정확한 선입견을 갖는 경우가 많고, 그래서 우리를 오해하거나 과소평가하곤 한다. 우리 둘 다 선입견, 편견, 따돌림, 괴롭힘, 차별과 신체적 침해를 겪었다. 그러나 그 양상은 매우 달랐다. 내가 나 나름대로 문제를 해결했던 방식이 제임스에게 해결책이 될 수는 없다. 그 대신 나는 그의 경험을 들으며 새로운 접근 방식을 배웠고, 내 경험도 그에게 도움이 되었길 바란다.

흑인 여성은 자신이 지독한 솔직함 전략을 쓸 때는 백인 여성보다 위험부담이 크다고 느꼈다고 한다. 흑인 CEO 미셸이 이끄는 회사에서 교육 프로그램을 진행할 때였다. 미셸은 지독하게 솔직하려면 극도로 조심해야 했다고 털어놓았다. "조금이라도 화가 난 것 같으면 화난 흑인 여성(angry black woman)이라고 몰아세우니까요. 백 년은 된 고정관념이죠." 미셸이 설명했다.[15] 그제야 나는 10년간 미셸이 늘 웃는 얼굴을 보였으며, 한 번도 스트레스 받거나 화난 표정을 짓지 않았다는 것을 깨달았다. 그렇게 스스로를 억누르며 잃은 것은 없을까? 나는 미셸이 짊어진

부담을 왜 한 번도 알아차리지 못했을까?

　지독한 솔직함은 효과가 있었지만, 다른 계층에 비해 이성애자 백인 남성이 실천하기가 가장 쉬웠다. 이것은 문제였다. 심지어 백인 남성조차 안전하지 않다는 느낌을 받는다고 했다. 대화와 워크숍을 거치면서, 남자들은 여성 동료에게 지독한 솔직함을 실천하는 것에 위험부담을 느낀다고 의견을 전해왔다. 이성애자 남자는 '개인적 관심'이 이성적 관심이나 성적 의미로 오해받을까 두려워했다. 솔직하고자 하면 '맨스플레인(mansplain)'으로 받아들여질까 걱정하는 남자도 있었다. 물론 남자가 맨스플레인을 한다는 이유로 승진을 놓치는 경우는 없지만, 공격성이 있다는 이유로 승진하지 못하는 여성은 많다. 그럼에도 남성들의 우려 역시 현실이며, 직장 불평등을 근절하기 위해 해결해야 할 문제다.

　존이라는 남자는 마케팅 임원 수전이 팀의 중요한 마케팅 프로젝트명을 '롤링 선더(Rolling Thunder)'로 결정한 회의에 관해 이야기했다. 광범위한 대규모 미디어 캠페인에 잘 어울리고 기억하기도 쉽지만, 베트남전 중 수만 명의 민간인 사상자를 낳은 처참한 폭격 작전의 이름이기도 했다. 존은 이 사실을 수전이 모를 수도 있다고 생각했지만, 맨스플레인이 될까 봐 지적하지 않았다.

　나는 수전을 잘 안다. 그 정보를 말해주었다면 분명 고마워했을 것이다. 존 역시 성별과 관계없이 모든 동료와 성과를 내려고 진심으로 고민하는 사람이다. 수전에게 악감정이 있어 침묵한 것이 아니다. 거리낌 없이 말할 수 없었던 것뿐이다. 이런 두려움과 불신이 팀의 협업을 무너뜨린다. 나쁜 결과를 낳고, 관계를 악화시키고, 사기를 떨어뜨린다.

　존과 수전을 위해, 제임스와 미셸을 위해, 내 아들과 딸을 위해 이 책을 썼다. 성별과 인종을 중심으로 한 일화의 비중이 크지만, 내가 제시한 해결책을 다른 이유로 인한 직장 불평등으로 확장할 수 있을 것이다. 한 종류의 편견을 어떻게 끊어낼지 배우면 다른 종류의 편견으로 이어지는 무의식적인 사고 패턴을 쉽게 바꿀 수 있다. 편견에 동반되는 오해와 행동을 말끔히 없애면 더 행복하고 생산성 높은 직장 환경을 조성할 수 있다.

오늘의 공정한 직장

이 책을 집필하기 시작한 건 2017년 여름이었다. 이 책을 쓰는 동안 세계 곳곳에서 벌어진 사건들로 차별이 직장뿐 아니라 사회 전반을 오염시키는 모습이 드러났다. 불평등은 점점 더 부정할 수 없는 문제가 되어가고 있다. 미투 운동을 통해 성차별이 전에 없이 뚜렷하게 떠올랐다. 코로나19 사태는 경제적·인종적 불평등을 여실히 보여주었다. 브리오나 테일러(Breonna Taylor)와 조지 플로이드(George Floyd) 살해 사건이 저항 운동을 촉발하면서, 미국에서 자행되는 흑인에 대한 폭력을 무시할 수 없게 되었다.

남편이 방에서 화상으로 학교 수업을 듣는 아이들을 돌보는 동안, 나는 뒷마당 작업실에 틀어박혀 이 책을 편집했다. 집안일 대부분을 선뜻 맡은 남편, 뒷마당, 뒷마당에 이미 만들어져 있던 작업실은 격리 생활의 세 가지 특전이었다. 실업률은 대공황 수준으로 치솟고 국회는 어려운 사람들에게 실업급여를 주지 않고 휴회했다. 그 후에는 캘리포니아에 산불이 나서 연기 때문에 작업실을 포기하고 집으로 들어갔다. '일에만 집중하기'는 어려운 환경이었다.

이 상황에서 6개월 전에 쓴 문장을 다시 보았다. "조직은 규모가 크고 행동 규범을 강제할 수 있다는 속성이 있다. 그렇기 때문에 우리가 대부분의 시간을 보내는 장소, 즉 직장의 문화는 바뀔 수 있다." 처음 쓸 때는 합당한 주장으로 보였다. 그러나 지금, 이 문장은 뒤에서 설명할 '무의식적 배제'의 사례로 보인다. 너무 많은 사람이 직장을 잃었고, 직업이 있는 사람들도 한 치 앞을 모르는 현실이다. 공정한 직장 역시 많은 사람이 접근조차 하지 못하는 또 다른 특권이 아닐까?

아니다. 공정한 직장은 어느 때보다 시급하다. 왜 그럴까? 시절이 좋든 나쁘든 도덕적 기준을 높이 세우는 것은 중요하지만, 일자리가 귀한 시기에는 직원이 더 취약해지기 때문에 공정한 직장을 만드는 것이 특히 중요하다. 또한 이 사회가 해결해야 할 문제가 많다. 경제적 위기, 사회적 위기, 환경적 위기가 왔다. 시간을 낭비할 여유가 없다. 공정한 직장은 타당하고 효율적이다. 불평등은 부도덕하고 비효율적이다.

이 책을 마무리하는 지금, 출판될 때 세상이 어떻게 변할지는 알 수 없다. 대공황 이후처럼 경제가 급속도로 회복해서, 업무 환경을 개선하지 않는 리더는 재능 있는 인재를 잃게 될까? 아니면 대규모 실업 사태로 직원들이 불평등을 문제 삼을 수조차 없을까? 더 많은 사람이 재택근무를 하게 되고, 그래서 남성들이 집안일 전선에 나서게 될까? 아니면 1950년대식 분업으로 돌아가 여성들이 일에 집중하기가 불가능해질까? 나는 후자가 아닌 전자를 바라지만, 지표들은 후자를 가리킨다. 2020년 직장 여성 보고서[16]에 따르면 코로나19로 말미암아 여성 4명 중 1명은 업무 강도가 낮은 직장으로 이직하거나 퇴사하는 것을 고려하고 있다고 한다. 그 파급 효과는 아직 예측하기 힘들다.

그러나 이것만은 말할 수 있다. 고통이 큰 시기이지만 낙관적인 부분도 있다. BLM(Black Lives Matter, 흑인의 생명은 소중하다) 운동은 여전히 다양한 방식으로 강력하게 전개된다. 1500만~2600만 명이 참가한 미국 역사상 최대의 저항 운동[17]은 우리에게 연대의 기회가 있고 직장을 비롯한 조직이 새롭게 태어날 수 있다는 사실을 세계에 상기시켰다. 사회의 불공정과 불평등은 어제오늘의 일이 아니지만, 지금은 더욱 분명하게 만천하에 드러났다. 문제를 확인하고 명명하고 나면 해결할 가능성이 높아진다.[18] 2020년에는 불평등이 너무나 노골적으로 드러나서 더는 외면할 수 없게 되었다. 연대하고 이상적으로 살아가는 법을 배울 기회가 생긴 것이다.

직장의 불평등은 함께 해결해야 할 모두의 숙제이지 특정 집단끼리 싸울 문제가 아니다. 직장에 문화적 갈등이 존재하는 한, 평등한 업무 환경을 조성하기 위해 행동하는 사람과 그러지 않는 사람들은 계속 부딪힐 것이다. 내가 누구든, 어떤 역할을 하든, 어디에 있든, 의식적으로 갈등에 동참해야 한다. 우리 모두가 참여할 수 있다. 우리 모두가 필요하다.

우리는 모두 누군가를 과소평가하고 또 누군가는 과대평가한다. 많은 이가 어느 때보다 확실히 그 점을 인지하고 있다. 과소평가를 받은 사람에게는 기회가 적은 반면 어떤 사람들은 능력 이상으로 승진한다. 비효율적이고 부당한 경향이다. 우리의 목표는 누구나 자신이 좋아하는 일을 하고 동료와의 협업을 즐길 기회를 갖는 것이다. 부당한 취급이 야기하는 비효율과 분노는 사라져야 한다. 물론 아주 어려운 목표다. 그러나 내가 아는 한 발전을 위한 최고의 방법은 높은 목표를 세우고, 목표와 현실 사이의 간극을 지속적으로 측정하고, 하루하루 그 차이를 메우기 위해 노력하는 것이다.

일터에서의 불평등을 없애기 위해 각자가 할 일이 있다는 것이 이 책의 근본 전제다. 당신이 이 책을 집어든 데에는 여러 이유가 있을 것이다. 다양성이 있고 포용적인 직장 문화를 만들기 위해 채용되었을 수도 있고, 팀의 유일한 트렌스젠더 팀원을 어떻게 대해야 할지 고민하고 있을 수도 있다. 또는 어느 날 문득 팀원 전부가 백인 남성이라는 사실을 깨닫고, 이것이 모두를 위해 해결해야 할 문제라고 처음으로 생각했을 수도 있다. 어떤 이유로 이 책을 읽기 시작했든, 마지막 장을 넘길 때면 자신이 마주한 문제를 분석할 능력을 갖추고 이를 해결하기 위한 몇 가지 전략을 익혀서 본인과 동료들을 위해 공정한 직장을 만들어갈 수 있을 것이다. 오늘 바로 시작하자.

차
례

1부 | 생산성을 낮추는 가장 빠른 법
선입견, 편견, 따돌림

2부 | 권력에 견제마저 없다면
차별, 괴롭힘, 신체적 침해

6장 **리더로서 해야 할 일** ....

7장 **피해자와 조력자를 위하여** ....

3부 | 오직 일에만 집중하도록!
시스템의 정의와 부정의

JUST
WORK

↑

>1부<

생산성을 낮추는
가장 빠른 법

→

JUST
WORK

선입견, 편견, 따돌림
각 문제에 효과적으로 대응하는 법

무엇이 직장에서 기본적인 공정성[1]을 가로막는가? 내가 몸소 겪은 직장 내 불평등의 근본 원인에는 세 가지가 있다. 선입견과 편견, 따돌림이다. 셋은 모두 달라서 따로 놓고 생각해야 각 문제에 제대로 맞설 수 있다. 권력 불균형까지 있으면 사태는 급속도로 나빠져서 차별과 괴롭힘, 신체적 침해가 일어난다. 이 문제는 2부에서 다룬다. 먼저 근본 원인을 어떻게 뿌리 뽑을지 살펴보자.

문제

시작하기 전에, 논의의 초점이 흐려지지 않도록 위 개념을 한마디로 정의하고 단순한 판단 기준을 제시하려 한다.

선입견[2]은 '의도 없음'이다. 자기도 모르게 결론부터 내리려는 인간 뇌의 특성에서 비롯되기[3] 때문에 '무의식적 선입견'이라고 한다. 선입견으로 내리는 결론과 추정이 옳을 때도 있지만, 고정관념을 반영하고 있다면 대부분 틀리기 마련이다. 뇌에 속수무책으로 조종당할 필요는 없다. 판단을 늦추고 선입견을 의심하는 법을 익히면 된다.

편견은 '의도 있음'이다. 안타깝게도 더 깊게 생각한다고 꼭 바람직한 답을 얻지는 않는다. 우리는 선입견을 합리화해서 편견으로 굳혀 버릴 때가 많다.[4] 즉, 선입견에서 출발한 잘못된 추론과 고정관념을 바로잡기보다 정당화를 택하는 것이다.

따돌림은 '나쁜 의도'다. 집단 내의 지위나 권력을 남용하여 의도적·반복적으로 타인에게 해를 끼치거나 모욕을 주는 행위다.[5] 따돌림은 보통 편견에서 비롯되지만, 그저 본능의 발현일 수도 있다. 이 경우에는 근거가 되는 생각이나 사상조차 없다. 계획적인 경우도 있지만, 단순히 지배하고 복종시키려는 동물적 본능일 수도 있다.

대응책

지금 해결하려는 문제에 대한 가장 효과적인 대응책을 알아보자. 선입견, 편견, 따돌림을 근절하려면 각각 다르게 대처해야 한다.

경험상, 분명하고 친절하게 선입견을 짚어주면 선입견을 품었던 사람은 보통 인정하고 사과한다.

그러나 편견은 의식적이고 뿌리 깊은 믿음이다. 편견을 가졌다는 지적을 받는다고 해서 생각을 바꾸지는 않는다. 자신의 모습에 불만이 없으니 거울을 비춰주어도 소용없는 셈이다. 마음대로 생각할 권리는 있어도 편견을 갖고 타인을 대할 자유는 없다고 분명히 선을 그어야 한다.

따돌림은 확실한 결과가 따라야 멈출 수 있다. 따돌림을 당하는 사람이 겪는 아픔을 깨닫는다고 그만둘 사람이라면 애초에 가해자가 되어 남을 괴롭히지 않는다. 보통 따돌림 가해자는 상처를 입히려고 덤빈다. 피해자의 고통을 설명해 봤자 그만두기는커녕 갑절로 심하게 굴 소지가 크다.

선입견, 편견, 따돌림을 마주했을 때 얼마만큼 자유와 책임을 갖는지는 역할에 따라 다르다. 1장에서는 누구나 처할 수 있는 여러 역할을 설명하며, 2~5장에서는 역할별로 선입견, 편견, 따돌림의 태도와 행동에 맞설 수 있는 구체적 방안을 제시한다. 그러나 어떤 역할을 맡든, 효과적으로 문제에 맞서고 싶다면 다른 역할의 관점을 이해하는 것이 중요하다. 또 각 역할을 제대로 이해할수록 자의로든 타의로든 그 역할을 맡았을 때 능숙하게 대처할 수 있다. 더 효율적으로 일하고, 일하는 동안 행복한 환경을 만드는 것이 공통의 과제다.

커닝페이퍼

문 제	대 응 책
선입견 의도 없음
고정관념을 의식하지 못함 |
선입견 차단기
선입견을 인지시켜라 |
|
편견 의도 있음
고정관념을 인지하고 합리화함 |
행동 강령
편견을 가지고 타인을 대하지 못하게 하라 |
|
따돌림 나쁜 의도
해를 끼치기 위해 고정관념을
고의적으로 사용함 |
확실한 대가
따돌림이 소용없다는 것을 보여주어라 |

1장

역할과 책임

선입견, 편견, 따돌림을 해결할 책임은 누구에게 있는가?

　　직장에서 불공정한 상황이 벌어질 때, 당신은 다음 네 가지 중 적어도 한 역할을 맡게 된다. 피해자, 조력자, 가해자, 리더. 역할마다 책임이 따른다.

　　이 역할은 고정된 정체성이 아니라 임시 배역이다. 상황이 바뀌면서 모든 역할을 경험할 수도 있고, 동시에 둘 이상의 역할을 하는 혼란스러운 상황도 있다.

　　어떤 순간에 어떤 역할을 하고 있다고 의식하면, 이 역할이 고정적이지도 최종적이지도 않다는 사실을 기억해야 한다. 다른 역할의 관점을 이해해야 비로소 적절한 대응 전략을 세워 진정한 변화를 이끌 수 있다. 언제든 배우고 발전할 수 있는 사람으로서 더 폭넓은 시각으로 나 자신과 타인을 바라볼 수 있다. 무엇보다 역할의 개념을 통해 누군가에게서 피해를 본 후 영원히 움츠러들기보다, 또 가해했다는 사실에 얽매이기보다, 그 사건을 계기로 성장하고 변화할 수 있다.

앞으로 다룰 일화에서 나는 때로는 피해자였고, 때로는 가해자였으며, 때로는 가해를 방관하기도 했고, 때로는 피해를 예방해야 할 리더이기도 했다. 무대응으로 일관하거나 잘못 대응한 사례도 있다. 내 역할을 해낼 수 없었던 적도 있지만, 가끔은 만족스럽게 대처했다.

이 책의 핵심 목표는 모든 역할을 수행하는 우리 모두에 대한 공감을 형성하고, 어떤 입장이 되든 직장 내 불평등에 더욱 효과적으로 대응할 전략을 개발하는 것이다.

역할: 피해자

대응 방향을 스스로 선택한다

직장 내에서 부당함을 당하는 쪽이라면, 자기 자신을 위한 책임이 가장 중요하다. 결단이 어렵고 선택지가 제한되어 있더라도 자기가 대응할 방식은 직접 정해야 한다는 의미다. 선택지를 파악하고, 각각의 비용과 편익을 평가하고, 하나를 택하는 과정에서 주체성을 회복할 수 있다. 부당하게 희생자가 되었더라도 자기 입장만큼은 자기가 결정할 수 있다. 선택할 때는 자신을 가장 높은 우선순위에 놓자. 자기방어를 위해 행동할 권리가 있다.

내 경험으로 보아, 부당한 일을 겪고 침묵하기를 원하는 사람은 없다. 목소리를 내는 것이 일차적 본능이다. 그러나 그 본능을 억눌러야 하는 상황은 수없이 많다. 사실, 심리학자 제니퍼 프리드(Jennifer Freyd)의 연구에 따르면 의존적 상황에 있는(예컨대 월급이 필요한) 사람일수록 불만 표시는 고사하고 뇌에서 불평등을 기억에 저장하지도 않는다.[1] 그렇게 억압받고 의견을 표시할 능력을 잃다 보면, 사람은 약해진다. 심지어 이 부분이 1차적 피해보다 더 큰 타격이 되기도 한다. 어떻게 하면 부정의를 인식하여 자유와 주체성의 감각을 회복하는 방식으로 반응할 수 있을까?

이제 몇 가지 방법을 제안하겠지만, 모든 것은 본인의 선택이다. 압박을 더할 생각은 없다. 직장 내 폭력 사건이 일어났을 때 명백하고 중대한 위험부담이 있는데도 피해자가 대항해야 한다는 압력을 강하게 받는 경우가 있다. 피해자가 추가로 상처받을 수 있는 선택은 권장하고 싶지 않다.

내 의견을 한마디로 정리하면 다음과 같다. 정면승부에는 확실한 대가가 따르지만 숨겨진 이점이 있는 반면, 침묵에는 숨겨진 대가와 확실한 이점이 있다. 확실한 대가와 숨겨진 이점을 명확히 인식할수록 더 나은 결정을 내릴 수 있다. 결과를 저울질한 후 부정의에 맞서기로 결정한다면, 이 책에서 경력을 망치지 않는 구체적인 대응 방식을 찾아볼 수 있다. 그러나 싸울 때를 신중히 선택하는 것 또한 지혜다. 대응하지 않는다는 결정도 정당한 선택이며, 나를 포함해서 누구도 그 선택을 비난하지 않을 것이다. 어느 쪽이든, 의식적인 결정을 내리면 주체성을 되찾을 수 있다.

마지막으로, 과거의 결정을 후회하며 자기 자신을 몰아붙여서는 안 된다. '제대로' 대응하지 못했다고 자책해 봤자 상처만 헤집어질 뿐이다. 애초에 피해자였다는 사실을 잊지 말자! 스스로 용서한다는 것은 후회를 외면하라는 의미가 아니다. 직장에서의 불평등에 맞서기가 얼마나 힘들었는지 인정하고, 기회를 놓쳐버린 '나'를 용서하며, 경험을 통해 배우고 다음에는 더 나아지기 위해 최선을 다한다는 의미다.

역할: 관찰자 조력자

피해자를 위해 개입한다

'관찰자'라는 말에는 수동성이 전제되어 있다. 부정의를 목격하고 피해자의 대응을 돕고 싶다면, 사건을 안타깝게는 생각하지만 아무것도 하지 않고 지켜만 보는 소극적인 방관자가 아니라 피해자를 지지할 길을 적극적으로 찾는 조력자가 되어야 한다.

크든 작든 부정의를 알게 되면, 행동할 책임이 있다. 그리고 주변에서 일어나는 부정의에 관심을 가질 의무도 있다. '몰랐다'는 말은 면죄부가 되지 않는다. 물론 조력자가 개입한다고 항상 문제를 해결할 수는 없다. 그러나 항상 피해자와 연대하는 모습을 보일 수는 있다. '뭔가 잘못됐다'는 인식 자체에 굉장한 가치가 있다.

역할: 가해자

피드백에 귀 기울이고 문제를 해결한다

당신은 피해를 줄 의도가 아니었을 수도 있고, 당신의 말이나 행동이 누군가에게 영향을 미쳤을 거라고 생각하지 못했을 수도 있다. 아니면 고의로 피해를 주었지만, 누군가에게 들킬 줄은 몰랐을 수도 있다. 단지 그날 화가 났거나 위협을 느꼈을 수도 있다. 어쩌면 나중에 이미 벌어진 일을 후회했을 수도 있다.

어쨌든 당신이 타인에게 피해를 입혔으며 누군가 이를 지적했다는 사실은 변하지 않는다고 할 때, 어떻게 반응할 것인가? 방어적·공격적으로 분노를 폭발시킬 것인가? 차갑게 무시할 것인가? 아니면 진심으로 불만을 받아들일 것인가?

특히나 고의가 아니었다면 당신이 누군가에게 피해를 입혔다는 말을 듣고 기분이 좋지는 않을 것이다. 그러나 다른 종류의 중요한 피드백과 마찬가지로 선물을 받았다고 생각하자. 피드백을 받아들이면 더 사려 깊은 사람이 되고, 다른 사람을 해치는 일을 피할 수 있다. 최소한 문제가 커져서 더 큰 피해를 초래하거나 거꾸로 본인이 심각한 어려움에 처하기 전에 행동을 고칠 수 있는 기회가 생긴다. 당신에게 하는 말에 귀 기울이고 문제를 해결하자.

역할: 리더

문제를 예방하고 잘못을 바로잡는다

　　모두 협력하고 서로 존중하는 업무 환경을 만드는 것은 리더의 가장 큰 기쁨이다. 건강한 조직은 단순히 불쾌한 일이 일어나지 않는 곳이 아니다. 공정한 업무 환경을 만들기 위해서는 나쁜 행동을 근절하고, 협동하고 존중하는 행동을 강화해야 한다. 그러려면 편견이 판단력을 흐리지 않도록, 그리고 타인에게 선입견을 씌우지 않도록 구성원을 교육해야 한다. 따돌리는 사람이 대가를 치르게 하고, 팀에서 차별·괴롭힘·신체적 침해가 일어나지 않도록 예방해야 한다. 직장 내 불평등은 불가피한 것이 아니다. 팀장은 구체적인 행동으로 팀의 구성원 모두가 일을 즐기고, 협업을 즐기고, 결국 모든 일을 빠르고 공정하게 끝내게 할 수 있다. 일단 팀장이 행동에 나서면 선순환의 고리가 마련된다.

역할	책임
피해자	대응 방향을 스스로 선택한다
조력자	피해자를 위해 개입한다
가해자	피드백에 귀 기울이고 문제를 해결한다
리더	문제를 예방하고 잘못을 바로잡는다

모두가 자기 역할을 해내면 어떻게 되는가

　　조지아주 사바나의 피자 전문점에서 일하는 웨이트리스 에밀리아 홀든이 영수증을 인쇄하는데 누군가 엉덩이를 움켜쥐었다. 에밀리아는 뒤돌아서 남자의 셔츠를 잡고 바닥으로 밀쳤다. "만지지 마!"² 매니저는 에밀리아를 더듬는 고객을 목격하고 경찰에 신고했다. 다른 웨이터와 요리사들이 남자를 둘러싸서 도망치지 못하게 했다. 경찰은 성추행 혐의로 남자를 체포했다.

에밀리아가 어떻게 자신을 스스로 안전하게 방어할 수 있었는지 살펴보자. 먼저, 에밀리아는 이 상황에 대응할 의지와 신체적 힘이 있었다. 그러나 이 사건이 정의롭게 마무리된 것은 자기방어 능력이 있었기 때문만은 아니다.

에밀리아가 과민 반응했다며 해고 통보를 하는 상사의 모습을 어렵지 않게 상상할 수 있다. 매니저가 사건을 목격하지 못하거나, 보고도 에밀리아를 변호해 주지 않을 수도 있다. 동료들은 본인의 일자리를 걱정하며 성추행범을 붙잡는 대신 상황을 외면했을 수도 있다. 경찰 역시 엉덩이를 만진 남자가 아닌 에밀리아에게 수갑을 채울 수도 있었다.

다행히 이 사건에서는 모두 훌륭하게 대응했다. 에밀리아는 자기 자신을 지키는 주체성과 힘을 발휘했다. 매니저는 고객의 범죄 행위로부터 최선을 다해 직원을 보호했고, 카메라를 설치해 두었다. 동료들도 에밀리아의 편이었다. 경찰은 에밀리아의 정당방위를 인정했다. 그리고 엉덩이를 주무른 남자까지 공평하게 대했다. 체포 전 증거를 확인했으며, 과도한 위력을 행사하지 않았다. 다들 알겠지만, 에밀리아나 성추행범이 흑인이었다면 이 이야기가 파국으로 끝났을 확률이 매우 높다. 더욱 공정한 경찰과 사법제도를 만들기 위해 모두가 노력해야 한다.

공정한 직장을 만들려면 우리 모두 역할과 책임을 확실히 인지해야 한다.

길잡이표

직장에서의 불평등은 한 덩어리의 문제가 아니라고 이미 말했다. 선입견, 편견, 따돌림, 차별, 괴롭힘, 신체적 침해라는 구성 요소로 나뉜다. 이 문제를 해결할 수 있는 사람은 리더, 조력자, 가해자, 피해자다. 계속 염두에 두어야 할 부분이다. 이 책에서는 각각의 문제 태도 또는 행동에 대해, 각 역할에 따라 어떻게 대응할 수 있는지 살펴본다. 이 기준에 집중할 수 있도록 홀수 페이지 하단에 길잡이표를 두었다. 논의되고 있는 역할을 쓰고, 해결하려는 태도 또는 행동에 동그라미를 칠 것이다. 예를 들어, 리더가 따돌림을 해결하는 법을 설명하는 부분은 다음과 같이 표시된다.

선입견 편견 **리더 &**
따돌림 ⚡ 차별 괴롭힘 신체적 침해

피해자가 선입견, 편견, 따돌림의 차이를 구별하는 법을 설명하는 부분은 다음과 같이 표시된다.

피해자 &
선입견 편견 따돌림 ⚡ 차별 괴롭힘 신체적 침해

2장

피해자를 위하여

뭐라고 해야 할지 모를 때 뭐라고 해야 할까?

> 침묵은 당신을 보호해 주지 않는다.
>
> **오드리 로드**

시인 클로디아 랭킨(Claudia Rankine)은 고정관념을 가진 상대가 성급하게 자신을 판단할 때의 불편하고 혼란스러운 느낌을 이렇게 표현했다.

> 저 사람, 방금 뭐라고 했지? 진짜 그렇게 말한 거야? 내가 진짜 그런 말을 들은 거야? 내 입에서, 저 사람 입에서, 당신 입에서 그런 말이 나온 거야? 이런 순간은 구역질이 난다……. 그리고 내면의 목소리가 들려온다. 입을 틀어막은 손을 떼라고. 이대로 문제없이 어울리는 건 의미가 없으니까.[1]

그런 순간에 반응하기 힘든 이유 중 하나는 상대의 의중을 확신할 수 없다는 것이다. 선입견 때문에 무의식적으로 한 말인가? 진심으로 하는 말인가? 아니면 일종의 기싸움이며, 나를 위협하려는 것인가?

설명보다는 실제 사례가 효과적이니, 세 가지 사례를 들어보려 한다. 단순한 상호작용의 이면은 생각보다 복잡하다. 각각 1분도 걸리지 않은 일견 사소한 접촉이지만, 다른 시각으로 보면 많은 것을 시사한다.

옷핀남

실리콘밸리에서 성공가도를 달리는 스타트업의 창업자와 임원들 앞에서 지독한 솔직함에 관한 강연을 하기 직전이었다. 200명 정도의 참가자는 거의 다 남자였다. 나를 포함해서 여자는 한 손에 꼽았다. 무대에 올라가려는데, 참가자 한 사람이 다가왔다. 불만으로 입술을 삐죽거리고 있었다.

"옷핀이 필요해요!" 그가 거칠게 말했다. 단추가 터졌는지 셔츠 앞섶을 그러쥐고 있었다. 내가 행사 요원이라고 확신한 듯했다. 콘퍼런스 조직위원회에서는 이런 상황을 미연에 방지하려고 행사 요원들에게 밝은 노란색의 티셔츠를 입혔다. 그러나 마음이 급한 그에게는 내 성별밖에 보이지 않았다.

나는 뭐라 할 말이 없었다. 남자는 배가 드러나서 공황 상태에 빠져 있었고, 무례하기 그지없었다. 더 충격적인 것은 그 문제를 내가 해결해 주어야 한다고 철저하게 확신했다는 사실이다. 곧 강연을 시작해야 했던 나는 약간 동요했다. 이 순간을 느린 화면으로 보면서 왜 대처하기 어려웠는지 생각해 보자.

나를 행사 요원이라고 확신한 옷핀남이 흔하디흔한 성 선입견을 드러냈을 뿐이라고 믿고 싶다. 선입견은 형법상 범죄는 아니다. 우리는 누구나 성별이나 인종 같은 속성만 보고 다른 사람의 역할을 오해할 때가 있다. 흔하지만 고통스러운 순간이다. 이런 상황에 피해자가 택할 수 있는 최고의 전술은 가볍게 오류를 수정해 주고 지나가는 것이다. "죄송해요, 저 여기서 일하는 사람 아니에요"가 모범 답안이다.

그러나 무의식적 선입견이 아니라 의식적인 편견에서 나온 말이라면 어떨까? 어쩌면 여자는 행사 지원이나 해야지 리더십에 관한 강연이 웬 말이냐고 생각할 수도 있다. "저는 강연을 준비해야 해서 도와드릴 수가 없네요"라고 설명했는데 "아, 지독한 솔직함을 운운한 숙녀분이군요. 그런 부드럽고 여성적인 리더십은 헛소리 같아요"라는 말이 돌아왔을지도 모른다. 아예 가능성이 없는 이야기는 아니다. 나는 실제로 그런 일을 겪었다. 정중하게 대응했는데 상대가 여성에 대한 의식적 편견을 드러냈다면, 너무 화가 나서 강연에 집중하기 어려웠을 것이다. 나는 그런 위험을 감수하고 싶지 않았다.

게다가, 세 번째 가능성이 있었다. 따돌림이다. 행사 요원이 아니라고 했는데 더 심하게 나왔다면? "아가씨, 별일 아닌데 예민하게 굴지 말지?" 불쾌한 발언에 날을 세워 받아치고 싶은 유혹에 졌을 것이다. "끝장나는 팀장으로 만들어주려 했더니 웬 옷핀 타령이야?" 그리고 무례한 상대에게도, 또 마음을 다스리지 못한 나 자신에게도 화가 난 채 단상에 올랐을 것이다. 중요한 일을 망치는 셈이다.

성별 말고도 문제가 되는 요소가 있었다. 권력과 특권이다. 옷핀남은 행사 요원을 무례하게 대할 자격이 있다는 듯 굴었다. 아마 내가 강연자이고, 그와 마찬가지로 경제력과 인맥의 특권을 가진 걸 알았다면 공손

하게 태도를 바꿔 사과했을 것이다. 그러나 그가 내게 말한 방식은 누구에게 했더라도 불쾌한 태도였다.

단상에 오르기 5분 전에 위에 쓴 모든 내용을 고려하긴 무리였다. 그래서 아무 말도 하지 않았다. 남자는 내가 왜 할 일을 하지 않는지 의아한 듯 쿵쿵 발소리를 내며 멀어졌다. 진행 요원이 형편없다고 행사 조직위원회에 항의해야겠다는 둥 중얼거리는 소리가 들렸다.

지나고 보니 혼란스러웠던 이유는 두 가지였다. 첫째는 위에도 썼듯이 옷핀남의 행동에 깔린 태도를 확신할 수 없었다. 선입견인가, 편견인가, 따돌림인가? 둘째는 내 역할에 대한 혼란이었다. 나는 피해자인가, 리더인가, 조력자인가? 역할 수행에 실패하면 나도 가해자로 바뀌는 것인가?

한 측면에서 나는 피해자였다. 나를 무례하게 대한 사람이 있었고, 나는 중요한 강연을 앞두고 방해를 받았다. 그럴 때 오해를 바로잡는 것은 피해자의 책임이 아니다. 하지만 다른 의미로 보면, 나는 잠재적인 조력자였다. 내가 오류를 지적하지 않았기 때문에 그는 행사 요원에 대해 불만을 제기했을지 모른다. 나보다 더 취약한 사람들이 어려움에 처했을 수 있다. 그러나 가장 중요한 것은 내가 강연자로서 리더십을 발휘할 위치에 있었다는 것이다. 내게는 의견을 말할 의무가 있었다.

그때를 생각해 보니, 내가 침묵한 건 모두에게 나빴다. 행사 요원에게도, 내 신념을 지키지 못한 나에게도, 심지어 옷핀남에게도. 내가 선입견(그의 무례가 선입견 때문이었다는 전제하에)을 지적하지 않았으니, 그는 또 같은 실수를 했을지 모른다.

주먹 인사

몇 년간 동료로 지내온 데렉이 여성을 포용하는 직장을 만들자는 주제의 콘퍼런스에 참가한 이야기를 들었다. 참가자의 90% 정도는 여성이었는데, 사건의 발단은 이랬다.

데렉은 포옹, 악수 등 신체 접촉이 있는 인사를 별로 좋아하지 않는다. 모든 신체적 접촉에서 세균 이동이 일어나기 때문이다. 그래서 콘퍼런스에 가면 악수보다 주먹을 부딪쳐 인사하는 편을 선호한다.[2] 코로나 19 이후에는 다들 이해하겠지만, 당시에는 일반적인 태도가 아니었다.

데렉은 콘퍼런스에서 좋은 시간을 보냈다. 많이 배웠고, 적극적으로 참여했다. 기조강연자는 다양성과 포용 분야에서 유명한 학자였는데, 데렉이 질문을 하려고 자신을 소개하자 아는 척을 했다. "아, 주먹 인사 하시는 분?" 알고 보니 콘퍼런스 참가자들 사이에 '상남자'인 척 주먹 인사를 하는 사람이 있다는 말이 돌았던 것이다. 데렉에게 직접 말한 사람은 아무도 없었다. 아이러니하게도 포용에 대한 콘퍼런스에서 모두들 '뒷담화'를 한 것이다.

데렉은 부당하다는 생각이 먼저 들었다고 한다. 상남자라는 결론은 불공평한 비약이었다. 데렉 자신은 물론 그를 잘 아는 사람들도 그렇게 생각하지 않았다. 상처받은 마음이 진정되자, 데렉은 궁금해졌다. 이런 경우는 선입견인가, 편견인가, 따돌림인가? 선입견일 가능성이 컸다. 그러나 기술 산업에 종사하는 남자라면 전형적인 상남자의 행동을 보인다는 의식적인 편견이 작용한 것인지도 몰랐다. 아니면 따돌림이었을 수도 있다. 남자가 많은 환경에서 늘 따돌림을 당하던 여성들이 자기가 당하던 짓을 데렉에게 돌려준 것인지도 모른다.

데렉은 이 일로 어떤 사람들이 모이더라도 다수 집단은 소수를 배제하는 환경을 만들 수 있다는 사실을 알았다. 다양성과 포용을 연구하는 사람들이 배타적인 환경을 만든다면 어떤 집단이든 그럴 것이다. 다수 집단, 특히 압도적 다수인 집단은 선입견, 편견, 따돌림의 조건을 만들 가능성이 크다. 고의는 아닐 때가 많지만, 의도적인 경우도 있다. 이러한 상황은 다시 소수 집단에 속한 사람을 배제하거나 적대하는 환경으로 이어진다.

결국 이 경험은 데렉에게 공감의 기회가 되었고, 감사한 순간으로 남았다고 한다. 90%가 남자인 팀에서 오래 일한 그는 한 명뿐인 여자 팀원이 사소한 일로 뒤에서 입에 오르내리는 것을 자주 보았다. 행동 하나로 성격을 판단하는 일의 부당함을 원래도 머리로는 알고 있었지만, 이제 몸소 느낀 것이다.

여기서 옷핀남 사건과 주먹 인사 사건이 다르다는 점은 꼭 짚고 넘어가야겠다. '옷핀남'은 내가 항상 겪는 일이었지만, '주먹 인사'는 데렉에게 특수한 경험이었다. 불공정한 시스템 탓에 기술 분야에서는 늘 여성의 수가 적다. 그래서 나는 어딜 가도 몇 안 되는 여자 중 하나였다. 역시 시스템의 문제로 기술 분야에서는 늘 백인이 다수를 차지하고, 팀원이 모두 백인이었던 적도 많다. 시스템의 불공정성에 대해서는 9장과 10장에서 깊이 있게 다룰 것이다.

숏컷

동성애자인 동료가 중요한 프레젠테이션을 맡게 되었다. 고객사는 관련된 회사들에 동료의 사진을 보냈고, 모두들 사진에서 본 긴 머리 여자를 상상하고 있었다. 하지만 동료는 숏컷을 한 상태였다. 고객사에서는 미팅 이후 숏컷이 '전문가답지 않다'며 불만을 제기했다. 미팅에 참가한 남자는 모두 머리가 짧았으니 숏컷이 '전문가답지 않다'는 건 말이 안 된다. 바지 정장이 아니라 전통적인 여성 정장에 메이크업을 하고 하이힐을 신었더라면, 숏컷을 했다는 이유만으로 고객이 불만을 갖지는 않았을 것이다. 고객이 기대하는 '여자의 외모'를 준수하지 않은 것이 문제였다. 다른 사람에게 특정한 헤어스타일이나 옷을 강요하는 것은 불합리하지만 늘 일어나는 일이기도 하다.

고객사가 제기한 불만이 부당한 건 확실했지만 이유는 불확실했다. 성 선입견과 이성애 중심 선입견이 같이 작용한 것일까? 아니면 진짜 편견을 반영한 것일까? 그렇다면 이것은 직장 여성에 대한 편견인가, 동성애자에 대한 편견인가? 아니면 고객사에서 내 동료를 따돌린 것인가? 왜 그랬을까? 여자라서? 동성애자라서? 아니면 여자 동성애자라서?

가해자의 의도를 알 수 없을 때 피해자는 스스로를 방어하기 어렵다. 혼란스러운 상황이 어느 정도 정리되도록 의식적으로 의도에 집중해 보자.

일상의 흔한 선입견을 알아보는 법

절대 다수가 선입견을 갖고 있다.[3] 선입견을 드러낸 것 자체로 나쁜 사람이 되지는 않으며, 누구에게나 있다고 해서 선입견을 피할 수 없는 것도 아니다. 그러나 선입견이 피해를 끼치며 편견, 차별, 괴롭힘, 학대, 폭력으로 이어질 가능성이 크다는 사실을 인지하고도 해결하기를 거부한다면 그건 윤리적 문제다. 가끔은 내 안에도 선입견이 있음을 알고 나면 다른 사람의 선입견에 맞설 때도 공감의 자세를 가질 수 있다.

직장 생활을 하면서 걸림돌이 되는 선입견을 인식하고 대응하기 위해 엄청난 연구를 하거나 완벽한 정의를 도출할 필요는 없다. 다음의 간단한 예시를 통해 직장에서 일반적으로 선입견이 나타나는 형태를 알아보는 것으로 시작하자.

- **역할을 잘못 추정한다.** 어느 직원이 회의하러 들어가면서 한 라틴계 CEO에게 차 열쇠를 건넸다. 주차 요원으로 착각한 것이다. 직원은 운이 좋았다. CEO는 실수를 웃어넘길 수 있는 사람이었다. 유명한 아프리카 여자와 결혼한 백인 미국인 남자는 아내와 여행하던 중에 처음으로 인종 선입견을 맞닥뜨렸다. 호텔에 도착했을 때 한두 명도 아니고 세 명이 그의 부인을 호텔 직원으로 생각했다. 그녀는 호텔 데스크에 있던 것이 아니라 다른 손님들과 함께 줄을 서 있었는데도 말이다.
- **책임을 잘못 추정한다.** 어느 기술 대기업의 팀이 멕시코 레스토랑에서 회식을 하기로 했다. 백인 남자 직원은 푸에르토리코 출신의 여자 팀원에게 괜찮은 멕시코 레스토랑을 찾아보라고 했다. 이 직원은 푸에르토리코와 멕시코의 차이를 몰랐을 수도 있고, 레스토랑 예약이 여자가 할 일이라고 생각했을 수도 있다. 아니면 국적과 성별에 대한 선입견이 둘 다 작용했을 수도 있다. 여자 직원이 멕

시코 출신이라고 생각했더라도 남자 직원의 요청은 이상하다. 왜 당연히 여자 직원이 예약해야 한다고 생각했을까? 남자 직원의 성으로 보아 이탈리아계로 추정할 수 있었지만, 여자 직원이 그 남자 직원에게 이탈리아 레스토랑 예약을 부탁하는 일은 없을 것이다. 회의록을 쓰거나 외부 활동을 계획하거나 커피잔을 씻거나 하는, 법학자 조앤 윌리엄스(Joan Williams)의 표현을 빌리면 '회사 내 잡일'은 비주류 집단에게 돌아가는 경우가 많다.[4]

- **지능/기술을 잘못 추정한다.** 인권변호사이자 대통령 자문관인 버넌 조던(Vernon Jordan)은 회고록에 분노했던 일화를 소개했다. 애틀랜타에서 은퇴한 백인 은행가의 운전사로 여름 아르바이트를 할 때였다. 은행가가 점심을 먹고 낮잠을 자는 동안 쉴 짬이 생긴 조던은 책을 읽었다. "버넌이 글을 읽어!" 은행가가 놀란 목소리로 친척들에게 소리쳤다.[5]

- **전문성을 잘못 추정한다.** 레베카 솔닛(Rebecca Solnit)의 일화는 선입견으로 말미암은 '맨스플레이닝'을 보여준다. 파티에서 만난 남자가 솔닛에게 어떤 글을 쓰는지 물었다. 솔닛이 19세기 포토그래퍼 에드워드 머이브리지(Eadweard Muybridge)의 전기를 썼다고 답하자, 남자는 머이브리지에 대한 '매우 중요한' 신간을 아느냐고 다시 물었다. 여기서부터 솔닛의 글을 인용해 보자. "그가 나를 '세상 물정 모르는 소녀' 정도로 대하는 바람에, 나조차도 같은 주제의 책이 동시에 나왔는데 내가 놓쳤을지도 모른다고 생각하고 있었다. (…) 남자는 다시 한번 '매우 중요'를 들먹이며 내가 꼭 알아둬야 할 그 책에 대해서 설명했고, (내 친구) 샐리가 끼어들어 '그거, 얘가 쓴

거예요'라고 말했다. 그런데도 그의 잘난 척은 멈추지 않았다."[6] 솔 닛이 예의 '매우 중요한' 책을 썼다는 걸 확실히 듣고서도, 그 남자 는 저자인 솔닛보다 그 책을 더 잘 아는 척했다.

- **이름이나 성별을 틀린다.** 알고 있던 사람의 이름이나 성별이 달라 지면 익숙해지는 데 굉장한 노력이 필요하긴 하다. 그러나 동료를 존중한다면 마땅히 노력해야 한다. 성전환자를 계속해서 기존 성 별로 대하거나 '예전 이름(태어날 때 받은 이름)'으로 부르는 것은 성별 과 정체성에 대한 고정관념을 강요하는 행위다. 타인의 정체성을 정해줄 권리는 누구에게도 없다.

- **한 사람의 아이디어를 무시하고, 다른 사람이 잠시 후 동일한 아이 디어를 내면 동조한다.** 여자가 회의에서 좋은 아이디어를 내면 분 위기가 묘해질 때가 있다. 책상이 입을 열기라도 한 것처럼. 잠시 어색한 침묵이 감돌고, 회의가 재개된다. 90초쯤 뒤에 한 남자가 정확히 똑같은 말을 하면 다들 천재라고 추켜세운다. 이런 현상은 너무나 흔해서 '히피팅(he-peating, he(그 남자)와 repeating(반복)의 합성 어. 남성이 여성의 아이디어를 가로채 자기 생각인 양 말하는 것을 말한다—옮긴 이)'이라는 용어까지 있다. 코로나19 이후, 많은 여성이 화상회의가 대면회의보다 힘들다고 밝혔다. 말을 끊거나 '히피팅'하기 더 쉬운 환경이기 때문이다.

- **같은 인종, 성별, 또는 그 밖의 특성을 가진 사람들을 혼동한다.** 클 로디아 랭킨은 친한 친구에게 종종 흑인 가정부의 이름으로 불렸 다고 한다. 친구는 실수로 그랬겠지만, 랭킨에게는 고통스러운 기 억이다. 신체적 특성 때문에 다른 사람과 동일시된 일은 상처로 남

았다. 특히, 전혀 다른 관계인 친구와 가정부를 혼동했으니 더욱 충격이었다.[7]

- **과소평가/모욕적인 단어 선택.** 예를 들어, 남성은 '남자들'이지만 여성은 '여자애들'로 칭할 때가 있다. '여성스러운'을 경멸스러운 용어로 쓰기도 한다. "계집애처럼 던지네"나 "계집애한테 지냐"라는 표현 등이 그렇다. 남자에게 모욕의 의미로 '년'을 쓰는 것도 이에 해당한다.[8]

- **고정관념에 기반한 확인되지 않은 기대.** 보통 여성에게 '모성애' 또는 '조신함'을 기대하고 자기주장이 강하면 부정적으로 보는 반면, 남자는 '남자답게 행동하라', '배짱을 키워라'와 같은 말을 듣는다. 그래서 자기 뜻을 밀고 나가는 남자는 선망의 대상이지만, 여자가 그랬다간 철퇴를 맞는다. 직장에 다니는 성전환자나 제3의 성을 가진 사람들이 성별 또는 신체와 관련된 고정관념을 특히 모욕적으로 받아들이는 시대가 되면서, 성별 고정관념은 점점 더 문제가 되고 있다.

선입견에 대응하는 법

'나' 화법을 사용한다: '내 관점에서 생각해 보세요'라는 권유

상대가 선입견으로 실수를 한 상황이라면 지적해 줄 수 있다. 물론 방금 당신에게 피해를 입힌 사람을 교육할 책임은 없다. 침묵을 지키기보다 말하는 편이 감정 소모가 적다면, 그 방향을 택할 수 있다는 것이다. 이때 상대를 비난하지 말고 당신의 관점을 이해할 수 있도록 유도해야 한다. 물론, 말이 쉽지 어려운 일이다. 경험에서 터득한 조언이 있다. 뭐라고 말해야 할지 모를 때 '나'로 시작하라는 것이다. 상대가 당신의 입장에서 상황을 생각하도록 유도할 수 있다. 방금 한 말이나 행동이 왜 선입견으로 느껴졌는지 알려주자.

가장 쉬운 '나' 화법은 단순한 사실 교정이다. 이를테면, 옷핀 사건 때 "저는 이제 강연을 시작해야 해서요. 노란 티셔츠를 입은 진행 요원에게 말씀하시면 옷핀을 구할 수 있을 것 같네요"라고 말할 수 있었다. 자동차 열쇠를 건네받은 CEO는 "제가 주차 요원인 줄 아셨나 본데, 전 주차 요원이 아니고 CEO예요. 여기서 일하긴 하지만 분야가 다르네요"라고 할 수 있었다. 이 대답은 시간을 들여 다듬었지만, 막상 상황이 닥치면 시간이 없을 것이다. 그러나 '나' 화법은 완벽하지 않아도 된다. 영리하거나 재치 있을 필요도 없다. 심지어 서툴러도 된다. 요점은 대응하기로 결정했을 때 무슨 말이든 꺼내는 것이다. 증조할머니는 딸 넷을 위해 베개에 이렇게 자수를 놓았다. "일단 말하라. 언제든 주워 담으면 된다." 대응하고 싶지만 할 말을 찾을 수 없을 때 주문처럼 떠올리는 말이다.

'나' 화법을 쓰면 적대감을 드러내거나 남을 재단하지 않고도 내가 입은 피해를 알릴 수 있다. 예를 들어, "제게는 이런 말로 들렸어요. 나쁜 의도는 없으셨겠지만……"이라는 식이다. '나' 화법은 피해 사실을 명확하게 말하면서도 상대방이 당신의 관점으로 상황을 보도록 유도할 수 있고, 잘못된 판단을 깨닫게 만든다.

'나' 화법은 상대의 무의식적 선입견에 관대하게 대응하는 방법이다.

"방금 얼마나 불쾌한 말을 하셨는지 알고는 있습니까?"라고 받아치면 속이 더 시원할지도 모른다. 그러나 수치심을 주는 것은 비효율적인 전략이다. 성차별주의자/인종차별주의자/호모포비아로 몰려 낙인찍혔다고 느끼면 피드백에 마음을 열기가 훨씬 힘들다.

'나' 화법의 장점은 또 있다. 상대방의 입장을 파악할 수 있다는 것이다. 정중한 사과가 돌아오면 '무의식적 선입견'이라는 예측이 맞은 셈이다. 하지만 한술 더 뜨거나 공격적으로 나온다면 편견이나 따돌림일 것이다.

상대의 태도가 선입견인지 확실하지 않다면? 괜찮다. 백 퍼센트 확신이 있어야만 대처할 수 있는 것은 아니다. 판단이 옳든 그르든, 피드백은 선물과 같다. 상대의 행동에 깔린 태도를 잘못 판단했을 가능성을 열어두되, 당신이 받은 느낌에 확신을 갖고 이야기하면 된다. 실제로 그렇게 느꼈으니까. 상대가 선입견을 가졌다는 예상이 맞는다면 당신은 배움의 기회를 준 것이다. 틀렸다면 상대에게 해명의 기회를 준 것이다. 어느 쪽이든, 상대의 발언이 '옳지 않다'고 느꼈다면 더 파고드는 것은 의미가 있다. 그러나 보상보다 리스크가 클 때도 분명히 있다. 늘 맞서야 한다는 것이 아니다. 목소리를 내고 싶을 때 어떻게 할지 생각해 보라는 것이다.

다음은 일반적인 선입견을 마주했을 때 쓸 수 있는 '나' 화법의 다양한 예시다. 외워서 쓰는 대본이 아니라는 점을 명심하라. 당신의 언어로 전달해야 더 효과가 있다.

잘못된 역할 추정. 여성인 당신은 계약 협상을 위해 윌슨을 만나면서 회의록을 쓰기 위해 인턴인 잭을 데려갔다. 그러나 윌슨은 잭에게 의견을 말한다.

당신의 생각 '물건'이 달렸다는 이유로 잭이 윗사람이라고 생각하는군요. 뻔하죠.

'나' 화법 윌슨, 협상 담당자는 저예요. 이쪽은 하계 인턴 잭이에요.

잘못된 '책임' 추정. 당신은 모든 회의에서 회의록을 쓰라는 요청을 받는다.

당신의 생각 이 나쁜 자식들, 내가 여자라고 매번 회의록을 떠넘기는군.

'나' 화법 제가 항상 회의록을 작성해야 한다면 회의에 제대로 참여하기가 어려워요. 이번 주는 다른 분이 회의록을 작성해 주실 수 있나요?[9]

한 사람의 아이디어를 무시하고, 다른 사람이 잠시 후 동일한 아이디어를 내면 동조하는 것. 당신의 제안은 계속 무시당하지만, 남자가 5분 후에 같은 이야기를 하면 '좋은 아이디어'가 된다.

당신의 생각 제가 2분 전에 한 말을 똑같이 했을 뿐인데 왜 천재라고 떠받드는 거죠?

'나' 화법 네, 저는 여전히 그게 좋은 아이디어라고 생각해요. (주의: 이 말을 반드시 직접 할 필요는 없다. 비주류 집단이 중요한 발언을 했는데 나중에 다수 집단이 같은 말을 반복하고 아이디어를 가로챌 때 지적해 달라고 같은 팀 조력자에게 부탁할 수 있다. 조력자가 이런 상황을 인지하면 말해 달라고 부탁하자. "좋은 생각이에요, 몇 분 전에 ○○ 씨가 말한 것과 비슷하네요.")[10]

어떤 집단에서 소수인 인종 또는 성별의 구성원들을 동일시하는 것. 당신은 30명인 팀에서 2명뿐인 특정 인종/성별 중 하나다. 많은 팀원이 계속 둘을 헷갈린다.

당신의 생각 우린 똑같이 생기지 않았다고, 재수 없는 자식들.

'나' 화법 저는 샘이 아니라 앨릭스예요.

방금 벌어진 일을 더 명확하게 언급하는 것도 좋다. "그 사람이 저랑 비슷해 보이나 보죠? 헷갈리신 것 같아요." 어느 정도 가까운 사이이고 유머 감각을 발휘할 수 있다면, 살짝 농담을 해도 좋다. "샘은 우리 팀 다른 여자/흑인이고, 난 앨릭스야." "왜 샘이랑 나를 한 덩어리로 생각하는지 알겠어. 선입견이지"라는 식이다. 멤피스에서 자랄 때 한국계 미국인 친구가 있었다. 한번은 그 애를 다른 한국계 미국인 친구의 이름으로 불렀다가 이런 말을 들었다. "아빠는 여기 처음 이민 와서 백인은 다 똑같이 생겼다고 생각했대. 너도 한국인이 다 똑같이 생겼다고 생각하는 것처럼." 이 말을 시작으로, 우리는 한 집단의 사람들을 한 덩어리로 보는 선입견에 대해 진지하게 대화했다. 부끄러운 순간이었지만, 이야기하지 않고 지나갔다면 더 창피한 일이었을 것이다.

'나' 화법으로 선입견에 대응하면 몇 가지 장점이 있다. 반드시 이렇게 '해야 한다'거나 목소리를 '내야 한다'는 강요는 아니다. 하지만 우리는 대부분 맞대응의 이점보다 단점을 절실하게 알고 있다. 이미 본능적으로 반대하는 마음이 있으니 찬성 의견을 들어봐도 좋을 것이다.

먼저, 선입견에 대응하는 것 자체가 스스로를 긍정하는 행동이다. 남이 거슬리는 말을 할 때마다 무시하면 무력감이 조금씩 뿌리를 내리지만, 대응하면 그때마다 주체성이 강화된다.

둘째로, 선입견이 주는 피해를 제지할 수 있다. 또한 가해자가 행동을 바꾸도록 설득할 수 있다면 나뿐 아니라 다른 누군가에게도 도움이 될 것이다.

셋째로, 명확하고 친절하게 의견을 말함으로써 선입견을 지적해도 괜찮다는 입장을 지지하고, 다른 사람들도 같은 행동을 하도록 권장할 수 있다. '선입견을 지적받는다=구제불능의 나쁜 놈으로 몰린다'라는 등식이 사라지면 선입견을 느꼈을 때 언급하기가 편해진다. 선입견을 무시하면 반복되고 심해질 뿐이다.

넷째로, 선입견을 차단하면서 동료와의 관계가 오히려 개선될 수 있다. 나를 매번 화나게 하지 않는 사람과는 당연히 더 잘 지낼 수 있다.

다섯째로, 선입견을 알려주는 것은 호의에 해당한다. 상대가 본의 아니게 선입견이 들어간 말을 했다면, 당신은 그 부분을 지적하며 같은 실수를 반복하지 않게 기회를 준 셈이다.

기업 피드백 트레이닝에서는 "당신의 X라는 행동 때문에 나는 Y라고 느낍니다"라는 화법을 추천한다. 그러나 직장에서 선입견을 마주했을 때, 이 접근법은 적절하지 않다. 이런 상황에서는 상대에게 기분을 좌지우지할 권력을 주지 않아야 한다. 게다가 '느낌'을 언급하면 '저 여자, 너무 예민해', '저 남자는 늘 화가 나 있어'라는 선입견에 기름을 붓는 격이다. 선입견을 바로잡는 사실만을 담백하게 말해서 어떤 피해를 입었는지 보여주자.

감정과 선입견

기업가이자 브랜드 전문가인 제이슨 메이든(Jason Mayden)은 인스타그램 계정 'curbside ministries'에서 주류 집단의 사람들에게 이렇게 일침을 가했다. "미국 경제계에서는 흑인이 감정적이라서 문제라는 발언을 그만둬야 한다."[11] 그리고 비주류 집단의 사람들에게 이렇게 조언한다. "감정적인 게 뭐가 문제인가? 감정적이라는 것은 나는 인간이다, 내가 이 일에 관심을 쏟고 있다, 적극적으로 참여하고 있다, 사람을 대할 때 IQ뿐 아니라 EQ를 발휘해서 이해한다는 뜻이다."[12]

분노는 비주류 집단의 사람들이 특히 드러내지 못하는 감정이다. 선입견으로 인한 위험부담 때문이다. 이는 건강과 경력에 악영향을 미친다. 진짜 생각을 말하지 않고, 진짜 감정을 보이지 않으려고 늘 경계하고 있으면 숙면에 방해가 되고 업무 능력이 떨어진다. 직장에서의 감정억제가 비백인(Black, indigenous and people of color, BIPOC)의 건강에 미치는 부담에 대한 연구가 최근에야 시작되었다.[13]

"분노를 '훌륭한 여성성'에서 효과적으로 분리함으로써, 이 사회는 소녀와 여성들이 위험과 부정의에서 스스로를 가장 강력하게 보호하는 감정을 잘라냈다." 소라야 시멀리(Soraya Chemaly)가 쓴 《우리의 분노는 길을 만든다(Rage Becomes Her)》의 한 대목이다. 레베카 트레이스터(Rebecca Traister)의 《착하고 미치다(Good and Mad)》는 우리 사회가 어떻게 여성의 분노를 억압했으며, 그럼에도 여성이 변화를 꾀하는 데 분노가 얼마나 중요한 힘이었는지를 다룬다. 2016년 힐러리 클린턴의 대선 패배 이후 모든 계층과 인종의 여성이 분노로 연대했다.[14]

백인 투자은행가와 사귄 적이 있다. 그가 동료와 업무 통화를 하며 욕을 섞어 소리를 지르는 모습을 보고 정신이 혼미할 지경이었다. 나는 남자친구가 해고될지도 모른다고 생각했지만, 전화를 끊은 그는 내 걱정이 황당하다는 투였다. "별일 아냐." 실제로 백인 남자 투자은행가에게는 별일이 아니었다. 그러나 내가 그 10분의 1이라도 분노를 표출했다면, 나는 당장 해고되었을 것이다. 확신할 수 있다.

공정한 직장을 추구한다면 공평한 균형을 위해 노력해야 한다. 정당한 분노/짜증/불만/조바심을 표출하는 것과 폭력적인 것은 다르다. 내 남자친구는 동료에게 욕을 하고 소리를 지르면서 아무 거리낌이 없었는데, 나는 그 문화가 폭력적이라고 생각했다. 백인 남자의 폭력적 태도는 용납되지만 비주류 집단은 그런 식으로 행동할 수 없다는 것도 문제다. 그러나 더 근본적인 문화적 문제는 누구도 그렇게 무례하고 불쾌하게 행동할 권리를 누려서는 안 된다는 것이다.

풀리지 않은 감정을 억누르거나 잊으려 노력하는 와중에도 들킬까 봐 끊임없이 두려워하다 보면 진이 빠지고 무력해진다. 감정의 표현과 절제에 대한 기대 수준은 누구에게나 같아야 한다.

편견에 대응하는 법

'중립' 화법을 사용한다

고정관념에 찌든 말을 뱉으면서 사실이라고 의식적으로 믿는 사람을 만나면 어떻게 해야 할까? 무의식적 선입견이 아닌 적극적인 편견을 마주했다면?

선입견에 대응하기는 어렵다. 하지만 성별, 인종, 종교, 성적 지향, 성별 정체성, 사회경제적 배경 등 개인적 특성으로 능력이나 우열을 판단할 수 있다고 진심으로 믿는 사람을 상대하기는 훨씬 더 어렵다.

첫째로, 나는 선입견보다 편견이 더 화가 난다. 무의식적 선입견이 반영된 말을 들었을 때보다 여성은 원래 생물학적으로 이러쿵저러쿵하게 되어 있다는 등 과학적 증명을 들먹이는 사람을 만나면 훨씬 더 분노가 치민다. 화난 상태에서는 침착하게 대응하기가 힘들다. 특히 선입견 때문에 분노를 표출하는 것이 '허락'되지 않은 사람에게는 더욱 어려운 상황이다.

둘째로, 선입견이 있는 사람에 비해 편견을 가진 사람과 대면했을 때는 대화를 통해 변화를 일으킬 수 있다고 낙관하기가 힘들다. 편견이 있는 사람은 지적당했다는 이유만으로 자신의 신념에 대해 사과하지 않는다. 그들은 자신의 생각을 이미 알고 있는 사람들이다. 그러면 왜 굳이 상대해야 할까? 편견에 대응하는 이유는 누군가가 어떤 신념을 가질 권리와 내가 그 신념을 강요당하지 않을 권리 사이에 경계를 제대로 긋기 위해서다.

'중립' 화법을 쓰면 효과적으로 선을 그을 수 있다. '중립' 화법의 한 종류는 '무례하다/잔인하다' 등의 평가로 인간적 예의를 논하는 것이다. 예를 들면, "성인 여성에게 '아가씨'라는 호칭은 무례합니다"라고 할 수 있다. 회사의 방침이나 사규를 언급하는 방법도 참고할 만하다. "책상에 남부연합기를 걸어 두는 것은 사규에 위배됩니다. 노예제를 연상시키고 팀워크를 저해할 수 있어요." 세 번째로 법률에 호소할 수 있다. "여성 고용을 거부하는 것은 불법입니다."

왜 그 사람을 상대하는가?

일단 확실히 선을 그었다면, 그 사람을 계속 상대할 것인지 판단할 수 있다. "뒷간과 사돈집은 멀어야 한다"라는 말처럼 최대한 거리를 둬야 할 사람인가, 아니면 "같이 밥 한 끼 먹자"라고 할 상황인가? 후자라면 대화를 이어갈 수 있다. 이미 '중립' 화법으로 상대의 편견을 당신에게 강요하면 안 된다는 뜻을 명확히 밝혔으니까. 그와 동시에, 당신이 설득한다고 그 사람이 신념을 바꾸거나 편견을 버릴 가능성은 거의 없다는 것도 알아두자. 그렇다면 목표는 무엇인가? 왜 그 사람을 상대하는가? 몇 가지 이유가 있다.

- **다른 관점 제시하기**: 꼭 상대의 생각을 바꾸지 못하더라도, 내 의견을 말하면서 내가 어떤 사람이며 어떤 신념을 가졌는지 표현하고 침묵을 강요당한 느낌을 벗어날 수 있다. 데릭 블랙(Derek Black)은 자신이 어떻게 백인민족주의(white nationalism)를 벗어났는가에 대하여 쓴 《혐오를 넘어(Rising Out of Hatred)》에서 이런 경험을 언급했다. 같은 반 친구 매슈 스티븐슨은 데릭을 안식일 만찬에 초대하면서 유대인의 세계관을 공유하고자 했다. 이때 매슈가 한 표현이 인상적이다. "우리가 해야 할 일은 바위를 미는 것까지야. 꼭 바위가 움직이지 않아도 돼."[15]

- **내 생각 돌아보기**: 편견에 이의를 제기하는 과정에서 상대 또한 내 주장에 반론을 펼 수 있다. 내 의견을 깊이 생각하고 다듬는 데 도움이 된다. 상대의 신념을 바꾸기보다 내 생각과 주장을 정리하고 연마하겠다는 자세로 대화에 임하면 좌절할 일이 없다.
- **공통된 의견 찾기**: 상대가 아무리 용납할 수 없는 편견을 가지고 있더라도, 그 한 가지 신념이 그 사람의 전부는 아니다. 음악, 하이킹, 가족의 중요성, 혹은 업무에 대해서라도, 뭐든 공통점을 찾고 나면 함께 일하기가 수월할지도 모른다. 법관 루스 베이더 긴스버그(Ruth Bader Ginsburg)와 앤터닌 스컬리아(Antonin Scalia)의 우정을 모범으로 삼아보자.[16]

'증거'와 편견

가끔은 누군가의 편견이 뻔뻔스러우리만큼 확고해서 한 대 맞은 느낌이 들 때가 있다. 뭐라 할 말이 없을 정도다. 토니는 직장이나 학계에서의 성과를 설명하는 데 자주 사용되는 성격 특성 분류학인 빅5 성격 테스트를 맹신하는 동료 직원 돈의 이야기를 했다.[17] 돈은 여성이 히스테리가 심하다는 건 생물학적으로 '증명'된 사실이며, 그래서 직원 몰입도 조사에서 여성이 남성보다 행복도가 낮다고 주장했다. 그러나 경영진에서는 70% 이상이 남자인 팀에서 여성들이 무례한 취급을 받기 때문에 행복도의 차이가 발생한다는 결론을 내렸고, 모든 직원이 무의식적 선입견에 대한 트레이닝을 받도록 의무화했다. 돈은 거부했다. 여자들의 신경증이 문제지, 남자들의 선입견과 그로 인한 회의에서의 미묘한 차별, 승진위원회에서의 노골적 차별이 문제가 아니라는 '증거'가 있다는 입장이었다.

토니는 돈에게 어떻게 반응할 수 있을까? 가장 쉬운 방법은 논쟁을 차단하는 것이다. "여기서 계속 일하시려면 교육 이수는 필수 요건입니다. 참석하고 싶지 않다면 저 말고 팀장님과 얘기해 보시죠." 또는 "근거도 없는 빅5 연구의 해석을 주장하시면 회사 업무에 심각하게 방해가 됩니다. 이런 논쟁은 하고 싶지 않군요."

원한다면 돈의 입장을 인지한 후 반박할 수 있다. "빅5 성격 테스트는 반박 불가능한 진실이 아니라 도구일 뿐입니다. 그러므로 '여성이 생물학적으로 남성보다 신경증적'이라는 말이 증명된 사실이라는 건 잘못된 주장이죠. 더 심층적으로 연구한다면, 여성과 남성이 동일한 경제적 불안정성을 겪는 나라에서는 남성과 여성의 신경증적 경향이 똑같을 겁니다. 게다가 여성이 남성보다 히스테리가 심하다고 말하고 다니면, 여성에게 적대적인 업무 환경 조성에 기여하고 있는 건데요. 적대적인 업무 환경을 만드는 사람에 대해 경영진이 조치를 취하지 않으면, 해당 팀장과 회사는 법적 책임을 지게 됩니다. 돈 씨가 계속해서 여성은 신경증적이라서 행복도가 낮은 것이지 부당한 취급을 받아서가 아니라고 주장한다면 해고될 수 있습니다."

자녀 양육에 관한 편견

엄마라면 집에서 아이를 돌봐야지 밖에서 일하면 안 된다는 신념을 가진 알렉산더라는 동료가 있었다. 기분 좋게 아이들 이야기를 하던 중에 알렉산더가 난데없이 말했다.

"제 아내는 집에 있어요. 애들한테는 그게 낫죠."

처음에는 자신의 아이들을 말하는 줄 알았다. 경력에 욕심이 있는 내가 나쁜 부모라는 뜻을 은연중에 내비치고 있다고는 생각하지 못했다. 그래서 살짝 농담을 해서 실수를 바로잡을 기회를 주었다. "아, 저는 애들을 방치하는 게 낫다고 생각해서 오늘 출근을 한 거군요."

그런데 알렉산더는 멈추지 않았다. "킴, 엄마가 전업주부인 게 실제로 아이들에게 좋다는 연구 결과가 있어요."

나는 '중립' 화법을 꺼냈다. "제가 직장에 출근해서 아이들에게 피해를 입혔다는 말은 규정 위반이에요. 동료를 나쁜 엄마라고 비난하는 건 여성에게 적대적인 업무 환경을 만드니까요. 게다가 무례하고 비열한 말이고요. 당신이 아이들을 사랑하는 만큼 나도 내 아이들을 사랑해요."

내가 의도한 대로, '적대적인 업무 환경'이라는 단순한 말에 알렉산더는 입을 다물었다. 그러나 우리는 계속 함께 일해야 했다. '직장맘'은 나쁜 엄마라는 그의 편견은 온갖 미묘한 방식으로 튀어나와서 내게 상처를 줄 수 있었다. 무엇보다, 알렉산더가 나를 '직장 때문에 아이들을 방치하는 엄마'로 여긴다면 존중을 기대하기 어려울 것이다. 내가 집을 떠나야 한다는 사실이 불편해서 출장이 필요한 프로젝트를 함께 하지 않으려 할지도 몰랐다(본인이 가족과 떨어져야 하는 건 문제 삼지 않고 내가 내 가족과 떨어지는 걸 걱정하다니 이상한 일이지만). 그래서 대화를 이어가기로 했다.

"알렉산더, 난 이 일을 인사팀에 고발하거나 하진 않을 거예요. 하지만 여자에게 아이들을 방치하고 있다는 말은 주먹을 날리는 거나 마찬가지예요. 계속 그런 말을 하고 다니면 여자 직원이랑 일하기 힘들 거예요. 문제가 생길 가능성도 높고요."

"알았어요." 그가 수긍했다.

"하지만 이왕 이야기를 시작했으니, 왜 당신 말에 반대하는지 내 생각을 말할게요. 그래도 되죠?"

"그럼요. 어떻게 생각하시는지 알고 싶어요. 내 말은, 당신이 나쁜 사람 같진 않거든요."

비꼬는 말투에 화가 누그러지기는커녕 더 솟구쳤지만, 심호흡을 하고 말을 이어갔다. "저는 엄마의 직장 생활이 자녀에게 오히려 긍정적인 영향을 준다는 연구 결과를 보여드릴 수 있어요. 하지만 그 연구를 내밀진 않을 거예요. 당신이 아내와 의논해서 내린 결정을 존중하기 때문이기도 하고, 당신의 상황과 맞지 않을 수도 있으니까요. 삶의 방식, 아이를 키우는 방식에는 하나의 정답이 있는 게 아니에요. 평균적으로 가장 좋은 선택이 당신 가족, 또는 내 가족에게는 전혀 최선이 아닐 수 있죠."

나는 정중하게 말하려고 굉장한 노력을 들였지만, 놀랍게도 알렉산더는 화가 나 있었다. 그는 분개해서 물었다. "아내가 집에서 아이들을 돌보는 게 시간 낭비다, 아니면 아이들에게 나쁘다, 그렇게 말하고 싶은 건가요? 이것도 적대적인 업무 환경을 만드는 거 아니에요?"

"전혀 그런 의미가 아니었는데요." 나는 좌절했지만, 설명하려 노력했다. "미안해요, 제대로 설명하지 못했나 보네요. 내 말은, 당신과 아내가 가족을 위해 옳은 결정을 하고 있다는 거예요. 그리고 저도 남편과 우리 가족에게 옳은 결정을 하고 있고요. 당신과 저는 평균적으로 무엇이 최선인지에 대해 다른 연구 결과를 갖고 있는 것 같네요. 하지만 일반적으로 가장 좋은 선택이라도 구체적인 상황, 그러니까 당신이나 내 상황과는 맞지 않을 수 있으니, 그 얘기를 할 필요가 없다는 거예요."

"뭐, 저는 그래도 엄마가 집에 있어야 한다고 생각해요."

우리는 출발점으로 돌아와 있었다.

"제가 제 아이들에게 좋지 않은 선택을 할 거라고 생각하나요?" 내가 물었다.

"고의로 그러진 않겠죠." 알렉산더는 거기까지만 인정했다. "제가 가진 자료를 다 보시면 생각이 달라질걸요."

"당신도 제 자료를 못 보셨잖아요? 제가 가진 연구 자료를 읽어보시겠다면 저도 주시는 자료를 읽어보죠."

여기서 알렉산더는 웃었다. 내가 그가 가진 연구 자료를 읽는 데 시간을 들이고 싶지 않은 것처럼 그도 내가 본 연구에 관심이 없다는 걸 인정한 것이다. 우리 둘 다 시간을 더 낭비하고 싶지 않았고, 다시 일하러 갈 준비가 되어 있었다. 다툼은 그럭저럭 정리되고 우리는 다시 우호적인 관계로 돌아온 것 같았다. 그래도 확실히 해두고 싶었다.

"이건 어때요?" 나는 다시 '중립' 화법으로 돌아가서 제안했다. "두 가지에 합의할 수 있을까요? 내가 어떻게 아이를 키울지는 내가 남편과 결정해요. 그리고 당신이 어떻게 아이를 키울지는 당신이 아내와 결정하죠. 그리고 우리는 서로 존중하고 서로의 결정을 함부로 판단하지 않는 거예요."

"물론이죠." 알렉산더가 웃으며 손을 내밀었다. 나는 그 손을 맞잡았다. 나는 그의 신념을 흔들지 못했고 그는 내 생각을 바꾸지 못했지만, 두 번 다시 내가 아이들을 방치한다는 소리는 하지 않았다. 이 대화에는 시간과 감정적 에너지가 소모되었지만, 그냥 지나갔다면 장기적으로는 우리 둘 다 손해가 컸을 것이다. 그리고 알렉산더보다는 내 쪽이 더 큰 피해를 입었을 것이다.

그러니 대화할 이유는 충분했다. 투자보다 얻은 것이 많았다.

"X나 개소리 집어치워"는 '중립' 화법이 아니지만, 그렇게 말문을 터야 할 때도 있다

경영대학원에서 '각국의 경제 전략'이라는 수업을 들었다. 하루는 친구 테런스와 교수님이 나눠준 자료를 읽고 있었다. 사회학자 찰스 머리(Charles Murray)의 글이었는데, 이런 말이 지혜랍시고 적혀 있었다. "젊은 남자는 근본적으로 야만인이라서, 결혼은…… 즉, 아내와 아이를 책임지는 행위는 없어서는 안 될 문명화의 동력이다."[18] 이것은 무의식적 선입견이 아니라 의식적인 편견이었다.

나는 이 대목을 읽다가 펄쩍 뛰었다. 다시 소리를 내어 읽고, 화가 머리끝까지 나서 책을 테이블에 집어던졌다. "내가 한 남자를 문명화하려고 경제적·신체적인 부분을 다 내맡겨야 한다고? X나 개소리 집어치워! 각자 알아서 문명인이 되어야지. 테런스, 너는 나보다 더 화나야 하는 거 아니야?"

아마 교수님은 우리가 사회생활을 하면서 여러 차례 편견을 마주할 것을 알고 미리 마음의 준비를 시키려고 일부러 그렇게 도발적인 글을 숙제로 내주었을 것이다. 아니면 이 개소리를 진짜 믿는지도 몰랐다. 어느 쪽이든 나는 다음날 수업이 두려웠다.

수업이 시작됐지만, 아무도 우리가 읽은 터무니없는 자료에 반론을 제기하지 않았다. 나는 'X나' 같은 말을 쓰지 않고 머리의 주장에 대한 의견을 표현할 수 있을지 확신할 수 없었다. 'X나'라고 하면 문제가 되지

1부 | 생산성을 낮추는 가장 빠른 법

않을지도 확신할 수 없었다. 물론, 남자들은 경영대학원 수업에서 'X나'라는 말을 입버릇처럼 쓴다. 이렇다니까. 내 감정을 억압하는 선입견 탓에 편견에 제대로 대응하기 힘들었다.

테런스는 음흉하게 웃으면서 어제 했던 말을 해보라고 몰래 옆구리를 찔렀다. 아무도 반론을 제기하지 않은 채 시간이 흘렀고, 분노한 나는 점점 외로워졌다. 그 기사에 화가 난 사람이 아무도 없다고? 왜 없을까? 내가 잘못 생각했나?

마침내, 테런스가 조력자의 역할을 맡아 손을 들었다. "저는 어제 읽은 글에 대해 킴과 이야기했는데, 정말 좋은 의견을 들었습니다."

"그래, 킴?" 교수님이 나를 보았다.

"어……" 나는 야만인을 문명화하는 부분을 소리 내어 읽었다. "저는 이 문단을 읽고 테런스에게 이렇게 말했어요. X나 개소리 집어치워." 무슨 말을 더 하기도 전에 교수님을 포함해서 강의실의 모든 사람이 웃음을 터뜨렸다. 나는 화내고 욕할 수 있었다. 그래도 괜찮았다. 아니, 괜찮은 것 이상이었다. 해방감을 느낀 중요한 순간이었다.

"자네 관점은 잘 알겠네." 교수님은 이어서 의견을 자세히 설명할 시간을 주었지만, 분노가 너무 강렬했던 나는 어디서부터 시작해야 할지 몰랐다. 내가 생각을 정리하는 사이 다른 사람이 끼어들었고, 다른 방향으로 논의가 흘러갔다.

25년이 지난 지금도 그 순간은 생생하다. 여성에 대한 너무나 많은 편견의 핵심에는 머리의 에세이에 깔린 위험한 믿음이 있다. 남자에게 행동 제어에 대한 책임을 물어서는 안 되며, 남자가 규칙을 지키게 하는 것은 여자의 책임이라는 것이다. 찰스 머리만이 아니다. 여자는 남자에게 복종하는 한편 남자의 행동을 관리할 책임도 있다는 것은 오랫동안 끈질기게 이어지는 신화다. 벨이 야수를 구원하기 전까지, 야수는 야수다.[19] 영화 〈앙코르(Walk the Line)〉도 비슷하다. 준이 구원의 손길을 뻗기 전까지, 조니 캐시는 알콜과 마약에 중독되어 있다.[20] 조던 피터슨(Jordan Peterson) 같은 권위자들은 이런 신화가 고대 신화와 대중문화에 걸쳐 뚜렷이 나타나므로 분명히 사실이라고 주장한다.[21] 이제 이런 헛소리에 반기를 들어야 할 때다.

나는 강의실의 남자들이 행동 제어의 기능을 여성에게 넘겨야 한다는 생각에 반대하지 않는 것에도 놀랐다. 다들 결국은 임원이 되려는 사람들 아닌가? 그런데도 자기 자신조차 '통제할 수 없다'고 생각하는 것 같았다. 추상적인 이론적 논의에서만 느낀 것이 아니다. 강의실에서 이 생각을 강요당한 적도 있다.

계단형 강의실에서 내 뒤의 높은 자리에 앉은 남자가 내가 스트레칭을 하거나 허리를 펴고 앉으면 내 가슴 때문에 집중이 안 된다고 불평했다. 몸을 숙여서 가슴을 숨기거나 펑퍼짐한 옷을 입으라는 것이었다. 그와 친한 무리가 동조하고 나섰다. 과장해서 허리를 꺾고 가슴을 내밀며 내 흉내를 냈다. "네가 이러고 앉아 있으면 얘가 어떻게 집중하겠어?" 너무 화가 났지만, 동시에 자의식이 발동했다.

그 후 며칠 동안 구부정하게 앉았다. 자존감이 깎여 나가기 시작했다. 내 수업 참여도가 평소보다 떨어지는 것을 느낀 교수님이 괜찮냐고 물을 정도였다.

이 일이 왜 문제였는지 설명하려면, 경영대학원의 환경부터 얘기해야 한다. 성적에 가장 큰 영향을 미치는 요소는 토론 참여였다. 수업 시간은 무대를 방불케 했다. 다들 수업 시작 전 워밍업 루틴이 있었다. 옆에 앉은 남자는 허리를 세우고 가슴을 쭉 내밀고, 머리를 돌리면서 목에 있는 모든 뼈에서 뚝뚝 소리를 냈다. 몇 줄 뒤에 앉은 남자는 소변이 마려울 경우를 대비해서 큰 컵을 가지고 다녔다. 몇 분이라도 놓치면 참여도 점수가 낮아질까 걱정한 것이다. 주위에서 경악했지만 실제로 두 번 정도 컵을 쓰기까지 했다. 이런 험악한 분위기에서 살아남기 위한 나만의 루틴이 있었다. 꼿꼿이 앉아서 수업 전에 스트레칭을 하는 것이다. 그러면 제대로 달릴 준비가 된 것 같았다. 그러나 스트레칭을 하지 않으면서 좀처럼 발언을 할 수 없게 되었다. 이대로는 분명 성적이 나빠질 터였다.

나는 내 가슴에서 눈을 뗄 수 없다는 남자와 맞서기로 결심했다. 당시에는 몰랐지만, 내가 최초로 '중립' 화법을 사용한 경험이었다. "네 눈이나 정신을 통제하는 건 내가 할 일이 아니야. 네 뇌가 네 마음대로 안 된다고 나한테 웅크리거나 다른 옷을 입으라고 하는 건 말이 안 돼."

"하지만 넌 남자로 사는 게 얼마나 힘든지 모르잖아!" 그가 소리쳤다.

"몰라. 알려주든가!" 비꼬는 말로 들렸을 것이다. 하지만 그의 말이 터무니없다고 생각했어도, 진짜로 궁금하긴 했다. 어떻게 그런 생각을 할 수 있는지 알고 싶었다.

"내가 보는 곳마다 여자 가슴을 쳐다보라는 광고가 걸려 있어. 어딜 가도 같은 음악이 나오는 것처럼 무시하기가 너무 힘들어!"

나는 성적 대상화를 남자의 관점에서 생각해 본 적이 없었다.[22] 그가 사뭇 진지한 태도를 보였기에, 나는 무죄 추정의 원칙에 따르기로 했다.

"알았어. 사회가 널 어떻게 길들였는지 이해했어. 어쨌든 네 뇌를 통제할 수 있는 건 너뿐이지, 내가 아니야. 투명인간처럼 지내라는 건 나한테도 불합리한 요구지만, 너한테도 효과가 없을 거야. 네 정신을 네가 안 챙기면 강의실에 여자가 없어도 딴 생각을 할 테니까."

그는 내 말을 인정했다. 그리고 강의실에서 내가 어떻게 앉든 더는 입을 열지 않았다. 가슴을 쳐다봤다가도 내가 인상을 쓰는 걸 보면 시선을 돌렸다. 얼마 지나지 않아 그는 내 가슴을 보지 않게 되었다. "X나 개소리 집어치워"라는 말도 속은 시원했지만, '중립' 화법—"그건 합리적이지 않아"—을 통해 내 입장을 훨씬 더 잘 전달할 수 있었다.

남자의 성적 시선이나 강간이 여자의 잘못이라는 오래된 편견은 뿌리가 깊고, 여전히 많은 피해자를 낳고 있다. 몇 년 뒤에 나는 남성 중심적 기업의 회의에서 진지하게 의견을 피력하기 힘들다는 여성을 코칭했다. 나는 그녀가 구부정하게 앉는 것을 보고 그 이유를 정확히 이해했다. 그리고 심리학자 에이미 커디(Amy Cuddy)가 TED 강연에서 설명한 '자세 피드백(postural feedback)'을 시도했다. 바른 자세에서 자신감이 생긴다는 이론이다. 나는 커디의 '원더우먼 포즈'를 연습하라고 했다. 그제야 알았지만, 내가 경영대학원에서 수업 전에 하던 스트레칭도 비슷한 행동이었다. 하지만 코칭을 받던 여자는 여전히 미팅 중에 몸을 웅크렸다.[23]

결국 대놓고 말했다. "제가 잘못 짚었을 수도 있지만, 왜 그렇게 어깨를 움츠리는지 알 것 같아요. 가슴을 드러내기 싫은 거죠? 저도 경영대학원 수업에서 그런 적이 있는데, 성적이 떨어지더라고요. 제대로 앉아서 어깨를 펴면 더 자신감이 생기고 남들이 보기에도 다를 거예요."

적절한 조언이라는 건 진작 알았지만, 정말 확실한 효과가 있어서 나조차 놀랐다. 다음 미팅에서 그녀의 참여도는 눈에 띄게 달라졌다. 역시 여자인 그녀의 상사는 내게 감사의 전화를 걸어 짧은 시간에 어떻게 그 정도로 극적인 변화를 이끌어냈는지 물었다. 나는 사실대로 말했고, 우리는 크게 웃었다. 우리도 같은 경험을 지나왔으니까.

경영대학원에서 똑바로 앉는다는 이유로 나를 괴롭힌 남자를 그냥 무시하는 것이 더 쉬웠을지 모른다. 그러나 그가 믿는 중요한 편견을 파악하고 함께 논의했다는 사실이 기쁘다. 내 설득으로 그가 생각을 바꿨는지는 알 수 없지만, 내게는 유익한 대화였다. 이 경험이 있었기에 나중에 내 코칭을 받은 여자를 도울 수도 있었다.

따돌림에 대응하는 법

'너' 화법을 사용하여 대가를 알려준다

따돌림과 갈등은 어떻게 다른가? 따돌림 예방 센터를 운영하는 비영리단체인 PACER의 작업을 인용하여 간단히 확인해 보자.[24]

따돌림 주동자는 비공식적인 지위를 믿고 함부로 행동하는 경우가 많다. 여기서 '권력'이 아니라 '집단 내 지위(예컨대, 경영진이 대부분 백인인 회사의 백인이라거나 회사에서 특히 높이 평가하는 대학 학위가 있는 경우)'라는 용어를 쓰는 데는 이유가 있다. 이 책에서 '따돌림'은 위치 권력관계가 없는 사람들 사이에서 일어나는 행동을 의미한다. 위치 권력이 방정식에 들어오면, 따돌림은 괴롭힘이 된다(2부에서 다룰 내용이다).

따돌림 가해자의 목표는 해를 입히는 것이다. 피해가 발생하고 있다

갈등	따돌림
양측이 각자의 관점을 표현하는 의견 충돌	한 사람이 상대에게 상처를 주거나, 피해를 입히거나, 모욕하는 행위
관련된 사람들의 지위 차이가 없음	따돌리는 사람이 집단 내에서 더 높은 지위에 있음
가해자는 상대가 상처받는다는 사실을 깨달으면 보통 행동을 멈추거나 바꿈	가해자는 상대가 상처받는다는 사실을 깨달아도 행동을 계속함

고 알려줘 봤자 더 나쁜 행동이 이어질 뿐이다. 가해자를 무시하는 것 역시 효과가 없다. 따돌림을 멈추는 방법은 가해자가 대가를 치르게 하는 것뿐이다. 따돌림이 불가능하거나 즐겁지 않게 되어야 가해자가 행동을 멈춘다. 그래서 피해자는 따돌림을 멈출 수 없다는 무력감을 느끼는 경우가 많다.

따돌림에 대항하는 방법으로는 '너' 화법이 있다. "너 왜 그래?" "너 나한테 그런 식으로 말하지 마." '너' 화법은 단호한 행동으로, 놀랍도록 효과적으로 관계의 양상을 바꿀 수 있다. 따돌림 가해자는 피해자를 끌려 다니는 위치에 놓고 질문에 대한 대답을 요구하며 샅샅이 헤집어 놓는다. 여기에 '너' 화법으로 대답하면 주도적인 위치를 회복할 수 있다. 가해자에게 스포트라이트를 돌려 질문에 대답하라고 요구하는 것이다.

'나' 화법은 상대가 나의 관점을 생각해 볼 수 있게 한다. '중립' 화법은 넘지 말아야 할 선을 명확하게 긋는다. '너' 화법을 쓰면 따돌림 가해자에 대해 이야기하게 된다. 그러면 가해자는 발언에 수긍하거나 반대하며 스스로를 변호하는데, 어느 쪽이든 공격보다는 방어적인 태도가 된다.

나는 갈등을 즐기지 않는 편이라 '너' 화법을 자연스럽게 쓰기 어렵다. 누군가 내게 상처를 주면 자연스럽게 그 행동이 내게 어떤 영향을 주었는지 말하고 싶은 충동부터 든다. 따돌림을 당했을 때 약한 모습을 보이면 역효과를 낳는다는 사실을 처음으로 알려준 건 내 딸이었다.

어느 날, 내 딸이 화가 나서 돌아왔다. 놀이터에서 오스틴이라는 아이가 괴롭혔다는 것이다. 나는 오스틴에게 악의가 없었을 거라고 생각하며 이렇게 말해보라고 조언했다. "네가 내 점심을 테이블에서 떨어뜨려서 나는 정말 배고팠고 기분이 나빴어." 그러자 딸이 어이없다는 듯 눈을 흘겼다. 선생님도 비슷한 충고를 했다고 한다. "어른들은 왜 그러는 거야?" 알 수가 없다는 투였다. "왜 이해를 못해? 오스틴은 내 기분을 망치려고 노력하고 있다고! '네가 한 행동 때문에 기분이 나빴어'라고 말하면 '잘했어, 오스틴, 목표를 이뤘구나. 네가 원하던 일을 해냈어'라고 말하는 것과 똑같아. 날 괴롭힌 애한테 쿠키를 주는 거나 다름없어!"

내 딸이 절대적으로 옳았다.

가능하다면, '너' 화법에 즉각적인 대가를 덧붙인다

뉴욕의 어느 비 오는 아침이었다. 나는 회사에 늦어 맨해튼에서 택시를 타기로 했다. 끝없는 기다림 끝에 마침내 택시 한 대가 다가와 섰다. 비에 흠뻑 젖은 채 문을 열고 타려는데 한 남자가 건물에서 달려 나와 내가 잡은 택시가 자기 것인 양 손을 올려놓았다. "내 택시야, 아가씨." 덩치가 큰 남자라는 점을 이용해 나를 위협하고 따돌리려는 것이었다.

나는 말했다. "당신, 그런 식으로 내 택시를 뺏으면 안 돼요!" 그리고 '너' 화법에 이어 행동을 취했다. 택시 기사와 눈짓으로 마음을 맞추고, 키 큰 남자의 팔 아래로 쏙 들어가 남자를 발로 밀어버리고 문을 잠갔다. 기사는 훌륭한 조력자 역할을 해주었다. 나머지 문을 잠그고 남자의 다리를 스치며 출발해, 깔깔 웃으며 커브를 돌았다. 우리는 시내로 가는 내내 웃었다.

늘 즉각적인 대가를 치르게 할 수는 없을 것이다. 무리해서 위험을 부담할 필요도 없다. 그러나 따돌리는 행동에 바로 대가가 따른다면, 가해자는 따돌림이 소용없다는 사실을 빨리 깨닫게 된다.

"그 쭈글쭈글하고 조그만 물건을 보고 내가 겁먹을 거라고 생각했다면, 당신이 틀렸어요."

나는 '너' 화법을 써야 할 순간에 대부분 실수를 해서 제대로 성공한 경험이 드물다. 다음은 나답지 않게 잘 대처해서 흐뭇했던 사건이다. 1999년, 나는 코소보의 수도 프리슈티나의 비영리 조직에 있었다. 그곳에서 알바니아 난민들을 위한 소아과를 관리하는 일을 했다. 내가 도착하고 얼마 되지 않아, 알바니아인 직원 둘이 울면서 찾아왔다. 물류를 관리하는 윌리엄이 인종차별적 발언을 하며 위협했다는 것이다. 윌리엄의 그런 행동은 처음이 아니었다.

나는 뮌헨 본사에 전화했고, 본사에서는 윌리엄을 고국 독일로 돌려보내는 데 동의했다. 그 후의 일은 본사에서 처리하기로 했다. 그러나 윌리엄은 내 사무실에서 대화하기를 거부했고, 그래서 통보 후 그의 집을 찾았다. 지원해 줄 동료와 함께 갔다. 앞문을 열지 않아 뒷문으로 돌아갔

1부 | 생산성을 낮추는 가장 빠른 법

더니, 윌리엄은 유리 미닫이를 등진 채 붉은 목욕 가운 차림으로 맥주를 마시고 있었다. 나는 문을 두드렸다. 윌리엄은 나를 돌아보더니 한 발 다가와서 반항적으로 눈을 맞추며 목욕 가운을 열고 알몸을 드러냈다.

"그 쭈글쭈글하고 조그만 물건을 보고 내가 겁먹을 거라고 생각했다면, 당신이 틀렸어요." 내가 말했다.

윌리엄이 가운을 다시 여몄다. 동료와 나는 다음 뮌헨행 비행기에 오르도록 그를 설득할 수 있었다.

이런 종류의 따돌림을 맞닥뜨리면 무슨 말을 해야 맞는지 생각하기 어렵다. 나는 보통 너무 놀라 정신을 못 차렸다. 일단 '당신'이라고 말을 꺼내는 건 다음 말을 생각하지 못했더라도 도움이 된다. 입에서 나오는 대로 말하면 된다. 아마 이런 말이 나올 것이다. "당신, 왕따 가해자처럼 행동하네요." "당신, 웃겨요." "당신, 프로페셔널하지 못해요." 아니면 "당신…… 왜 그렇게 말해요?" "당신…… 지금 왜 그러는 거예요?"일 수도 있다. 심지어 그냥 "당신…… 흰 셔츠를 입었네요"라고 할 수도 있다. 나쁜 행동을 노골적으로 지적하는 것이 너무 위험하다고 판단했을 때 무슨 말이라도 한다면 상대에게로 초점을 넘길 수 있다. 가해자는 반응해야 하고, 당신은 방어적 위치를 벗어난 것이다.

취직? 취집?

코소보에서 돌아온 지 얼마 되지 않아, 해외 정책에 대한 지식 증진을 목적으로 하는 기관에 가입했다. 회원들은 위풍당당한 맨해튼 본사에서 정기적으로 오찬을 갖고 학계의 전문가나 정부 고위직의 강연을 들었다. 하루는 미국의 대코소보 정책을 논의하는 자리가 마련되었다. 강연이 끝나고 청중들에게 질문을 받는 시간이었다. 나는 거기 참석한 대부분의 사람들보다 코소보의 상황에 대해 더 많이 알았지만, 막상 질문을 하려니 주눅이 들었다. 질문자는 자리에서 일어서서 자기소개를 하고 어디서 일하는지 말해야 했다. 강연장은 한자리 한다는 사람들로 가득했고, 대부분은 나이 많은 남자들이었다. 나는 당시 무직 상태의 젊은 여자였다.

용기를 내보려 하는데, 투자자이자 자선사업가로 유명한 사람이 일어섰다. 이름과 소속을 말하기도 전에 모두들 알고 있다는 미소를 보냈다. 이제 "저는 킴이고, 무직입니다"라고 말하는 건 더 어렵게 느껴졌다.

다음 질문자는 최근 은퇴한 유명 투자은행가였다. 그는 일어서서 이름을 말하고, "취직 상태가 아니다"라고 했다. 아! 여기선 '무직'이라고 하는 대신 저렇게 말하는 모양이었다. 나는 손을 들었다. 강연자가 나를 지목했고, 나는 일어서서 이름을 말하고 "취직 상태가 아니다"라고 했다.

뒤쪽에 앉아 있던 한 남자가 소리쳤다. "취직을 못 한 거요, 취집을 못한 거요?" 모두 웃음을 터뜨렸다. 나도 대수롭지 않게 받아들였다면 좋았으련만, 뜨거운 수치의 눈물이 고였다. 나는 심호흡을 하고, 그의 말을 못 들은 척 질문을 했다.

내가 할 수 있었을 말을 이야기하기 전에 짚고 넘어갈 부분이 있다. 어느 한 명이라도 그 취집 운운하는 남자에게 "왜 그렇게 무례하세요?" "다른 회원에게 그렇게 예의 없게 구시면 안 되죠"라고 했다면 분위기는 백팔십도 달라졌을 것이다. 수치심을 느끼는 쪽은 내가 아니라 그 남자였을 것이다. 혹은 한 명이라도 나중에 찾아와서 그의 행동이 불쾌했다고 말해주었다면, 그것 또한 내게는 하늘과 땅 차이였을 것이다. 그러나 나를 찾은 사람은 없었다.

나는 다시는 마음 편히 그 모임에 갈 수 없었고, 결국 특별한 인맥을 포기하고 탈퇴했다. 게다가 아무 대응도 하지 못해서 자존감에 엄청난 상처를 입었다. 내가 받아쳤더라면 주체성을 회복할 수 있었다. 내 이름이 알려지고, 그의 평판이 떨어졌을 것도 거의 확실하다.

젊은 날의 내게 조언하고 싶다. '너' 화법의 힘을 믿고, 일단 입을 열어 '당신'이라 말하라고. 그리고 자신을 믿으라고.

- "당신, 왜 내게 그런 부적절한 질문을 하죠?"
- "당신, 이 모임에 여자가 많아져서 불편한가요?"
- "당신, 어린 여성 회원을 따돌리는 게 습관인가요?"
- "당신, 나한테 텃세라도 부리는 거예요? 대학 동아리도 아니고."

내게 대본을 써 달라는 사람들도 있지만, 각자의 상황에 맞는 말을 고르는 것이 훨씬 낫다. 내 말이 다른 사람의 입에도 붙으라는 법은 없다. 내가 직접 쓴 대본도 어느 순간 입에 붙지 않을 때가 있다. 따돌림을 당한다고 느낄 때 실제로 말할 수 있을 법한 '너' 화법의 문장이나 질문을 몇 개 골라 보자. 그리고 그 말을 연습하자. 거울을 보고 연습하고, 다른 사람에게도 연습하자. 새로 산 등산화를 길들이듯 그 문장들에 익숙해지자. 그러면 필요할 때 '너' 화법을 적절하게 쓸 수 있다.

가만히 있지 말라, 따돌림을 재생산하지도 말라

코미디언이자 작가인 린디 웨스트(Lindy West)는 따돌림에 대응하는 법을 설명한다. "좋은 성과를 내라. 취약한 모습을 보여라. 주위에 알려라. 친절한 사람이 되어라."[25]

내 딸도 말했지만 가해자에게는 약한 모습을 드러내면 안 된다. 믿을 수 없는 사람이니까. 하지만 누구에게도 약한 모습을 보이면 안 된다는 뜻은 아니다. 취약함은 관계를 형성하는 데 필요하다. 브레네 브라운(Brené Brown)의 글을 빌리면, "우리가 약해질 수 있으려면 믿어야 한다. 그리고 믿으려면 약해져야 한다."[26] 따돌림으로 나쁜 경험을 했다고 해서, 동료들에게 무슨 일이 있었고 어떤 기분을 느꼈는지 숨기는 것은 좋지 않다. 일반적으로 피해자는 따돌림을 무시하려 한다. 그러나 따돌림으로 인한 피해를 감추는 대신 무슨 일이 있었는지 밝히고 약한 모습을 드러내면 따돌림 행위에 훨씬 강력하게 맞설 수 있다. 무시로 일관하면 정도가 심해질 가능성이 크다. 하지만 따돌림에 따돌림으로 맞서라는 이야기는 아니다. 따돌림을 당했다고 해서 본인이 따돌림 가해자가 되지는 말라는 이야기다.

선입견, 편견, 따돌림을 구별하는 법

본능을 믿어라

앞서 말했지만 상대의 태도가 선입견인지 편견인지 따돌림인지 확실하지 않으면, 나는 보통 선입견이라고 가정하고 대응한다. 내 판단이 옳다면, 상대의 방어적인 대응을 유발하지 않고 선입견을 지적할 수 있다. 막상 반응을 보니 편견이나 따돌림이었다면, 언제든 '나' 화법에서 '중립'

이나 '너' 화법으로 단계를 높일 수 있다.

내가 선입견을 기본으로 생각하는 것도 일종의 특권이다. BLM 운동은 미국의 주류 집단인 백인들이 오랫동안 외면한 부분을 눈앞에 들이민다. 우리가 선입견이라고 생각한 부분은 사실 무의식적 선입견이 아니라 의식적인 편견인 경우가 너무나 많았고, 선입견과 편견은 언제든 눈 깜박할 사이에 폭력적으로 바뀔 수 있었다. 인종차별주의를 단순한 무의식적 선입견으로 취급하면 누군가는 위험에 빠질 수 있다. 현실에서 이미 아프게 증명된 바다. 2020년 여름 BLM 시위 도중 새너제이의 경찰관은 소속 경찰서에서 무의식적 선입견에 대한 교육을 진행했던 흑인 강사에게 고무탄을 쏘아 심각한 부상을 입혔다.[27]

나는 상황에 맞지 않는 조언으로 누군가를 위험에 빠뜨리고 싶지 않다. 그래서 내 조언은 간단하다. 본능을 믿어라. 편견이나 따돌림이라고 생각하고 대응했는데 사실 선입견이었더라도 상관없다. 그래도 유용한 피드백을 준 것이다. 편견을 가진 것처럼 보였거나 고의로 상처를 주려는 느낌을 받았다고 알려준 셈이니, 상대는 자신이 피해를 주었다는 걸 이해하고 앞으로 행동을 고칠 수 있게 될 테니까. 상대가 방어적으로 굴거나 상황을 부정한다면, 거기에 장단을 맞춰줄 필요는 없다.

아직 차별, 괴롭힘, 신체적 침해는 이야기하지 않았다. 차별은 선입견이나 편견을 행동으로 옮길 권력을 가진 사람에 의해 일어난다. 채용이나 승진을 거부하는 경우다. 괴롭힘은 따돌림을 행동으로 옮길 권력을 가진 사람에 의해 발생한다. 신체적 침해는 권력을 가진 사람이 원하지 않는 방식으로 접촉해 올 때 일어난다. 늘 그런 것은 아니지만 차별과 괴롭힘, 신체적 침해는 부적절한 처신을 넘어 불법행위가 되기도 한다. 이런 행동에는 선입견, 편견, 따돌림과는 달리 대처해야 한다. 2부에서는 차별, 괴롭힘, 신체적 침해에 대응하는 법을 다룰 것이다.

대응 여부 결정하기

'침묵한다'를 기본 설정으로 삼지 말라

선입견, 편견, 따돌림은 난데없이 덮쳐온다. 미팅에 집중하고 있는데 별안간 숨이 턱 막히는 발언을 듣는 식이다. 다양성 전략 컨설팅사인 크리티컬다이버시티솔루션(Critical Diversity Solutions)의 공동 창업자 A. 브리즈 하퍼(A. Breeze Harper) 박사가 '인종차별적 칭찬 증후군(racist compliment syndrome)'으로 명명한, 백인이 유색인종을 기본적인 일로 칭찬하는 현상도 그런 사례. 예로 "정말 전문가처럼 옷을 입으셨네요!", "말씀을 정말 잘하시네요!"라고 하거나, 앞서 말한 극단적인 경우처럼 "버논이 글을 읽어!"라고 할 수도 있다. 편견은 다른 방식으로도 나타난다. "저쪽에서 거친 협상가를 내보낸다고 하니, 우리 쪽도 당신 대신 빌이 나가는 게 좋겠어." "기억해, 감정적으로 굴지 마/화내지 마/울지 마." 아니면 "파티 기획 좀 맡아 주세요. 저는 그런 거 잘 못해서"나 "레스토랑 예약 좀 해주실래요?" 같은 식일 수도 있다.

이런 순간에 불만을 말하면 십중팔구 왜 그렇게 예민하냐는 말을 듣는다. 그러면 진짜로 화가 나고, 그래서 감정적으로 대응했다가 나중에 후회하기도 한다. 이런 딜레마 상황에 어떻게 대처해야 할까?

많은 사람이 그렇지만, 나도 일단 침묵으로 일관했다. 그 기본 설정을 바꾸고 싶다. 침묵은 절대 옳은 대응이 될 수 없다는 말이 아니다. 기본 설정을 '침묵'으로 해둘 필요가 없다는 것이다.

내 멘토는 성차별적 선입견의 존재를 믿지 않는 사람 같았다. 그래서 그의 앞에서는 비슷한 주제에 관한 언급을 피했다. 하루는 SNS에 내가 겪은 사건을 공유하고 의견을 구했는데, 놀랍게도 게시글을 읽은 멘토가 내게 따로 연락해 왔다. "그런 글을 올려줘서 고마워. 나도 여자들한테 비슷한 말을 한 적이 있어. 안 그랬다고 생각하고 싶지만 분명 그랬어. 이제 알게 됐으니 고쳐야겠지." 좀 더 일찍 이야기해 볼 걸 그랬다는 생각이 들었다. 내가 침묵하지 않았다면, 누군가가 내 멘토의 무의식적 선입견 때문에 피해를 입는 것을 막을 수 있었을지도 모른다. 무엇보다 멘토는 내 게시글을 읽고 진심으로 고마워했다.

침묵을 합리화하는 흔한 방법

입을 다물어야 한다는 내면과 외부의 압박에는 다양한 형태가 있다.[28] 정신을 차릴 수 없을 정도다. 내가 의견을 말해야 했던 순간에 침묵을 지키면서 끌어온 흔한 변명과 합리화를 정리해 보았다.

합리화: "나는 좋은 사람이야. 대립하는 건 싫어."[29]

《실리콘밸리의 팀장들》에서 '지독한 솔직함'을 강조한 것은 나 스스로 깊이 각인된 경향성을 벗어나기 위해서이기도 했다. 내가 목소리를 내야 모두에게 좋은 상황에서조차 나는 침묵하는 경향이 있었다. 아마

어릴 때부터 항상 들었던 말 때문일 것이다. "좋은 말이 안 나올 것 같으면, 아무 말도 하지 마라."

하지만 문제 있는 행동을 무시하면 누구에게도 좋지 않다. 우선, 원래 '좋은 사람'이니 보호한답시고 입을 다물면 상대에게 나쁘다. 선입견이 반영된 말을 듣고도 내가 지적하지 않으면, 그 사람은 계속 그 말을 하고 다녀서 언젠가 문제가 될 것이다. 팀의 다른 구성원에게도 나쁘다. 나를 힘들게 하는 선입견이 다른 사람도 괴롭힐 것이다. 물론 나 자신에게도 나쁘다. 선입견을 계속 들으면 내면화될 가능성이 크다. 맞서지 않는 건 일종의 자해다.

나는 전작을 통해 '좋은' 사람, '좋은' 행동의 정의를 바꾸고 싶기도 했다. 단순히 동료의 기분을 언짢게 하지 않으려고 비판적인 피드백을 삼키는 건 사실 '좋은' 행동이 아니다. 친절하고 명확하게 비판적인 피드백을 주면 동료의 성장을 도울 수 있고, 해고를 면하게 해주기도 한다. 이것이 진짜 '좋은' 행동이다. 사실 이럴 때의 침묵은 갈등을 피하려는 이기적인 시도에 불과하고, 결과적으로는 상대에게 잔인한 태도다.

《실리콘밸리의 팀장들》에서는 동료의 앞니에 시금치가 끼거나 바지 지퍼가 열린 상황을 예로 들었다. 동료를 아낀다면 문제를 귀띔해 줄 것이다. 그러나 동료가 생각 없이 성차별적·인종차별적 발언을 하거나 '게이'를 비하 발언으로 쓰는 것을 보면 본능적으로 지적하지 않고 그냥 넘어가고 싶어진다. 이럴 때가 바로 지독한 솔직함이 필요한 순간이다. 문제성 발언을 한 동료를 정말 아낀다면 계속 그런 말을 하도록 내버려두면 안 된다. 또한 다른 팀원들을 아낀다면 나쁜 발언과 태도에 계속 노출시켜서도 안 된다.

문제가 선입견이라면 그렇게까지 어렵지는 않다. 편견과 따돌림에 대처하는 것은 좀 더 불편할 수 있다. 그러나 규정이나 규칙, 법률을 위반하는 말과 행동을 지적하는 것은 친절을 베푸는 것이다. "____는 비하 발언입니다", "____는 규정 위반입니다", "____는 불법입니다"라고 말해주자. 또한 내가 목소리를 냄으로써 나 자신과 팀원들을 보호할 수 있다. 따돌림도 마찬가지다. 따돌림 가해자를 아무도 제지하지 않으면 그의 행동은 점점 심해져 실제로 피해를 유발할 것이다. 그러면 따돌림 가해자 역시 심각한 상황에 처하게 된다. 물론 이때쯤에는 다른 사람들도 모두 이미 심각한 피해를 보았을 테고. 초장에 따돌림과 맞서는 사람이 많아진다면, 이 세상은 정말로 더 좋은 곳이 될 것이다.

내가 친구나 동료의 기분을 걱정해서 선입견, 편견, 따돌림에 대해 입을 다물어버리면, 사실 그 사람을 더 큰 위험으로 몰아넣는 것이다. 누군가 지적하지 않으면 실수를 깨닫기 어렵다. 내가 동료의 실수를 지적하지 않으면, 동료가 문제를 해결할 기회를 없애는 셈이다. 그렇다면 결국 나는 좋은 사람이라고 할 수 없다.

합리화: "그는 '좋은 사람'이야." "나쁜 뜻은 없었을 거야."[30]

평소 좋아하는 사람이 뭔가 잘못된 말을 했다고 하자. 내가 제일 좋아하는 동료가 왜 그런 말을 했을까, 합리화가 시작된다. '나이가 많아서 그래, 어려서 그래, 다른 지역 출신이잖아, 종교적인 부분 때문일지도 몰라……' 아무튼 그를 심하게 나무라거나, 기분을 상하게 하거나, 동료나 경영진의 비난을 받게 하고 싶지는 않다. 그래서 그냥 입을 다문다.

《실리콘밸리의 팀장들》에서 나는 이런 양상을 '파괴적 공감'이라고 명명했다. 마음을 다치게 할까 봐 피드백을 하지 못하는 모습이다. 성별이 변수가 되면, 양상은 또 달라진다. 우리는 남자의 고통을 크게 느끼는 반면 여자의 고통은 별것 아니라고 넘어가는 경우가 많다. 다시 말해, '부서지기 쉬운 남자의 자존심'을 조심스럽게 대해야 한다고 느낀다. 사실 그런 건 여자의 상상 속에만 존재하는데도. 윤리학자 케이트 만 (Kate Manne)은 이런 마음을 힘퍼시라고 한다.[31] 그러니 '그 남자의 마음이 상하는 건 싫어'는 '파괴적 힘퍼시'라고 정리할 수 있겠다.

파괴적 힘퍼시는 내게도, 함께 일하는 사람들에게도, 심지어 문제의 '그 남자'에게도 나쁘다. 그래서 나는 '그 사람, 좋은 사람이야'를 스스로 금지어로 설정했다. 누구나 좋은 일도 하고, 나쁜 일도 한다. 좋은 사람이 되고 싶은 사람은 자신이 한 나쁜 일을 알고, 고치고, 다시 그런 짓을 하지 않기를 원한다.

합리화: "별일 아니야."[32]

어떤 사건의 의미나 중요성을 실제보다 축소하는 극소화(minimization)는 매우 흔한 합리화 방식이다. 하지만 진짜로 별일이 아니라면, 나는 왜 계속 그 생각에 매여 있는가? 그리고 진짜로 별일이 아니라면, 지적하는 것도 별일 아니다. 게다가 선입견·편견·따돌림이 드물다면, 그거야말로 별일이 아닐 것이다. 그러나 나는 셋 다 자주 겪는다. 선입견의 빈도가 가장 높다.

선입견·편견·따돌림의 순간을 별일 아니라고 합리화하고 싶은 마음과 싸우기 위해, 나는 사건을 무시했을 때 누적되는 영향에 대해 생각한다. 한 번은 별일 아니지만, 계속 반복되는 사건을 무시하면 나의 주체성은 일종의 반복성 스트레스 손상을 입는다. 그리고 침묵 대신 대응을 선택했을 때의 장기적인 영향과 비교한다. 상대는 화를 낼 때도 있지만, 고마워할 때가 많다. 선입견에 대응해서 관계가 나빠지기보다 더 깊어진 경우가 많았다. 이렇게 생각하면 대응하게 될 때가 많다.

합리화: "동료와의 관계가 나빠지는 건 싫어."[33]

여자 동료를 낮춰 부르는 남자와 일한 적이 있다. 별로 친하지 않았기에 침묵을 지켰고, 친해지면 이 문제를 한번 말해둬야겠다고 생각했다. 호칭이 거슬린다는 점을 빼면 창의적이고 재미있는 사람이었고, 배울 점도 많았다. 그러나 그는 계속 선을 넘었고, 점점 짜증 지수가 높아졌다. '아가씨'라고 부르는 걸 내버려 뒀더니 '예쁜이'나 '귀요미'까지 입에 올렸다. 별 말 없이 불쾌한 표정으로 넘겼지만 속으로는 분노가 쌓였고, 그의 행태는 더 심해졌다. 하루는 내 옆을 지나가면서 "헤이, 베이비"라고 인사했다. 나는 미친 듯이 화를 냈다. 돌이킬 수 없는 사건은 아니었지만, 서로 편해지기까지는 시간이 좀 걸렸다. 그 일을 꺼내며 웃기까지는 더 오랜 시간이 걸렸다. 내가 일찍 말했더라면 우리의 관계는 훨씬 좋았을 것이다. 초기에 불쾌함을 표현하면 보통 작은 일에서 끝난다. 하지만 화를 참으면 더 큰 일에서 폭발하고 만다.

합리화: "상황을 더 악화시킬 뿐이야."[34]

따돌림 가해자들은 하나같이 잘못된 행동을 지적받으면 앙갚음을 하려 한다. 맞서 싸우려는 사람이 보복을 두려워하는 건 당연하다.

그렇다고 해도 나는 부정의와 맞서는 문제에서 상당한 부정 편향이

있었다. 즉, 리스크는 실제보다 너무 크게, 장점은 너무 작게 보았다는
의미다. 그래서 필요 이상으로 맞대응을 두려워했다.

시간이 지나면서 침묵에도 대가가 따른다는 깨달음을 얻었다. 나 자
신도, 동료들도 그 대가를 치른다. 실제로 보복을 당할지 찬찬히 생각해
보면 가능성이 거의 없을 때가 많았다. 물론 상황마다 답은 다를 수 있
다. 하지만 반드시 생각은 해보자.

합리화: "내 평판을 걸고 나설 가치가 없어."[35]
나는 젊은 여성들에게 항상 이런 질문을 받는다.

- "유머러스한 여자의 말은 진지하게 듣지 않는다는 연구 결과를 봤
  어요. 직장에서의 유머는 위험할까요? 웃기려 들면 평판이 나빠질
  까요?"
- "이 연구를 보면 여자가 협상에서 물러서지 않으면 보복을 당한대
  요. 유능한 협상가가 되면 평판이 나빠질까요? 협상에 너무 열을
  올리지 않아야 할까요?"
- "일을 제대로 하려고 공격적으로 밀어붙이면 '거칠다', '호감이 안
  간다'는 평판 때문에 성과 평가 점수가 낮아져요. 그냥 관둘까요?
  이래도 저래도 성공할 수 없는 상황이에요."

이런 질문을 들으면 소리를 지르고 싶다. "아니야아아아아!!!!! 본인
방식대로 선입견과 싸우세요. 선입견에 순응하지 마세요. 능력을 덜 발
휘하지도 마세요."

경력과 평판을 고려할 때 장기적으로 최악의 선택은 재능을 숨기고,

목소리를 낮추고, 최선의 능력을 아끼는 것이다. 하지만 선입견, 특히 '호감도' 선입견 때문에 여자들은 그래야 한다는 압박을 받는다.

그래서 어떡해야 하냐고? 당신이 유머러스한 사람이라면, 그냥 동료들을 웃겨주자. 사람들이 유머러스한 여자의 말을 진지하게 듣지 않는다는 기사를 읽었더라도. 협상에 재능이 있다면, 협상을 하자. 보복을 당하면 갈고닦은 협상 기술로 새 직장을 찾으면 된다. 일을 처리하기 위해 공격적으로 밀어붙여야 한다면, 그렇게 하자. 그 대신 팀원들을 아끼는 태도를 보여주면서 '거친 여자'라는 오명에 대응하자. 전문성이 뛰어나다면 아닌 척하지 말자. 회의 참석자들이 전문가는 남자이길 바란다는 것은 이유가 될 수 없다.

미국의 소매유통사 타깃(Target)의 최고다양성책임자(Chief Diversity Officer, CDO)인 캐럴라인 왕가(Caroline Wanga)는 이 문제를 능숙하게 설명한다. 직장에서 본모습을 숨겨야 한다면 일을 잘할 수 없으며, 원하는 만큼 성취를 이루려면 먼저 기본적인 부분에서 신뢰를 얻어야 한다는 것이다.[36] 업무를 잘 처리하고, 진실한 모습을 보이고, 진정한 관계를 쌓는 데 집중하라. 그러면 평판은 따라온다. 나 자신의 가장 좋은 모습을 보였을 때 좋은 평판이 생기는 것이지, 다른 사람들이 원하는 모습을 보여준다고 그것을 얻을 수 있는 것은 아니다.

피드백은 일을 잘하고, 직장 내에서 좋은 관계를 쌓고, 진실한 모습을 보여주는 데 도움이 된다. 비판을 요청하자. 귀를 막지 말자. 선입견에서 비롯한 피드백을 받는다고 해도 무시하기보다는 대응하는 편이 낫다. 나 역시 직장 생활을 시작해서 가장 취약했던 시절에는 나에 대한 평가 때문에 힘들었다. '호감이 안 간다'와 '공격적이다'라는 말이 특히 나를 괴롭혔다. 대학 졸업 후 첫 직장에서 누가 귀띔해 주었는데, CEO는 나를 "성과에 눈이 뒤집힌 여자"로 여겼다. 이건 피드백이 아니라 험담이다. '호감이 안 간다'는 평가를 받으니 적당히 물러나야 하나 싶었다. 하지만 적당히 했더니 일을 제대로 할 수 없었다. 그리고 정말 놀랍게도, 내 호감도가 나아지지도 않았다. 나는 최선을 다할 때의 내가 제일 좋다. 내가 나를 좋아해야 다른 사람들도 나를 좋아한다. 나는 당당하게 선입견에 대항할 때 일을 잘할 수 있고, 관계도 좋고, 결국 평판도 더 좋아진다는 것을 배웠다. 역설적이게도 '호감도'에 매달리지 않게 되자 나는 '호감 가는' 사람이 될 수 있었다.

어떤 회의에서 동료가 해준 말이 내 기억에 선명하게 남아 있다. 우리는 돌아가면서 한 단어로 서로를 설명해야 했다. 동료와는 프로젝트를 같이 끝낸 직후였다. 나는 뭐랄까, 극성스럽게 프로젝트에 임했기 때문에 무슨 말이 나올지 몰라 마음을 단단히 먹었다. 동료가 입을 열었다. "관심. 킴은 늘 관심을 가져요. 가끔은 관심 좀 꺼줬으면 할 때도 있지만…… 진심으로 동료와 일을 아끼는 사람이에요." 다른 회사에서는 "킴은 공격적이다", "킴은 골칫거리다"라고 나를 평가하던 남자와 일했다. 1년쯤 붙어서 일하고 나니, 그는 새로운 팀원에게 이렇게 내 스타일을 소개했다. "킴은 토론을 좋아해. 처음에는 날 미치게 하려는 건가 싶을 거야. 하지만 제대로 일할 수 있게 도와주려고 그러는 거야."

선입견에 물러나지 말자. 정면으로 맞서 싸우자!

침묵과 분노

침묵과 분노의 관계에 대해서는 이미 설명했지만, 침묵-분노 증후군이 얼마나 사람을 무력하게 하는지 강조할 필요가 있다. 침묵을 지킬수록 더 화가 나고, 화가 날수록 입을 다물게 된다. 사이먼 앤드 가펑클의 표현을 빌리면, "침묵은 암덩어리처럼 자라난다." 그 암덩어리는 다른 누구도 아닌 자기 자신을 아프게 한다.

선입견이나 편견, 따돌림 앞에서 아무 갈등 없이 평화롭게 침묵하는 예는 드물다. 이미 잠들어 있어야 할 새벽 세 시에 그 일을 곱씹고 또 곱씹고, 마침내 그 자리에서 했어야 할 기가 막힌 대답이 떠오른다. 그리고 다시 기분 나쁜 일이 일어난다. 이번에도 나는 대답을 준비하지 못했다. 이런 문제가 반복될수록 괴로움은 커진다. 게다가 무시할수록 같은 일이 일어날 확률은 더 높아진다. 가해자에게 맞서지 않았기 때문에, 가해자는 자신의 잘못을 알지 못하거나 그런 행동이 용납된다고 생각한다. 또 같은 일이 일어나면 나는 더 분노한다. 마침내 진짜로, 진심으로 화가 머리끝까지 난다. 그러나 격분한 상태에서는 더더욱 입을 닫는다. 나 자신을 믿지 못해서 입을 열지 못한다. 말을 꺼냈다간 분노를 표출할 테고, 그러면 여자가 화를 표현하면 안 된다는 말을 듣고, 그러면 더 화가 날 테니까.

침묵과 분노의 악순환이 형성된다. 이 시점에서는 이미 너무 분노가 쌓여서 마지막 인내심을 끊어버리는 사소한 사건이 일어나면 그 상황에 맞지 않을 정도로 심하게 폭발할지도 모른다. 침묵이 더해지면, 분노도 더해진다. 침묵과 분노의 악순환에서 벗어날 전략이 몇 가지 있다.

험담은 선의의 피드백이 아니다

나쁜 놈을 나쁜 놈이라 한다고 태도나 행동이 바뀌지는 않는다. 정면 대결을 해도 나쁜 행동이 더 심해질 뿐이다.

그렇다면 뒤에서 보복해도 정당하지 않느냐는 생각이 들 수 있다. 정당할지는 몰라도 효과적이지는 않다. 팀워크와 협업이 필수적인 직장에 피해를 끼치는 파괴적인 행동이다. 팀에만 나쁜 것이 아니라 피해자에게도 나쁘다. 자신의 결점을 보지 않게 되고, 성장하고 나아질 기회는 사라진다. "넌 나쁜 놈, 난 착한 사람이니까 널 막 대할 권리가 있어." 여기서 위선이 탄생한다.

선입견, 편견, 따돌림과 싸우는 가장 좋은 방법은 정면으로 맞서되 따라 하지 않는 것이다. 상대가 하는 말을 경청하고, 태도나 행동의 문제점을 지적하자. '나', '중립', '너' 화법을 사용하자.

적이 아닌 아군을 찾자

나를 지지해 줄 사람을 찾으려고 노력할 때면 어떻게든 지원군이 나타났다. 주변을 적으로 돌리기보다 완벽하지 않더라도 나를 도와줄 사람들과 관계를 맺으면 성과가 좋았다. 또한, 처음에 불쾌한 말을 한 사람들도 알고 보면 적이 아니었다. 재수 없는 놈인 줄 알았더니 막상 어울려 보면 아군이었던 적도 왕왕 있었다.

예를 들면, 예전에 일하던 회사에는 자녀가 있는 직원이 나밖에 없었다. 함께 일하던 젊은 엔지니어는 직장 생활을 하면서 가족을 돌보는 내가 어떻게 균형을 잡는지 궁금해했다. 나는 반드시 온 가족이 모이는 아침저녁 식사 자리와 잠자리에 들기 전의 규칙 등을 설명했다. "오!" 그가 감탄했다. "야구 시즌 같은 거군요." 처음에 나는 살짝 불쾌했다. 가족은 내게 신성한 것이다. 야구는 아무리 잘 봐줘도 신성하지는 않다. 하지만 무슨 뜻인지 확실하지 않으니 물어보기로 했다. "음, 전 대학 때 야구를 했거든요. 시즌이 시작하기 전에는 훈련이 시작되면 대체 어떻게 학교 수업을 따라갈지 겁이 났어요. 하지만 방금 설명하신 것처럼 야구에 굉장한 시간을 투자했는데도 어떻게든 공부를 해낼 시간이 나더라고요." '야구 시즌'의 의미를 이해하자 육아에 대한 그럴듯한 은유로 느껴졌다. 비록 시즌이 어마어마하게 길긴 하지만 말이다.

서투른 호기심을 허용하자

미국에서 백인 인구가 대다수인 지역에 있는 회사의 직원과 이야기할 일이 있었다. 이 회사에는 한 번도 외국에 가보지 않은 사람도 많다. 이 회사에 인도인 여성이 입사하게 되었을 때 외국인을 처음 본 팀원도 몇 있었다. 팀원 중 한 명이 신입 직원에게 물었다. "인도에 있을 때 출퇴근은 어떻게 했어요? 코끼리 타고?"

그녀는 당연히 불쾌해져서 통명스럽게 대꾸했다. 하지만 결국 질문한 직원이 아군이라는 것을 이해하게 되었다. 통탄할 정도로 교육이 부족하긴 했지만. 그래서 '서투른 호기심'을 허용하기로 했다. 그 직원은 인도 영화의 한 장면만 생각하며 인도에 대해 부정확한 선입견을 갖고 있긴 했지만, 편견이 있는 것은 아니었다. 진심으로 더 알고 싶어서 물어보았을 뿐이다. 인도인 직원은 서투른 호기심을 허용하고, 질문에 대답하면서 상대를 든든한 지원자로 만드는 법을 익혔다. 회사의 모든 사람에게 인도 문화를 교육할 수는 없었다. 너무 무리한 일이니까. 하지만 서투른 호기심을 적대감으로 오해하는 것도 피곤한 일이다. 인도인 직원이 미국인 직원을 교육할 필요도 없지만, 질문을 취소하라고 할 필요도 없다. 인도인 직원은 사실대로 질문에 대답하고 인도를 좀 더 정확하게 묘사한 책과 영화를 몇 가지 추천했다.

싸울 때와 물러날 때를 구분하자

비주류 집단의 사람에게 주류 집단 구성원을 교육하는 것은 피곤한 일이다. 나도 누군가를 교육하려면 에너지를 투자해야 하니 상대를 신중하게 선택한다. 주류 집단의 구성원이라면 스스로 배우는 것이 합리적이기도 하다.

토니 모리슨(Toni Morrison)은 인종과 관련된 선입견, 편견, 따돌림이 왜 공정한 직장에 방해가 되는지 설명한다. "인종차별주의의 매우 심각한 문제는 (…) 집중력의 분산이다. 차별받는 사람으로서는 일을 할 수가 없다. 차별로 말미암아 내 존재의 이유를 매번 다시 설명해야만 한다. (…) 전혀 불필요한 일이다."[37]

토니 모리슨이 옳다. 전혀 불필요한 일이다. 남들이 문제 있는 태도와 신념으로 떠맡기는 일 말고, 당신이 하고 싶은 일을 하자.

'침묵'을 기본 설정으로 삼지 않는 것과 항상 맞서 싸우며 모든 에너지를 소모하는 것은 다르다. 내가 싸울 때를 고르는 '알고리즘'은 당신과 맞지 않을지도 모르지만, 도움이 될 수도 있으니 공유하려 한다. 나는 사건의 성격을 파악하고 어떻게 대응할지 의식적인 결정을 내리는 주도적인 알고리즘을 만들었다. 싸울 때가 아니라고 판단해서 선택한 침묵이나 무대응은 수동적인 회피가 아니라 능동적이고 의식적인 관용이다. 두렵기 때문이 아니라 더 중요한 일이 있기 때문에 대응하지 않는 방향을 선택하는 것이다. 노력은 하지만, 늘 성공하지는 못한다. 누구나 그렇듯, 가끔은 나도 두렵다.

유머를 활용하자

선입견이나 편견에 대응하기 위해 웃긴 사람이 될 필요는 없다. 방금 일어난 일의 무게를 가볍게 만드는 유머의 부작용 때문에 역효과가 날 수도 있다.[38] 하지만 편하게 유머를 활용할 수 있는 능력은 엄청난 자산이다. (가해자들에게 경고한다. 본인이 상처를 주고는 농담으로 넘기려 하면 반드시 역효과가 난다.)

컬럼비아칼리지 시카고 캠퍼스의 희극학 교수 앤 리베라(Anne Libera)는 곧 출간될 책 《퍼니어(Funnier)》에서 유머의 진화론적 목적이 통찰이라고 설명한다. 유머를 활용하면 상대를 화나게 하거나 방어적으로 만들지 않고도 실수를 지적할 수 있다. 리베라는 이 순간을 "하하, 아하!"[39]라고 부른다. 아니면 린디 웨스트의 말처럼, "세계는 지독한 것들로 가득하다. (…) 그것을 웃음거리로 만들어도 괜찮다. 하지만 희극의 가장 중요한 용도는 삶의 끔찍한 부분을 드러내면서 더 나빠지지 않고 나아지게 만드는 것이다."[40] 악의는 없지만 정말 무지해서 자신이 저지른 윤리적·현실적 실수를 의식하지 못하는 사람들과 이야기할 때, 이런 종류의 유머는 효과적인 방법이 될 수 있다.

예를 들어, 앞에서 설명한 파워 포즈를 개발한 에이미 커디는 선입견을 자주 겪으면서 훌륭한 대응법을 마련했다. 비행기를 탔는데 옆자리 사람이 대화를 시도한다. "무슨 일 하세요?" 커디가 대답한다. "하버드경영대학원 교수예요." 그러면 보통 "정말요?! 그런 데서 강의할 분처럼 보이진 않는데. 뭘 가르치시나요?"라는 질문이 돌아온다. 커디는 이렇게 대답한다. "타이핑이요."

작가이자 임원인 나탈리 코건(Nataly Kogan)은 핸드백과 노트북 가방, 검은 배낭을 들고 이사회 회의실에 들어섰다. 목소리가 유독 큰 남자 이사가 비웃었다. "여자들은 왜 저렇게 강박적으로 가방을 몇 개씩 들고 다니지?" 모두가 바라보는 가운데, 나탈리는 배낭을 천천히 열고…… 유축기를 꺼냈다.

여자에게 '출산 축하 선물 구입'을 당연하게 떠넘긴 대가

어느 날 아침, 팀장 토드가 회의실에 들어서면서 불평했다. 오후에 무의식적 선입견과 관련된 교육에 참석해야 했기 때문이다. 토드가 단호하게 말했다. "나는 무의식적 성별 선입견이 실제로 있다고 생각하지 않아." 유일한 여자 팀원 아드리아나는 불쾌했지만 입을 다물었다. 토드가 그런 말을 하는 이유는 확실하지 않았다. 그는 선입견의 개념 자체를 부정하고 있었다. 이 말이 진심일까? 그렇다면 그건 편견이었다. 어쩌면 아드리아나의 반응을 보려고 따돌림을 시도한 것일지도 모른다. 어떤 의미였든, 아드리아나에게는 적대적으로 느껴졌다.

회의 막바지에 남자 팀원 타이는 육아휴직에 들어가는 동료의 선물을 사겠다고 자원했다. 토드가 타이를 막았다. "아니야, 아드리아나한테 맡겨. 그런 일은 여자가 하는 게 나아."

아드리아나는 중요한 프로젝트로 한창 일하는 중이었다. 일정이 빠듯했다. 서른 명에게서 돈을 걷고, 선물을 고르고, 사고, 포장할 시간이 없었다. 하지만 토드를 상대하기가 더 피곤해서 그냥 일을 맡았다. 그래서 일정이 약간 밀렸고, 다른 직원 네 명의 일도 늦어졌다. 반면 타이는 큰 프로젝트를 마무리한 직후라 조금 여유가 있었다. 그래서 선물을 사겠다고 나선 것이었다. 이런 사건은 여성의 경력에 심각한 피해를 끼칠 수 있고, 순조롭게 돌아가던 조직의 일을 늦춘다. '회사 내 잡일'을 당연한 듯 여성에게 떠넘기면 여성의 생산성은 타격을 입고, 따라서 여성의 경력이 타격을 입고, 정의가 타격을 입는다. 여성의 생산성이 낮아지면 팀 전체가 휘청인다.

내가 아는 여자들은 모두 이런 순간을 수백 번 겪었다. 출산 축하 선물을 사는 것이 아니더라도, 회의록 작성이나 커피 심부름, 회식 장소 예약, 생일 케이크 구입, 야유회 계획이 여자의 몫이다.

이런 순간을 그냥 지나치고 싶을 수 있다. 괜히 맞서서 힘을 뺄 이유가 있나? 성전환으로 여성이 된 목사 폴라 스톤 윌리엄스(Paula Stone Williams)는 TED 강연에서 남성이 여성에 대해 가지는 편견과 경멸적인 고정관념에 대해 알게 된 점을 말한다. "본인이 무슨 말을 하는지도 모르는 사람 취급을 계속 받으면, 진짜 내가 무슨 말을 하고 있는지 모르겠다는 생각이 들기 시작합니다."[41] 직장에서의 부정의를 한마디로 표현한 말이다. 선입견, 편견, 따돌림은 사람을 좀먹는다. 나 자신을 의심하게 만든다. 그래서 부정의에 대항하는 것은 너무나 중요하다. 대항하지 않으면 나조차 그들의 선입견을 내면화하게 되니까.

커닝페이퍼

문 제	대 응 책
선입견 의도 없음	**선입견 차단기** '나' 화법
편견 의도 있음	**행동 강령** '중립' 화법
따돌림 나쁜 의도	**확실한 대가** '너' 화법

3장

관찰자를 위하여

조력자가 되는 법

피해자에게 가장 큰 상처가 되는 것은
가해자의 잔인함이 아니라 방관자의 침묵이다.

엘리 위젤(Elie Wiesel)

옳지 않은, 공평하지 않은, 정당하지 않은 일을 보면 목소리를 내라.
무슨 말이라도 해야 한다. 어떤 행동이라도 해야 한다.

존 루이스(John Lewis)

내가 이 책을 쓰는 것은 동료를 위해 일어서는 사람들의 중요한 역할을 인정하고 감사를 표하기 위해서이기도 하다. 여성으로서 직장 생활을 하며 나쁜 경험도 많았지만, 그런 순간을 헤쳐 나가도록 도와주고 계속 힘이 되어준 사람들과의 좋은 기억도 적지 않다. 나를 도와준 친구, 동료, 직원, 사장, 심지어 낯선 사람에게 너무나 감사하다. 이들이 바로 조력자인데, 가해자보다 그 수가 훨씬 많다. 나는 조력자들 덕분에 우리가 직장 불공정의 문제를 해결할 수 있다는 낙관주의를 유지하고 있다.

조력자들은 공정한 직장 문화를 만드는 데 꼭 필요하다. 직장 불공정의 표적이 된 피해자가 외로움과 가스라이팅을 이겨내도록 도와줄 뿐 아니라, 가해자에게 명확한 피드백을 제공하여 방어적 태도를 보이는 대신 잘못을 고칠 수 있도록 한다. 그러면 직장의 문화는 모두에게 더 나은 방향으로 변한다. 조력자는 또한 잠재적 조력자에게 상황을 조금이라도 공정하게 이끌 수 있는 방법을 실천으로 알려준다. 정의를 위해 일어서도 많은 사람이 두려워하는 것만큼 위험하지 않다는 사실도 보여준다.

동질적인 환경에서 조력자의 존재는 특히 중요하다. 비주류 집단에 속하는 사람의 수가 너무 적어서 선입견, 편견, 따돌림이 더욱 위협적인데다 피곤할 정도로 자주 발생하기 때문이다.

'나' 화법을 사용하여 선입견에 거울 비추기

조력자의 일은 거울을 비춰 자신이 인식한 부분을 다른 사람들에게 보여주는 것이다. "저는 방금 하신 말씀이 선입견이라고 생각해요"라는 단순하고 직설적인 말도 놀랍도록 효과적이다. 조력자 역시 2장에서 설명한 '나' 화법을 쓸 수 있다.

어떤 경우든 마찬가지이지만, 특히 선입견처럼 민감한 문제에 대해 비판적인 피드백을 주면서 상대의 성격, 도덕성, 특성을 공격하거나 경멸하는 태도를 보이는 것은 효과적이지 못하다. "당신은 구제불능의 성차별주의자/인종차별주의자/호모포비아로군요"라고 하면 정의 구현이나 카타르시스의 기분은 느낄지 모르지만, 심지어 비슷한 뉘앙스만 풍겨도 가해자가 자신의 태도를 돌아보게 만들기는 어렵다. 진심으로 이렇게 대답하는 사람이 상상이나 되는가? "아, 알려주셔서 정말 감사합니다. 이제 문제가 뭔지 알겠어요. 제 생각을 바꿀게요."

많은 사람이 선입견을 지적하면서 사이가 나빠질까 봐 걱정하지만, 사실은 직장 동료와의 관계는 물론 팀의 문화까지 개선할 수 있는 단순하고 생산적인 접근법이 있다. 정치적 올바름(political correctness, 인종·성별·종교·성적 지향·장애·직업 등 모든 종류의 편견이 섞인 표현을 쓰지 말자는 신념—옮긴이)이라는 개념을 주입하자는 것이 아니다. 다음 사례에서 볼 수 있듯이, 선입견을 인식하고 효과적으로 이의를 제기하면 팀워크가 개선되고 목표 달성을 위해 함께 일하기가 쉬워진다.

테이블의 자리

벤처캐피털 클라이너퍼킨스(Kleiner Perkins)의 파트너 아일린 리(Aileen Lee)는 같은 파트너인 스티브 앤더슨(Steve Anderson), 맷 머피(Matt Murphy)와 함께 미팅에 참석했다. 포춘 500대 기업 최고 임원 셋과 만나는 자리였다. 스티브, 맷, 아일린은 임원들보다 먼저 도착했고 테이블 중앙에 앉았다.

임원들은 모두 나이 많은 백인 남자였다. 이들은 반대편에 앉으면서 테이블 끝 자리부터 채웠고, 아일린의 맞은편을 비워 두었다. 대놓고 말하지는 않았지만 분명히 아일린을 대화에서 제외시킨 것이다.

미팅이 진행되었다. 임원 셋은 남자 파트너 두 사람만 바라보며 의견을 말했고, 계속 아일린을 소외했다. 한 사람을 배제하고 있다는 의식조차 없는 것 같기도 했다.

아일린이 직접 불만을 말했다면 '공격적'이라거나 '너무 예민하다'는 말을 들을지도 몰랐다. 아니면 자신들의 행동이 민망해서 사과하기보다 막 시작한 프로젝트를 중단하는 편을 선택했을지도 모른다. 비주류 집단의 사람이 '투명인간'이 되는 딜레마 상황은 늘 있는 일이다. 그러나 지금 정면으로 선입견을 지적하는 것은 현명하지 못했다.

다행히 아일린의 동료 중 한 사람이 상황을 인지했고, 간단하고 효과적인 해결책을 생각해 냈다. "아일린, 저랑 자리 좀 바꿔줄래요?"

아일린의 동료는 앞이 비어 있는 자리로 이동하면서 임원의 맞은편에 아일린을 앉혔다. 상황이 반전되었다. 남은 시간 동안 아일린은 자연스럽게 대화에 녹아들었다. 동료의 개입은 30초도 걸리지 않았지만, 중요한 미팅을 성공적으로 끝낼 가능성을 엄청나게 끌어올렸다. 이렇게 행동하면 인종차별 반대론자, 성차별 반대론자가 될 수 있다. 그렇게 어려운 일이 아니다.

'중립' 화법으로 편견에 맞서기

출산 축하 선물 이야기로 돌아가서 다른 결말을 상상해 보자. 조력자가 나타났을 경우다. 토드가 성별과 관련된 선입견이 실제로 존재하지 않는다고 말하는 자리에는 아드리아나와 남자 직원 여섯 명이 있었다. 다들 토드의 말을 불편하게 느꼈지만 아무도 말하지 않았다.

타이가 아기 선물을 사겠다고 자원했는데도 토드가 아드리아나에게 이 일을 떠넘겼을 때, 남자 직원 여섯 명 중 한 명이라도 반발했다면 어땠을까? 엄청난 저항을 말하는 것이 아니다. 그냥 농담 한마디면 된다. "성별에 대한 선입견 같은 건 없다고 하지 않으셨어요? 아드리아나가 여자니까 선물을 사야 한다는 건 확실히 선입견 같은데요. 아니면 진짜로 그런 건 여자들 일이라고 생각하시는 거예요? 그럼 팀장님 말도 맞네요. 선입견은 없고, 편견이 있는 거니까." 확실히 다소 공격적인 느낌이다. 하지만 그 팀의 남자들이 서로 장난을 섞어 그 정도 지적하는 일은 흔했다. 아니면 누군가 토드에게 진지하게 의견을 말할 수도 있었다. 타이에게 여유가 있는데도 마감이 빠듯한 아드리아나에게 시간이 걸리는 일을 시키면 아드리아나만 힘든 게 아니라 팀 전체의 일이 늦어진다고 말이다. 토드가 성별 선입견에 관한 의견을 바꾸지는 않았겠지만, 타이가 움직이는 편이 더 합리적인 상황에서 아드리아나가 겨우 시간을 내 선물을 사는 일은 막을 수 있었을 것이다.

양동이에 오줌을 누라는 요청은 모욕이다

한번은 동료 데이비드와 지구 반대편까지 협력 계약을 협상하러 간 적이 있다. 이 지역에서는 종교적인 이유로 여성의 사회 활동이 금지되어 있어서 상대 회사에는 여자 직원이 한 명도 없었다. 나는 그들에게 여자가 아니라 미국인일 뿐이었던 것 같다. 아무래도 상관없었는데, 차를 몇 잔 마셨더니 화장실에 가고 싶어진 게 문제였다. 회사에는 여성용 화장실이 없었다. 남자 화장실에 아무도 없으면 그곳을 쓰겠다고 했더니, 그건 종교적 신념에 위배된다는 것이었다. 한 사람이 따라오라고 손짓하더니 청소용구함의 양동이를 가리켰다. 나는 웃음을 터뜨렸지만, 그는 농담을 하는 것이 아니었다.

"양동이에 오줌을 누라는 건 모욕이에요!" 나는 이렇게 말하고 남자 화장실로 향했다. 정말 화장실이 급했다. 하지만 다른 남자가 문을 막아섰다. 사소한 문제는 이제 심각한 갈등이 되어 있었다.

나는 눈빛으로 데이비드에게 도움을 요청했다. 여기서 중요한 부분이 있다. 도와달라고 동료를 쳐다보는 것은 전혀 문제없는 행동이다. 도움을 요청하는 것은 약함을 드러내는 것이 아니라 강함의 표현이다.

다행히도 데이비드는 조력자였고, 내가 한 말을 다시금 강조했다. "여기 화장실이 있는데도 킴에게 양동이에 오줌을 누라는 건 모욕입니다." 이어서 제안했다. "킴만 괜찮다면, 여기 화장실을 쓰거나, 화장실을 쓸 수 있게 호텔에 돌아갔다 오겠습니다." 나는 효율성에 목을 매는 사람이다. 화장실 때문에 한 시간을 낭비하는 건 상상할 수도 없는 일이었다. 하지만 놀랍게도 그 회사 사람들은 기다릴 테니 호텔에 다녀오라고 했다.

데이비드는 그들의 신념을 우리에게 강요하면 용납하지 않겠다는 태도를 분명히 했고, 나뿐 아니라 그들에게도 불편한 해결책을 제시했다. 그들이 가진 편견의 대가를 나 혼자 치르지 않는 것은 중요한 일이었다. 완벽한 해결책은 아니었지만, 그 정도는 참을 수 있었다. 나도 뾰족한 수가 나지 않았기 때문에 데이비드의 제안이 고마웠다.

1부 | 생산성을 낮추는 가장 빠른 법

진정한 대화를 하고 싶을 때

누군가의 편견을 남에게 강요하지 못하게 막는 것만으로는 부족하다
는 생각이 들 때가 있다. 조력자로서, 고정관념과 잘못된 신념으로 팀의
노력을 저해하는 사람이 있으면 자신의 행동을 돌아보게 만들고 싶은
것이다. 보통 이런 경우는 한 사람의 편견으로 말미암아 팀이 생산적으
로 협업하기 힘든 상황에서 어떤 이유로든 그 사람과 계속 같이 일해야
할 때다. 혹은 그 동료를 아끼기 때문에 다른 관점을 제안하고 싶은 경
우도 있다.

경험상, 그 사람에 대한 존중이 기본이 되어야 대화가 통한다. 어떤
사람을 존중하기 위해 그의 편견까지 존중할 필요는 없다. 편향된 믿음
이 그 사람 자체인 건 아니니까. 편견만 보지 않고 그 사람 자체를 보려
하면, 마르틴 부버(Martin Buber)가 말하는 '나와 그것(I-It)'이 아닌 '나와 그
대(I-Thou)'의 관계를 맺을 수 있다.[1] 나무를 볼 때 나무 전체를 받아들이
는 것과 부러진 가지 하나만 쳐다보는 것의 차이다.

어떤 사람의 편향된 생각 한 가지만 보지 않고 그 사람 자체에 다가가
면, 대화는 판단이나 징벌이 아니라 공감하고 다리를 놓는 과정이 될 것
이다. 그렇게만 할 수 있다면, 대화가 생산적인 방향으로 흘러갈 가능성
이 커진다.

'너' 화법으로 따돌림에 맞서기

현실적으로 조력자는 개입하기 가장 좋은 위치에 있다. 따돌림의 본질은 표적을 고립시키고 개인을 집단에서 분리하는 것이기 때문이다. 조력자가 나타나는 순간, 따돌림 가해자는 이제 한 명이 아니라 두 명을 상대해야 한다는 걸 알게 된다.

따돌림 가해자가 두려워서, 아니면 개입해도 되는 상황인지 판단할 수 없어서 행동하기 어려울 때도 있다. 따돌림을 당하는 사람을 도우려 했는데 가르치려 드는 태도로 보이진 않을까? 조력자를 위한 트레이닝을 개발하는 비영리 조직 홀라백!(Hollaback!)은 효율적으로 따돌림에 개입하는 방법을 '5D' 접근법으로 정리했다.[2]

가리키기(Direct)

따돌림의 순간에 가해자에게 대항하라. 피해자와 마찬가지로, 조력자도 '너' 화법을 효과적으로 사용할 수 있다. 다음은 조력자가 다른 사람을 따돌리는 가해자에게 직접적으로 할 수 있는 말의 사례다.

"너, 왜 그러는 거야?"
"당신 말이 어떻게 들렸는지 알아요?"
"당신 발언은 부적절했어요. 당신, 지금 무례하게 굴고 있어요."
"너, 그러면 안 돼."

"너, 걔 그만 괴롭혀."

"지금 하신 말씀은 선입견이에요/편견이에요/무례하네요."

기억하자. 따돌림은 놀이터에서 덩치 큰 아이가 작은 아이를 밀치는 모습으로만 나타나지 않는다. 따돌림 가해자는 비주류 집단의 구성원을 마음대로 판단하는 절대다수 집단의 구성원일 수 있다. 내가 일하던 회사에서는 민주당 지지자와 공화당 지지자의 비율이 남녀 성비만큼이나 크게 차이 났다(80:20). 하루는 테드가 선거 이야기를 하다가 공화당 지지자는 모두 윤리의식도 없는 꼴통들이라고 농담을 던졌다. 그 자리의 유일한 공화당 지지자였던 캘빈이 안쓰럽게 느껴졌다. 여자를 무례하게 판단하는 남자들만 가득한 곳에 있어 보았기에, 그 순간 캘빈이 뭐라 말하기 어렵다는 것을 짐작할 수 있었다.

"테드, 그건 너무 편견이네요. 우리 팀 공화당 지지자들은 윤리의식이 없지도 않고, 꼴통도 아닌데요." 내가 말했다.

"맞아요, 누가 누구보고 꼴통이래?" 다른 사람이 웃으며 거들었다.

"미안, 미안. 맞는 말이야." 테드는 항복한다는 듯 양손을 들어 보였고, 우리는 다시 일을 시작했다. 내가 아무 말도 하지 않았다면, 캘빈은 아마 하루 종일 일이 손에 잡히지 않았을 것이다. 따돌림을 당한 뒤에 업무에 집중하기는 힘들다.

관심 돌리기(Distract)

"당신, 왜 그렇게 무례하죠?"라고 따돌림에 정면으로 맞서는 편이 속

시원하긴 하지만, 가끔은 직접적인 접근이 따돌림 피해자를 더 어려운 상황으로 몰아넣기도 한다. 전혀 효과가 없을 때도 있다. 회의에서 누가 잘못된 행동을 할 때, 일단 흐름을 바꾸고 따돌림은 나중에 해결하는 편이 낫겠다고 느낀 경험은 누구나 있을 것이다.

고등학생 때 은행에서 인턴을 하면서 전화 응대를 맡았다. 나는 넓은 사무실 앞쪽에 앉아 있었고, 뒤에서 업무를 보던 한 트레이더에게 전화를 연결하려다 실수로 끊어버렸다.

"빌어먹을, 이 여자야! 망할 전화 하나 똑바로 못 받아?" 트레이더가 고함쳤다.

그 말을 들은 다른 트레이더 하나가 일어서서 책상 위에 있던 스쿼시 공을 소리 지른 남자에게 던졌다. 공은 머리에 맞고 떨어졌다. "빌어먹을, 이 남자야! 망할 공 하나 똑바로 못 받아?" 나는 30년이 지난 지금도 그때의 조력자에게 감사한다.

위임하기(Delegate)

여기서 위임은 아랫사람에게 일을 맡기라는 의미가 아니다. 개입하기 편한 위치에 있는 다른 동료의 도움을 받으라는 것이다. 상사, 부하직원, 동료 누구에게나 위임할 수 있다.

재닛은 IT 관리자 버트가 동료 레이철을 따돌리는 것을 보았다. 버트는 레이철이 사용하는 소프트웨어의 로그인 정보를 요구했다. 레이철은 빠듯한 일정으로 일하고 있어서 여차하면 그 프로젝트를 실패할 수도 있었다. 버트는 레이철을 약자의 위치에 몰아넣고 즐거워하는 것 같았다. 자기 ID와 비밀번호가 왜 필요하냐는 레이철의 물음에, 버트는 "그러면 기분이 좋을 것 같아서"라고 대충 답했다. 버트는 레이철을 따라다니며 괴롭혔고, 지친 레이철은 두 손을 들었다. 그리고 정보를 받은 버트는 레이철이 프로그램을 쓰지 못하게 접근을 막아버렸다. 프로젝트는 위기를 맞았다.

레이철을 도와야겠다고 생각한 재닛은 일단 버트에게 직접 말했다. 레이철의 접속을 막지 말라는 말에 버트는 왜 애초에 레이철에게 그 소프트웨어가 필요한지 모르겠다며, 재닛이 '만족스러운' 답을 내놓기 전까지 차단을 풀지 않겠다고 버텼다. 하지만 버트는 누가 무슨 일을 하는데 어떤 툴이 필요한지 판단하는 사람이 아니었다. 직원들이 사용하는 툴이 문제없이 작동되도록 관리하는 사람이었다.

직접 이야기해서 통하지 않자, 재닛은 위임을 택했다. 버트의 상사에게 레이철의 접속을 복구하고, 버트의 따돌림을 해결해 달라고 부탁했다. 버트의 상사는 화를 누르고 버트를 불러 계속 이런 식으로 행동하면 대가를 치르게 될 거라고 경고했다. 버트의 행동은 나아지지 않았고, 결국 해고되었다.

미루기(Delay)

보복을 당할지 모른다는 생각 때문에 그 자리에서 행동하기를 주저했다면, 나중에라도 피해자에게 도움을 줄 수 있다.

한번은 수천 명이 모인 판매 콘퍼런스에서 동료 여자 직원이 '축구 선수 허벅지'를 가진 남자 팀원을 언급했다. 아마 그 팀의 남자 팀장은 언제나 여자 팀원들의 외모에 대해 이러쿵저러쿵 말했기 때문에 그 정도 발언은 괜찮다고 생각했을지 모른다. 하지만 나는 마음이 불편했다. 대상이 남자든 여자든, 성희롱은 성희롱이다.

문제는 그 동료가 인사팀 소속이라는 것이었다. 사건 신고를 받아야 할 사람이 피의자인 상황이었다. 그녀에게 직접 맞서는 건 효과도 없고, 안전하지도 않을 것 같았다. 게다가 그 동료의 뒤에는 직장 내 괴롭힘으로 악명이 높고 나를 특히 싫어하는 임원이 있었다. 나는 이 싸움에 나서지 않기로 결정했다. (지금이라면 싸울 것이다. 하지만 그때는 지금보다 취약한 위치에 있었다.)

그렇다고 해도 보복에 대한 두려움 때문에 그 사건을 없던 일로 하고 싶지는 않았다. 콘퍼런스가 끝난 뒤 언급된 남자를 찾아가서 그 발언은 선을 넘었다고 내 생각을 전했다. 그는 자신도 화가 났다며 감사를 표했다.

기록하기(Document)

상황을 관찰하면서 기록할 수 있는 조력자의 능력은 따돌림 피해자에게 큰 도움이 될 수 있다. 사건을 신고하고 싶을 때 제3자의 증거는 귀한 자료가 되고, 단순히 가해자의 잘못을 확인하는 것만으로도 위안이 된다. 조력자는 피해자와는 달리 사건이 일어나는 순간에 기록을 남길 수 있다.

이제 잘못된 일을 목격했을 때 선택지가 몇 가지 생겼다. 무엇을 해야 할지 모르겠다면 5D를 차례차례 떠올리고 무슨 일이든 하자. 가리키기, 관심 돌리기, 위임하기, 미루기, 기록하기.

영웅 콤플렉스를 조심하라

드라마의 주인공이 되고 싶은 마음은 이해한다. 악행에 대적하는 '나', 도덕적이고 용기 있는 나'를 보여주고 싶을 수 있다. 그러나 이는 피해자에게 향해야 할 초점을 흐리고, 심지어 도우려 했던 사람의 상황을 더 악화시킬 수도 있다. 효과적인 조력자는 부정의에 희생된 피해자가 원하는 것, 필요로 하는 것에 초점을 맞춘다.

특히 몇 가지 '영웅적인' 행동 때문에 효과적인 조력자가 되려는 노력이 수포로 돌아갈 위험이 생긴다. 이를 도덕적 관종, 인크레더블 헐크, 빛나는 갑옷의 기사, 기회주의적 위선자라는 말로 표현해 보려고 한다.

도덕적 관종

도덕적 관종(moral grandstanding)만큼 팀의 의사소통에 치명적인 것도 없다. 이들은 민감한 주제에 대해 다른 사람에게 창피를 주고 본인이 도덕의 수호자라도 되는 양 군다.[3] 도덕적 관종은 오해가 깊어지게 할 뿐, 문제를 해결하는 예가 거의 없다. SNS를 3분만 봐도 이런 사람들은 넘치도록 많다.

SNS의 온라인 커뮤니케이션은 특히 나를 고결하게 포장하고 남을 추악하게 깎아내리는 경향을 가속한다. 현실 세계에서는 주위 사람들이 독선적인 모습을 싫어하기 때문에 자연스러운 과속방지턱이 있다. 또한 실제로 만나면 상대가 인간임을 잊지 않는다. 화가 나더라도 당장 상대를 인간쓰레기라고 비하하지는 않는다. 물론 현실 세계에서 실제 사람을 공격하는 불한당도 존재하지만, 극단적인 감정은 온라인에서 더 빨리 퍼진다. 저녁 만찬 자리에서 장광설을 늘어놓으면 그만하라는 눈총을 받겠지만, 온라인에는 부추기는 목소리만 존재한다. 미묘한 눈치가 없다. 도덕적 관종은 '좋아요'와 '공유'를 보상으로 여기며, 극단적인 주장을 계속 올리면서 더 유해한 환경을 만든다.[4] 정치 담론의 현실도 이와 비슷하다. 온라인의 눈덩이 효과 탓에 팀원들이 실제로 대면하지 않고 원격 근무하는 팀의 팀장이 선입견, 편견, 따돌림에 대응하는 것은 더욱 중요하다.

어떤 문제에 대해서든 양쪽 극단에 있는 사람들이 도덕적 관종이다. 중도파는 극단주의자에 비하면 관종 노릇을 덜 한다. 그러나 독선과 비난이 난무하는 환경에서 사람들은 극단으로 치닫는 경향이 있다.[5]

도덕적 관종들의 못난 면은 여러 가지가 있지만, 사태를 개선하지 못하고 악화시킨다는 점이 가장 큰 문제다. 사람은 모든 면, 특히 도덕적 판단에서 자신이 남들보다 우월하다고 믿는다는 연구 결과가 있다. 뒤집어 말하면, 사람은 자신의 도덕적 결함을 인지하지 못한다는 뜻이다.[6] 부정하는 것이다. 누군가에게 창피를 주는 것은 그 사람이 자신의 행동을 찬찬히 돌아보게 만들지 못한다. 오히려 자신이 도덕적으로 우월하다는 생각을 굳히게 할 뿐이다.[7]

왜 그럴까? 도덕적 우월감을 노골적으로 드러내는 사람의 비판을 받아들이는 것은 매우 힘든 일이기 때문이다. 이런 상황에 놓이면 대부분 화를 내거나 방어적으로 날을 세운다. 분노와 방어적인 태도는 점점 심해진다. 슬프게도 나중에 이 순간을 되짚어 보면 동료의 맨 처음 비판이 일리가 있었다는 생각이 든다. 하지만 이때쯤에는 관계를 회복할 수도 없고, 했던 말을 모두 주워 담을 수도 없다. 성별, 인종, 성적 지향이나 종교 등 민감한 문제와 관련되었다면 특히나 돌이킬 수 없다.

인크레더블 헐크

금요일 밤, 늦게까지 프로젝트에 매달려 있을 때였다. 대학을 졸업하고 막 팀에 합류한 에이미가 눈물을 흘리며 내 사무실을 찾았다. 다른 팀 남자 직원인 찰스가 에이미의 분석 결과를 대충 훑어보고는 이렇게 말했다는 것이다. "또 알지도 못하면서 계산기 두드렸네. 내가 엔지니어야. 최종 결정은 내가 해." 에이미는 무례한 말을 흘려 넘기고 분석 결과를 설명했다. 실제로 찰스는 프로젝트가 최소 일주일은 후퇴할 큰 실수를 할 뻔했다. 그러나 찰스는 듣고 싶지 않다며 에이미의 말을 끊었다. 나는 피곤하고, 배고프고, 죽도록 퇴근하고 싶었다. 그런데 찰스 덕분에 금요일 밤이 아닌 토요일 새벽에 퇴근하게 생겼다. 나는 찰스의 멱살이라도 잡고 싶었다. '한주먹 거리도 안 되는 게! 두고 봐.'

나는 수화기를 들었다. 찰스가 전화를 받았고, 나는 10분쯤 쉬지 않고 소리를 질렀다. 나는 재수 없게 굴었고, 그러면 안 됐지만 즐기고 있었다.

몇 년 뒤, 아이들과 〈어벤저스〉를 보다가 어떤 장면 때문에 그 일이 떠올랐다. 악당 로키가 헐크에게 말했다. "그만! 너희들 전부 내 발밑에 있는 존재야. 난 신이야, 이 멍청한 것들아. 감히 날 따돌려?"

헐크는 로키를 가만히 보더니, 발목을 잡고 머리부터 땅에 메다꽂았다. 쿵, 쿵. 한 박자 쉬고 쿵, 쿵. 다시 한 박자 쉬고 왼쪽으로, 오른쪽으로, 중앙에 몇 번, 왼쪽으로, 쿵, 쿵. 굴욕을 당한 로키는 움직이지 못했다.

"허접한 신이네." 헐크는 이 말과 함께 역겹다는 듯 쿵쿵 멀어졌다. 우리는 웃음을 터뜨렸다. 인크레더블 헐크가 되어보고 싶지 않았던 사람이 어디 있을까?

나는 헐크처럼 찰스를 대했다. 그래서 에이미의 상황은 나아졌느냐고? 아니! 에이미는 나 때문에 찰스의 얼굴을 볼 수 없게 되어버렸다. 내가 따돌림 가해자가 된 셈이기도 하고. 5년 뒤, 남편이 찰스와 프로젝트를 하게 되었다. 남편이 나에 대해 이야기하자 찰스의 눈이 커졌다. "킴 스콧이랑 결혼했다고요? 킴이 정말, 정말, 정말 심하게 화낸 적이 있었어요."

"그 사람한테 대체 무슨 짓을 한 거야?" 남편은 저녁 식탁에서 웃으며 물었다. 나도 헐크가 되고 싶은 유혹을 이기지 못해 몹쓸 사람이 된 적이 있다.

빛나는 갑옷의 기사 / 백인 구세주 콤플렉스

다른 사람을 도우려는 마음은 좋다. 하지만 도움이 필요한 사람이 아니라 자신만을 생각하는 구세주는 환영받지 못한다. 예를 들어 피해자를 '곤경에 빠진 가련한 여자'의 위치에 놓는 조력자는 해결하려던 문제를 더 심각하게 만든다. 그런 예가 있나 싶겠지만 늘 일어나는 일이다. 직장 동료 한 사람은 내가 사귀던 남자로부터 나를 '구원'하고 싶다고 몇 번을 말했다. 내가 건강하지 못한 연애를 하고 있었고, 벗어나야 했다는 점에서는 그의 말이 맞는다. 하지만 '구원'은 원하지도 않았고, 필요하지도 않았다.

이와 비슷하지만 조금 다른 현상은 백인이 흑인 동료가 인종차별을 당한 경험을 경청하는 대신 오만하게 흑인을 대변하려 하는 것이다. 이것은 자기과시에 가까우며, 본인의 인종차별을 인식하지 못하는 모습이다.[8] 테주 콜(Teju Cole)도 "백인 구세주 콤플렉스"는 "정의와 관련이 없으며, 강력한 감정적 경험으로 특권을 정당화하는 것"[9]이라고 쓴 바 있다.

기회주의적 위선자

얼마 안 된 일이다. 실리콘밸리에서 유명한 남자 학자가 기술 분야의 여성 문제에 힘을 보태겠다고 나섰다. 회사에서 다양성, 평등, 포용 운동을 담당하고 있던 얼리샤는 깨어 있는 직장을 만드는 법에 관한 의견을 얻고자 그에게 연락했다. 그는 회사 CEO가 참석할 경우에만 미팅을 하겠다고 했다. CEO의 일정이 가능할지 모르겠다는 말에, 콧대 높은 학자는 그 회사 CEO가 직장 성차별 문제에 얼마나 관심이 없는지 트위터에 올리겠다고 협박했다.

결국 얼리샤가 미팅을 성사시켰다. 그러나 생산적인 논의를 하려고 만든 자리는 학자가 자기 목소리만 높이는 기회로 변질되었다. 얼리샤는 자기 의견을 말할 수 있을 거라고 생각하고 준비에 많은 시간을 쏟았다. 하지만 입을 열 기회조차 없었다. 할 수 없이 회사의 상황을 개선할 새로운 아이디어를 기대하고 경청 모드에 들어갔다. 그러나 그 학자의 유일한 아이디어는 여성의 고용이 성사되면 추천인에게 추천 수당을 주는 것이었는데, 그것은 불법이었다. 이 부분은 그 학자 쪽에서 나온 사람이 정정했다. 그 시점에서 얼리샤는 그가 부정적이고 현장을 모르는 사람이라고 생각했다. 그러나 미팅은 끝나지 않았다. 그는 회사의 이사회에 여성이 없다고 CEO를 30분이나 비난했고, 이 사실을 기사로 쓰겠다고 했다. 이어서 CEO에게 자신이 세운 비영리 조직에 기부하라고 제안했다. 주요 기부자들에 대한 기사는 쓰지 않는다는 것이었다. 이 모든 상황이 더 짜증 나는 이유는 그 학자가 여성 존중에 대해 설명하는 와중에도 그 자리에서 유일하게 여성이었던 얼리샤에게 눈길조차 주지 않았다는 점이다. 얼리샤의 여자 지인들 역시 같은 학자에게 무시당한 느낌을 받았다고 했다.

악의적 소통

어떤 문제에 대해 신경 쓰지 않는 사람이 그 문제를 무기 삼아 다른 사람을 공격할 때가 있다. 우버에서의 성범죄가 수십 건 밝혀지자, 사측에서는 문제를 조사하고 해결책을 도출하기 위해 전 법무장관 에릭 홀더(Eric Holder)를 고용했다. 홀더의 보고서에 대한 토론에서, 이사회의 데이비드 본더먼(David Bonderman)은 이사회에 여성을 늘리는 문제에 대해 성차별적 발언을 했다. "사실, 여자가 많아지면 수다스럽기만 하죠."[10]

CEO 트래비스 캘러닉(Travis Kalanick)은 즉시 이 사건을 핑계로 본더먼을 이사회에서 밀어내려는 시도를 했다.[11] 예상치 못한 움직임이었다. 우버의 성차별 문제가 불거지면서 캘러닉의 공식적 권위는 땅에 떨어진 상태였다. 수전 파울러(Susan Fowler)가 블로그 게시글을 통해 알렸듯이, 캘러닉이 이끄는 우버는 심각한 성희롱 신고를 그냥 넘기거나 적극적으로 은폐했다. 〈젠틀멘스 쿼털리(Gentlemen's Quarterly, GQ)〉와 한 인터뷰에서 캘러닉은 우버에 이어 주문이 들어오면 여자를 보내는 서비스 '부버(Boob-er, 여성의 가슴을 의미하는 boob과 우버의 합성어—옮긴이)'를 만들겠다는 농담을 했다. 그는 스트립 클럽에서 하는 회식에 직접 참석하기도 했다.

이사회는 캘러닉에게 "그대 죄 있는 자, 본더먼에게 돌을 던지지 말라"라거나 "네 눈의 들보부터 빼내라"라고 해야 맞았다(기술 회사의 이사회에서 성경 말씀이 나와도 이상하지 않은 상황이었다). 본더먼이 사임한다면 캘러닉도 물러나야 맞았다. 불행히도, 여러 사건이 겹치면서 사건의 본질은 흐려지고 말았다. 외부에서 지켜보던 관찰자들은 경악했지만, 캘러닉의 능청스러운 승부수는 성공했고 본더먼은 밀려났다.

조력자의 강점

조력자의 목소리가 중요한 것은, 그가 다른 역할이 갖지 못하는 강점을 가졌기 때문이다.

조력자는 수적으로 우세하다. 10명이 회의를 한다고 하자. 가해자 한 명, 피해자 한 명, 리더는 한 명이거나 없는 상황. 나머지 일고여덟 명 중 한두 명만 조력자가 되어도 분위기가 달라진다. 네다섯 명이 움직이면 어떻게 될까? 그러나 보통은 서로 다른 사람이 일어나기를 기다리며 움직이지 않는다. 여러 명이 있다는 사실이 책임을 분산한다. 이른바 방관자 효과라 불리는 이런 현상과 목격자의 수에 따른 개입 확률의 증감에 관한 연구 결과도 많이 나와 있다. 확실한 교훈을 말하자면, 다른 사람이 나서기를 기다리지 말자!

중립적인 제3자의 의견은 무시하기 힘들다. 제3자의 지적을 받고 실수를 인정하는 것은 훨씬 쉽다. 지적을 받는 사람이 위협을 덜 느끼기 때문이기도 하고, 지적하는 사람이 객관적으로 보이기 때문이기도 하다. 일례로 일본계 미국인 디자이너 존 마에다(John Maeda)는 자신을 스스로 '비주류 O형'이라고 부른다. 필요하다면 누구나 쓸 수 있는 O형의 피와 같다는 것이다. 여러 종류의 사람들과 연결 고리를 가졌기 때문에 이질적인 사람들로 이뤄진 팀이 성공적으로 함께 일하도록 도울 수 있었다. 마에다는 비주류 집단 사람들이 목소리를 낼 수 있도록 많은 노력을 기울였으며, 대부분의 상황에서 중립적인 제3자로서 기술 분야에서의 다양성, 평등, 포용을 개선하는 데 경력을 바쳤다.[12]

우리는 모두 다른 사람의 다양한 경험에서 배운다. 조력자들은 어떤 상황에 적용할 수 있는 다양한 경험을 갖고 있다. 나는 성전환자가 여성을 돕는 방식을 보며 배운 점이 많다. 삶의 일부는 남자로, 일부는 여자로 살아본 조력자들은 양쪽 입장에서 성별 문제를 경험하면서 성차별에 어떻게 대응해야 할지 특별한 통찰을 얻은 사람들이다.

개인적인 관계가 있으면 소통이 쉬워진다. 무의식적 선입견으로 문제를 일으키는 사람이 평소 친하던 사람이라면, 친밀감과 신뢰를 활용하여 불편한 문제를 꺼낼 수 있다. 가해자와 조력자가 같은 차원에서 주류에 속한다면, 가해자가 조언을 들을 가능성은 더 커진다.

일손이 많으면 일이 가벼워진다. 선입견, 편견, 따돌림에 매주, 매달 맞서야 하는 사람은 이미 지쳐 있다. 누군가 그들이 느끼는 불편함을 함께 느끼고 목소리를 내준다면 고마워할 것이다. 조력 행위는 또한 모두가 힘을 모아야 서로 공감하는 공정한 직장을 만들 수 있다는 사실을 상기시킨다.

커닝페이퍼

직원들이 조력자의 역할을 진지하게 받아들이면, 지구상의 모든 직장은 달라질 수 있다. 그러나 마음을 단단히 먹었더라도 선입견, 편견, 따돌림을 마주한 순간 할 말을 잊을 수 있으니, 피해자를 위한 커닝페이퍼를 빌려 보자.

문 제	대 응 책

선입견
의도 없음

선입견 차단기
'나' 화법
거울 들기

편견
의도 있음

행동 강령
'중립' 화법
방패 들기

따돌림
나쁜 의도

확실한 결과
'너' 화법
5D: 가리키기, 관심 돌리기, 위임하기,
미루기, 기록하기

4장

가해자를 위하여

문제가 되지 말고 해결책이 되자

누구나 남에게 피해를 줄 때가 있다. 고의가 아닌 경우도 많다. 선입견, 편견, 따돌림을 드러낸다고 해서 갱생 불가능한 악당이 되는 것이 아니다. 선입견, 편견, 따돌림은 우리 모두가 보이는 태도와 행동이며, 의식적으로 노력하면 누구나 줄일 수 있다. 그러나 좋든 싫든 우리가 이상적이라고 생각하는 방향으로 행동하고 있지 않을 때, 거울을 들어 지적해 줄 사람은 필요하다. 물론, 악당이 되고 싶은 사람도 있다. 이 책이 그런 문제까지 해결할 수는 없다. 나는 당신을 위해 글을 썼다. 이 책을 사서 여기까지 읽은, 문제가 아니라 해결책이 되고 싶은 당신을 위해.

사과하고 행동을 바꾸면 해결되는 행동과 법적 처벌을 받거나 해고당할 수 있는 행동의 종류가 궁금할 수도 있겠다. 논리적인 정답을 내놓고 싶지만, '그때그때 달라요'가 최선이다. 다만 말해두고 싶은 점이 있다. 자신의 선입견과 편견과 따돌림이 다른 사람에게 상처를 주는 순간을 인지하려 하고, 진심으로 변화를 원하며 실제로 노력하는 사람은 가장 중요한 일을 하고 있는 것이다. 잘못을 부정하는 편이 안전하게 느껴질지 모르지만, 사실 그것은 같은 잘못을 반복하고 자신과 타인에게 해를 입힐 가능성을 키우는 길이다.

이 장에서는 남에게 피해를 주는 행동을 명확히 인식하는 기술을 다룬다. 이상적인 동료가 되고, 원하는 성과를 내는 데 도움이 될 것이다.

나 자신의 선입견 차단하기

나는 사람들이 남의 판단이나 선택, 회사의 새로운 방침, 동료의 투자 결정에 관해 이야기할 때 쓰는 말을 더 풍부하게 하고 싶다. 왜 남 이야기가 중요한가? 나 자신보다는 남들의 잘못을 파악하고 평가하는 것이 훨씬 쉽고, 또 훨씬 즐겁기 때문이다. 내 신념과 욕구에 의문을 갖는 것은 완벽한 순간에도 어렵고, 그럴 필요가 있을 때는 특히 더 어렵다. 이럴 때 상황을 잘 아는 다른 사람의 의견은 큰 도움이 된다.

대니얼 카너먼(Daniel Kahneman)

자신의 사고 패턴과 무의식적 선입견을 인지하는 방법은 명상, 종교, 치료, 독서, 예술, 여행 등 여러 가지가 있다. 그러나 나는 알아서 자신의 선입견을 차단하는 사람을 거의 보지 못했다. 대부분은 다른 사람이 거울을 들어주어야 알아차린다.

모든 세대는 특정 단어나 표현을 무신경하게 쓰면서 성장한다. 실제로 그 말이 어떤 뜻이며, 누구에게 상처를 주고, 그 말을 한 사람이 얼마나 나빠 보이는지 생각해 보지 않는다. 예를 들어, 나는 어릴 때 욕으로 '저능아'를 자주 썼다. 지금이라면 절대 입 밖에 내지 않을 말이지만, 안타깝게도 그때는 그랬다. 1970년 이전에 태어났다면 당신도 그랬을 것이다. 1990년 이후에 태어난 사람이 들으면 경악할 일이다.

나는 '저능아'라는 말을 쓰면서 아끼는 사람에 대한 편견을 강화하고 있었고, 지능에 대한 무지한 선입견을 드러냈다. 그러나 누군가가 명확하고 친절하게 짚어주지 않았다면 자각하지 못했을 것이다. 당연히 쓰지 말았어야 할 말인데도. 그러나 '당연히' '했어야 한다'라는 말은 위험하다. 같은 세대의 많은 사람이 그렇듯, 나 역시 몰랐으니까. 누군가의 설명을 들은 뒤에는 그 단어를 쓰지 않으려 했지만, 한동안 의식적인 노력이 필요했다. 오래된 습관은 바꾸기 어렵다.

선입견 퇴치사를 찾아라

실수로 동료에게 상처를 주거나 화나게 하고 싶지 않다면, 그리고 불공정하거나 부당한 업무 환경에 기여하고 싶지 않다면, 최우선이자 최고난도의 과제는 선입견을 자각하는 것이다. 그리고 노벨상을 받은 심리학자 대니얼 카너먼이 말했듯이, "기술을 익히려면 (…) 사고와 행동이 정확한지에 대한 빠르고 분명한 피드백이 필요하다."[1]

어떻게 피드백을 받을 수 있을까? 선입견의 피해자들이 말을 꺼내기를 주저하는 여러 가지 이유는 앞에서 이미 살펴보았다. 피해자가 내키지 않는 마음을 이겨내고 가해자의 실수를 지적하기를 바라는 것은 합당하지 못하다. 《실리콘밸리의 팀장들》에는 피드백을 받기 위한 작전 순서가 설명되어 있다. 첫 단계는 피드백을 부탁하는 것이다.

당신이 무의식적 선입견을 반영하는 말이나 행동을 했을 때 경고해 줄 수 있는 사람에게 '선입견 퇴치사가 되어달라'고 솔직하게 부탁하는 것이 좋다. 그리고 당신의 첫 번째 선입견은 내가 퇴치해 주겠다. 비주류 집단의 사람들을 찾아다니며 선입견 퇴치사가 되어달라고 부탁하지 말라는 것이다. 주변 사람들의 선입견을 매 순간 마주해야 하는 비주류 집단의 구성원들이 얼마나 심각한 피로에 시달리는지 이해하지 못하는 행동이니까. 주류 집단의 사람들은 살면서 만나는 비주류 집단의 사람들이 자신들을 교육해 주기를 기대하는 경우가 많다. 이를 고마워하거나 어떤 방식으로든 보상하지도 않고, 얼마나 부담이 큰 일인지 인정하는 모습조차 보이지 않는다. 10명이 있는 팀에서 유일한 라틴계 여성이 나머지 아홉 명의 선입견을 교정할 부담을 짊어지게 해서는 안 된다.

선입견 퇴치사에게 보상하는 방식은 다양하다. 먼저 공개적으로 감사를 표하고 노고를 인정하는 것도 좋지만, 그 정도로는 충분하지 않다. 나는 CEO 코치이지만 다양한 사람들을 코칭하고 있으니, 보답으로 무료 코칭을 제공할 수 있다. 편집자라면 선입견 퇴치를 부탁하는 대신 교정교열을 봐줄 수 있을 것이다.

비용을 치를 수 있는 처지라면 지급할 수도 있다. 다양성, 평등, 포용(Diversity, Equity, Inclusion, DEI) 전략가를 고용하면 된다. 비용을 받는다는 이유로 DEI 전문가들을 비판하는 사람들이 있는데, 말도 안 되는 소리다. 변호사나 배관공, 회계사나 의사에게는 무료로 전문 서비스를 제공하라고 하지 않으면서, 어째서 몇 년 동안이나 DEI 전문성을 쌓은 사람에게 무료 교육을 기대하는가?

나는 이 책을 편집하면서 선입견 퇴치사를 고용했다. 먼저 나서서 도와주겠다고 한 사람도 몇 명 있었다. 이들의 도움으로 많이 배우고 성장했다. 윌리엄 웨이 LGBT커뮤니티센터(William Way LGBT Community Center)의 크리스 바틀릿(Chris Bartlett), 여성학 박사 로라 엘드리지(Laura Eldridge), 웨인주립대학교(Wayne State University) 심리학 교수 제니퍼 고메즈(Jennifer Gomez), 크리티컬다이버시티솔루션의 설립자 A. 브리즈 하퍼, 구글 제품 포용성 담당 애니 장바티스트(Annie Jean-Baptiste), 미 해군대학원 역사학자 잭 쇼어(Zach Shore), 스탠퍼드대학교 강사 다나에 스터렌털(Danae Sterental)이 귀한 통찰을 나눠 주었다. 그들이 내 선입견을 지적해 주어서 정말 감사하다.

일상을 함께하는 사람이 선입견 퇴치사 역할을 해주면 더 이상적이다. 당신을 계속 관찰하는 사람이라면 일상에서 드러나는 무의식적 선입견을 누구보다 잘 지적해 줄 수 있다. 편집자와 나는 이 책을 함께 쓰면서 서로 자주 말했다. "그거, 선입견이야!"

사려 깊은 사람을 선택하는 것이 가장 중요하다. 올바른 판단력이 있고, 선의로 행동할 것이라고 믿을 수 있는 사람이어야 한다. 당신이 성별 선입견을 걱정하는 남자라면 여자에게 부탁해야 한다는 생각이 들 것이다. 그러나 여자 팀원이 한 명뿐이고 모든 남자들이 선입견 퇴치사 역할을 맡긴다면 어떨까? 여자 팀원은 남자 직원들을 신경 쓰는 것 말고도 할 일이 많을 것이다. 좌파 선입견, 이성애 중심주의 선입견, 인종 선입견도 마찬가지다.[2] 팀에서 다른 조력자를 찾아 부탁하라. 존 마에다처럼 이해의 폭이 넓은 'O형 조력자'를 찾아라. 한 사람에게만 부탁하지 말고 몇 사람을 찾아보자. 선입견을 자각하려면 다양한 사람의 도움이 필요하다.

누군가 너그럽게 선입견 퇴치사의 책임을 맡아준다면, 당신도 성실하게 선입견을 찾아내는 과정에 참여해야 한다. 당신에게 아무 잘못이 없다는 사실을 '증명'하는 것이 목적이라면, 남의 시간을 낭비하는 것이다.

마지막으로, 선입견 퇴치를 한번 해보았다고 스스로를 다 알았다고 착각하지 말라. 이것은 계속되어야 할 과정이다.

고정형 자세 vs. 성장형 자세

피해자, 조력자, 가해자, 리더. 어떤 위치에 있든, 직장의 부정의에 대처하기는 어렵다. 심리학자 캐럴 드웩(Carol Dweck)이 말하는 성장형 자세가 성공의 필수 요건이다. 성장형 자세를 가진 사람은 어떤 상황에서든 실패하거나 비판을 받았을 때 학습과 개선의 기회로 삼는다. 고정형 자세는 이와 반대로 실패하거나 비판을 받으면 본인이 바꿀 수 없는 부정적 특징을 가졌다고 이해한다.[3]

누군가 농담을 했다가 인종차별적이라는 지적을 받았다고 하자. 성장형 자세를 가진 사람이라면 "다시 그런 실수를 하지 않게 제가 한 말의 문제점을 알려주세요"라고 반응할 것이다. 반면 고정형 자세를 가진 사람은 자신의 고정적인 특징을 주장하며 피드백을 거부할 것이다. "나는 인종차별주의자가 아니야. 그러니 내가 한 말이 인종차별적일 리 없어." 그리고 같은 농담을 계속 하고 다닌다.

다른 사람의 행동을 평가할 때도 고정형 자세를 피해야 한다. 다른 사람에게서 선입견, 편견, 따돌림의 증거를 보면 반사적으로 엄격하게 판단하고 악당이라는 꼬리표를 붙여버릴 때가 많다. 한번 나쁜 일을 한 사람을 성장이나 회개의 희망이 없는 나쁜 사람으로 낙인찍는 고정형 자세다. 모두가 고정형 자세를 가지면, 개선될 수 있는 태도나 행동에 대한 피드백을 주고받는 것은 위험한 일이 된다. 사람들은 자신의 잘못을 똑바로 보려 하지 않고 부정하게 된다.

성장형 자세를 계발하는 것은 나 자신의 태도와 행동을 변화시키기 위해서도, 그리고 다른 사람들의 태도와 행동에 대응하기 위해서도 중요하다. 공정한 직장을 만들고 이 책의 핵심 목표를 이루는 데 필수적이다.

이를테면, 바트는 신입 직원 에이버리와 일하기 시작했다. 에이버리는 본인을 여성으로 정체화하고 대명사 '그녀(she/her)'를 사용했지만, 바트는 에이버리를 남자로 잘못 인식하고 있어 '그(he/him)'를 사용하는 경우가 많았다. 처음에 에이버리는 바트의 말을 고쳐주었고, 바트는 사과했다. 그러나 실수가 반복되자 에이버리는 화가 났다. 바트는 에이버리의 개인성을 존중했다. 단지 오랜 선입견을 넘어서는 데 시간이 필요했을 뿐이다. 그는 팀 전체에 행동을 고칠 수 있게 도와달라고 부탁했다. 이제 팀원 누구나 바트의 실수를 지적할 수 있었고, 에이버리는 혼자서 바트의 행동을 고칠 부담을 떠안지 않게 되었다.

바트의 문제는 편견이 아니라 선입견이었다. 의식적인 차원에서 바트는 에이버리의 성 정체성은 에이버리 본인이 정하는 것이며, 자신은 에이버리에게 어떤 성별을 강요할 권리가 없다는 사실을 알고 있었다. 단지 성별에 대한 습관적인 선입견을 버리기가 쉽지 않았다. 그래서 동료들에게 실수를 지적해 달라고 부탁한 것이다. 바트는 심지어 여기서 한 발 더 나아갔다. 경영진과 상의해서 모든 사람이 동료의 개인성을 존중할 수 있도록 돕는 트레이닝을 개발한 것이다.

회사에서는 슬로건을 만들었다. "트랜스젠더 동료들이 성별을 바꾸면, 우리도 생각을 바꾼다." 진정한 자신을 찾으려는 동료를 확고하게 지지하겠다는 의미다. 이 슬로건은 트랜스젠더 팀원으로 시작해 모두에게 적용되었다. 여자 팀원이 더 당당한 태도를 연습할 때, 동료들은 이 과정에 방해가 되는 자신의 선입견(예컨대 여자 팀원이 의견을 말하면 공격적이라고 하는 것)을 제거하기 위해 노력했다.

바트가 자신의 실수를 인지하고 에이버리의 불만을 진지하게 받아들여 해결하려고 노력하면서 두 사람의 관계는 좋아졌다. 팀 전체가 즐겁게 함께 일하고 성과를 내려면 꼭 필요한 과정이었다. 에이버리는 팀의 귀중한 자산이었다. 바트가 에이버리의 성전환을 지지하기 위해 노력하면서, 에이버리뿐 아니라 팀원 모두가 진짜 자기다운 모습으로 회사에 올 수 있게 되었다.

성장형 자세는 누가 만들어줄 수 없다. 상사가 시켜서 되는 일도 아니다. 전적으로 자기 자신에게 달린 일이다.

쌓여서 큰일이 되는 '사소한' 일을 조심하라

가끔은 당신이 저지른 잘못에 비해 상대가 무리한 사과와 보상을 요구한다고 느낄 수 있다. 그러나 선입견에서 나온 말과 행동이 낙타의 등을 부러뜨린 마지막 지푸라기였을지도 모른다. 상대방이 이미 똑같은 말을 5000번이나 들은 건 당신 잘못이 아니라고 해도, 상대가 반복성 스트레스 장애로 피해를 보았다면 해결을 해야 한다. 일단은 당신이 한 말의 문제점을 인정해야 한다. 선입견의 큰 문제 중 하나는 시간이 지나면서 내면화된다는 것이다. 문제를 인정하는 것은 그래서 중요하다. 그럴 권한이 있다면, 당신이 선입견으로 저지른 말이나 행동을 다른 팀원들이 똑같이 하지 않도록 교육하라. 그러면 상대는 매일 지긋지긋한 선입견을 마주하지 않아도 될 것이다.

당신이 방금 드러낸 선입견이 너무 흔한 것이 누구 탓인지는 중요하지 않다. 또한, 선입견을 지적하는 사람에게 절대 '과민 반응'한다고 말하지 말라. 선입견의 피해를 해결하기 위해 할 수 있는 일을 하라.

방어적인 마음을 다스려라

누구나 잘못을 저지르면 자연스럽게 방어 태세가 된다. 내 말이나 행동이 선입견이라고 인정하는 건 어려운 일이다. 바지 지퍼가 열렸을 때처럼 수치스러운 영혼의 결점이라도 드러낸 느낌이 들 수 있다. 아니면 진심으로 부끄럽다기보다 어떤 결과가 따를지 몰라 두려울 수도 있다.

방어적인 마음이 드는 것은 자연스러운 일이고, 실제로 대가를 치러야 할 수도 있다. 그러나 선입견을 알아차리지 못한 채 지내는 위험이 더 크다. 실수를 숨기지 말자. 한술 더 뜨지도 말자. 여자 동료가 말을 끊지 말아 달라고 했을 때 도리어 큰소리를 치지 말라는 얘기다. 실수를 인정하자. 사과하자. 바로잡자.

AAA: 실수를 인정하고(Acknowledge), 사과하고(Apologize), 바로잡기(make Amends)

최근에 아들의 어린이 야구단 시합에서 같은 팀에 있는 인도계 미국인 아이 둘 중 하나가 다쳤다. 몇 이닝 후에 나는 옆에 앉은 인도계 미국인 남자에게 아들이 좀 괜찮은지 물었다. 그는 묘한 표정으로 대답했다. "아, 제 아들이 아니에요." 그 순간 그 자리를 피하고 싶은 충동이 일었다. 하지만 잘못을 인정하지 않으면 실수를 악화시키게 된다. 이미 인종차별적이고 생각 없는 말을 한 내가 이 인도계 미국인 남자를 피한다면 인종차별적 행동까지 하는 셈이었다.

그래서 잘못을 인정했다. "세상에, 저 재수 없었죠. 정말 죄송해요." 내 잘못을 정확히 말하고 싶지 않은 마음에, 뭉뚱그리고 싶은 유혹에 지고 말았다. 이렇게 말했다면 좋았을 것이다. "선입견으로 결론을 내리면 안 되는데…… 넘겨짚어서 정말 죄송합니다." 선입견을 논할 때는 명확한 언어 사용이 필수적이다. 선입견을 밝힐 때 내 잘못을 확실히 알고 있다는 명확한 언어("선입견으로 결론을 내리면 안 되는데…… 넘겨짚어서 정말 죄송합니다.") 대신 완곡어법이나 모호한 언어("세상에, 저 재수 없었죠.")를 쓰고 싶은 유혹이 늘 있다.

그러나 정확한 말을 하지 못했어도 괜찮다. 아무 말도 안 하는 것보다 낫다. 어린이 야구단의 학부모 동지는 내게 웃어 보였다. "괜찮아요. 늘 있는 일인데요." 여기서 중요한 교훈을 얻었다. 정확한 말이 아니더라도 무슨 말이든 하자. 아무 말도 하지 않는 것보다는 낫다.

그때는 그러지 못했지만, 그 이후로는 사과한 다음에 질문을 해서 상대방의 생각을 더 들으려 했다. "늘 있는 일이라니 유감이네요. 화가 나진 않으세요?", "이런 일이 또 언제 일어났나요?" 등을 묻는다.

선입견을 여러 번 경험한 사람의 이야기를 들어주면 도움이 될 수 있다. 마음이 풀리기 때문이다. 또한 질문한 사람에게도 도움이 된다. 다른 사람이 선입견을 드러낸 이야기를 들으면, 내가 미처 몰랐던 잘못된 행동에 대해 배울 수 있기 때문이다.

나 자신의 선입견을 인식하는 것이 일상이 되면 두려움이 옅어진다. 이 책을 쓰기 전에 내가 이런 말을 하는 것은 거의 불가능했다. "인도계 아이가 당신 아들이라고 넘겨짚어서 정말 죄송해요. 제 선입견이었어요." 내 선입견을 인정하는 건 내가 인종차별주의자라고 선언하는 것만큼이나 무서운 일로 느껴졌다. 상당한 연습을 거친 지금도 내 선입견을 인정하는 것은 유쾌한 일이 아니다. 하지만 예전만큼 어렵지는 않다. 잘못을 인정해야 나의 이상에 가까워지고, 반인종차별주의를 실천할 수 있다는 사실을 알기 때문이다.

선입견 교정하기

잘못을 바로잡으려면 선입견을 교정해야 한다. 선입견에서 비롯한 행동을 당연하게 생각해 왔다면 어려울 수 있다. 여자 직원을 '아가씨'라고 부르는 것이 잘못이라는 데 동의하더라도, 평생 그렇게 불러왔다면 처음에는 실수를 하거나 얼어붙을 수 있다.

나아지기 전에 더 나빠진다고 느낄 수 있다

최근에 나는 모든 사람이 남성 또는 여성으로 정체화했다고 가정하는 언어를 쓰는 경향이 있다는 피드백을 받았다. 부정확할 뿐 아니라 누군가에게 피해를 주는 언어 사용이다. 얼마 지나지 않아 라이브 팟캐스트에 출연했을 때였다. "당신이 남자든 여자든," 여기서 나는 잘못을 퍼뜩 깨닫고 뒷말을 덧붙이려 했다. "아니면 당신이……" 그러나 '논바이너리(nonbinary)'라는 말을 떠올릴 수가 없었다. 다행히 진행자가 내 의도를 알아채고 정확한 단어를 채워주며 대화는 이어졌다. 공개적으로 허둥대는 모습을 보인 것은 창피했지만, 변하려고 시도하지 않은 것보다는 낫다. 더 나은 방향으로 움직일 때조차 변화는 혼란스럽고 부끄럽다. 하지만 그것이 변화에 저항해야 할 이유가 될 수는 없다.

여기에서 중요한 교훈이 두 가지 있다. 먼저, 선입견을 고치려고 시도하면서 약한 모습을 드러낼 수밖에 없다. 또한, 불가피한 실수를 했을 때 스스로를 용서해야 한다.

중요한 건 포기하지 않는 마음이다.

잠재적인 번아웃에 대처하는 법

처음에 선입견을 인식하기 시작하면, 그 엄청난 범위에 입이 딱 벌어진다. 이런 순간에는 다음 세 가지가 도움이 된다.

숫자를 세어보자

나의 선입견 퇴치사 A. 브리즈 하퍼 박사는 다음 단어를 더 신중하게 쓰라고 조언했다. 절름발이, 색맹, 장님, 보다, 백치, 사이코패스, 남성, 여성. 내가 뭐라고 했을까? "세상에, 영어의 모든 단어는 누군가의 기분을 나쁘게 하는군요. 쓸 수 있는 단어가 없어요!" 하지만 잠시 생각해 보니 영어에는 17만 개의 단어가 있었다. 브리즈는 8개의 단어를 조심하라고 했을 뿐이다. 수치로 환산해 보니 다른 관점에서 생각할 수 있었다.

아끼는 사람을 생각하자

막연하게 '해야 하는 일'로만 생각하면 금방 지친다. 내 노력이 내가 아끼는 어떤 사람에게 도움이 된다고 생각하면 새로운 에너지가 생길 것이다. 내가 상처 주고 싶지 않은 사람, 지지하고 싶은 누군가를 떠올리자.

이 책을 편집할 때 도움을 준 역사학자 잭 쇼어는 시각장애인이다. 내가 존경하는 잭을 존중하자는 동기가 생기니, 생각 없이 쓰던 시각과 관련된 은유를 조심하게 되었다. 쇼어가 직접 나의 장애인 차별주의적 언어 사용을 지적한 적은 한 번도 없었다. 그리고 피해자인 그에게는 그럴 의무도 없었다. 쇼어는 고질적으로 높은 70%라는 시각장애인 실업률을 낮추고, 시각장애인들이 비장애인과 상호작용할 수 있도록 하는 데 힘쓰고 있었다. 내가 언어 사용 습관을 바꾸는 것이 그가 대의를 이루는 데 도움이 된다면, 그 정도는 당연히 할 수 있었다. 내 언어의 문제를 인지하지 못했던 나는 선입견 퇴치사 브리즈의 지적에 감사했다. 그리고 문제를 인식한 뒤로 시각과 관련된 은유 표현을 무신경하게 쓰지 않게 되었다고 생각했다. 하지만 이 책을 끝내고 "see('보다'를 '이해하다, 알다'의 뜻으로 쓴 경우를 말한다—옮긴이)"를 검색해 본 나는 경악했다. 내가 몇 번이나 생각 없이 이 단어를 썼을까? 무려 99번이다! 다른 선입견 퇴치사 역시 이 책을 읽고 무신경한 은유를 지적했다. '판단을 흐린다'라는 의미로 '눈을 가리다'를 사용한 것이다. 워낙 많이 쓰는 표현이라 생각도 하지 못했다. 우리 모두 계속 배워가야 한다.

선입견 퇴치가 업무에 어떤 도움이 될지 생각하자

나는 습관을 고치려 하면서 시각과 관련된 은유가 오해의 소지가 있고 부정확하다는 사실을 깨달았다. 예로 '알게 되다'나 '이해하다'의 의미로 '보다'를 쓰곤 했는데, 정확한 단어를 쓰자 문장의 흐름이 더 자연스러워졌다.

당신이 작가가 아니더라도, 장애인이나 성별, 인종을 차별하는 언어를 사용하지 않으면 제품 판촉에 도움이 될 수 있다. 고객에 대한 선입견을 없애고, 고객의 인구 구성비와 비슷한 팀을 만들면 영업 실적이 좋아질 수도 있다. 언어를 의식하고 사용하면 사고도 더 정확하게 하게 된다. 노력이 필요한 일이지만, 투입하는 것 이상을 얻을 수 있다. 계속 배우고 성장하기를 거부하는 것은 어린아이가 이렇게 말하는 것과 같다. "나는 구구단을 외웠으니까 수학은 그만 할래."

편견과 작별하기

반드시 이유를 가지고 신념을 선택하라. 자신의 신념을 선택하지 않으면,
믿을 만하지 않은 어떤 신념에 선택받게 될 것이다.

로버트슨 데이비스(Robertson Davies)

편견을 포기하기에 늦은 때는 없다. 아무리 오래된 사고방식과 행동 양식도 근거 없이
믿어서는 안 된다.

헨리 데이비드 소로(Henry David Thoreau)

비뚤어진 신념

나는 열여덟 살쯤까지 여자가 남자보다 우월하다고 생각했다. 이것
역시 성 역할 고정관념의 다른 형태라는 것을 이해하지 못한 때였다. 여
성우월주의를 열렬하게 신봉하며 떠들고 다닌 건 아니지만, 누구나 아
는 삶의 진리라고 생각했다.

우리 가족은 여성인 메리 베이커 에디(Mary Baker Eddy)가 창시한 크
리스천 사이언스교를 믿었다. 에디의 책에는 이런 내용이 있다. "창조의
정신 또는 지성은 점점 더 중요한 것들을 창조하며 여자를 마지막에 만
들었다. 남성이든 여성이든 지성의 생각은 덜 중요한 것에서 더 중요한
것으로 올라가며 사랑의 무한함을 펼친다."[4] 나는 이 말이 여성이 남성
보다 신에 가깝다는 뜻인 줄 알았다. 우리 가족이 예배를 드리는 교회를
할머니와 이모할머니들이 꽉 쥐고 있다는 사실이 내 해석을 뒷받침해
주었다. 집에서도, 교회에서도 통제권을 가진 것은 강력한 여성들이었

다. 그래서 원래 이 세상이 그런 줄 알았다.

테네시주 멤피스에서 여학교를 다니면서 여자가 우월하다는 확신은 더 강해졌다. 우리 학교 학생들은 시험 성적이 좋았고, 같은 도시의 남학교 학생들보다 더 좋은 대학에 갔다. 학교에서는 주입하다시피 이렇게 가르쳤다. 여자는 남자와 동등하지 않다. 여자가 더 우월하다. 똑똑하고, 착하고, 이상을 좇아 살아간다. 지금 생각하면 선생님들이 실제로 그렇게 굳게 믿었다기보다는 남성 중심적 사회로 나갔을 때를 대비해서 균형을 맞추려 했던 것 같다.

아빠는 내 말에 어리둥절했다. 먼저, 아빠는 메리 베이커 에디의 글에 대한 내 해석에 동의하지 않았다. 둘째로, 메리 베이커 에디가 쓴 문장 두 줄이 어떻게 할아버지보다 할머니가 우월하다는 증거란 말인가? 할아버지와 아빠를 사랑하고 존경하는 내가 내 편견을 다시 생각하는 게 마땅했겠지만, 어째서인지 그런 일은 없었다. 수백만의 남자들이 어머니와 아내와 딸을 사랑하면서도 여전히 무의식적·의식적으로 여성이 열등하다고 믿는 것과 비슷한 양상이다.

남성은 지적·감성적으로 열등하다는 내 편견에 의심을 품은 것은 고등학교 2학년 때였다. 윌리엄 워즈워스(William Wordsworth)의 시를 읽었기 때문이다. 그의 글에 감동한 나는 문득 깨달았다. 남자가 이 시를 썼다는 사실을.

편견이 깨지면서 나는 굉장한 위안을 받았다. 내가 상상하는 행복한 삶을 누리려면 남자가 뇌도 심장도 없는 존재여서는 안 된다. 내가 함께 일하게 될 사람의 적어도 절반, 아마도 4분의 3은 남자일 것이었고, 이성애자인 내 인생의 동반자도 남자일 것이었다. 아이를 둘 낳고 싶었으

1부 l 생산성을 낮추는 가장 빠른 법

니, 하나는 아들일 확률이 높았다.

내 편견은 살면서 언제고 깨질 수밖에 없었다. 그러나 안타깝게도, 남성이 여성보다 우월하다는 소년의 편견이 깨질 확률은 훨씬, 훨씬 더 낮다. 남성 작가가 훨씬 많으니 남학생이 여성 작가를 접할 가능성은 적다. 남학생이 공부할 역사책 속 위인도 대부분 남자다.

그러나 남자든 여자든 성별에 대한 본질주의적 편견을 마음에 품고 있다면, 내가 그랬던 것처럼 편견을 내려놓으면서 해방감을 느낄 수 있다. 시몬 드 보부아르(Simon de Beauvoir)의 말처럼, "사람들은 끝없이 여성이 남성보다 우월하거나, 열등하거나, 또는 동등하다는 것을 증명하려 한다. (…) 사실 명확한 시각을 가지려면 이 틀에서 벗어나야 한다. 지금까지의 모든 논의를 왜곡해 온 우월함, 열등함, 동등함의 모호한 개념을 버려야 다시금 시작할 수 있다."[5] 우리 모두 나 자신의 가장 훌륭하고, 가장 진실한 모습을 찾기 위해 노력하자. 편견으로부터 자유로워지자.

그러려면 어떻게 해야 할까? 선입견이 해로운 편견으로 굳어지는 것을 어떻게 막을 수 있을까? 내게 도움이 된 방법들이 있다.

가짜 일관성을 의심하라

인간의 뇌는 혼란스러운 삶을 패턴으로 분류하기를 좋아한다. 그것이 뇌의 기능이다. 자연스러운 과정이지만, 반드시 현명하다고 볼 수는 없다. 대니얼 카너먼은 뇌가 만들어내는 가짜 일관성을 그냥 받아들이지 말고, 이 사실을 기억하라고 말한다. "세상은 생각보다 원리원칙에 따라 돌아가지 않는다. 뇌의 작용이 일관성을 만들어낼 뿐이다." 카너먼의 책 《생각에 관한 생각》은 뇌의 정보 처리가 시스템 1(빠르게 생각하기)과 시스템 2(느리게 생각하기)의 두 가지 궤도로 이루어진다고 설명한다. "시스템 1은 노력이나 자의적인 통제가 (거의) 없이 자동적이고 빠르게 가동된다. 시스템 2는 복잡한 계산 등 노력이 필요한 정신적 활동에 주의력을 할당한다. 또한 자존감, 선택, 집중 등 주관적인 경험에도 시스템 2가 가동된다."[6] 시스템 1은 완전히 무질서한 상태에서도 '일관성'을 찾으려는 경향이 있다.

녹색 신호는 지나가라는 뜻이다. 시스템 1이 이런 정보를 관리한다. 아무 '생각' 없이 액셀을 밟는다. 누군가 십자말풀이를 내민다. 시스템 2가 가동된다. 답이 될 법한 단어를 넣어보고, 선택하고, 반쯤 기억하는 사실들을 소환한다. 그리고 시스템 2는 우리가 생각하는 것보다 훨씬 덜 객관적이다. 카너먼은 이렇게 설명한다. "시스템 2의 두드러진 특징은 (…) 가동에 노력이 필요하다는 것이며, 게으름은 시스템 2의 주요 특성 중 하나다. 반드시 필요한 것 이상의 노력을 투자하지 않으려 한다. 그 결과 시스템 2로 선택했다고 믿는 생각과 행동은 시스템 1의 영향을 받은 것일 때가 많다."[7]

요약하면, 우리의 편견은 시스템 1이 기운차게 제공하는 선입견들을 시스템 2가 게으르게 정당화한 결과다. 원칙과 노력, 자기인식이 있어야 이미 내려진 결론에 의문을 제기하고, 인간이 만드는 분류가 제멋대로라는 사실을 이해할 수 있다. 다시 말해 내 뇌에 내가 속고 싶지 않다면 선입견을 의식하고, 선입견이 편견으로 굳어지는 경향을 인지하고, 적극적으로 의문을 가져야 한다.

고정관념과 본질주의를 조심하라

　편견을 가진 사람은 보통 "남자/백인/이성애자는 ＿＿＿해", "여자/흑인/동성애자는 ＿＿＿해"라는 식으로 대화를 시작하고, 여성스럽다/흑인스럽다/게이스럽다고 생각되는 요소를 비하한다. '이분법적·비하적' 편견이다.[8] 피타고라스는 이렇게 말했다. "선의 원칙이 질서와 빛, 남성을 창조했으며, 악의 원칙이 혼돈과 어둠, 여성을 창조했다."[9] 그 나름의 균형과 대칭까지 있는, 우주의 진리라도 설명하는 척하는 문장이다. 그러나 안타깝게도 극도로 비논리적이고 심지어 악의적인 문장이다. 피타고라스의 정리를 거부해야 한다는 뜻은 아니다. 삼각형에 관한 피타고라스의 생각은 세월이 지나도 진리로 남았다. 그러나 여성에 대한 생각은 그렇지 않다.

　'남자는 X다', '밀레니얼 세대는 Y다', '중국계 미국인은 Z할 가능성이 크다'라는 식으로 한 집단을 싸잡아 일반화하는 말을 들으면, 그 말이 얼마나 그럴듯하고 얼마나 근거가 있어 보이든 간에 잠깐 생각해 보자. 이것은 고정관념인가? 본질주의적인 믿음인가? 본질주의적 믿음은 특정 집단에 속한 모든 사람에게 같은 특징을 부여한다. '모든 여성은 ＿＿＿하다', '모든 밀레니얼 세대는 ＿＿＿하다'라는 식이다.

　먼저, 이러한 일반화가 확실한 사실을 근거로 하고 있는지 생각해 보자. 그리고 그 사실에 의문을 제기하자. 일반화의 근거가 과학인지 유사 과학인지 생각해 보자. 19세기에 '과학적인' 골상학은 비유럽 인종을 차별하고 노예제를 정당화하는 데 쓰였다. 이러한 편견은 지나간 시대의 불행한 유물이라고 치부할 수도 있지만, 광범위한 과잉 일반화를 과학으로 합리화하려는 시도는 오늘날에도 계속되고 있다. 온라인에서 정통 과학과 근거 없는 낭설의 경계가 흐려지는 경우가 너무나 많다. 검증되지 않은 내 선입견에 의문을 갖는 대신 의식적으로 자료나 연구를 오용하며 정당화하는 순간을 경계하자. 자신의 신념과 일치하는 정보만 받아들이고 신념과 일치하지 않는 정보는 무시하는 '확증 편향'은 성별, 인종, 그 밖의 선입견을 강화한다.

본질주의는 특히 위험하다. 새로운 정보를 무시하거나 누군가의 능력을 간과하게 하기 때문이다. 신념의 울타리로 꼭꼭 막아둔 세계에 살면 마음은 편할지 몰라도, 결국은 나 자신에게도 직장에도 폐가 된다.

당신이 믿는 것을 혹독하게 시험하라.

기본적 귀인 오류

기본적 귀인 오류는 스탠퍼드대학교 심리학자 리 로스(Lee Ross)가 밝혀낸 잘못된 사고 패턴으로, 편견에 불을 지핀다. 내 행동이나 상황이 상대의 행동을 유발했다고 생각하는 대신 이미 인지한 속성('넌 바보야')으로 상대의 행동을 설명하는 오류다. 기본적 귀인 오류는 첫째, 보통 부정확하며 둘째, 고정형 자세를 촉발하기 때문에 해결할 수 있었을 문제조차 해결하기 어렵게 만든다.

모든 것이 평균에 합치될 거라고 기대하지 말라

이렇게 생각해 보자. 평균적인 사실이 구체적인 상황에 늘 적용되는가? 이를테면, 평균적으로 남자가 여자보다 키가 큰 것은 사실이다. 그러나 여자가 더 큰 남녀 커플과 그 사실은 아무 상관이 없다. 결국, 남성은 평균적으로 여성보다 키가 크지만, 어떤 커플은 남자가 더 작다. 그러나 실제로 여자가 더 큰 커플의 수는 통계적으로 예상되는 것보다 적다.[10] 다시 말해, 사람들이 평균을 지킬 것이라는 선입견으로 말미암은 기대, 즉 이성애자 커플의 경우 남자가 여자보다 키가 클 것이라는 기대 때문에 외롭지 않을 수 있었던 수많은 키 작은 남자와 키 큰 여자가 외로워하는 세상이 되었다.

토드 로즈(Todd Rose)의 《평균의 종말(The End of Average)》을 보면, 미 공군이 '평균'의 조종사에게 맞춰 설계한 조종석은 누구에게도 맞지 않았다.[11] 공정한 직장을 만들려면 평균의 폭력을 이겨내고 한 사람 한 사람의 개인성을 존중해야 한다.

내가 임의로 정한 평균에 맞지 않는 사람을 이상하게 생각하거나 조롱하고 있다면, 잠깐 멈춰서 생각해 보자. 왜 그런 행동을 했는가? 선입견이 편견으로 굳어졌기 때문에? 평균적으로는 사실이지만 항상 통용되지는 않는 기준을 강요하려고 데이터를 오용하고 있지는 않은가?

누군가를 따돌리고 있다면 멈추는 법

나도 동료를 따돌린 적이 있다. 나 자신을 심판하거나 내 행동을 합리화하기 위해서가 아니라, 실수를 인정하는 것이 더 나은 사람이 되는 유일한 방법이라고 믿기 때문에 이 이야기를 하려고 한다. 내 잘못을 알면서도 부정하면 앞으로 나아갈 수 없다.

나는 나쁜 사람이 아니지만, 누구나 그렇듯 가끔 나쁜 행동을 한다

러스 라라웨이(Russ Laraway)와 팟캐스트를 한 적이 있다. 러스와는 몇 년간 함께 일했고, 최근에는 공동으로 회사를 창업했다. PD가 하버드의 사회심리학자 에이미 커디와의 토론을 제안했다. 커디는 자세의 피드백 효과에 관한 TED 강연으로 유명하다. 2장에서 언급했지만, 커디의 연구는 자신감을 표현하는 신체의 자세, 즉 똑바로 서서 어깨를 펴는 것이 왜, 그리고 어떻게 실제로 자신감을 높여주는지 설명했고, 나 역시 크게 도움을 받았다. 팟캐스트가 시작되었고, 나는 자주 인용되는 연구 이야기를 꺼냈다. "2분만 다리를 벌리고 가슴을 내민 채 원더우먼 포즈로 서 있으면 테스토스테론이 증가하고 코르티솔이 감소한다니, 정말 놀랍네요!"

그러나 자세가 테스토스테론과 코르티솔 수치에 영향을 미친다는 명확한 증거는 없었고, 커디 역시 이 부분을 인정했는데, 나는 모르고 있었다. 러스는 주제가 정해지고 나서 커디의 연구를 검색했기 때문에 원더우먼 포즈와 테스토스테론/코르티솔 수치의 상관관계에 대한 문제 제기가 있었다는 사실을 알고 있었다.[12] 근거가 밝혀진 부분은 당당한 자세가 자신감을 높인다는 연구 결과까지였다.

러스는 방송 중에 이 문제를 꺼내서 내가 틀린 발언을 바로잡을 기회를 주려고 했다. 나는 그의 말을 듣는 대신 심한 말로 입을 다물게 만들었다.

1부 | 생산성을 낮추는 가장 빠른 법

"당신 의견도 충분히 존중해요." 내가 입을 열었다. (알아둘 것 '충분히 존중하지만'으로 말을 시작한다는 것은 존중하지 않는다는 뜻이다.) "잘 모르시는 것 같은데, 백인 남성분, 당신은 태어날 때부터 원더우먼 포즈를 하고 있었어요." 그 자리의 모든 여성이 크게 웃음을 터뜨렸고, 러스는 입을 닫았다. 남자는 러스 하나였다.

내가 사회생활을 하면서 비슷한 경험을 했을 때는 대부분 상황이 정반대였다는 것을 꼭 짚고 넘어가야겠다. 나는 그 자리의 유일한 여성이었고, 남자들에게 배제되고 조롱당했다. 하지만 상황을 뒤집는다고 정당한 승부가 되는 것은 아니다. 부정의의 반복일 뿐이다. 내 태도 역시 문제가 많았다. 남자인 당신은 이 주제에 대해 말할 권리가 없다고 선언한 것이다. 나는 적극적으로 러스를 토론에서 배제했고, 성별로 그를 조롱했다.

나중에 나는 잘못을 깨닫고 사과했다. 러스는 내가 너무 심했다며, 무력감을 느껴서 아무 말도 할 수 없었다고 했다. 하지만 러스는 내가 한 짓에 비해 쉽고 빠르게 나를 용서했다.

러스를 따돌림으로써 나는 사람을 어떻게 대해야 하는가에 대한 신념을 스스로 저버렸다. 한 청취자는 편지를 보내 내가 비난하던 성별 고정관념을 직접 재생산했다고 지적했다. 절대적으로 옳은 말이었다. 러스가 내게 화난 것도 당연했다. 내 행동을 후회하고 있으며 비판을 달게 받겠다는 진심을 전하기 위해서는 여러 차례의 대화가 필요했다. 러스를 따돌린 것은 비효율적이면서 부당했다. 관계에 금이 갔고, 우리가 세상에 전하려던 메시지가 흐려졌으며, 많은 시간이 낭비되었다.

분노 + 내집단 소속 = 따돌림의 가능성 높음

과거에 누군가를 따돌린 경험을 돌아보는 것은 앞으로 저지를 수 있는 따돌림을 막는 좋은 방법이다. 최대한 솔직하게 왜 그랬는지, 나와 상대, 지켜보는 사람들에게 어떤 영향을 미쳤는지 생각해 보자. 어떤 상황이었는가? 상대를 따돌리기 직전에 어떤 기분이었는가? 화가 났는가? 화가 났을 때 당신은 어떤 몸짓을 하는가? 잘 모르겠다면 가장 가까운 사람들에게 물어보자. 내 딸은 최근 내가 나쁜 부모가 되기 직전에(즉, 딸을 따돌릴 때) 하는 손동작을 지적했다. 가해자가 되기 직전, 신체가 경고 신호를 보낼 때가 많다.

내가 정말 나쁜 짓을 저지르기 전의 경고 신호는 두 가지가 있다. 첫째, 내가 내집단(in-group, 조직 및 사회 내부의 배타적인 소규모 집단—옮긴이)에 속해 있다. 둘째, 나는 미친 듯이 화가 났다. 사례로 든 사건의 경우, 러스에게 화가 났던 것은 아니지만 에이미 커디를 사기꾼 취급하는 사람들이 있다는 사실에 화가 나 있었다. 러스를 놀림감으로 삼은 팟캐스트를 진행할 당시, 그는 내 동료이자 사업 파트너였다. 내가 '권력'을 가진 관계는 아니었다. 그러나 러스가 유일한 남자였기 때문에 내집단의 힘이 나타났다. 여자인 나는 다수 집단에 속해 있었다. 다수 집단의 위치에 있다는 이유만으로 내가 좋아하고 존중하는 사람을 따돌린 것이다.

피드백에 대응하는 몇 가지 팁

선입견이 있다거나, 어떤 신념이 편견이라거나, 누군가를 따돌렸다는 말을 들으면 먼저 심호흡을 하자. 받아들이기 어려운 말이다. 다음 몇 가지를 기억해 두면 도움이 된다.

● 의도가 아니라 결과에 집중한다.
● 상대에게 너무 예민하다고 말하는 것은 듣지 않겠다는 얘기다.
● 다른 사람들의 개인성을 존중한다.
● 사과하는 법을 배운다.

의도가 아니라 결과에 집중하라

선입견이 있다거나, 어떤 신념이 편견이라거나, 왕따 가해자처럼 행동한다는 지적을 받으면 보통 사람들은 부정한다. "너무 예민하게 굴지 마", "그냥 농담한 거야"라고 말하고 싶은 유혹을 느낀다. 어쨌든, 피해를 주려고 한 건 아니니까.

당신의 의도에 집중하지 말고, 당신의 태도나 행동이 실제로 유발한 피해를 생각하라. 상대방은 왜 화가 났는가? 그 사람의 감정을 부정하지 말고 이유를 이해하기 위해 노력하라.

이 과정은 알고 보면 나 자신을 위한 것이기도 하다. 상대방에게 피해를 준 것이 아니라 내 발등을 찍었다는 것을 깨달을 때도 있다. 남녀가 함께 앉아 있을 때 선입견만으로 당연히 남자가 의사결정자라는 판단을 내린다면, 여자의 기분이 나빠진 것이 문제가 아니다. 당신이 의사 결정자가 누구인지 모른다는 것이 문제다. 그러면 사업상의 목적을 이룰 가능성이 작아진다.

당신의 선의를 알아달라고 요구하지 말라

선입견을 내비치는 말을 해놓고 '선의'로 그랬다고 변명하는 것을 조심하라. 피해자가 화를 내면 안 된다는 말로 들릴 수 있다.

행동 강령 컨설턴트 애널리 플라워 혼(Annalee Flower Horne)은 선입견으로 피해를 준 순간을 중립적으로 생각해 볼 수 있는 예를 든다.[13] 당신이 누군가의 발을 밟았다고 하자. 그 사람이 "발 밟았어요"라고 하든, "젠장, 발 밟았어요"라고 하든, 심지어 "X발, 발 밟았어요!"라고 하든, 당신은 선의로 그랬다고 연설하며 계속 발을 밟고 서 있지는 않을 것이다. 일단 발을 뗄 것이고, 아프게 했으니 사과할 것이다. 의도는 중요하지 않다. 어쨌든 고통을 준 건 당신이고, 결과는 의도보다 중요하다. 상대는 상처를 입었으니 화를 내는 것이다. 당연한 일이지 거부할 문제가 아니다.

또한 '선의를 생각하라'는 것은 평생 하루에도 몇 번씩 매일매일 선입견을 경험하고 대응할 힘이나 의지가 없었던 상황이 누적되었을 때 느끼는 상대의 고통과 분노를 무시하는 것이다. 한 걸음 물러나서 돌아보면, 이 문제는 당신과 관련이 있는 동시에 비단 당신만의 문제가 아니라는 사실을 깨닫게 된다. 상대의 정당한 분노에서 당신이 차지하는 부분은 작은 조각 하나다. 반대로 말하면, 당신이 행동을 바꾸면 그 사람의 상황이 그 작은 조각만큼은 나아진다는 것이다.

다른 사람에게 당신의 선의를 알아달라고 요구하지 않고, 당신이 타인의 선의를 가정하면 몇 가지 좋은 점이 있다. 먼저, 인간의 본성에 대해 낙관적으로 생각하게 된다. 그리고 그 생각이 옳을 것이다. 사람들은 대부분 악의가 없다.

인간을 신뢰하면 그만한 보상이 돌아온다. 경제적인 관점에서, 신뢰는 자유 시장 체계가 가장 낮은 거래 가격에 효율적으로 작동하게 하는 핵심이다.

그러나 다른 사람들에게 선의를 알아달라고 하는 것은 효과적이지 않다. 누군가 당신에게 악의가 있다고 부당한 혐의를 씌울 때 해명하는 것은 괜찮다. 그러나 발을 밟았을 때의 비유를 생각해 보자. 누군가의 발을 밟았다면, 가장 먼저 할 일은 발을 떼는 것이다. 먼저 상대의 말을 이해했다고 말해주자. 또는 이해하지 못했다면, 이해하고 싶으며 이해하기 위해 노력할 의지가 있다고 말해주자. 그리고 그 사람의 기분을 배려하자. 당신이 미친 영향을 알게 되었고 잘못을 바로잡을 의지가 있음을 보여주어야 한다. 앞으로 같은 실수를 반복하지 않겠다는 약속은 지나간 의도를 말하는 것보다 훨씬 더 중요하다. 지나간 의도가 아무리 좋았더라도 상대는 이미 피해를 보았으니까. "왜 화가 나셨는지 이해합니다. 죄송합니다. 그럴 의도는 절대 없었지만, 그건 소용없겠죠. 잘못을 바로잡고 싶어요. 다시는 ＿＿＿하지 않겠습니다."

'넌 너무 예민해'라고 말하는 것은 듣지 않겠다는 의미다

커뮤니케이션은 화자의 입이 아니라 청자의 귀에서 이루어진다. 당신의 말에 상대가 화난 이유를 이해할 수 없을 때도 있다. 나쁜 의도는 없었으니까. 평생 써온 단어, 많이들 쓰는 단어 하나를 썼을 뿐이다.

당신의 말에 상대가 왜 화가 났는지 이해하려 하지 않으면, 그에게 '표준'에 대한 당신의 기대에 맞추라고 강요하는 셈이다. 게다가, 다른 사람에게 어떻게 '느껴야 한다'고 말해보았자 헛수고다. 누구나 자신이 느끼는 대로 느낀다. 다른 사람은 이유를 이해하기 위해 노력할 수 있을 뿐이다. 누군가에게 "슬퍼하지 마"라고 말해도, 슬픔은 줄지 않는다. 다른 사람의 기분은 관리하거나 통제할 수 없는 것이다. 남의 기분을 좌지우지하려는 시도는 소용없고 거만하며, 기만적이고 진실하지 않다. 관심을 갖고 알려고 하는 노력이 생산적이다.

한번은 '단어 검열'에 반대한다는 팀원들이 있었다. 자신들은 나쁜 의도가 없었으며, 남들이 예민하게 굴지 말아야 한다는 것이었다. 팀장은 자신이 단어를 검열하겠다는 것이 아니라 팀이 순조롭게 협업하기 위해 필요한 일을 하는 것이라며, 누구나 들었을 때 화가 나는 단어가 있다고 설명했다. 팀원들이 원활하게 소통하려면 서로 그런 단어를 피하는 것이 좋다. 효과적으로 협업하려면 서로 이해해야 하기 때문이기도 하고, 서로 아끼고 존중해야 하기 때문이기도 하다. 소통이 목적이라면, 한마디 때문에 그다음 50마디에 집중할 수 없는 말을 굳이 쓸 이유가 무엇인가? 다른 말을 쓰면 훨씬 효율적인데, 왜 그 단어를 고집하는가?

언어 습관을 고치기 힘든 것은 사실이다. 팀원들이 모두 서로 싫어하는 단어를 알아두어도 시시때때로 실수를 할 수 있다. 습관을 바꾸는 동안 이해해 달라고 부탁하는 정도는 합리적이지만, 무슨 일이 있어도 본인이 원하는 단어를 쓰겠다고 고집하는 것은 말이 안 된다.

여자에게 '인마'라는 말을 쓰는 남자가 있었다. 본인은 '인마'가 성 중립적인 용어라고 생각한다는 것이었다. 나는 '인마'가 적당한 호칭으로 생각되지 않았다. 그렇게 부르는 것이 화날 일까지는 아니지만 거슬린다고 말했다. 그 후로 나를 "인마"라고 부르면, 나는 그냥 "야"라고 짧게 제지하거나 "누가 인마야?" 정도로만 말했다. 그러면 그가 사과하면서 상황이 마무리되었다. 그것으로 충분하다. 소란 피울 일이 아니다. 곧 '인마' 버릇은 사라졌다. 나는 단어 검열을 한 것이 아니다. '인마'가 아니었을 뿐이다.

최근에 나는 SNS 게시글에서 생각 없이 '미친'이라는 단어를 오용했다. 몇 사람이 나의 부정확한 언어 사용 때문에 정신질환이 있는 사람이 상처를 받을 수 있다고 지적했다. 나는 사과문을 올렸고, 내 단어 사용이 왜 부정확하며 피해를 끼치는지 더 자세하게 설명하는 기사를 링크했다.[14] 많은 이들이 자신도 똑같은 실수를 하는 걸 막아줘서 고맙다고 댓글을 남겼다. 그러나 내가 처음에 한 말에 문제가 없었으며, 사회가 '지나치게 예민'해졌다고 나를 '안심'시키려는 사람도 많았다.

여자는 과민 반응이라는 말을 들으면 대응하기가 쉽지 않다. 이 문제에 대해 전 동료 러스 라라웨이가 쓴 글을 공유한다.

'다들 너무 예민해졌다'는 사람들에게…… 단순하게 투자 대비 수익률의 관점에서 평가해 봅시다.

행동을 바꾸는 데/바꾸지 않는 데 무엇이 희생되며, 행동을 바꾸면/바꾸지 않으면 무엇을 얻습니까?

투자: 언어 습관을 바꾸는 데 어떤 비용이 듭니까? 2주 정도 머리를 써야 한다는 것?

지인들과 함께 이 문제를 고민했고, 투자 비용이 사실상 없다는 결론을 내렸습니다.

수익률: 내가 얻을 수 있는 이익을 생각해 보았습니다. 계속 둔감한 표현을 쓴다면, 특히 백인 남성인 나는 포용 문제를 만들게 됩니다. 누군가에게는 큰 문제, 누군가에게는 작은 문제, 또 누군가에게는 존재하지도 않는 문제지요. 하지만 내가 언어 습관을 바꾸면 더 넓은 차원에서 포용적인 환경을 향해 작은 걸음을 떼게 됩니다. '다들 너무 예민해졌다'는 말은 화가 나거나 상처받은 사람의 관점을 암묵적으로 없던 것으로 만들어 버립니다. 그것이 과연 옳은 일일까요?

전적으로 동의한다.

개인성을 존중하라

내가 누구인지는 내가, 네가 누구인지는 네가 정한다. 너무 당연한 말이다. 하지만 다른 사람에게 네가 누구인지, 무엇을 '입어야' 하는지, 어떻게 '느껴야' 하는지, 머리가 '길어야 하는지 짧아야 하는지', 아이를 '가져야' 하는지, 연애를 '해야' 하는지 등등을 말해주려는 사람이 너무 많다. 그리고 나도 모르는 사이에 다른 사람이 나를 정의하도록 맡겨버리는 경우도 너무 많다.

회사원들은 남자나 여자이고 싶지 않은 논바이너리 동료의 개인성을 존중하지 않고 남자나 여자에게 사용하는 대명사를 쓰는 경우가 많다. 매일, 매주 동료 직원들의 실수를 지적하는 것은 힘든 일이다.

나는 어릴 때 왈가닥이었다. 머리가 짧은 내가 여자화장실에 들어갔더니 안에 있던 사람이 비명을 지른 적이 있다. 낯선 사람이 내 성별을 나보다 잘 안다는 듯 소리를 지른 건 충격적인 경험이었다. 다른 사람들이 내가 원하지 않는 화장실을 쓰도록 강요하는 것이 어떤 느낌인지 조금은 알 것 같았다.[15]

우리는 각자 자신이 누구인지 결정할 수 있다. 어느 누구도 내가 누구인지, 어떤 모습이어야 하는지 말해줄 수 없다. 내가 어떤 사람인지는 내가 결정한다. 누구도 내게 정체성을 강요할 수 없다. 매우 단순한 이야기다.

사과하는 법

로런 M. 블룸(Lauren M. Bloom)은 《사과의 기술(Art of the Apology)》에서 효과적인 사과는 다음과 같은 필수 단계를 거쳐야 한다고 설명했다.

- 진심으로 미안한 마음을 표현하라.
- 무엇이 잘못인지 설명하라.
- 책임을 져라.

- 행동을 시정하라.
- 이해를 표현하라.
- 인내심을 가지고 그 사람의 고통을 들어라.
- 보상책을 제시하라.
- 용서를 구하라.
- 같은 일이 반복되지 않을 것이라고 약속하라.

린디 웨스트가 받은 사과는 이 원칙을 지키고 있다. 린디는 부친상을 당한 뒤 악플러의 표적이 되었다. 악플러는 세상을 떠난 린디의 아버지 이름으로 트위터와 지메일 계정을 열었고, 잔인한 메시지를 보내기 시작했다. 이 악플러를 무시하는 대신, 린디는 제제벨(Jezebel) 웹사이트에 자신의 경험에 관한 글을 썼다. 악플러는 이런 편지를 보내왔다.

린디에게

내가 왜, 언제부터 당신을 괴롭혔는지 나조차 모르겠습니다. 강간 농담에 대한 당신의 입장 때문은 아니었습니다. 저도 강간 농담이 재미있다고 생각하지 않거든요.

당신이 자신에게 만족하는 모습에 화가 났던 것 같습니다. 내가 나자신에 만족하지 못한다는 사실이 극명하게 느껴졌기 때문입니다.

두 개의 구글 계정으로 당신을 모욕하는 이메일을 보냈습니다.

이에 대해 사과합니다.

PawWestDonezo@gmail.com과 트위터 계정을 만들었습니다(둘 다 삭제했습니다).

어떻게 사과해야 할지 모르겠어요.

내 인생에서 가장 비열한 짓이었습니다. 당신이 최근 제제벨 기사에 제 이야기를 썼을 때 저는 마침내 깨달았습니다. 제 헛소리를 살아 숨쉬는 인간이 읽고 있다는 사실을요. 제게 어떤 피해도 주지 않은 사람을 제가 이유도 없이 공격하고 있다는 사실을요.

악플러 짓은 그만두겠습니다.

다시 한번 사과드립니다.

당신 아버지를 기리며 기부금을 냈습니다.

모든 일에 행운이 있기를 빕니다.[16]

사과하지 않는 법

사과를 잘하려면 피해자를 직접 찾아가 "죄송합니다"라고 하고, 입을 다물고 경청하라. 누군가에게 사과하려면 상대를 중심에 놓고, 그의 기분이 어떤지, 무슨 피해를 입었는지 이해해야 한다. 사과하는 사람이 중심이 되면 안 된다.

다음은 흔한 '사과'의 말이지만, 전혀 사과가 아니다.

● **"난 개자식이에요."**

이 말은 피해를 입은 사람이 아니라 가해자에게 초점을 맞춘 것이다. 게다가 앞으로 변화가 없을 것이라는 뜻을 담고 있다.

- **"그냥 농담한 거예요."**

  농담에 누군가 피해를 입었다면, 그것은 나쁜 농담이다. 잘못을 유머라고 포장하기보다는 깔끔하게 사과하는 것이 낫다. 좋은 유머는 숨은 태도와 행동을 드러내고 변화를 창조한다. 나쁜 유머는 해로운 태도와 행동을 강화한다.

- **"저도 정말 힘들었어요."**

  역시 가해자 본인에게 초점을 맞추고 있다. 이렇게 말한다면 사과하는 것이 아니라 공감 또는 힘퍼시를 강요하는 것이다. 성범죄로 고소당한 어느 임원은 "지난 24시간은 제 인생에서 가장 어두운 시간이었습니다"로 사과를 시작했다. 조력자 역할을 했던 다른 남자는 분노했다. "장난해? 저렇게 시작한다고? 누가 자기 기분 물어봤나? 성명문을 시작하는 방법은 한 가지밖에 없어. '정말 죄송합니다'지."[17] '백인 여성의 눈물'도 비슷한 현상이다. 인종차별주의자라는 혐의를 받거나 생각 없이 인종차별을 저지른 백인 여성이 비난을 피하려고 눈물을 터뜨리는 것이다.[18] 나도 눈물을 잘 흘리는 백인 여성이지만 대처할 방법이 있다. 눈물을 멈출 수 없다면 피해자를 중심에 두고 주변 사람들도 피해자에게 집중하는 분위기를 만들어야 한다. 본인이 상황의 중심에 서면 안 된다.

- **"제가 불편하게 만들었다면 죄송해요." 또는 "그렇게 느끼셨다면 죄송해요."**

  이런 말은 사과의 본질에서 벗어난다. 누군가의 기분을 상하게 했을 뿐 아니라 피해를 주었다는 사실을 이해하지 못했다는 발언이다. 가끔은 사과할 의도가 전혀 없이 악의를 가지고 하는 말일 때

도 있다. "내가 괴롭힌다고 느꼈다면 미안해"처럼 말이다. 이 말의
진짜 의미는 "나는 널 괴롭힌 게 아니야, 네가 그렇게 느꼈다면 나
도 어쩔 수 없지"다.

● **"그날 기분이 나빴어요."**

가해자가 왜 그런 짓을 했는지는 아무도 궁금해하지 않는다. 이미
저지른 짓을 어떻게 수습할 것인지에 관심이 있으며, 실수를 반복
하지 않기를 바랄 뿐이다.

● **"제가 설명할게요."**

이제부터 사과가 아니라 합리화를 하겠다는 뜻이다.

● **"용서해 주시겠어요?"**

잘못을 바로잡기 위한 첫발을 떼기도 전에, 실수를 되풀이하지 않
겠다는 약속도 하지 않고 용서를 구하거나 강요하는 사람이 있다.
말 그대로 출구를 막고 서서 "용서해 줄래?"라고 말하지는 말자.

어려운 상황에서 벗어나기 위해 사과를 이용하지 말라

불편이나 수치심을 피하려고 무작정 사과하고 볼 때가 있다. 그러면
실수를 책임질 수 없으며 배움과 성장의 기회도 잃는다. 나는 양동이에
오줌을 누라는 말을 들은 일화(3장 참고)를 강연에서 이야기한 적이 있다.
사건이 일어난 지역을 이야기했는데, 참가자 중 한 명이 손을 들고 내가
자신의 존재를 지웠다고 말했다. 내가 뭔가 잘못했다고 느꼈지만, 그 순
간에는 정확히 무엇을 잘못했는지 알 수 없었다.

심각하게 수치스러웠다. 부끄러움의 신체적 감각은 공포와 같다. 내

아이가 절벽 가까이 걸어갔을 때와 같은 느낌이었다. 속이 울렁거리고 오금이 저렸다. 나는 두 가지가 동시에 부끄러웠다. 첫째, 누군가에게 상처를 주었다. 둘째, 그 이유를 알 수 없었다. 문화적으로 둔감한 말을 한 건가? 편협한 종교관을 드러냈나?

나는 이해하려 하지 않고, 그냥 사과한 뒤 다음 질문으로 넘어갔다. 내 무지를 노출하면서 어떤 말이 왜 모욕적이었는지 물어볼 수가 없었다. 그것은 분명 실수였다. 청중은 모두 내가 이해하지 못했다는 사실을 느끼고, 심지어 관심조차 없다고 생각했을 것이다. 배움의 기회도 놓친 셈이다.

지금 돌아보니 형식적인 사과로 그녀의 말을 차단하는 대신 토론의 장을 열었어야 옳았다. "죄송합니다"로 끝내기보다 이렇게 말했어야 했다. "제가 상처가 되는 말을 했군요. 심지어 어떤 말 때문인지도 모르겠어요. 하지만 알고 싶습니다. 어떤 분께서 말씀해 주실 수 있다면 감사하겠어요. 끝나고 따로 이야기하는 게 더 편하시다면 그렇게 하셔도 됩니다."

강연이 끝났고, 부끄러움도 잦아들었다. 나는 피드백을 주었던 여자를 찾아가 이야기를 들었다. "거기선 여자가 일하지 않았어요"라는 말이 문제였다. 나는 협상하러 간 회사를 말한 것이었는데, 그 나라에 일하는 여성이 없다는 말로 들은 것이었다. 그것은 사실이 아니었다. 손을 든 참가자는 그 나라에서 일하는 여성이었다.

강연 중에 그녀가 추가로 설명할 기회를 주었더라면 좋았을 것이다. 내가 청중이 배울 기회까지 없앤 셈이다. 나중에 만난 다른 참가자들은 그 질문이 무슨 뜻이었냐고 물었다. 여성만 참가하는 콘퍼런스여서 참가자 중에는 백인 여성이 압도적으로 많았다. 내가 느낀 수치심을 알아챈 참가자들은 재빠르게 그 질문을 무시하고 내 '편'을 들었다. 나는 울지 않았지만 '백인 여성의 눈물'과 같은 상황이 벌어졌다. 나는 손을 든 여성을 고립시킨 셈이었다. 객석에 있던 백인 여성들도 내가 했던 실수를 똑같이 할 수 있었다. 내가 공개적으로 배우려 하지 않았기 때문에 관객들도 배우지 못했다. 모두가 기회를 놓친 것이다.

커닝페이퍼

가해자에서 공정한 직장을 위한 전투의 진정한 아군으로 거듭나기 위해 오늘 당장 할 수 있는 일이 있다.

나 자신의 부정적이거나 해로운 행동을 인지하는 것이 거울을 보는 것만큼 쉬우면 얼마나 좋을까? 그러나 우리는 실수를 알려고 하지 않는 한 인지하지 못한다. 나 자신의 실수를 용서할 수 있을 때, 그리고 주변 사람들도 용서해 줄 것이라는 믿음을 가질 때야말로 자신이 저지른 실수가 무엇인지 알기를 원하게 된다. 자신의 생각부터 먼저 바꿔야 한다. 자신의 실수를 용납하지 못하면 인정하기를 거부하게 되고, 결국 잘못을 바로잡을 수 없다.

문 제	대 응 책
선입견 의도 없음	**선입견 차단기** 당신의 선입견 퇴치사를 찾아라
편견 의도 있음	**행동 강령** 본질주의를 조심하라
따돌림 나쁜 의도	**확실한 대가** 권력과 분노를 조심하라

5장

리더를 위하여

선입견 차단기, 행동 강령, 따돌림의 대가 만들기

나는 리더 역할을 할 때 구성원들이 자기 일을 사랑하고 함께 일하는 것을 사랑하는 환경을 만들면서 가장 보람을 느낀다. 리더는 팀원 한 사람 한 사람이 인생 최고의 성과를 내고, 사회생활을 통틀어 가장 좋은 동료 관계를 쌓는 팀을 만들 수 있다. 공정한 직장은 개인의 삶도 풍요롭게 만든다. 괴롭지 않고, 즐겁게 퇴근하고, 일하면서 에너지가 고갈되지 않고 오히려 채워진다면 집에서도 더 행복하다. 그러면 꿈을 향해 걸어갈 수 있다. 공정한 직장은 직원 하나하나가 행복해짐으로써 모두 함께 놀라운 성과를 내는 팀을 만든다.

리더의 핵심 역할과 공정하고 평등한 업무 환경을 만드는 일을 분리해서 생각하는 경우가 너무 많다. 특정한 정량적 성과를 내는 것이 리더

리더&
선입견 편견 따돌림 ⚡ 차별 괴롭힘 신체적 침해

165

의 '진짜' 일이라는 태도다. 그러나 공정한 업무 환경이 먼저 조성되지 않으면, 일을 제대로 하기 어렵다는 사실을 깨닫는 리더가 늘고 있다.

샌프란시스코 포티나이너스 풋볼팀의 수석 코치였던 빌 월시(Bill Walsh)는 자신의 책 《성적은 알아서 나온다(The Score Takes Care of Itself)》의 제목에서부터 이 부분을 강조한다.[1] 그의 일은 물론 풋볼 경기에서 이기는 것이다. 그러나 점수에만 치중하면 이길 수 없었을 것이다. 점수는 코치가 일을 잘하고 있는지를 알려주는 후행 지표였다. 월시는 선행 지표를 이해하고 관리했다. 도덕적으로 행동하고, 높은 기준을 요구하고, 올바르게 책임을 묻고, 선수들에게 제대로 경기하는 법을 가르쳤다.

좋은 소식과 나쁜 소식이 있다. 팀에서 선입견, 편견, 따돌림을 근절할 수 있는 구체적인 방법이 존재한다. 리더는 이 방법에 따라 선순환의 고리를 만들고, 앞으로 그런 일이 일어날 확률을 낮출 수 있다. 문제는 선순환을 만들 수는 있지만 영구기관은 아니라는 것이다. 늘 신경 써서 관리해야 한다.

당신의 팀에는 선입견·편견·따돌림이 없다고 생각한다면, 스스로를 속이고 있는 것이다. 지구상의 모든 사회에 선입견·편견·따돌림의 태도와 행동이 너무나 만연한 것은 당신의 잘못이 아니다. 그러나 리더인 당신이 눈을 감는 것은 잘못이다. 어려운 점이 있다면, 팀장 혼자 이 문제를 해결할 수 없다는 것이다. 팀원들의 도움이 필요하다. 그리고 팀원들의 도움을 받으려면 이런 문제에 나서도 안전하다고 느끼게 해줘야 한다. 팀장들도 선입견·편견·따돌림 문제를 논하는 것을 꺼리지만, 팀원들은 더 두려워하기 때문이다. 지금 시작하자! 사건 신고가 들어오거나 문제가 생길 때를 기다리지 말자.

리더와 선입견

선입견은 개인을 해치고, 집단의 성과를 해친다

우리가 깨닫지 못하는 부분이 우리의 생각과 행동의 범위를 제한한다.
그리고 우리가 깨닫지 못하는 부분을 놓치기 때문에,
우리가 변화를 위해 할 수 있는 일은 거의 없다.
우리가 깨닫지 못한 것이 어떻게 우리의 생각과 행동을 형성하는지
알아채기 전까지는.
– R. D. 랭(R. D. Laing)

'별일'의 정의

새로 들어온 직원 미치(Mitch)는 여자 팀원을 '아가씨(girl)'라고 불렀다. 팀장이었던 나는 이미 이 문제로 내게 주의를 들은 다른 남자 팀원이 신입에게 경고해 주길 바랐다. 그런 대화가 지긋지긋했기 때문이다. 하지만 누군가를 콕 집어 그 일을 지시하지는 않았다.

입사 한 달쯤 지났을 때, 미치는 여자인 내 상사와 회의를 하러 갔다. 내 사무실에서 다른 팀원들과 회의를 하고 있는데, 미치가 창백한 얼굴로 문을 두드렸다. 내 상사는 나와 달리 '아가씨'라는 단어 사용을 직접적으로 나무랐던 것이다. 나는 미치가 그런 상황에 처한 것에 죄책감을 느꼈다.

그러나 나는 팀장으로서 주어야 했던 피드백을 주지 않은 것에 대해 사과하는 대신, 농담으로 상황을 넘기려 했다. 나는 다른 팀원들에게 말했다. "다들 나한테 고맙다고 해. 내 잔소리가 귀찮았겠지만, '아가씨' 말

고 '대리님'을 쓰게 된 게 다행이지 않아?"

미치는 화가 난 것 같았다. "저한테는 왜 말씀 안 하셨어요?"

나는 답할 말이 없었다. "별일 아니잖아."

"팀장님의 상사를 처음으로 만났는데 '아가씨'라는 말을 쓰는 제가 나쁜 놈이라는 야단만 듣고 왔어요. 그게 별일 아닌가요?"

미치가 옳았다. 팀장인 내가 말했어야 했다. 그러지 못했던 건 미치가 '아가씨'라는 말을 쓸 때 피해자의 마음으로 행동했기 때문이다. 그도 그럴 것이, 나는 몇 년 동안 실제로 그 말을 듣던 피해자였다. 피해자에게는 싸울 때와 물러날 때를 선택할 권리가 있다. 그러나 나는 그날 중요한 교훈을 얻었다. 피해자의 마음이 들더라도 리더라면 리더답게 행동해야 한다. 나는 미치를 위해, 여자 팀원들을 위해 피드백을 줄 책임이 있었다. 내 책임을 다하지 못한 것이다.

고정관념 위협과 피드백

자신이 속한 집단에 대한 부정적인 고정관념을 인지하면 실제로 성과가 나빠질 수 있다. 나 때문에 고정관념이 사실로 확인될 수 있다는 공포 때문에 불안 수준이 높아져 최선의 성과를 내기 힘들다. 이런 현상은 조직의 리더를 포함해서 모든 위치의 구성원에게 일어날 수 있다. 그러므로 리더는 본인과 구성원들에 대한 선입견을 모두 관리해야 한다.

스탠퍼드의 심리학자 클로드 스틸(Claude Steele)은 《고정관념은 세상을 어떻게 위협하는가(Whistling Vivaldi)》에서 부정적인 고정관념이 업무에서 실제 능력을 발휘하지 못하게 하는 사례를 설명했다.[2] 프린스턴대학교의 연구에서, 학생들은 골프를 치라는 요청을 받았다. 백인 학생들을 두 집단으로 나누어 첫 번째 집단에는 이 과제가 신체 능력 테스트라고 했고, 두 번째 집단에는 아무 말도 하지 않았다. 이 과제가 선천적인 신체 능력을 측정하는 것이라고 생각한 백인 학생들은 다른 집단과 마찬가지로 성실하게 임했다. 그러나 해당 코스를 끝내는 데 평균 3타가 더 필요했다. 성과가 낮았던 것이다. 이로부터 고정관념 위협(백인은 체육 능력이 열등하다)이 성과에 악영향을 미친다는 가설을 세웠다. 흑인 학생들을 대상으로 같은 실험을 반복했을 때는 두 집단의 성과가 같았다. 스틸의 설명에 따르면, 흑인 학생들은 체육 능력에 대한 고정관념을 경험하지 않았기 때문에 이러한 결과가 나타난 것이다.

스틸은 스탠퍼드에서 비슷한 실험을 했다. 이번에는 지적 능력과 관련된 고정관념을 연구했다. 백인과 흑인 학부생들을 모아놓고 고급 GRE 시험의 한 부분을 풀도록 했다. 이 시험은 기존의 학습 범위를 넘어섰다. 스틸은 흑인 학생들이 모르는 부분을 마주하고 좌절하면 지적 능력과 관련된 고정관념 위협이 자극되어 성과가 낮아질 것이라는 가설을 세웠다. 이 실험에서 실제로 흑인 학생들의 시험 성적이 백인 학생들보다 낮게 나타났다. 지적 능력이나 학업 성취도가 아닌 고정관념 위협 때문에 이런 결과가 나타났다는 가설을 시험하기 위해 다른 백인과 흑인 학생들을 데리고 실험을 반복했다. 이번에는 '시험'이라는 말을 쓰지 않았고, 일반적인 문제 해결 능력을 연구하는 '과제'라고 설명함으로써 고정관념 위협을 제거했다. 지적 능력을 측정하는 것이 아니라는 점을 특히 강조했다. 이번 실험에서 흑인 학생들은 백인 학생들과 동일한 수준의 성과를 보였으며, 지적 능력이 측정되고 있다고 믿었던 흑인 학생들보다는 점수가 유의미하게 높았다.

스틸을 비롯한 연구원들은 다양한 선입견에 대한 고정관념의 영향을 연구했다. 다른 실험에서는 5~7세 여자아이들에게 나이에 맞는 수학 문제를 풀게 했다. 대상자들을 두 그룹으로 나눠 시험 직전에 한쪽에는 자신과 같은 나이의 소녀가 인형을 들고 있는 그림을, 한쪽에는 풍경화를 나눠 주고 색칠하도록 했다. 소녀들이 자신의 성별을 생각하게 되면 여자가 수학을 못한다는 고정관념 위협이 발동할 거라는 가설이었다. 실제로 풍경화를 칠한 집단은 인형을 들고 있는 소녀를 칠한 집단보다 성적이 좋았다.

다른 연구팀에서는 학업 성취도가 높은 백인 남학생들에게 어려운 수학 문제를 풀게 했다. 대조군에서는 그냥 테스트를 치렀고, 실험군에서는 '아시아인이 백인보다 이 시험을 잘 보는 이유'를 알아내는 것이 연구 목적이라고 설명했다. 백인이 아시아인만큼 수학을 잘하지 못한다는 고정관념 위협이 성적을 낮출 것이라는 이론이었고, 실제로 그런 결과가 나왔다.

팀원들에 대한 고정관념 위협의 치명적인 효과를 인지하고 제거하는 것은 리더의 책임 중 하나다. 고정관념의 종류와는 상관없이, 성과에 대한 솔직하고 유용한 피드백은 사람들이 겪는 고정관념을 제거하는 데 큰 역할을 할 수 있다. 기준을 명확하게 설명하고, 리더로서 피드백을 받는 사람의 능력을 신뢰한다고 확신시키는 것이 중요하다.

스틸은 좋은 피드백이 비주류 집단 사람들의 고정관념 위협 극복에 미치는 영향을 설명한다. 스틸의 박사과정 지도교수였던 톰 오스트롬 (Tom Ostrom)의 솔직하고 비판적인 피드백은 스틸이 몇 되지 않는 흑인 박사과정생으로서 겪었던 어려움을 극복하는 데 큰 도움이 되었다. 미국 전역의 다른 대학 흑인 학생들 역시 비슷한 경험이 있다는 연구 자료도 제시했다. (이들이 받은 피드백이 연구에 대한 것이었다는 데 주목하자. 옷이나 감정 표현 등에 대한, 선입견을 드러내고 고정관념 위협을 자극할 수 있는 피드백이 아니었다.) 스탠퍼드대학교의 사회학자 셸리 코렐(Shelley Correll)의 연구 역시 사회적인 성공에 솔직한 비판이 필요하다는 것을 보여주었다. 그리고 많은 여성은 남자 상사 밑에서 솔직한 피드백을 받지 못한다.[3]

확실한 피드백, 기대 수준에 관한 명확한 설명, 이러한 기대를 충족할 수 있다는 확신, 기대에 미치지 못했을 때의 지도가 비주류인 사람이 직장에서 성공하는 것을 돕는 데 결정적이라는 사실은 다양한 연구와 일화를 통해 충분히 증명되었다. 단, 선입견으로 말미암아 다른 사람들이 해당 직원을 어떻게 인식한다는 말은 도움이 되는 피드백이 아니다. 피드백은 개인의 특성이 아니라 바뀔 수 있는 성과나 행동에 관한 것이어야 한다. 뒤에서 능력-호감도 선입견 때문에 내 평판이 나쁘니(혹은 내가 객관적으로 비호감이니) 호감을 얻기 위해 노력해야 한다고 말한 상사 이야기를 할 것이다. 최대한 얌전하게 표현하자면, 그 말은 전혀 도움이 되지 않았다.

그러나 피드백의 혜택이 가장 절실한 사람에게 주어지는 피드백이 가장 적다. 주류에 속하는 팀장은 '자신과 같은' 직원에게 피드백을 줄 때 가장 편안함을 느낀다. 백인 팀장은 백인 직원보다 흑인 직원에게 솔직한 피드백을 주기를 꺼린다. 남자 팀장은 남자보다 여자에게 피드백을 줄 때 주저한다. 다른 경우도 마찬가지다.

왜 그럴까? 팀장이 따돌림 가해자이거나 편견이 있어서인 경우도 있다. 그러나 이것 역시 고정관념 위협 때문인 경우가 더 많다. 주류 집단 사람들은 선입견이 있는 사람, 성차별주의자, 인종차별주의자로 보이는 것을 두려워한다. 선입견에 찬 사람으로 보이고 싶지 않기 때문에 역설적으로 차별적인 행동을 하게 되고, 여성이나 비백인 직원에게 솔직하고 도움이 되는 피드백을 주지 못한다. 그러므로 '선입견이 있는 사람으로 보이기 싫은 공포'의 고정관념 위협은 업무상 피드백을 주어야 할 리더의 업무 능력을 저해한다.

고정관념 위협 때문에 절대다수 집단에 속하는 팀장이 팀의 비주류 직원에게 중요한 피드백을 주지 못할 수도 있다. 이것은 정말 불행한 일이다. 솔직한 피드백은 비주류 집단의 직원이 자신의 고정관념 위협을 뛰어넘어 훌륭한 성과를 내는 데 가장 도움이 되기 때문이다.

리더라면 이런 상황을 예방하라. 자기 자신의 고정관념 위협을 인식하고 관리하여 모든 팀원에게 피드백을 주어야 한다.

무의식적 선입견 트레이닝은 시작일 뿐임을 잊지 말라

선입견 문제를 진심으로 이해하고 커뮤니케이션에 능한 사람들이 선입견 인식 트레이닝을 받으면 무의식적 선입견을 근절하는 데 도움이 된다. 그러나 실제로는 '해야 하니까 하는 것, 회사의 법적 책임을 피하기 위한 것, 수면 아래의 문제는 끄집어내지 않아야 하는 것'으로 느껴질 때가 많다. 가장 좋은 무의식적 선입견 트레이닝은 강사의 진행에 리더들이 적극적으로 참여하여 실제로 변화하려는 의지를 보인다. 그러나 아무리 좋은 트레이닝이라도 단순히 모두가 참여하는 것만으로는 충분하지 않다.[4] 어떤 트레이닝도 깊이 각인된 사고 패턴을 당장 바꿀 수는 없다. 실천이 핵심이다. 후속 조치가 없는 교육은 냉소주의를 부르며, 심지어 고정관념을 강화하기도 한다.[5] 그러므로 리더는 팀에서 선입견을 인지했을 때 어떻게 차단할 것인지 생각할 책임이 있다.

선입견 차단은 리더가 한 사람에게 위임할 수 있는 일이 아니다. 리더는 팀이 트레이닝 동안 실제로 배울 수 있도록 돕고, 교육이 끝난 뒤 대화에서, 회의에서, 업무 과정에서 선입견이 나타났을 때 막을 방법을 고민해야 한다. 선입견을 인지하고도 막지 않으면, 직원들은 이렇게 생각할 것이다. "리더가 아무 일도 하지 않는데, 힘없는 내가 뭘 하겠어? 그냥 원래 이런 거라고 받아들여야겠네."

약속을 공유하는 자리를 만들어 중요한 첫걸음을 떼어보자. 선입견 차단의 목표는 다음과 같다.

1. 선입견 차단은 명확해야 한다. 문제를 축소하는 완곡어법을 쓰지 말아야 한다.
2. 차단 과정에서 선입견의 피해자에게 2차 가해를 하지 않아야 한다.
3. 선입견 차단으로 선입견을 드러낸 사람을 모욕하거나 공격하지 않아야 한다.
4. 때에 따라 공개적인 선입견 차단을 해도 되는 분위기를 만들어 다 함께 배울 수 있도록 한다. 보통 '비판은 개인적으로' 해야 한다. 하지만 선입견 차단은 개인적인 비판이라기보다 오타 교정처럼 느껴져야 한다. 공개적인 선입견 차단이 중요한 이유는 교육 효과가

크기 때문이다. 그 자리에 같은 선입견을 갖고 있는 사람이 있는 경우가 많고, 차단 과정에서 함께 배울 수 있다. 차단당하지 않는 선입견은 강화된다.

5. 차단을 빠르게 진행하여 회의 전체를 방해하지 않도록 한다. 물론 심각하게 잘못된 말 때문에 회의를 중단해야 할 때도 있다. 하지만 선입견 차단이 규범으로 자리 잡으려면 업무의 연장선에서 빠르게 이루어져야 한다.

6. 설명을 요구해도 된다는 분위기를 만들자. 선입견 차단을 당한 사람이 문제를 이해하지 못하는 일도 잦다. 이런 말을 하는 것이 용납되어야 한다. "그게 왜 선입견인지 이해하지 못했어요. 회의 끝나고 얘기할 수 있을까요?" 어떤 말이 선입견인지 아닌지 논란이 될 때 함께 결론을 찾아보자는 합의가 있어야 한다. 이 과정은 회의가 끝난 뒤에 이루어지는 것이 이상적이다. 선입견을 차단한 사람이 피해자라면, 가해자와 함께 조력자도 참석해야 한다.

선입견을 차단할 공통의 언어를 만들어라

단순한 선입견 차단기(선입견을 지적할 때 모두가 사용하는 단어나 문장)는 큰 도움이 된다. 직장에서 선입견을 차단할 때 모두 같은 언어를 쓴다면, 다들 그 의미를 빠르게 이해할 수 있고 의견을 표현하기도 더 쉽다. 리더의 역할은 단어를 고르는 것이 아니라 대화나 회의 중 선입견을 지적할 때 쓸 수 있는 말을 팀원 모두가 공유하게 하는 것이다.

선입견 차단은 팀장이나 인사팀이 강요하는 일처럼 느껴지면 효과가 없다.

팀장이 혼자 만들기보다 팀 내에서 의견이 모여 단어나 문장이 나오면 쓰일 확률이 더 높다. 하지만 가이드를 제공할 필요는 있다. 선입견 차단을 위해 선택된 문장 자체가 무의식적 선입견을 담고 있다면 역효과가 난다. 어떤 말을 쓰는지는 중요하다. 시간을 들여 생각하자. 모두가 말하는 사람의 입장에서 상황을 생각할 수 있도록 '나' 화법을 쓸 수 있다. 그러나 선입견 차단을 반드시 '나' 화법으로 할 필요는 없다. 내가 주도한 대화와 워크숍에서 나온 아이디어로는 다음과 같은 것들이 있다.

- "말씀을 잘못 하신 것 같네요."
- "선입견 차단합니다."
- "옐로카드 드립니다."
- "조심, 선입견이죠!"
- "선입견 경보입니다."

짧은 문구보다 문장을 선호하는 팀도 있다. 대니얼 카너먼의 《생각에 관한 생각》에 나오는 용어에서 도움을 받은 사람도 많다. 팀원들이 카너먼의 책을 읽었고 관심이 있다면, 책의 표현을 빌릴 수도 있다. "시스템 2를 가동해서 시스템 1을 차단했으면 하는데요. 마음을 가라앉히고 시스템 2에 주도권을 주세요."[6]

시스템 1, 시스템 2라는 용어의 좋은 점은 선입견을 가지고 말한 사람을 평가하기보다 선입견이 어떻게 작용하고 어떻게 바꿀 수 있는지를 설명하는 표현이기 때문이다. 또한 선입견을 차단하는 데 필요한 에너지와 노력을 보여준다. 나는 이 용어를 좋아한다. 하지만 어떤 사람은 길고 짜증난다고 느낄 수 있다. 팀 내에서 팀원들에게 잘 맞는 말을 찾아보자.

팀에서 선입견 차단에 대해 논의하는 것이 쉽지만은 않다. 대화가 어려울 수도 있다. 어떤 사람들은 '선입견 경보'나 '조심' 정도의 어구가 선입견의 피해를 축소한다고 느낄 수 있다. 어떤 사람들은 '이런 일에 너무 많은 시간을 낭비한다'고 화를 낼 수 있다. 리더는 중간에 낀 기분이 든다. 빠르게 차단할 수 있는 짧은 문구를 만드는 것이 목표라고 팀원들에게 다시 한번 말하라. 차단이 빠를수록 사용 빈도는 잦아지고, 선입견 차단이 잦을수록 팀원들은 더 많이 배울 수 있다. 아이들에게 매일 밤 이를 닦으라고 말해주는 것과 비슷하다. 구강 보건이 왜 중요하고, 이를 닦지 않으면 어떻게 프라그가 쌓여서 충치가 생기는지 긴 이야기를 늘어놓으면 아이들도 듣기 싫겠지만 말하는 사람도 며칠 후면 질린다. 그냥 "양치!"라고 하는 것이 더 효과적이다.

팀에서 선입견 차단기라는 아이디어 자체를 거부하면, 같은 효과를 얻기 위한 제안이 있는지 들어보자. 팀원들의 아이디어에 마음을 열어라. 하지만 대안이 없다면 기존 방식을 따라와 달라고 권하자. 이때는 당신의 팀에서 선입견 차단이 제대로 이루어질 만한 신뢰가 없을 가능성이 있다. 왜 그런지 파고들어 어떻게 고칠지 생각해야 한다. 신뢰가 없으면 선입견 차단을 할 수 없는 것은 물론이고, 효과적인 협업도 할 수 없다.

기업가 제이슨 메이든은 팀원들이 실수를 하든 실수를 지적하든, 괜찮다고 느끼는 것이 왜 중요한지를 설명한다. "몇 번 실수하지 않고는 옳은 것에 도달하기 어렵기 때문에 잘못된 말을 하는 공포를 넘어서야 한다"는 것이다. 그는 동시에 이렇게 말한다. "나는 당신이 선입견에 안주할 수 있도록 내 진심을 숨길 수는 없다."[7]

선입견 차단기가 제대로 기능하려면

사람들은 목소리를 내도 안전하다고 느껴야만 의견을 말한다. 장담하는데, 당신의 팀에도 안전하지 않다고 느끼는 사람이 있다. 리더의 책임은 안전하다고 느끼지 않는 사람 때문에 안달하는 것이 아니라 안전한 환경을 만드는 것이다. 안전하다는 말로 안전해지는 것이 아니다. '안전하다고 느껴야 한다'는 강요는 최악이다. 회사에서 선입견을 바꾸는 것을 우선 과제로 삼고 있으며, 구성원들의 적극적인 참여가 필요하다고 확실히 전달하라. 적합한 환경을 조성하는 방법을 몇 가지 제안한다.

피해자를 보호하라. 처음으로 선입견 차단을 시도한 사람을 다른 사람들이 말이나 행동으로 공격하거나 조롱하면 선입견 차단의 노력은 실패할 것이다. 누군가 차단 신호를 보냈는데 다른 한두 명이 불만을 표시하면, 그 사람들을 회의 직후에 따로 불러 그런 식의 행동이 계속되면 대가를 치를 것이라고 말해두어라. 그리고 무엇이 불만인지 말할 기회를 주어라. 이때 리더는 팀을 위한 감정적 충격 흡수재가 되어야 한다. 선입견 차단에 대한 부정적 감정을 리더에게 쏟아내게 해주면 좋은 점이 두 가지 있다. 리더는 선입견 차단이 왜 가치 있는 일인지 설득할 기회가 생기며, 불만분자들이 자신의 분노를 비주류 팀원에게 표출할 가능성이 작아진다. 팀을 잘 주시하다가 이런 일이 일어나면 적절하게 대처하라.

일을 나눠라. 모든 부담을 리더와 선입견의 피해자가 짊어질 수는 없다. 리더와 피해자만 선입견을 지적한다면 말하는 사람도 지치고 팀원들도 듣기 힘들 것이다. 팀원들에게 조력자의 의무를 부여하라. 리더만 계속 선입견을 차단하는 상황이라면 이 부분을 지적하라. 모두 적극적으로 선입견 차단을 위해 노력해 달라고 말하라.

쉽게 만들어라. 캐치프레이즈가 합의되면, 누구나 부끄러워하지 않고 빨리 사용할 수 있도록 반드시 다 함께 연습하라.

부끄러움을 느끼지 않게 하라. 모두의 선입견이 수시로 교정될 것이다. 팀원들은 지적당해도 세상이 끝나지 않는다는 것을 느끼면 마음을 열 것이다.

방해를 최소화하라/배움을 최대화하라. 표준 대응법을 만들자. 지적받은 사람이 이해하고 동의한다면, "그렇네요. 죄송해요. 말씀해주셔서 감사합니다"라고 할 수 있다. 앞서 말했지만 이해하지 못했거나 동의하지 않는다면, "지적해 주셔서 감사하지만, 왜 제가 한 말이 선입견인지 이해하지 못했어요. 회의가 끝난 뒤에 이야기할 수 있을까요?"라고 말할 수 있다. 선입견의 피해자도 자리를 함께할 수 있지만, 의무는 아니다. 피해자는 선입견 발언을 한 사람이나 지적한 사람보다 비슷한 대화를 훨씬 많이 했을 테니까. 조력자가 피해자의 부담을 덜어주도록 하자. 물론, 때때로 선입견을 해결하기 위해 회의가 중단되어야 할 때도 있다. 승진위원회 중 한 사람이 성별과 관련된 이유로 여성의 승진에 반대하면, 반대의 근거를 해결하지 않고 승진과 관련된 결정을 할 수는 없다.

그러면 선입견은 차별이 될 것이다.

조력자에게 보상하라. 조력자가 적절하게 나섰을 때 공개적으로 조력자를 칭찬하고, 성과 평가에도 반영하라.

스스로 대상이 되어라. 선입견 차단을 시작할 때 공개적으로 당신의 선입견을 교정해 달라고 사람들에게 부탁하라. 선입견을 차단해 준 팀원에게 감사와 신뢰를 표하라. 누군가 리더의 선입견을 교정하고 리더가 적절하게 반응하면, 팀원들이 서로 선입견을 교정하는 것이 더 안전하게 느껴진다.

조력자에게 책임을 지워라. 누군가 확실히 선입견을 드러내는 말을 했는데 아무도 말하지 않으면, 직접 선입견을 지적하라. 하지만 조력자가 되지 못한 사람들을 회의 직후에 따로 불러 선입견을 인지했는지 확인하고, 그렇다면 왜 말하지 않았는지 물어보라. 스스로 무의식적 선입견이 반영된 말을 했다면, 그 자리에 있었던 다른 사람들에게 지적하지 않은 책임을 물어라.

리더가 놀림감인 한, 우스워져도 좋다는 것을 기억하라. 당신이 리더이거나 그 자리에서 가장 연장자라면, 놀림을 당해도 되는 사람은 당신뿐이다. 유머는 역사적으로 권력에 진실을 말하는 중요하고 유용한 기능을 해왔다. 피드백을 구하는 것은 리더의 책임이고, 자신을 웃음거리로 삼을 만큼 단단해져서 다른 사람들이 당신을 놀림으로써 피드백을 줄 수 있게 하는 것은 그 방법 중 하나다.

일단 규범을 만들면 팀원들은 꽤 빨리 익숙해져서 선입견이 섞인 말을 하려다가도 멈추는 일이 많아질 것이다. 선입견을 인지하고 교정하는 언어와 규칙을 만들고 모두가 자신의 역할을 해야 가능한 일이다. 리더의 의식적인 리더십과 적극적인 개입 없이는 아무 일도 일어나지 않는다.

선입견 차단의 규범을 정립하라

팀원들이 자체적으로 선입견을 차단하여 서로 존중하고, 더 이성적이고 공정한 결정을 하고, 한 명 한 명보다 팀으로서 협업하여 더 큰 성과를 낼 수 있게 하려면 리더는 어떻게 해야 할까?

스토리텔링

'네, 그 일이 실제로 일어났습니다' 운동을 시작한 회사가 있었다. 선입견, 또는 더 나아가 차별이나 괴롭힘을 경험한 사람들은 자신의 이야기를 써서 선입견 근절을 전담하는 팀에 제출한다. 전담 직원들은 매주 몇 가지 이야기를 선택해서 신청한 직원들에게 이메일로 공유한다. 매주 수천 명이 이 메일을 받고 있다. 직원들의 이야기를 공유하면서 회사 사람들은 선입견이 어떻게 작용하는지 인식하게 되었다. 이런 이야기를 읽은 뒤에는 선입견이 차별과 따돌림으로 이어진다는 사실을 부인할 수 없게 되었다. 그런 사건들이 대부분 멀리 '어딘가'가 아니라 직원들이 선입견을 의식하지 않았던 바로 이 회사에서 일어나고 있다는 사실도. 메일을 읽은 직원들은 자신 역시 자각하지 못했을 뿐 편견을 갖고 있었다며 변화를 다짐했다. 피해 경험을 공유한 직원들 역시 예전에 경험하지 못했던 인정과 존중을 느꼈다고 밝혔다.

접수된 사연을 읽고 선입견을 반영하는 사건과 조치가 필요한 사건을 분류하는 일에 몇 사람이 시간을 들여야 했다. 이 일이 '비공식 업무'로 간주되었다면 불공정했을 것이다. 팀장들은 이 일을 업무로 인정했고, 인원과 시간을 할당했다.

예전이었다면 법무팀에서 소송 위험을 경고하며 이런 종류의 사연 수리를 막았을 것이다. 그러나 회사 경영진은 알지 못하면 문제를 고칠 수 없다는 것을 깨달았고, 이제 문제를 파악하고 해결하는 데 전념했다. 회사의 불공정한 부분을 알지 않으려 하기보다 먼저 찾아 나섰다. 경영진이 배제의 환경을 적극적으로 바꾸려 한 것이다.

즉흥 게임

즉흥 연극은 대공황 시기 공공산업진흥국(Works Progress Administration, WPA)에서 비올라 스폴린(Viola Spolin)이 개발한 프로그램에 뿌리를 두고 있다. 스폴린의 즉흥 게임의 목표는 참여한 이민자 아이들이 문화적·민족적 장벽을 초월하여 자신을 표현할 수 있도록 이끌어내는 것이었다. 즉흥 게임을 통해 아이들은 선생님과 친구 등 다른 누군가를 만족시키려는 승인/부인 증후군(approval/disapproval syndrome)을 극복하고 내면의 창의력을 꺼낼 수 있었다. 이 기술은 많은 현대 즉흥 기술의 기반이 되었다.

리더도 즉흥 기술을 써서 팀의 선입견을 해결하고 문화적·민족적 장벽을 넘을 수 있다. 세컨드시티웍스(Second City Works)는 히피팅(2장 참고)의 혼란스러움을 경험할 수 있는 '당신은 빠지세요'라는 활동을 개발했다.[8] 참가자들은 여섯 명씩 그룹을 만들어 파티를 기획한다. 한 명씩 돌아가며 아이디어를 내고 다른 사람의 아이디어에 생각을 덧붙이지만,

그룹에서 한 명은 배제된다. 다른 참가자가 배제된 사람의 아이디어를 다시 말할 수는 있지만, 어떤 상황에서도 그 아이디어가 원래 누구 것인지 인정하면 안 된다. 모두가 역할 놀이일 뿐이라는 사실을 알아도 배제된 사람은 굉장히 의기소침해진다. 참가자들과 리더는 모두 무거운 문제를 웃으며 다룰 수 있어 좋았다며, 큰 도움이 되는 활동이었다고 입을 모았다.

즐거우면서도 건설적인 활동을 하려면 확실한 규칙과 능숙한 진행자가 필요하다. 아무도 불안감을 느끼지 않는 방식으로 활동을 조직하는 것이 목표다. 참가자 한 사람을 조롱할 때가 아니라 애써 보지 않으려 했던 진실을 맞닥뜨릴 때 웃음이 나와야 한다.

50가지 전법

린 인(Lean In) 재단은 직장에서 선입견을 없애기 위한 효과적인 무료 온라인 강좌를 제공한다. 선입견을 가진 사람들이 직장에서 매일 보이는 말과 행동에 대한 실제 일화를 제공한다는 점이 신의 한 수였다. 이런 상황에 대처하고 행동을 바꿀 수 있는 구체적인 방안도 함께 제시하기 때문에 수강생들이 의욕을 잃지 않는다.

성별 선입견 빙고

법학자 조앤 윌리엄스가 고안한 이 게임은 여성이 직장에서 늘 마주하는 편견을 몇 가지 범주로 나누면서 참가자들이 비슷한 행동을 한 경험을 자각하게 한다. 사람들이 자기 경험을 정확하게 설명해야 한다는 점이 특별하다. 게임 자체는 이러한 상황에서 어떻게 대응할지 구체적 전략을 제공하지 않으므로, 진행자는 참가자들이 말한 문제에 대한 최선의 대응책을 생각하도록 유도한다. 피해자에게는 카타르시스를 주고, 조력자에게는 깨달음을 주는 게임이다.

리더와 편견

선입견은 뇌의 작용으로서 생각 없이 고정관념을 따르는 것이지만, 잠깐만 다시 생각해 보면 동의하지 않을 것이라는 점을 기억하라. 그러나 편견은 뇌가 의식 차원에서 고정관념과 선입견을 합리화하는 것이다.

선입견과 편견 둘 다 리더가 개입해야 한다. 선입견은 리더가 거울을 들면 보통 상대가 스스로 고친다. 그러나 편견은 거울을 들면 상대방이 이렇게 말할 것이다. "네, 제 얼굴이네요. 잘생기지 않았어요?" 편견은 지적한다고 해서 바뀌지 않는다. 편견을 마주했을 때 리더의 역할은 그 사람이 다른 사람에게 편견을 강요하지 못하게 막는 것이다.

리더가 팀원의 신념을 통제하는 것은 월권이다. 누구나 자기가 원하는 대로 생각할 자유가 있다. 그러나 자기가 원하는 대로 할 권리는 없다. 그와 동시에 누구도 자신의 믿음을 남에게 강요하지 못하게 막는 것이 리더의 일이다. 누구나 마음대로 생각할 자유가 있지만, 마찬가지로 모든 사람은 타인의 편견으로부터 자유로워야 한다. 굉장히 까다로운 문제다. 이 문제를 해결하고 싶지 않다면, 리더가 되지 말라.

행동 강령: 존중을 위한 규칙서

리더는 어떤 행동이 용납되는지 경계를 명확하게 설정하고 소통할 책임이 있다. 행동 강령은 구성원의 행동에 대한 기대치가 명확하고 공평하다는 것을 입증하는 최고의 도구 중 하나다. 행동 강령은 구성원의 생각을 통제하지 않는다. 해도 되는 행동과 하면 안 되는 행동을 정할 뿐이다. 사람들은 대부분 본인의 위치만 안다면 경계를 존중한다.

일반적으로 구성원은 모든 성과 문제에서 ❶ 본인에 대한 기대치를 확실히 알아야 하며, ❷ 기대에 미치지 못했을 때 경고를 받아야 한다. 물론 폭력, 절도 등 즉시 계약을 종료시킬 사유도 있다. 당신이 속한 조직의 선은 어디에 그어져 있는가? 리더는 이 부분을 분명하게 언어로 정리해야 하며, 이 규칙을 개별 사건에 적용하여 해석해야 한다.

행동 강령을 만드는 데는 시간이 걸리지만, 리더로서 성과의 기준만큼 명확하게 행동의 기준을 생각해 볼 기회가 된다. 이 조직에서 어떤 말과 행동이 괜찮고 괜찮지 않은지 문장으로 표현하고, 이렇게 세운 기준을 위반하면 어떤 대가를 치르는지 결정해야 한다. 어떤 경우에 경고를 받으며, 어떤 경우에 즉시 해고되는가?

존슨앤드존슨의 CEO 제임스 버크(James Burke)에 대한 강의는 하버드 경영대학원 수업 중 유독 기억에 남는다. 1976년 CEO가 된 버크가 제일 먼저 한 일은 3년간 전 세계 존슨앤드존슨 지사를 모두 돌아다니며 각 지사의 경영진과 함께 신조를 재정립한 것이다. 지사마다 행동 강령이 생긴 것인데, 이 일은 뉴욕에서 회사 최고경영진과의 회의로 마무리되었다. 버크는 직접 40시간을 들여 모두의 의견을 반영한 행동 강령을 만들었다.

나는 큰 충격을 받았다. CEO가 이렇게 시간을 써도 되나? 버크는 우리 수업에 초대되어 회사의 정체성을 통합하기 위한 공동의 노력이 있었기에 존슨앤드존슨의 존립을 위협하는 위기에서 탈출할 수 있었다고 설명했다. 모두가 행동의 기반이 되는 가치 체계를 공유했기 때문에 가능한 일이었다는 것이다. 물론, 버크가 예외적인 사례다. 많은 CEO는 전임 CEO에게 받은 행동 강령에 뭐라고 씌어 있는지도 모른다. 심지어 CEO는 행동 강령을 위반할 확률이 제일 높은 사람들이다.

행동 강령이 없다면 만들어라

행동 강령이 없다면 어떻게 시작해야 할까? 리더가 작가 역할을, 직원들이 편집자 역할을 하는 것을 추천한다. 편집자들은 문장이 명료한지, 철자가 맞는지만 보는 것이 아니다. 이 문서가 매일 맞닥뜨리는 회사의 현실을 반영하고 있는지 평가한다.

먼저 사장이 최초 가안을 쓰고, 임원들을 모아 검토한다. 만족할 만한 초안이 나왔다면, 임원들은 각자 직속 부하직원들을 모아 편집 과정을 반복한다. 피드백을 받은 임원들과 사장이 다시 모여 수정한다. 임원들은 부하 직원들이 낸 수정 제안이 수락되었는지 여부를 반드시 알려야 한다. 필수적인 과정이다. 리더의 논리를 공유하여 직원들이 완전히 동의하지는 않더라도 이해할 수는 있도록 한다.

그다음은 여전히 가안인 상태로 조직 전체에 공유한다. 조직이 크다면 편집 담당자를 선정한다. 편집 담당자는 접수된 비판과 제안을 분류해 리더가 가안에 대한 조직 전체의 반응을 즉시 이해할 수 있도록 한다. 비판이나 제안을 낸 모든 사람에게 의견 수용 여부와 그 이유를 알려주는 것도 편집 담당자의 책임이다.

다음은 내가 임원 교육 기업 래디컬캔도어(Radical Candor)를 공동 설립하면서 쓴 행동 강령의 최초 가안이다.

1. **진정성을 가지고 행동하라.** 정직과 윤리는 생산성의 기반이다. 서로를 신뢰하지 못하면 협력하거나 혁신할 수 없다. 거짓말, 부정행위, 절도, 폭력, 그 밖의 윤리에 위배되는 행위는 해고 사유가 된다.
2. **인간다운 예의를 갖춰라.** 직장에서 만나는 사람들과 우정을 쌓지는 않더라도, 진짜 인간관계를 맺고 있다는 사실을 잊지 말라. 모든 사람은 다른 사람과의 상호작용에서 존중받을 권리가 있다. 누군가를 무례하게 대한다면, 장기적으로 회사의 성과와 공동의 노력을 저해하는 것이다. 구성원 개인에게도, 회사 전체에도 협력이 지배보다 효율적이다. 따돌림 행위는 해고 사유가 된다.

    차이가 있을 때는 이해하려 노력하라. 차이는 단순히 참아 넘길 일이 아니다. 상대의 논리와 감정을 이해하려 노력하라. 성급하게 누군가를 매도하지 말라.

    자신의 신념을 타인에게 강요하지 말라. 누구나 원하는 대로 믿을 권리가 있으나, 원하는 대로 행동할 권리는 없다. 어떤 말이 동료의 업무 능력을 해친다면 그 말을 할 권리도 없다.

    관심을 가져라. 업무 때문만이 아니라 인간적인 차원에서 함께 일하는 사람들에게 관심을 가지면 훌륭한 성과를 낼 확률

1부 | 생산성을 낮추는 가장 빠른 법

도, 동료가 훌륭한 일을 하도록 도울 확률도 더 높아진다.

　　타인에게 미치는 영향을 인지하라. 누군가에게 해를 입히고 "몰랐어요"나 "그러려고 한 건 아니에요"라는 말로 넘어갈 수는 없다. 타인에게 미치는 영향을 인지하고, 상처를 입혔을 때 바로잡는 책임을 져야 한다.

3. **직접 반론하라.** 동의하지 않을 때는 뒤에서 이야기하지 말고 직접 말하라. 험담, 모략, 정치적 행동은 성과 평가와 경력에 부정적으로 작용한다.

　　선입견을 교정하라. 선입견에서 나온 말이나 행동을 하는 사람이 있으면, 징벌의 의미가 아니라 배우도록 도와준다는 마음으로 공격하지 말고 교정해 주어라. 우리는 모두 어떤 면에서 선입견을 갖고 있으며, 서로의 선입견을 고쳐 주어야 올바른 방향으로 나아갈 수 있다.

4. **동의를 존중하라.** 신체적 접촉에 대해 상대방이 어떻게 느끼는지 인지하는 것은 접촉하는 사람의 책임이다. 상대가 접촉을 원하지 않는다면, 하지 않아야 한다. 확실하지 않다면, 하지 않아야 한다. 상대가 원하지 않은 접촉은 해고 사유가 된다. 결재 라인에 있는 사람과 사귀면, 상호 동의가 있어도 해고 사유가 된다. 권력관계 때문에 거부 의사를 표현하기 어려울 수 있다.

5. **견제와 균형을 중요히 여겨라.** 견제를 받지 않는 권력은 부패한다. 우리 회사는 개인이 권력 때문에 부패할 수 없는 구조를 만들었다. 그 누구도 단독 권한을 갖고 있지 않으며, 규칙을 초월할 수도 없다. 문제가 있으면 여러 가지 방법으로 공론화할 수 있다. 규칙 위

에 있다는 듯 행동하거나 직책의 권한에 따르는 견제를 피하려 하면 해고 사유가 된다.

길이에 유념하자. 나는 1500자 미만으로 글을 끝내서 매우 자랑스럽다. 구성원들이 실제로 읽고 내면화하길 바란다면, 경험상 이 정도 길이를 넘지 않을 것을 권한다. 여러 단계의 승인을 거친 행동 강령은 좋은 말일지언정 너무 길어지는 경우가 많다. 그 내용을 모두 읽는 직원은 없을 것이다. 이를테면, 구글의 행동 강령은 읽을 가치가 있는 훌륭한 글이지만 22쪽이나 된다. 클릭해서 보긴 했지만 기억나지 않는 그 모든 문서들을 생각해 보라.

래디컬캔도어의 직원들이 내 초안을 썩 좋아하지 않았다는 점을 말해둬야겠다. 당신의 팀 역시 당신의 초안을 좋아하지 않을 확률이 높지만 괜찮다. 이 글을 쓰는 동안에도 우리 회사의 행동 강령은 편집되는 중이다. 솔직함 코치 멜리사 안드라다(Melissa Andrada)가 가장 중요한 피드백을 주었다. 내가 쓴 행동 강령에서 열망과 의지가 느껴지지 않는다는 것이었다. 행동의 기반을 설명한 것은 좋았지만, 가치의 표현이 미흡하다고 했다. 우리는 함께 훨씬 짧은 문구를 생각해 냈지만, 너무 짧지 않나 싶었다.

권력은 나쁘다.
포용은 좋다.
새로운 관점에 마음을 열어라.
사람에게 관심을 가져라.

직접 문제를 제기하라.

위의 두 예시 중 하나를 선택하라는 것은 아니다. 위의 글은 둘 다 초안이라 수정이 필요하다. 또한 수정과 윤문을 거친 최종안이라고 해도 다른 회사의 행동 강령을 그대로 채택하는 것은 좋지 않다. 처음부터 시작하는 편이 좋다. 행동 강령이 ❶ 다른 회사의 자료를 복사-붙여넣기 하지 않고 그 회사의 진정한 신념을 반영하고, ❷ 구성원들의 진정한 신념을 반영하고(그래서 반드시 구성원들이 편집에 참여해야 한다), ❸ 사용된 언어와 원칙들이 조직의 문화를 확실히 반영할 때, 수용될 가능성이 커진다.

행동 강령 위반에 대한 공정한 절차와 대가

행동 강령은 회사의 규칙을 분명히 한다. 처음부터 문제가 발생할 확률이 적은 문화를 만드는 데 도움이 된다. 회사의 행동 강령에 동의하지 않는 지원자는 일하지 않기로 결정할 수 있으며, 동의하지 않는 직원은 퇴사할 수 있다. 행동 강령을 지키지 않는 직원이 퇴사하지 않으면 리더는 명확히 설정한 규칙에 따라 권한 내에서 해고할 수 있다.

그러나 강령이 아무리 명확하고 합리적이라도 한 가지는 분명하다. 누군가는 규칙을 위반할 것이다. 어쩌면 전혀 예상하지 못한 방식으로. 사람의 행동은 늘 예상을 벗어난다. 감동스러울 때도 있지만 소름끼치고, 혼란스럽고, 역겨울 때도 있다. 행동 강령 위반의 대가는 반드시 있어야 한다. 그리고 생각도 못한 끔찍한 행동이 발생하더라도, 사전에 신중하게 원칙을 세워 직원들과 공유했다면 불가피하게 발생하는 어려운 상황에 대응하여 공정하고 합리적인 대가를 판단하기는 훨씬 쉽다.

행동 강령을 위반하면 해고될 수 있다. 그러나 행동 강령을 위반했다는 혐의만으로 해고될 수는 없다. 모든 문제를 공정하게 처리하는 것이 리더의 일이다.

그러므로 행동 강령뿐 아니라 어떤 행동이 강령의 위반이고 위반이 아닌지를 판단하는 공정한 시스템을 설계해야 한다. 리더는 구체적인 사례에 적용할 판단 시스템을 만들고 모든 사람에게 그 절차를 주지시켜야 한다. 참고로 말하자면, 단독으로 결정하거나 완전히 위임하지는 말아야 한다. "절 믿으세요, 전 좋은 리더니까"와 "난 모르니, 인사팀에서 알아서 하세요" 중 양자택일할 문제가 아니라는 것이다.

조직에서 일하는 사람들이 행동 강령 위반 신고와 처리 절차를 신뢰하는 것은 중요한 일이다. 인사팀이 행동 강령 위반 신고를 CEO에게 보고한다는 것이 불신의 가장 흔한 원인이다. 행동 강령을 위반할 확률이 가장 높은 사람은 CEO, 그리고 그가 보호하는 고위 임원들이기 때문이다. 이럴 때는 인사팀이 비난을 받지만, 진짜 범인은 CEO와 측근들에게 책임을 묻지 않는 이사회다. 인사팀이 CEO에게 문제를 보고하는 체계는 직원이 상사에게 책임을 물어야 하는 구조이므로 합리적이지 않다. 이 문제를 해결할 수 있는 조직 설계에 대해서는 6장에서 자세히 다룬다.

당신이라면?

당신은 대기업의 IT 부서를 관리하고 있다. 부하 직원 가운데 폴이 여성 인원을 더 추천해 준다는 헤드헌터와 미팅하는 자리에 간다. 폴은 미팅 참석을 원래 싫어하지만, 이 건에 대해서는 특히 투덜댄다.

"왜 우리 부서에 여자가 없는지 알아요?" 폴이 폭발한다. "여자는 컴퓨터를 못하니까요! 거의 예외가 없죠. 일찍부터 그래요. 애들이 열 살일 때부터요. 자라면서 격차가 더 심해지고요. 왜 다들 생물학의 기본 원리를 부정하려는지 진절머리가 나네요."

폴이 회의실에 수류탄을 던졌어도 이보다는 나았을 것이다. 모든 논의가 무산된 채 회의가 끝난다.

당신이 폴을 불러 면담한다. 폴의 행동이 행동 강령의 다음 부분을 위반했다고 설명한다. "구성원들은 서로 존중한다. 직장에서의 위협, 차별 또는 괴롭힘은 용납되지 않는다."

폴이 말한다. "전 존중하지 않은 게 아니라, 그냥 사실을 말한 거라고요! 반차별주의자들이 진실을 외면하고 싶다면 어쩔 수 없죠."

"여자들이 컴퓨터를 못한다는 건 사실이 아니지. 개인 의견이고, 편견이라고 여길 사람도 많아. 본인의 편견을 다른 사람에게 강요할 권리는 없어."

"기가 막히네요. 언론의 자유는 보장이 안 되나요?"

"언론의 자유는 정치적 권리지, 직장에서의 권리가 아냐. 적대적인 업무 환경을 만들면 해고 사유가 돼. 일단, 적대적인 업무 환경을 만드는 건 행동 강령 위반이야. 우리 회사에 합류하면서 읽고 서명했을 거야. 둘째, 회사에 법적 책임이 생겨. 셋째, 일을 제대로 할 수가 없어. 모든 팀원을 개인으로 존중하지 않으면 팀이 협업하는 데 방해가 돼. 넷째, 내가 지금 조치를 취하지 않으면 내게도 책임이 생기고, 그런 위험을 감수하고 싶지 않아."

"그래서, 절 해고하신다고요?"

"아니. 하지만 경고하는 거야. 앞으로도 여자가 컴퓨터 활용 능력이 떨어진다는 편견을 동료들에게 말하고 다니면 해고될 거야."

폴은 씩씩거리며 사무실을 나섰고, 거기서 멈추지 않고 회사 인트라넷에 여성과 IQ에 관한 기사를 올렸다. 폴의 도발에 IT 부서뿐 아니라 영업팀과 마케팅 부문까지 들고 일어났다. 인사팀이 뛰어들어 사태를 진정시키려 한다. 폴은 IT 부서뿐 아니라 수십 개 팀의 시간을 낭비한다.

폴이 해고될 가능성이 점점 커진다. 폴은 본인이 정치적 올바름의 희생양이라고 주장할 것이다. 이는 정확한 말이 아니다. 폴이 해고당하는 것은 그가 어떤 사상을 가졌기 때문이 아니라 회사 인트라넷에서 자신의 사상을 타인에게 강요함으로써 회사의 생산성을 저해했기 때문이다. 직원이 나체주의자라는 이유로 해고할 수는 없다. 그러나 알몸으로 출근하겠다고 고집하거나 나체 사진을 인트라넷에 올리면 해고될 것이다.

이 비유를 마음에 새기고 폴과 이야기해 보자.

리더와 따돌림

반드시 가해자가 대가를 치르게 하라

따돌림 가해자를 고용 과정에서 걸러낼 수 있다면 더 바랄 나위가 없다. 안타깝게도 따돌림은 행동이지 성격 유형이 아니다. 따돌림 행위를 할 가능성이 더 큰 사람은 있겠지만, 우리는 모두 때때로 효과적으로 입지를 만들거나 유지하거나 다른 사람을 위협하려는 단순한 이유로 따돌림에 가담한다. 리더가 이 조직에서 따돌림은 효과가 없다는 사실을 확실히 알려주지 않으면 그런 행위는 계속된다.

따돌림은 공포 분위기를 만들어 조직의 성과를 저해한다. 리더가 강압적·지배적·보복적·위협적 행동에 대한 대가를 치르게 하지 않으면, 결국 팀의 성과를 책임지는 리더에게 책임이 돌아온다. 따돌림은 권력 관계를 만들지만 성과를 만들어내지는 못한다. 무지, 무능력, 불안정, 나태를 은폐하기 때문이다. 리더는 팀을 위해 따돌림에 종지부를 찍을 책임이 있다.

직장따돌림연구소(Workplace Bullying Institute)의 2017년 연구에 따르면 평균 19%의 미국인이 직장 따돌림을 경험했으며, 다른 19%는 따돌림을 목격했다. 통틀어 6000만 명이 직장 따돌림의 영향을 받은 셈이다. 따돌림 가해자의 70%는 남성(61%가 상사), 따돌림 피해자의 60%는 여성이었다. 조사 대상자의 45%는 최근 몇 년간 직장 따돌림이 증가했다고 답했다.[9]

따돌림을 해결하기 어려운 이유는 자신이 직장에서 누군가를 따돌렸다고 생각하는 사람이 거의 없기 때문이다. 직장따돌림연구소의 설문에 따르면, 자신의 가해를 인지한 사람은 200명 중 1명이었다.[10] 그러나 같은 조사에 따르면, 설문 대상자의 거의 절반이 따돌림을 당했거나 목격한 경험이 있다고 했다. 왜 이런 결과가 나왔을까? 어쩌면 몇 안 되는 따돌림 가해자가 어마어마하게 에너지가 넘쳐서 항상 사람들을 따돌리고 다니는지도 모른다. 그러나 그보다는 누구나 가끔 가해자가 되면서도 자신의 행동이 어떻게 타인에게 영향을 미치는지 인지하지 못한다는 가설이 더 타당하다. 다른 사람이 나를 따돌릴 때는 바로 느끼지만,

내가 가해자일 때는 인지하기 어려운 것이다. 어쩌면 둘 다 사실일 수도 있다. 계속 따돌림을 시도하는 '반복적인 가해자'가 실제로 큰 비중을 차지할 수도 있다. 그러나 최소한 따돌림 행위의 일부는 스스로 가해자라고 생각하지 않는 사람이 따돌리는 행동을 하면서 발생한다. 앞서 말한 일화에서 내가 러스를 따돌린 것처럼 말이다.

누군가 지나치게 강압적인 행동을 보인다면, 이 상황에 대처하는 것은 리더의 일이다. 결국 오해였다는 결론으로 끝날지도 모른다. 갈등과 따돌림은 종이 한 장 차이니까. 그러나 양쪽 말을 다 들어보아야 정확한 상황을 알 수 있다. 리더가 잘못 짚은 경우라도 이런 신호를 보낼 수 있다. ❶ 리더는 적극적으로 따돌림에 대처하려 하며, ❷ 따돌림을 당했다고 느낄 때 리더에게 알리는 것은 안전하다.

따돌림 행위는 늘 날카롭게 주시하지 않으면 알아채기 어렵다. 가해자들은 보통 "위에서 키스하고 아래에서 정강이를 찬다." 그래서 리더가 따돌림을 용납하지 않는다는 사실을 팀 전체에 알리는 것이 중요하다. 리더가 따돌림을 목격했을 때 태도를 분명히 하지 않으면, 따돌림을 근절하려는 의지가 리더십과 조직 내 역학관계에 제대로 반영되지 않을 것이다. 피해자나 조력자가 보이지 않는 곳에서 일어나는 따돌림을 알려주길 바란다면, 리더가 관심을 가진다는 것을 보여주어야 한다. 따돌림 행위를 보고도 무시한다면, 사람들은 도움이 필요할 때 리더를 찾지 않을 것이다.

따돌림의 대가: 대화, 보상, 승진

리더는 강압과 위협이 역효과로 돌아오는 환경을 만들어야 한다. 그러려면 따돌림에 대한 현실적인 불이익이 있어야 한다. 최소한 사람들이 따돌림 가해 행위를 할 때, 피해자가 아니라 가해자에게 부정적 영향이 있어야 한다. 리더가 이용할 수 있는 방법이 세 가지 있다. 바로 대화, 보상, 승진이다.

대화: 대가를 말해주되, 가해자가 되지는 말라

따돌림에 대해 리더가 가장 먼저 할 일은 가해자를 따로 불러 확실한 피드백을 주는 것이다. 가해자는 보통 방어적으로 나온다. 선을 넘었는지 몰랐다고 하거나 아예 가해 행위를 부인할 것이다. 또는 이렇게 주장할지도 모른다. "저는 성과를 내기 위해 할 일을 한 겁니다. 절이 싫으면 중이 떠나야죠."

가해자의 말에 넘어가지 말자. 가해자가 어떤 일을 했는지 다시 짚어주고, 이런 행동이 어떻게 팀에 부정적 영향을 미치는지 설명하자. 또한 따돌림 행위가 계속되면 성과 평가에 반영되어 보상에 영향을 미치고 심지어 회사에서의 경력에 문제가 될 수 있다는 것을 알려주자.

따돌림에 피해를 본 사람과 따로 이야기해서 피해자의 경험이 어떠했는지 이해하고, 리더가 피해자의 편이라는 점을 알려주는 것도 중요하다. 가해자가 따돌림 행위를 반복하면 반드시 경고했던 대가를 치르게 해야 한다.

보상: 따돌림 가해자의 연봉을 인상하거나, 보너스를 주거나, 인사고과를 높게 주지 말라

보상은 리더가 무엇을 중시하는지 보여준다. 리더가 고치라고 하지 않는 행동은 조직에서 수용되는 행동이며, 리더가 보상하는 행동은 조직에서 요구하는 행동이다. 동료나 직원을 따돌리는 사람의 연봉을 인상하거나 상여금을 주는 것은 절대 금물이다.

많은 회사에서는 성과만 좋다면 동료나 부하 직원을 위협하고 비하하는 행위를 허용한다. 따돌림 가해자가 따돌림 행위에 대한 피드백을 받긴 하지만, 성과 평가가 행동이 아닌 실적만을 평가하는 한 행동을 바꾸지는 않는다. 결국 가해자와 일하고 싶은 사람은 아무도 없다. 귀중한 직원들이 회사를 그만둔다. 시간이 지나면 능력 있는 직원들은 가해자와 일하려 하지 않고, 가해자의 성과는 떨어진다. 그러나 이 과정은 점진적으로 일어나서 가해자 본인도, 가해자의 상사도 따돌림 행위와 성과 하락을 연관 짓지 못한다. 오랫동안 따돌림 행위를 하고 보상을 받아 온 가해자들은 같은 행위 때문에 불이익을 당한다. 그해의 상여금을 받지 못할 수도 있다. 하지만 그들은 전년도와 정확히 똑같이 행동했을 뿐이다. 어쨌든 따돌림 피해자는 회사에서 밀려나고, 따돌림 가해자는 시간이 지나도 성장하거나 바뀌지 않으며, 팀의 실적은 나빠진다.

동료나 부하 직원을 부당하게 대하면 연봉 인상도 상여금도 없다고 말하면 간단하다. 그러나 따돌림을 막을 수 있는 확실한 시스템을 만들면 더 좋다. 어느 훌륭한 회사의 성과 평가 시스템을 함께 개발한 적이 있다. 그 회사가 직원의 성과를 평가하는 과정 전체가 인상적이었으나, 팀워크와 실적의 비중이 동등하다는 것이 무엇보다 놀라웠다. 모든 성과 목표를 달성해도 동료들의 다면평가에서 협업이 어려웠다는 평가를 받으면 인사고과가 낮아졌다. 팀워크 점수가 나쁘면 큰 불이익이 있었다. 상여금도, 연봉 인상도 없었다. 다음 해 평가에서 팀워크 점수가 오르지 않으면 해고된다. 팀장이 단독으로 따돌림 가해자를 지목할 수 없으며, 동료 평가가 핵심이다.

이러한 평가 절차는 회사 전체에 중요했다. 리더는 따돌림 가해자에게 피드백을 할 때 '무기'를 쥘 수 있었다. 따돌림이 금지되지 않았다면 피해자가 될 수도 있었던 사람들에게도 좋다. 심지어 따돌림 가해자에게도 결국 도움이 되는 제도다. 주변 사람들을 지배하거나 압박하는 대신 자신의 지식과 경쟁력을 계발하여 믿을 수 있는 동료로 거듭났다. 따돌림을 근절하고 성과를 개선했기 때문에 회사에도 이익이 된다.

오스트레일리아의 소프트웨어 기업인 아틀라시안(Atlassian)의 성과 관리 시스템도 따돌림에 적극적으로 불이익을 주는 사례다. 이 회사의 성과 평가 설계 방식은 많은 기술 기업의 골칫거리인 '똑똑한 나쁜 놈'을 제거하겠다는 의지를 분명히 보여준다. 아틀라시안의 글로벌 인재 관리 담당자 벡 치(Bek Chee)는 직원을 세 가지 차원, 즉 회사의 가치를 실천하는지, 자신의 역할에 대한 기대에 부응하는지, 마지막으로 소속 팀에 기여하는지에 따라 평가한다고 설명했다. 직원들은 평균을 낸 평가가 아니라 각 기준에 대한 평가를 따로따로 받는다. [11]

채용과 성과 평가에서 한 가지가 아닌 세 가지 기준을 두는 것은 선입견을 없애는 좋은 방법이 될 수 있다. 회사가 원하는 부분을 구체적으로 생각하고, 전반적인 평가를 하기보다 각 항목이 주관적인 자질이라 해도 정량적으로 평가하는 방법을 도입해 보자. [12]

승진: 따돌림 가해자를 승진시키지 말라

가해자를 승진시키지 말라. 간단한 이야기다. 피드백을 주고, 격려하고, 목표를 제시하라. 행동이 바뀌지 않으면 해고하라. 따돌림 가해자가 초래하는 장기적 손실은 이들의 분기 실적으로 상쇄할 수 없을 만큼 크다. 많은 리더가 말하듯이, 팀에 멍멍이 자식(asshole)이 있는 것보다는 구멍(hole)이 있는 것이 낫다.

내가 일하던 기술 대기업의 임원 로이는 특히 여자에게 굉장한 따돌림 가해자였다. 한 남자 동료가 이렇게 말했을 정도다. "음, 나는 로이랑 일하면서 문제가 없었는데, 여자들이 하나같이 저렇게 싫어하는 임원도 없었지."

여러 사건이 있었다. 로이는 만나는 여자마다 기를 쓰고 불편하게 했다. 업무상 일본 출장을 갔을 때는 공항에서 도쿄까지 차를 몰면서 '섹스 호텔'이라는 간판이 보일 때마다 내게도 보여주지 못해 안달이었다. 회사에서는 여자들을 싸움 붙여 '캣파이트'를 즐기는 취미가 있었다. 한번은 본인 팀에 있는 한 여직원을 싫어하지 않느냐고 나를 떠보려 했다. 내가 그녀를 좋아하고 존중한다고 대답하자, 내게 험담을 하기 시작했다. 자격도 없이 나를 제치고 승진했는데 어떻게 존중할 수 있느냐는 것이었다. 내가 이번에도 부정하자 그는 눈에 보이게 화가 났다. 다른 사건도 있었다. 로이는 직속 부하들을 양쪽에 끼고 수천 명 앞에서 무대에 오르더니, 좌중을 둘러보고 소름 끼치게 웃었다. "이야, 여성분들이 저를 위해 오늘 잘 차려입으셨군요." 기술 기업의 임원이 아니라 포주 같은 말투였다.

그 회사는 가해자를 용납하지 않는 문화를 자랑스럽게 광고했지만,

로이는 계속 승진했다.[13] 회사의 공식적인 메시지는 '가해자가 되지 말자'였지만, 로이의 승진은 '나쁜 놈이 앞서간다'는 의미였다. 사람들은 더 이상 로이의 따돌림 행위에 맞서지 않았다. 따돌림이 불이익을 받지 않을 뿐 아니라 보상을 받고 있었기 때문이다. 앞서가기 위해 로이처럼 해야 한다고 생각하는 사람이 많아졌다. 구성원들을 착취하고 횡포를 부렸다.

로이는 계속 승진했고, 이미 나빴던 그의 행동은 더 나빠졌다. 이제 여자뿐 아니라 남자에게도 따돌림 행위를 했다. 그제야 로이에게도 문제가 생기기 시작했다. 나는 당시 로이를 벗어나 경쟁사로 이직한 상태였는데, 그 회사 CEO는 평판이 좋은 로이의 직속 부하 직원(남자)을 스카웃하려 했다. 이 사실을 안 로이는 부하직원이 받은 스카웃 제의를 가로채려고 CEO에게 연락했다가 단박에 거절당했다. 로이가 무슨 짓을 했는지 소문이 퍼졌고, 몰락이 시작되었다.

그가 여자를 괴롭힐 때는 '로이가 로이 짓 했다'는 정도로 다들 그러려니 했다. 하지만 남자에게도 영향을 미치기 시작하자 경영진은 로이를 해고했다. 로이가 마침내 해고될 때쯤에는 이미 남녀를 불문하고 회사에서 최고의 성과를 내던 직원들이 여럿 떠난 뒤였다. 이 책을 여기까지 읽었다면 확실한 교훈이 보이겠지만, 혹시 모르니 한 번 더 말해둔다. 따돌림 가해자는 세력이 비등한 사람을 괴롭히지 않는다. 그 회사에서 여자는 만만한 표적이었다. 경영진에서 주의를 기울였다면 상황을 해결해 여자 직원들도 지키고 수익성도 보존했을 것이다. 결국 로이를 해고했지만, 회사는 큰 피해를 입은 뒤였다. 로이는 그다음 직장에서도 따돌림과 비윤리 행위로 해고되었다. 함께 나타난다고 해서 반드시 인과 관계가 있지는 않지만, 윤리적 기준이 낮은 사람이 따돌림 행위를 하는 경우가 많다.

기나긴 헛소리도 사람들이 잘 모르는 따돌림의 형태다

전형적인 따돌림 행위는 누구나 안다. 비난, 험담, 소리 지르기, 조롱하기, 협박하기, 위협하기 등. 그러나 미묘한 형태의 따돌림도 있다. 나는 특히 자주 용납되는 따돌림 행위를 '기나긴 헛소리'라고 부르기로 했다.

코미디언 세라 쿠퍼(Sarah Cooper)는 기나긴 헛소리가 무엇이며, 의사 결정과 정의 구현에 왜 나쁜지 조명했다. 쿠퍼의 틱톡 영상을 본 사람이 있을 것이다. 쿠퍼는 기나긴 헛소리가 직장에서 어떻게 나타나는지 설명한다. "구글에서 일할 때 미팅에 들어오는 건 보통 제품 담당자였어요. 한 얘기를 또 하고 또 하고, 철 지난 유행어만 던지다가 아무도 자기 말을 이해하지 못했는데 팀의 에이스라도 된 것처럼 걸어 나가곤 했죠."[14]

다들 직장에서 비슷한 일을 겪었을 것이다. 프랭크 이어리(Frank Yeary)는 시티그룹의 수석 재무 임원으로 다양성 및 포용 운동의 시작을 이끌었다. 그는 여자가 남자보다 철저하게 준비하고 미팅에 들어오는데도 남자가 계속 이야기를 주도하며, 심지어 여자가 첨언하려 하면 끼어들어서 가로채는 현상을 인식했다. 이는 여자 직원의 경력에만 나쁜 것이 아니라 회사에도 치명적인 악영향을 미친다.

카네기멜런대학교 교수 애니타 울리(Anita Woolley)는 집단 효율성에 관한 연구에서 "모두에게 발언권이 있는 한, 팀은 잘 돌아간다"라는 결론을 내렸다.[15] 그러나 한 사람 또는 소수 인원이 대화를 독점하면 집단 지성은 감소했다. 모든 미팅에서 각 참가자의 발언 시간이 완벽히 똑같을 필요는 없지만, 전체적으로 균형이 있어야 한다.[16]

기나긴 헛소리를 늘어놓는 사람들은 보통 주류 집단 소속이다. 유니버시티칼리지런던의 존 제림(John Jerrim)과 니키 슈어(Nikki Sure), 호주가톨릭대학교의 필 파커(Phil Parker)는 남녀 혼성 실험 대상자들에게 수학과 관련된 16개 주제에 전문성이 있는지 물었는데, 이 중 세 가지는 임의로 지어낸 것이었다. 사실 존재하지 않는 분야의 전문성을 주장할 확률은 남자가 여자보다, 부유층이 중산층보다 높았다.[17] 이 연구팀의 다른 연구 결과에 따르면, 사람들은 더 큰 권력을 가졌다고 생각되는 사람보다 동등하다고 인지되는 사람에게 잘못된 정보를 지적할 확률이 더 높았다. 그러므로 리더는 자신의 말이 잘못된 정보일 때 다른 사람들이 지적할 수 있는 환경을 반드시 만들어야 한다.

틀린 말을 하고도 지적받지 않으면 잘못된 자기과신이 생긴다. 자기과신은 헛소리 시전자가 취업이나 장학금 면접 등을 볼 때 유리하게 작용한다.[18] 그러나 자기과신은 협업의 방해 요소다. 또한 잘못된 사람을 고용하고, 잘못된 사람의 말을 듣고, 잘못된 사람을 승진시키도록 리더의 눈을 가린다.

내가 고등학교 시절 모의 UN에 참가하여 얻은 교훈은 경력 내내 큰 도움이 되었다. 나는 여고를 다녔기 때문에 모의 UN은 남자들과 경쟁할 몇 안 되는 기회였다. 대표단이 되어 3년 내내 철저하게 준비했지만, 그다지 활약하지 못했다. 하지만 졸업반이 되었을 때는 대학 입시와 첫 연애, 첫 이별 때문에 너무 바빴다. 제대로 준비할 수 없었던 나는 그냥 임기응변으로 대처하기로 했다.

전년도까지 나는 세션이 시작하고도 한 시간 정도를 준비한 근거와 주장을 정리하면서 보냈다. 이때는 실제 지식이 아무것도 없어서 머리를 정리하는 대신 주위를 둘러보았는데, 놀라운 사실을 깨달았다. 대표단에서 가장 말이 많은 사람들은 본인이 무슨 말을 하는지도 모르는 것 같았다. 그저 말을 지어내고 서로를 비방하기에 바빴다. 맙소사, 저거라면 나도 하지! 준비가 안 된 건 상관이 없었다. 사실 여부에 매이지 않으니 오히려 도움이 되었다.

나도 헛소리를 시작했다. 지어낸 '사실'과 허풍에 불필요한 모욕을 섞어 던졌다. 사람들은 크게 웃었다. 나는 대담하게 발언을 이어갔다. 그러나 일과가 끝나니 부끄러움이 몰려왔다. 누군가 내 나쁜 행동을 지적할 것이라고 생각한 나는 시상식에 가지 않았다. 그 대신 전화 한 통을 받았다. "어디 있어? 네가 최우수상을 받았는데!"

이 사건에서 몇 가지 교훈을 얻었다. 준비만으로는 충분하지 않다. 자기주장을 하는 능력 역시 중요하다. 그러나 나는 준비만 하다 끝나는 겁쟁이도, 혓바닥이 긴 헛소리 시전자도 되고 싶지 않았다. 근거 있는 의견을 내고, 내가 기여한 부분을 인정받고 싶었다.

사회생활을 하면서 헛소리를 지어내고도 당당한 태도만으로 상황을 모면하며, 오히려 반론을 제기하는 사람을 무시하거나 모욕하는 사람들을 여러 차례 보았다. 리더는 이 점을 간과하면 안 된다. 당당하게 헛소리를 하면 생각보다 효과가 좋다. 리더는 회사가 기나긴 헛소리에 잠식당하지 않도록 불이익을 주어야 한다.

헛소리를 하는 사람이 있으면 팀은 최선의 결정을 내릴 수 없다. 그러므로 비효율적이다. 또한 주류 집단에 있는 뺑쟁이들에게만 유효한 방법이므로 불공정하다. 비주류 집단의 헛소리가 통하는 경우는 거의 없다. 그러나 비주류 집단도 헛소리를 할 수 있게 만드는 것은 답이 아니다. 헛소리를 막는 것이 답이다.

리더는 회사의 모든 구성원이 편안하게 온·오프라인 미팅에 참석하고 일상적인 논의를 할 수 있는 환경을 만들어야 한다. 다음의 몇 가지 방법을 제안한다.

연구를 공유하라

구성원들이 자신의 참여도를 높이거나 낮추거나 방식을 바꿔야 하는 이유를 이해할 수 있도록 설명하고, 기나긴 헛소리의 패턴을 바꿀 전략을 세워라. 팀원 모두가 대화에 참여할 기회를 갖는 것이 왜 중요한지 보여주는 연구를 공유하라.[19]

조용한 사람에게 발언권을 주어라

발언을 꺼리는 사람이 편안함을 느끼는 환경을 만들기 위해 리더가 할 수 있는 일을 생각해 보자. 애플의 전 디자인 수석 임원 조니 아이브 (Jony Ive)는 "조용한 사람에게 발언권을 주는 것"이 리더의 책임이라고 말했다. 어떻게 하면 될까?

구글의 제품 포용성 담당자 애니 장바티스트는 내향적인 사람이다. 애니의 상사 세스 반 데르 스와(Seth Van Der Swaagh)는 미팅에서 애니가 말이 없다고 느끼고 물었다. "자기 아이디어를 다른 사람이 발표했는데 아무 말도 못 했던 적은 없어?" 그리고 이어서 물었다. "미팅 중에 하고 싶은 이야기가 있냐고 애니에게 직접 지목해서 물어도 괜찮을까?" 세스는 애니가 말할 기회를 주면서 선순환의 고리를 만들었다. 세스가 의견을 물을수록 애니의 발언 경험은 많아졌다. 경험이 많아질수록 말하기가 더 편해졌다. 근육을 키우는 것과 같은 원리다. 시간이 지나면서 애니는 점점 소신 있게 의견을 낼 수 있었다. 또 사전에 안건을 공유해서 내향적인 사람들, 현장에 오기 전에 미리 정보를 처리하는 편을 선호하는 사람들에게 준비할 시간을 주는 것도 도움이 된다.

장광설을 차단하라

한 사람이 발언권을 독점하고 있다면, 그를 부드럽게 제지하고 다른 사람의 의견도 듣고 싶다고 말하라. 한 가지 질문을 하고, 돌아가면서 정해진 시간 동안 답변하는 단순한 방법도 괜찮다. 애플의 사내 교육원 강의를 할 때는 입을 다물지 않는 사람을 몸으로 막는 방법을 경험 많은 교수에게서 배웠다. 말 그대로 그쪽으로 걸어가서 앞을 막아서는 것이다. 그래도 알아듣지 못하면 손을 들어 '잠깐'을 몸짓으로 표시하고 다른 참가자의 의견을 듣고 싶다고 말한다.

각자 발언 시간을 측정하도록 독려하라

전체 회의 시간에서 참가자가 발언한 시간의 비율을 측정해 주는 서비스가 여러 가지 있는데, 특히 화상 미팅에서 요긴하다. 대면 미팅보다 한 사람이 지배하기 쉽기 때문이다. 줌이나 구글 행아웃, 마이크로소프트 팀스, 그 밖의 화상회의 플랫폼이 특정 회의에서 한 사람에게 할당된 시간의 3배 이상 발언한 사람에게 알림을 띄우는 기능을 제공한다면 효율성과 포용성을 모두 보완할 훌륭한 서비스가 될 것이다. 물론, 측정에 너무 목맬 필요는 없다. 어떤 미팅에서 한 사람만 말이 많고 다른 사람들이 침묵을 지킬 만한 충분한 이유가 있을 수도 있다. 그러나 팀원들에게 셀프 모니터링을 독려하는 정도는 유용할 것이다.[20]

신체 언어에 집중하라

해당 주제에 대해 충분히 알지 못하면 능숙한 헛소리 시전자를 잡아내기 어려울 수 있다. 그러나 다른 회의 참가자들이 헛소리를 느낀다면 신체 언어로 말해줄 것이다. 스포트라이트를 받고 있는 사람에게 동료들이 어떻게 반응하는지 지켜보자. 지겹다는 표정을 짓고 있거나 팔짱을 끼고 입을 닫고 있는가? 그렇다면 그 사람에게 의견을 물어보자.

모두 숙제를 하게 하라

미팅에서 가장 힘 빠지는 순간은 어떤 안건을 논의하려고 회의를 소집했는데 관련 문서를 읽은 건 참석자의 절반뿐이고, 읽지 않은 나머지 절반이 읽은 사람들보다 더 많이 '참여'할 때다. 두 가지 해결책이 있다. 하나는 사전에 문서를 읽지 않은 사람은 미팅에 참석하지 말라고 하는 것이고, 다른 하나는 미팅을 시작하며 문서를 읽을 '자습 시간'을 주는 것이다.[21] 나는 후자를 선호한다. 자야 할 늦은 밤 시간보다는 업무 시간에 회의를 준비하는 것이 낫다고 생각한다.

해고해야 할 때

선입견에 대해 지나친 벌을 내리지 말라. 선입견을 가지고 말한 결과가 너무 가혹하면 선입견 차단기는 기능하지 않는다. 직장 동료들끼리 분위기가 무거워지는 것을 꺼릴뿐더러, 위험부담이 커져서 자신의 잘못을 인정하지 않는다. 만성적인 선입견을 가진 가해자가 변화를 거부하는 경우가 아니라면, 무의식적 선입견은 공식적인 불이익을 받을 필요가 없다. 편견이나 따돌림이 아닌 선입견 때문에 누군가를 해고해야 할 일은 비교적 적다.

확고한 선입견을 가진 팀원이 있을 수 있다. 누군가는 계속 자신의 편견을 남들에게 강요할 수도 있다. 누군가는 따돌림을 멈추지 않을 것이다. 배울 의지가 없을 수도 있고, 배울 능력이 없을 수도 있다. 이때는 리더로서 가장 어려운 결정을 내려야 한다. 바로 태도와 행동이 바뀌지 않고 팀의 성과를 저해하며 적대적인 업무 환경을 만드는 사람을 해고하는 일이다. 특정 구성원이 동료에게 말하는 방식이 용납되지 않는다는 피드백을 이미 주었다면, 배움의 기회를 준 것이다. 또한 그 후 행동이 달라지지 않는 부분에 대해서도 이야기했다면, 이는 성과 문제에 해당하므로 적절한 조치를 취해야 한다. 《실리콘밸리의 팀장들》에서 이럴 때 적용할 수 있는 해고의 원칙 세 가지를 제안했다.

1. 공정하라.
대상자가 문제를 해결할 기회를 공정하게 부여했다는 사실을 충분히 설명한다.

단독으로 결정하지 않는다. 다른 사람들이 당신의 판단에 의문을 제기할 여지를 열어두자. 선입견의 경우에는 이 부분이 특히 중요하다.

2. 너무 오래 참지 말라.

사람들에게 문제를 고칠 기회를 주어라. 그러나 무한한 기회를 주지는 말라. 너무 많은 기회를 주는 것은 나머지 팀원들에게 좋지 않다. 또한 잘못된 일을 하고 행동을 개선하지 않는 그 팀원에게도 좋지 않다.

3. 친절하라.

해고하는 사람에게 여전히 관심을 가질 수 있다는 걸 잊지 말라. 감사한 일을 생각하고, 그 사람에게 말해주는 것이다. 끔찍한 인간을 해고한다고 생각하면 마음이 편할지도 모르지만, 그런 유혹에 넘어가면 안 된다.

나중에 연락하라. 어렵겠지만, 그 사람에게 해고 한 달 후에 연락해서 어떻게 지내는지 묻고 원한다면 다른 직장을 소개해 주겠다고 제안하라(추천조차 불편할 정도의 행동을 하지 않았을 때의 이야기다). 이것은 해고된 사람에게도 도움이 되지만, 다른 사람을 해고하면서 리더에게 생긴 마음의 짐을 덜어내는 데도 매우 효과적이다.[22]

커닝페이퍼

리더가 의식적으로 의도를 가지고 행동하면, 선입견으로 말미암아 의사 결정이 왜곡되고 비이성적으로 행동하는 일을 최소화할 수 있다. 리더가 앞장서서 서로의 개인성을 존중하는 것이 당연한 문화를 만들면, 모두가 직장에서 자유롭다고 느끼고 최선의 업무 능력을 발휘할 수 있다. 마지막으로, 리더는 따돌림에 대한 대가를 만들어 따돌림이 협업을 저해하지 못하게 해야 한다.

리더는 다양한 방식으로 개인성을 장려하고 지지하여 협업과 창의성을 꽃피우는 한편 강압적이거나 순응을 요구하는 생각 없는 행동을 막아야 한다.

문 제	대 응 책
선입견 의도 없음	**선입견 차단기** 선입견 퇴치 규칙
편견 의도 있음	**행동 강령** 다른 사람에게 편견을 강요해서는 안 된다
따돌림 나쁜 의도	**확실한 대가** 대화, 보상, 승진

JUST
WORK

↑

>< 2부 ><
권력에 견제마저
없다면 →

JUST
WORK

차별, 괴롭힘, 신체적 침해
권력에 통제받지 않기 위해 권력을 통제하는 법

주의

견제 없는 권력

권력은 나쁘다. 논란의 여지가 있는 말이지만, 나는 액턴 경의 말을 믿기 때문에 그렇게 생각한다. "권력은 부패한다. 절대 권력은 절대적으로 부패한다."[1] 무기력 상태 역시 끔찍하다. 그러나 무기력 상태를 해결하는 것은 권력이 아니다. 주인 의식과 책임감, 공평성이다. 관리자의 권력이 너무 크면 점점 불공평하고 비효율적인 상황이 온다. 선입견과 편견이 뻗어 나가 차별이 된다. 따돌림은 언어적·신체적 괴롭힘이 된다. 견제받지 않는 권력은 지위나 물리력에 의해 징그러운 포옹부터 잔인한 폭행까지 광범위한 신체적 침해가 벌어질 수 있는 환경을 조성한다.

모든 직원이 모욕적 행위와 차별, 괴롭힘을 신고할 수 있는 믿을 만한 통로와 관리자에게 책임을 묻는 시스템이 부재하면 결과는 뻔하다.

명령으로 구성원을 다스리는 조직에서는 부정의와 비효율이 판칠 것이다. 혁신은 어려워진다. 사기는 땅에 떨어지고, 유능하고 대체 불가능한 직원들이 탈출구로 달려갈 것이다. 쉽게 탈출할 수 없는 가장 취약한 직원들은 끝까지 남아서 고생하다 결국 회사를 고소할지도 모른다.

사람은 누구나 자신이 좋은 사람이며 어떠한 유혹을 마주해도, 어떤 시스템에 속해도, 자신이 이상적으로 생각하는 선한 존재로서 행동할 거라고 생각하고 싶어 한다. 그러나 역사의 기록을 보아도, 심리학 실험 결과를 보아도 현실은 그렇지 않다.

누군가의 권력이 커짐에 따라 선입견과 편견으로 그 사람의 의사 결정에 결함이 생길 가능성은 더 커진다는 연구 결과가 속속 나오고 있다. 또한 연구에 따르면, 합리적인 의사 결정보다 선입견과 편견이 자원 배분에 더 큰 영향을 미친다.[2]

권력이 커진다는 것은 권력을 가진 사람이 불안감을 느끼거나 상황을 통제할 수 없거나 존중받지 못할 때 따돌림 행위를 할 가능성이 커진다는 뜻이기도 하다. 최소한 가끔이라도 불안을 느끼지 않는 사람이 어디 있겠는가? 회사원 775명을 대상으로 설문 조사를 한 결과, 상위 직급자의 무례한 행동을 경험할 확률은 동료나 하위 직급자의 무례한 행동을 경험할 확률에 비해 3배 높았다.[3] 권력을 가진 사람이 자신의 지위를 보존하려 하면 잘못된 행동을 하게 된다.

권력이 결국 권력을 가진 사람의 몰락으로 이어지는 여러 방식이 버클리대학교의 심리학자 대커 켈트너(Dacher Keltner)의 《선한 권력의 탄생(The Power Paradox)》에 잘 설명되어 있다. 권력을 가진 사람은 권력이 없는 사람을 비인격화하는 경향이 있다. 권력을 얻은 사람은 그 권력을

잃게 만들 행위에 탐닉하기 시작한다.[4]

권력은 부패할 뿐 아니라, 장기적으로 보면 제대로 기능하지도 않는다. 작가 모이제스 나임(Moisés Naím)이 《권력의 종말(The End of Power)》에서 썼듯이, "권력은 이제 지난날만큼의 효과가 없다. (···) 이사회 회의실부터 교전지대, 사이버 공간까지 권력을 향한 다툼은 그 어느 때보다 치열하지만 되돌아오는 이익은 점점 줄어든다. (···) 어떻게 권력이 그 가치를 잃고 있는지 이해하고 그로 인한 어려운 과제를 해결하는 것은 오늘날 21세기의 세상을 재형성하는 가장 중요한 경향성을 이해하는 핵심이다."[5]

나임의 주장에 따르면, 자신의 능력과 미래에 대한 자신감이 있는 구성원들이 만든 건강한 조직의 팀워크는 과거 명령과 통제로 이루어진 피라미드 구조보다 성과가 좋다. 한 사람이 지배하는 시스템에서는 반대 의견이 짓눌리며, 순응주의가 자리 잡고, 모든 구성원의 기술과 지식이 적절하게 활용되지 못한다. 그 결과 정체가 일어난다.

팀의 힘은 각 팀원에게 달려 있으며, 팀원의 힘은 팀에 달려 있다. 늑대나 바닷가재 등의 동물과는 달리 우리는 일하기 위해 조악한 지배 계층구조를 만들 필요가 없다. 우리는 언어와 문서, 주머니 속 슈퍼컴퓨터로 소통하는 인간이다. 우리는 모든 사람이 가장 진실한 자아를 찾고 최고의 업무 능력을 발휘하는, 그래서 전체가 부분의 합보다 큰 업무 환경을 만들 수 있다.

그러나 이를 위해서는 깨달음을 얻은 리더들이 자신의 권력에 대한 견제와 균형을 받아들여야 한다. 그러지 않으면 효율적인 협업을 위한 개인들과 팀의 잠재력이 짓밟힐 위험에 처한다.

6장

리더로서 해야 할 일

공정한 직장은 정의로워 모두에게 이익이 된다

나는 차별을 어떤 기회에서 누군가를 배제하는 행위로 정의한다.[1] 차별은 선입견이나 편견에 권력이 더해질 때 발생한다. 괴롭힘은 적대적인 업무 환경을 조성하는 방식으로 다른 사람을 위협하는 것이다.[2] 괴롭힘은 선입견 또는 따돌림에 권력이 더해질 때 발생한다. 이 장에서는 언어적·심리적 괴롭힘만 다룬다. 신체적 괴롭힘과 폭력은 8장에서 다룬다.

리더가 되는 것은 힘들다

첫 회사를 공동 설립하면서 나는 공평하고 투명한 보상 시스템을 정립하고자 했다. 내게는 중요한 일이었다. 대학을 졸업하고 처음 다닌 직장 생활 이후에도 연봉 문제는 계속 발생했다. 사장이 여자라면 문제가 해결될지도 모른다고 생각한 나는 여성 CEO가 설립한 스타트업에 합류했다. 그 직장에서 몇 달이 되었을 때 내 연봉이 동료 남자 직원보다 30% 적다는 사실을 알게 되었다. 이유를 묻자 CEO가 대답했다. "자기는 부양할 아내와 아이가 없잖아." 그녀가 여자라고 해서 더 높은 기준을 들이대고 싶지는 않다. 이전의 남자 상사들과 같은 이유로 남자에게 더 많은 연봉을 주었을 뿐이다. 이유는 간단하다. 그래도 되니까. 특히 의욕이 꺾이는 순간이기는 했다.

내가 설립한 벤처기업에서 나는 다짐했다. '내가 관리하는 곳에서 여자라고 저임금을 받는 일은 없어.' 내 조직적 용기(institutional courage)는 여기서 시작되었다.[3] 안타깝게도, 그것이 끝난 곳이기도 했다. 조직적 용기를 실천하는 리더는 자신의 권한을 활용해 성차별주의와 인종차별주의를 포함한 직장의 불공정성을 선제적으로 해결하고 예방한다.[4] 조직적 용기는 장기적으로 조직에 최선의 이익을 가져온다. 그 반대인 조직적 배신(institutional betrayal), 즉 잘못을 덮으려는 태도는 피해자에게 2차 가해를 하고 장기적으로 조직을 파괴한다.

공정한 업무 환경을 만들어야겠다는 결심에도 불구하고 내가 세운 회사에서 차별과 괴롭힘을 막지 못한 수많은 사례 중 몇 가지를 공유한다.

부사장 중 하나인 앨릭스는 성과가 나빴다. 나는 이 부분이 개선되지 않으면 불이익이 있을 거라고 분명하게 말했다. 여전히 앨릭스의 성과가 기대에 미치지 못해서 그가 해고 위기에 있다는 사실을 알려주었다. 앨릭스가 개선해야 할 점을 말하면서, 내가 앨릭스를 돕기 위해 해야 할 일이나 하지 않아야 할 일이 있는지 물어보았다. 부하 직원이 상사를 비판하도록 독려하라는 나의 지독한 솔직함 철학에 따른 것이다. 앨릭스가 물었다.

"문제가 뭔지 진짜 모르겠습니까?"

"모르겠어요. 말해줘요."

"문제는" 앨릭스는 자기 말을 강조하듯 삿대질을 해대며 외쳤다. "당신이 내가 만난 가장-공격적인-여자라는-겁니다!"

앨릭스는 내 회사에 오기 전에 임원들이 직원에게 의자를 던지는 기업에서 수석 팀장을 맡고 있었다. 기술 분야는 공격적이었다. 앨릭스 역시 일을 해내려면 공격적이어야 했다. 그러니 내가 공격적인 건 문제가 되지 않았다. 내가 공격적인 여자라는 점이 문제였다. 그러나 내 성별은 바뀔 리 없으니 그건 그의 문제였다. 하지만 내 문제이기도 했다. 그가 나를 그런 식으로 따돌린다면, 자기보다 직급이 낮은 여자에게는 대체 어떻게 대하겠는가? 그런 행동을 하면 팀이 어떻게 목표를 성취할 수 있을까?

이 문제를 해결하는 것은 내 일이었지만, 어떻게 해야 할지 감이 잡히지 않았다.

앨릭스를 앉혀 놓고 그가 내게 한 말이 왜 잘못되었는지 설명하고, 방금 내게 한 행동을 다른 여성에게 하면 해고될 수 있다고 말해주는 것이 효과적인 대응이었다. 행동 강령을 근거로 '중립' 화법을 써야 할 상황이다. 그러나 당시 나는 '중립' 화법을 몰랐고, 행동 강령도 마련되어 있지 않았다. 나는 앨릭스의 행동이 개선될 수 있다고 믿으며 내가 기꺼이 돕겠다는 것을 직접적이면서도—앨릭스의 말을 빌리면 '공격적이면서도'—명확하게 말했어야 옳았다.

그 대신 나는 그의 말을 무시하고 애초에 논의하려 했던 부분에 집중했다. 앨릭스의 형편없는 실적 말이다. 당시에는 적절한 선택을 했다고 생각했다. 냉정을 유지했으며, 미팅의 원래 목적에서 벗어나지도 않았으니까. 그러나 되돌아보니 나는 앨릭스의 따돌림 행위를 아무 일도 일어나지 않은 척 무시해 버린 것이었다. 그가 내게 한 말을 무시하는 것은 피해자인 나의 권리였다. 그러나 나는 리더였기 때문에 직무 유기를 한 셈이다.

며칠 뒤, 회사 전체 모임이 끝난 후 앨릭스가 쓰레기통 바로 앞 테이블에 앉아 있었다. 젊은 여자 팀원 매들린이 피자를 먹고 남은 찌꺼기를 들고 앨릭스 쪽으로 갔다. 쓰레기를 버리려는 의도는 명확했다.

"실례합니다." 매들린이 쓰레기통을 가리켰다. "제가 좀……"

"다리 사이로 지나간다고?"

나는 리더로서 그 자리에서 앨릭스를 제지할 책임이 있었다. 매들린에게 그런 식으로 말하면 안 된다고 하고, 따로 이 부분에 대해 대화해야 했다. 선입견 차단기가 중요하다면, 괴롭힘 차단기는 더 중요하다. 하지만 나는 아무 말도 하지 않았다. 왜 그랬을까?

나는 평생 그런 말을 듣는 쪽에 있었고, 무시하는 데 너무 익숙해져서 거의 인식하지도 못했다. 피해자 역할을 하면서 둔감해진 것이다. 그러나 다시 한번 말하지만 나는 리더로서 이런 헛소리가 내 회사에서 다시 일어나지 않게 대응했어야 했다.

매들린은 직장 생활을 시작한 지 얼마 되지 않았다. 스타트업의 압박과 혼돈 속에서 내게 접근하기는 쉽지 않았을 것이다. 소기업이라서 인사팀도 없었다. 앨릭스가 불쾌한 발언을 했으며, 내 대응이 충분하지 않았다는 불만을 제기하려면 나나 공동 설립자(남자)에게 말해야 했다. 매들린이 입을 닫은 것도 당연하다.

한참 후에 우리는 한 차례 정리 해고를 단행했고, 매들린은 해고 대상자였다. 매들린은 해고당한 뒤에 내가 여성이 일하기에 적대적인 업무 환경에 기여했다는 의견을 밝혔다. 내 첫 반응은 그럴 리가 없다는 부정이었다. 여자가 공정한 급여를 받게 해주지 않았나!

"음, 그렇다고 이 회사에 괴롭힘이 없다거나 사장님이 관심을 기울였다는 뜻은 아니죠." 매들린이 대답했다.

부정은 분노로 치달았다. 내 철학에 정면으로 위배되는 행동인 줄 알면서도 나는 방어적으로 예를 들어 보라고 요구했다(아니, 소리를 질렀다). 나는 왜 매들린에게 그렇게 공격적이었으면서 앨릭스에게는 그렇게 온순했을까? 유감스럽게도, 내면화된 여성 혐오 때문이었다. 당시에는 자각하지 못했지만, 지나고 보니 확실히 보였다.

매들린은 움츠러들지 않았다. 내가 최근에 실적 부진으로 해고한 도니가 동료 앨리스에게 보낸 협박장을 꺼냈다. 앨리스에 대한 섹스 판타지를 상세히 표현했으며, 집 위치를 안다고 노골적으로 협박한 그 편지는 내가 봐도 엄청나게 열이 받았다. 그러나 도니가 앨리스에게 협박장을 보낸 건 해고 후의 일이었다. 회사에 다닐 때 그런 행동을 하지 않은 것은 내가 용납할 리 없다는 것을 알아서라고, 나는 매들린에게 굉장히 독선적으로 못박았다.

나는 오늘날까지 매들린에게 대응한 방식을 후회한다. 매들린은 중요한 말을 했는데 나는 듣기를 거부했다. 절대 하지 않겠다고 결심했던 나쁜 상사들의 행동을 내가 되풀이한 것이다. 여자의 비판을 받고서 따돌림의 태도로 목소리를 높인다든가 매들린의 입을 다물게 하는 대신 경청했다면, 내가 리더로서 저지른 다른 잘못들을 반성할 기회가 생겼을지도 모른다. 지금의 나는 이렇게 생각하지만, 당시에는 내 잘못을 부정했다.

그 전년도 사무실 파티에서의 일이다. 앨리스가 파티 게임을 하느라 몸을 숙였는데 치마가 올라갔고, 도니가 노골적으로 쳐다보는 것이 눈에 들어왔다. 나는 도니와 눈을 마주치고 잠시 이야기 좀 하자는 손짓을 하려 했으나, 이내 그는 마치 내 엉덩이도 보고 있었다고 말하려는 듯 내 몸을 훑어보았다. 남자 팀원들도 상황을 눈치 챈 것 같았다. 누군가 이런 눈빛으로 나를 보았다. 어떻게 좀 해보세요!

나는 즉시 게임을 중단시켰다. 하지만 도니에게 직접 말하지도 않았고, 앨리스나 다른 직원과 이 문제를 처리하려 하지도 않았다. 도니가 내게 음흉한 눈빛을 보내면서, 나는 사회생활에서 익숙해진 '악을 듣지도 보지도 말하지도 말라' 모드로 들어갔다.

그러나 이때 내게는 직장을 변화시킬 권한이 있었다. 그 힘을 좋은 쪽으로 사용하는 대신, 나는 실제로 이렇게 말했다. "여러분, 움직여요. 구경났어요?" 사실은 모두가 돌아가는 상황을 지켜보고 있었고, 다음 날 커피를 마시며 이 문제를 입에 올렸을 게 뻔한데도 말이다. 직원들은 나를 보면서 이 회사가 어떤 곳이 될지 힌트를 얻고 있었을 테고, 나는 김빠지는 선례를 만든 셈이다.

매들린은 당연히 해고와 이후의 대화에 만족하지 않았고, 회사에 공식적으로 불만을 제기했다. 우리는 변호사의 조언을 받아 소정의 위로

금을 전달했고, 매들린은 기밀 유지 협약에 서명했다. 인정하기 정말 부끄러운 사건이지만, 모두 사실이다.

내가 처음부터 리더 역할을 받아들였다면, 앨릭스와 도니는 여자를 괴롭히는 행동이 용납될 수 없음을 알았을 것이다. 그랬다면 아마도 그렇게 행동하지 않았을 것이고, 그렇게 행동했다면 해고되었을 것이다. 나는 부정의가 일어나도 신경 쓰지 않는 사람이 아니라, 회사의 여자 직원들을 지지하는 사람으로 보였을 것이다. 내 회사가 소송의 위기에 처하는 일도 없었을 것이다. 소송은 오히려 사소한 문제다. 진짜 문제는 내 회사가 성공하기 위한 방향으로 움직이고 있지 않았다는 것이다.

이 장의 나머지 부분에서는 더 공정한 직장을 만들고, 내 회사에서 차별과 괴롭힘이 일어나는 것을 막기 위해 리더로서 했어야 할 구체적인 행동을 상세히 다룬다.

그러나 세부 운영 방침을 논하기 전에, 전체를 관통하는 원칙 두 가지를 설명하며 시작하려 한다. 견제와 균형을 도입하는 것, 그리고 선제적으로 선입견을 정량화하는 것이다.

견제와 균형

모든 조직은 여러 직급의 관리자들에게 의사 결정 권한을 주는데, 이는 각 관리자 밑에 있는 직원들에게 중대한 영향을 미친다. 관리자의 전통적인 역할은 자원을 할당하는 것이다. 고용과 해고, 승진을 결정한다.

보너스가 얼마인지, 모두 탐내는 프로젝트를 누가 담당할지, 누가 험한 일을 짊어질지 등을 결정한다. 그래서 직원들은 괴롭힘이나 차별을 신고하려면 위험을 감수해야 한다. 관리자들이 이 모든 결정을 단독으로 내린다면, 권력을 너무 많이 갖게 된다. 이 권력을 이용해 직원들을 괴롭히거나 따돌린다 해도, 일자리를 지키고 싶은 직원들이 대항할 방법은 별로 없다. 직원들은 무력해진다.

이 모든 것은 불가피한 일이 아니다. 경영 시스템과 절차에 대한 결정의 결과로 발생한 일일 뿐이다. 조직 설계에 견제와 균형을 반영할 수도 있고, 알량한 독재자를 만들어내는 시스템을 설계할 수도 있다. 후자를 선택한다면, 누군가는 갖게 될 견제받지 않는 권력 때문에 괴롭힘의 가능성은 커진다.

리더는 조직 설계와 업무 절차에 견제와 균형을 도입함으로써 권력이 회사를 망치는 일을 방지하고 스스로 부패하지 않을 수 있다. 만약 매들린이 신뢰할 수 있는 신고 시스템이 있었다면 내 권력을 견제할 수 있었을 것이다. 그랬다면 매들린은 안전하게 괴롭힘을 신고했을 것이다. 나의 권력, 그리고 앨릭스와 도니의 권력을 견제할 또 다른 방법은 승진의 결정권을 리더 한 사람이 아닌 팀 전체가 갖는 것이다. 팀 전체가 승진을 결정한다면 '괴롭힘을 참을 의지'가 승진의 필수 역량이 되지는 않을 것이다.

직원에게 '자율권'을 주어야 한다는 주장은 많았다. 그러나 비주류 집단의 사람들에게 의견을 내라거나 '자율권'을 가지라거나 '자신감'을 가지라고 말할 필요가 없다.[5] 그들을 침묵하게 하는 압박을 해결하면 된다. 비주류 집단의 사람이 괴롭힘이나 차별을 당하지 않게 되면 내면에 있던 힘과 자신감이 빛날 것이다. 리더들에게 해주고 싶은 조언이 있다면, 관리자에게 너무 큰 독단적 권한을 줌으로써 직원들의 자율권을 빼앗지 말라는 것이다. '사람들에게 발언권을 준다'기보다는 발언을 했을 때 상사가 보복하지 못하도록 견제와 균형을 만들어야 한다.

견제와 균형은 직원들을 괴롭힘으로부터 보호하기도 하지만, 성과를 위해서도 반드시 필요하다. 연구 결과에 따르면, 끈끈하고 자율권이 있는 팀은 여러 가지 업무를 하는 개인들의 모임보다 성과가 좋다.[6] 고기능의 팀은 고기능의 개인들보다 나은 결정을 내리는 경향이 있다.[7] 그러므로 팀이 개인의 단독 권한을 대체하면, 더 나은 승진 결정이 이루어지고 직원들이 괴롭힘을 당하는 일은 줄어든다.

여기서 말하는 견제와 균형의 경영 시스템은 리더에게 독단적인 권력이나 권한을 주기보다 업무를 다할 책임을 부여한다. CEO를 포함해 조직의 한 사람이 감독 없이 다른 사람의 고용, 해고, 승진, 급여를 결정할 권한을 가지면 안 된다는 의미다. 직원들이 신뢰하는 괴롭힘이나 성폭력의 신고 통로가 마련되어야 한다.

이런 견제와 균형의 시스템은 세계에서 가장 성공적인 여러 기업에 이미 마련되어 있다. 나는 내 경력의 대부분을 보낸 기술 분야의 시스템에 가장 익숙하다. 관리자 개인의 단독 권한을 없애고 팀에 권한을 주는 것은 구글의 사업 운영 수석 부사장 쇼나 브라운(Shona Brown)이 도입한 시스템의 핵심적인 설계 원칙이었다.

처음에 견제와 균형을 도입하는 것도 어려웠지만, 회사가 성장하고 성과를 내면서 시스템을 지키기는 더 어려워졌다. 관리자들은 하나같이 제한에 불만을 가졌다. 실적을 가져오면 단독 의사 결정권을 얻는 것이 마땅하다고 생각한 고성과 관리자들의 불만이 더 심했다. 성공적인 관리자가 더 많은 통제권을 요구할 때 견제와 균형을 방어하는 만사형통의 해결책은 없다. 임원들은 같은 대화를 반복해야 한다. 설득력 있게 경영진의 논리를 설명하여 팀장을 비롯한 각 직급 관리자들이 단독 권한이 없다는 이유로 그만두지 않게 해야 한다. 그와 동시에 빈번한 권한 요구에 절대 굽히지 않는 것도 중요하다.

최고위 임원이 솔선수범하는 것도 필수적이다. 최고위 임원들이 권력을 내려놓고 견제와 균형에 자신을 맡겨야 한다. 관리자들은 임원이 기꺼이 권력을 포기하면 보통 충격을 받는다. 뮤지컬 〈해밀턴(Hamilton)〉에서 조지 워싱턴이 왕위에서 내려온다는 소식에 영국 왕 조지 3세가 반응하는 장면과 같다. "사람들이 말하기를/조지 워싱턴이 권한을 이양하고 왕위에서 내려온답니다./그것이 사실인가?/그런 일이 가능한지 몰랐다."[8] 리더가 독단적인 권한을 리더 자신에게도 적용되는 공정한 시스템으로 대체하려면 어마어마한 자신감과 비전이 필요하다. 그러나 성공하면 결과적으로 정의와 성공이라는 두 마리 토끼를 잡을 수 있다.

나도 경험이 있기에 이것이 팀장급과 임원에게 얼마나 힘든지 안다. 구글에 처음 합류해서 내 부하 직원으로 누구를 고용할지 직접 결정할 수 없다는 것을 알고 나는 화가 났다. 내가 훌륭한 팀을 꾸린다는 명성 때문에 나를 고용했다고 생각했기 때문이다. 쇼나가 구글 시스템의 방법론을 설명했고, 근무를 하면서 나 역시 이 시스템의 신봉자가 되었다.

직장에서 권력에 대한 견제와 균형이 착취를 완전히 없앨 수는 없지만, 시작점으로는 훌륭하다. 견제와 균형은 원칙적으로도, 실제적으로도 우리가 만들고자 하는 공정한 직장, 즉각 대응하고 책임을 지고 협업하는 조직을 구현할 수 있다.

현재의 팀이 동질적이라면, 견제와 균형만으로는 차별과 괴롭힘을 효과적으로 예방할 수 없다. 견제와 균형의 책임이 있는 사람들도 리더와 같은 선입견을 가지고 있을 가능성이 있기 때문이다. 선제적인 조치를 취하지 않으면, 팀은 시간이 지날수록 동질적인 집단이 된다. 월급 값을 하는 팀장이라면 누구나 '기존 팀원과 똑같은' 사람을 고용하면 안 된다는 것을 알지만, 어쨌든 그런 일은 벌어진다.[9] 이 과정이 의식적이든 무의식적이든, 동질적인 팀은 차별과 의사 결정 오류로 이어지기 때문에 바람직하지 않다. 동질적인 팀은 다양성이 있는 팀에 비해 잘못된 의사 결정을 내리는 경향이 있기 때문이다.[10]

동질성에서 다양성으로 옮겨가기 위해서는 누구를 고용하고, 승진시키고, 멘토링하고, 해고함으로써 동질성을 강화하는 결정에 영향을 미치는 선입견을 인지하고 교정하기 위해 선제적으로 움직여야 한다. 나는 이 과정을 선입견의 정량화라고 부른다.

선입견을 정량화하라

지원자의 과거 성과에 대한 데이터에 어느 정도의 비중을 둘지 사전에 결정하라.
그러지 않으면 면접에서 받은 인상에 너무 큰 비중을 두게 된다.
대니얼 카너먼

공정한 직장을 만드는 것이 목표라면, 먼저 차별을 찾아 나서야 한다. 당신의 조직이 체계적으로 어떠한 사람들에게는 과도하게 힘을 실어주는 반면 어떤 사람들은 차별하는 징후를 찾아라. 수익성 악화를 분석하거나, 경쟁사를 조사하거나, 새로운 기회를 탐구하거나, 상품을 출시하거나, 사업 확장을 위해 새로운 시장에 진입할 때처럼 적극적으로 에너지를 투입하라. 차별을 운영 시스템에 침투한 바이러스라고 생각하라. 사전에 감지해서 고치지 않으면 결국 바이러스가 시스템을 죽일 것이다.

선입견을 정량화하라. 조직의 다양성과 포용성이 얼마나 개선되고 있는지 측정하라. 선입견의 정량화는 수정이 필요한 문제를 경고해 주는 측정법을 사용하는 것이다. 후행 지표(즉, 경기에 진 다음 졌다고 알려주는 것)만 측정하지 말고 선행 지표(즉, 변화하지 않으면 질 수 있다고 알려주는 것)도 측정하라. 예를 들어, 신규 고용된 비주류 집단의 비율만 측정하지 말자. 고용 절차의 각 단계를 분석하고 개선의 여지를 찾아보자. 그리고 개선 조치의 영향이 나타나는지 측정하자. 검토한 이력서의 몇 퍼센트가 비주류 집단에 해당하는지 측정하자. 직무 설명에 선입견을 반영한 언어를 쓰지 않았는지 검토하자. 이러한 부분을 변경한 뒤 비주류 집단의 지원자가 늘어나는지 살펴보자. 면접을 본 사람 중 몇 명이나 비주류 집단인지 측정하고, 선정 과정에서 선입견이 있었는지 자문해 보자.

보상이나 승진 절차 또한 이와 같이 철저하게 측정하라. 조직 구성이 전체 인구 비례를 정확히 반영할 수는 없을 것이다. 그러나 리더의 90%가 남자라면 훌륭한 여성 후보자들을 놓치고 있다는 의미이며, 이미 있는 여성 직원들이 남성과 같은 비율로 승진하고 있지 않을 가능성이 크다. 측정 수치에 문제가 있을 때의 답은 물론 '자격이 없더라도 여자를 더 고용해라'가 아니다. 수익성이 나쁠 때 장부를 조작하는 것이 답이 아닌 것과 마찬가지다. 결과에 문제가 있는 이유는 자격을 평가하는 기준이 선입견이나 편견으로 왜곡되었기 때문이다. 후행 지표가 나쁘면 깊이 파고들어 어떤 선행 지표가 문제인지 알아내고 해결해야 한다.

데이터 중심 경영을 해야 한다는 리더들의 저항은 코미디가 따로 없다. 숫자에 강박적으로 집착하던 바로 그 리더들이 다른 숫자를 들이밀면 반발한다. 백인 남자는 미국 인구의 35%이지만 최고 임원직의 68%, 포춘 500대 기업 CEO의 90%에 이른다. 반면 흑인 여자는 미국 인구의 7.4%를 차지하고 있지만 최고 임원직 중 1.4%일 뿐이고,[11] 이 책을 쓰는 시점에 포춘 500대 기업의 흑인 여성 CEO는 아무도 없다.[12]

이것이 선입견 문제를 드러낸다고 주장하면, 사람들의 터무니없는 대응은 다음의 두 가지로 나뉜다. ❶ "나는 인종을 구분하지 않아! 난 남자와 여자를 똑같이 대해." 저 수치를 보고도 무슨 의미인지 이해하기를 거부한다면 성차별과 인종차별을 부정하고 있는 것이다. 아니면, 더 나쁜 경우는 ❷ "기준을 낮추자"는 것이냐며 명백하게 선입견이나 편견이 담긴 발언으로 대응하는 것이다. 사실 위 수치는 그 '기준'이라는 것이 백인 남성에게 낮고 여성에게는 높으며, 흑인 여성에게는 더 높다는 것을 확실하게 보여주는 증거다. 나는 모든 사람에게 동일한 기준을 적용하자는 해결책을 제시하고 있을 뿐이다.

수치를 분석할 때는 변명이나 합리화에 힘쓰지 말고 해결책을 찾는 데 집중하자. 자기 자신이나 소속 조직이 차별적이라고 생각하고 싶은 사람은 없기 때문에 변명하지 않기는 어렵다. 당신의 선입견과 당신이 잘못을 하고 있지 않다고 믿고 싶은 욕망을 극복해야 한다. 무슨 잘못을 하고 있는지 알려면 먼저 숫자를 파고들어야 한다.

이런 일을 할 수 있는 대담한 리더는 많지 않다. 하지만 앨런 유스터스(Alan Eustace)는 해냈다. 구글 엔지니어링 수석 부사장일 때, 유스터스는 여자 소프트웨어 엔지니어가 왜 적은지 신중하게 분석했다. 구글이 인재를 고용하는 대학에서 컴퓨터공학을 전공한 여성 졸업자 수 자체가 적다는 것이 원인으로 나타났다. 그러나 앨런은 여기서 손을 떼고 "내 잘못이 아니네, 인재 수급 문제야. 내가 할 수 있는 일이 없군"이라고 하지 않았다.

그 대신 앨런은 하비머드칼리지(Harvey Mudd College) 등의 기관에서 왜 여성이 컴퓨터공학을 전공하지 않는지 연구한 내용을 통해 깨달음을 얻었다. 하비머드칼리지 컴퓨터공학부 운영진에서는 초기 전공 수업 중 학생들을 '걸러내는' 수업이 있다는 것을 알게 되었다. 이 강의는 중등학교부터 해킹을 했던 사람들에게 유리했고, 다양한 사회적 이유로 중등학교에서 코딩을 배운 여자는 남자보다 적었다. 컴퓨터공학부 운영진 역시 여기서 손을 놓지 않았다. '걸러내기용' 수업을 없애는 편을 택했다. 4년 뒤, 이 대학에서 컴퓨터공학을 전공한 졸업자 가운데 여성의 수가 유의미하게 증가했다.[13] 앨런은 다른 대학들에 하비머드칼리지의 선례를 따를 것을 촉구했다. 4년은 새로운 지원자가 졸업하기를 기다리는 데 긴 시간이지만, 억겁의 기다림은 아니다. 이런 종류의 문제를 해결하려면 리더의 인내심과 끈기가 필요하다.

공정한 직장의 목표

리더가 더 공정한 운영 절차를 도입하는 방법을 설명하기 전에, 기본으로 돌아가 보자. 공정한 직장의 목표는 사람들이 잠재력을 백 퍼센트 펼치지 못하게 하는 인공적인 제약이 없는 환경을 만드는 것이다. 그 제약은 제도일 수도, 사람일 수도 있다. 팀을 만들 때, 팀장은 특정 업무에 적합한 사람을 파악하고 싶어 한다. 이를 위해 팀에서 만든 절차가 합리적이고 공정할수록, 자격 없는 사람을 고용하거나 승진시키고 그 일에 가장 적합한 사람을 떨어뜨릴 확률은 낮아진다. 공정한 직장은 차별을 받을 수도 있었던 어떤 개인에게 더 공정하다. 그리고 더 자격 있는 팀원과 함께 더 훌륭하게 업무를 할 수 있게 되었으므로, 기존 동료 팀원들에게도 공정하다. 그리고 좋은 성과를 낼 확률이 높다. 공정한 직장은 직원들이 최선의 업무 능력을 발휘하도록 리더가 굉장한 편의를 봐주는 개념이 아니다. 직원들이 일한 만큼 리더 또한 혜택을 입는다. 그저 경영일 뿐이다.

동질적인 팀은 다양성이 있는 팀보다 보통 실적이 나쁘다.[14] 비주류 집단 사람들이 최선의 성과를 내지 못하게 하거나 더 심각하게는 몰아내 버리는 업무 환경에서는 성과와 정의가 둘 다 타격을 입는다. 변화의 속도는 빨라지고 있으며, 세계는 어느 때보다 긴밀하게 연결되고 다양성이 커지고 있다. 선입견으로 말미암은 피해를 깨달을 때쯤이면 이미 기회를 놓쳤거나 급변한 시장의 희생양이 되어 있을 것이다.

공정한 직장은 정의와 관련이 있다. 결국은 모두에게 이익이 된다.

다음은 운영 절차를 더 공정하고, 따라서 더 성공적으로 만들 방법에 관한 구체적인 아이디어다. 채용, 인재 유지, 보상, 성과 관리, 코칭과 멘토링, 심리적 안전 조치, 퇴직자 면접, NDA와 강제 중재, 조직 설계에 관한 내용이다.

1 | 채용

최고의 인재를 채용하기 위해 차별을 피하라

채용 결정은 관리자가 내리는 가장 중요한 결정 중 하나다. 공정한 채용 절차를 만드는 법에 대해 매우 자세히 다루겠지만, 일단 한마디로 정리하면 "지원자의 이력서와 기술 평가에 비중을 두고 결정을 내려야 한다." 지원자의 성별, 인종, 종교, 성적 지향 등에 관한 모든 정보를 이력서와 분리하는 것은 그리 어렵지 않다. 이런 정보를 제거하면 면접 대상자를 선정하는 과정이 선입견이나 편견으로 왜곡될 가능성이 최소화된다. 그리고 면접 대상자가 결정되면 기술 평가와 직접 면접을 분리한다. 대부분 대상자를 직접 만나지 않고도 기술 평가를 할 방법이 있다. 이것 역시 기술 평가에서 선입견과 편견의 작용을 제거하는 것이다. 그러면 면접이 남는데, '문화에 맞는지'가 아닌 '문화에 보탬이 되는지'를 평가해야 한다.[15] 면접 전에 면접 기준을 서면으로 준비하고 3~5명의 채용위원회가 각 지원자를 따로 살펴보면, 이 절차에 불공정한 영향을 미치는 잠재적 선입견과 편견을 대부분 피할 수 있다.

여성 채용을 늘린 두 가지 성공 스토리

오픈테이블의 크리스타 퀼스

크리스타 퀼스(Crista Quarles)는 오픈테이블(OpenTable)의 CEO일 때 성별 다양성 개선을 우선 과제로 삼았다. 고위 경영진부터 시작해야 한다는 사실을 알기에 여성과 비주류 집단 사람들을 채용하는 것의 중요성을 공공연히 강조했으며, 헤드헌터들에게도 그런 지원자를 추천하라고 요구했다. 구체적인 목표 수치를 정하기보다는 절차를 수정하는 데 집중했다.

결과는 놀라웠다. 바로 다음 분기가 되자 오픈테이블에서 신규 채용한 여성 엔지니어 비율은 14%에서 50%로 껑충 뛰었다. 그 후 4분기 동안 평균 40~45%를 유지했다. 퀼스를 만나 비결을 묻자 이런 대답이 돌아왔다. "솔직히 저도 변화가 빨라서 놀랐어요. 하지만 기업의 다른 문제와 마찬가지로, 어떤 과제를 위해 노력하고, 성과를 측정하면 결과가 나오죠." 기업이 다른 최우선 과제를 해결할 때 일반적으로 사용하는 기술로 채용의 다양성을 개선할 수 있다는 것이다.

다음은 크리스타가 채용의 다양성을 개선하기 위해 사용한 구체적인 방법이다.

● **직무 설명의 접근 방식을 바꿨다.** 직장 문화의 동질성은 직무 설명에서부터 시작되는 경우가 많다(예컨대 '해결사', '공격적인'과 같은 표현은 이 기업이 여자가 아닌 남자를 구하는 것으로 읽힐 수 있다). 오픈테이블은 채용 담당자들이 무의식적·암시적 선입견 없이 구인 공지를 낼 수

있도록 도와주는 소프트웨어인 텍시토 하이어(Texito Hire)를 사용하기 시작했다.

- **이력서에서 개인 신상 정보를 제거했다.** 이력서에서 성별과 관련된 정보를 가리거나 삭제하는 상품인 캔버스(Canvas)를 사용했다.[16]
- **지원자의 폭을 넓혔다.** 채용 담당자는 모든 채용에서 최소 2명의 여성 지원자를 찾아야 했다.[17] 이 과정은 매우 중요하다. 연구에 따르면, 비주류 집단의 지원자가 단 한 명 있을 때 이 사람이 채용될 확률은 통계적으로 0에 가깝다. 이 사람은 단순히 '자격 있는 지원자'가 아니라 '다양성을 대표하는 지원자'가 되기 때문이다. '다양성을 대표하는 지원자'라는 말은 무의식적 편견을 촉발한다. 주류 집단 사람들은 이 말을 들으면 '자격이 부족한 지원자'를 연상한다. 이러한 가정은 지원자에게 부당하며, 가장 자격 있는 사람을 채용하려는 의도에 방해된다.
- **채용위원회에 여성을 포함했다.** 남성이 대부분인 조직에서 이 방침은 면접에 시간을 쏟아야 하는 소수의 여성에게 큰 부담이 되었다. 여성 직원의 상사들은 이 사실을 인지하고 받아들였다. 크리스타 역시 직접 주요 직책의 채용 결정에 참여하여 자격 있는 비주류 집단 지원자를 채용하겠다는 의지를 보여주었다.
- **수치를 추적·관리했다.** 채용 담당 팀은 분기마다 여성 채용 성과를 측정하여 보고했다. 분기마다 여성이 얼마나 채용되었는지를 측정하면 회사 전체의 성별 다양성을 측정하는 것보다 진척 상황을 더 잘 파악할 수 있었다.
- **모두가 메시지를 공유하게 했다.** 크리스타와 최고경영진은 다양

성 개선에 관한 논의를 많이 했다. 다양성이 왜 중요한 전략적 과제인지 회사 전체가 이해할 필요가 있었다. 리더들은 두 가지 이유로 고용의 다양성과 포용성을 개선하는 데 집중했다. 첫째, 조직 구성에 고객층을 반영하는 것은 중요했다. 여자가 남자보다 레스토랑 예약을 많이 한다. 둘째, 다양성이 있는 팀은 동질적인 팀보다 정량적으로 생산성, 혁신, 실적이 더 좋다.

필라델피아 세븐티식서스의 스콧 오닐

NBA 팀 필라델피아 세븐티식서스(Philadelphia 76ers)와 NHL의 뉴저지데블스(New Jersey Devils)를 보유한 해리스블리처스포츠&엔터테인먼트(Harris Blitzer Sports & Entertainment, HBSE)의 CEO 스콧 오닐(Scott O'Neil)은 주요 직책에 여성을 고용하는 것이 왜 중요한지 설명했다. 스콧이 2013년 CEO에 취임했을 때, 세븐티식서스는 전환점에 있었다. 악명 높은 4년의 팀 재건기에 접어들 때였고, 대부분의 경기에 패배했다. 그런데도 티켓은 오히려 잘 팔렸다. 오닐이 기업 문화에 관심을 쏟으며 프로스포츠계에서 가장 큰 영업팀을 만들었기 때문이다.

영업팀 최고의 영업사원은 이십 대 중반의 여성이었는데, 입사 2년차에 오닐에게 회사에서 미래가 보이지 않아 퇴사해야겠다고 말했다. 오닐은 당황해서 이유를 물었다. 당시에 본사 고위 임원진의 주요 직책에 강력한 여성 리더들이 있었다. 전국 스포츠 산업 대상에서도 후보로 오르는 자리였다. 젊은 여자 직원은 회사에 여성이 부족해서가 아니라고 했다. 조직의 고위 경영진에 엄마가 아무도 없다는 것이었다. 아이를 갖고 싶은데 HBSE에서 일과 삶의 균형이 가능할지 확신할 수 없다고 했다. 스포츠 산업에서는 밤과 주말 시간을 가혹하게 투자해야 하기 때문이다.

고위직에 아이가 있는 여성이 없다면, 다른 사람이 하지 못한 일을 나만은 해낼 수 있다고 생각할 수 있을까?[18] 우리는 모두 롤 모델이 필요하다. 나와 같은 것을 원하고, 그것을 쟁취하고, 어떻게 목표를 이룰 수 있는지 보여줄 누군가가 필요하다.[19] 경력 초기에 일에 많은 것을 투자하면 나중에 큰 보상이 돌아온다. 그러나 내가 원하는 삶과 직장이 양립 불가능해져서 직장을 그만둬야 할 수도 있다는 두려움이 있다면, 회사에 온전히 투자하기 힘들다. 특히 비주류 집단의 사람에게 좋은 롤 모델을 찾는 것은 말처럼 쉬운 일이 아니다.

오닐은 자신부터가 육아에 적극적으로 참여하며 딸들의 농구 게임을 코치하려고 일찍 퇴근했고, 딸들의 경기를 보느라 중요한 세븐티식서스 경기를 놓치기도 했다고 말했지만, 그것으로는 충분하지 않다고 느꼈다. 일과 삶의 균형을 존중하는 오닐은 조직에서 일하는 부모들에게 '아이들과 함께할 것'을 꾸준히 강조했다. 일하는 부모를 지지하고 인정하는 직장을 만들고 싶었다.

그러려면 HBSE에 아빠들이 있는 것처럼, 모든 종류의 일하는 엄마들 역시 있어야 했다. 결혼한 엄마, 싱글맘, 흑인 엄마, 라틴계 엄마, LGBTQ(Lesbian, Gay, Bi, Transgender, Qeer) 엄마까지. 강인한 여성 기업가의 아들이자 세 십 대 소녀의 아빠인 오닐은 젊은 여성 임원을 고용해 스포츠와 엔터테인먼트 경영진에서 탐내는 인재로 성장시킨다고 산업군에 명성이 자자했다. 오닐은 여성 채용에서 다양성을 새로이 강조하기로 했다. 그는 오랫동안 모든 지원자의 3분의 1이 비주류 집단 출신이

어야 한다는 암묵적 규칙을 두고 있었다. 이제는 재능 있는 워킹맘을 채용해야겠다고 판단했다. 오닐이 다음으로 채용한 사람은 걸음마를 하는 아들과 막 태어난 딸을 돌보기 위해 스포츠 경기와 엔터테인먼트 산업군을 3년간 떠나 있었던 여성이었다. 오닐은 다음과 같이 말했다.

"나는 다양성을 위한 다양성을 믿지 않아요. 나는 다양성의 경쟁력을 믿습니다. 재능 있고 진실한 사람, 좋은 팀원을 채용하는 데 집중하죠. 이들이 이사회 회의실에서는 훌륭한 임원, 집에서는 훌륭한 부모가 되고 싶어 한다는 사실은 고무적입니다. 일하는 부모들은 스물네 시간 쉴 틈이 없지만, 가정과 직장 양쪽에 대한 열정이 눈에 보여요. 모든 직원에게 이 열정이 퍼지고요. 요약하면, 여성 리더들은 우리 조직의 강력한 힘입니다. 워킹맘들은 우리 조직에서 가장 결단력 있는 임원들이에요."

직장으로 돌아온 엄마는 굉장한 성과를 내며 모두의 코를 납작하게 만들었다. 그녀와 비슷한 상황의 여성 수십 명을 고용한 오닐은 최고의 영업사원을 지켰고, 자신의 개인적·직업적 야망과 비슷한 삶을 사는 롤모델을 따라 사다리를 오르려는 수백의 밀레니얼 세대 여성들을 지켰다. HBSE는 근무하기 좋은 곳으로 정평이 나서 인재를 채용하기가 더 쉬워졌다. 특히 여성 임원을 고용하고 계발하고 힘을 실어주는 곳으로 유명해졌다. 어떤 조직에서는 다양성과 평등, 포용성을 힘거운 과제로 생각하지만, HBSE는 피할 수 없는 흐름을 기꺼이 받아들였다.

채용위원회의 채용 결정은 개인보다 낫다

회사의 채용 방식이 차별적인 것으로 드러나면, 그것은 범법 행위에 해당한다. 그러나 법정에서 증명할 수 없다 하더라도 선입견이나 편견이 채용 결정에 영향을 미치면 고용의 질이 떨어진다. 훌륭한 지원자가 고려 대상이 되지 않고, 적당해 보이지만 일을 할 줄 모르는 썩 뛰어나지 않은 사람이 채용된다. 결국 수준 이하의 팀이 만들어진다.

자신의 선입견을 인지하기는 어렵지만, 다른 사람의 선입견을 인지하는 것은 상대적으로 쉽다. 채용 팀이 채용 담당자 한 사람보다 나은 결정을 내리는 것도 이런 이유에서다.[20] 채용 과정에서 선입견을 없애는 한 가지 방법은 의사 결정의 권한을 관리자 개인이 아닌 소규모 위원회가 갖는 것이다. 서로 다른 사람의 선입견을 상쇄하거나 최소한 의문을 제기할 수 있다. 그러므로 관리자가 '나와 비슷한' 사람을 고용하려는 경향이 줄어들 것이다.

채용 권한을 한 사람이 단독으로 갖지 않고 위원회를 두면, 성적 괴롭힘이 개입될 확률은 훨씬 낮아진다. 개인이 아닌 채용위원회 전체가 지원자 한 사람을 대상으로 채용 권한을 마구 휘두를 확률은 낮다. 또한 채용위원회의 개인이 지원자를 괴롭히거나 인종차별적·동성애혐오적·반유대주의적 발언, 그리고 그 밖의 유해한 발언을 한다면, 개인이 단독으로 결정을 내릴 때와는 달리 지원자가 신고할 통로가 열린다. 지원자는 채용위원회에서 동조하는 사람을 찾을 수도 있고, 위원회 구성원의 지인을 알 수도 있다. 채용위원회 자체에 다양성이 있다면, 바람직한 채용 결정의 가능성은 훨씬 더 커진다.

채용위원회는 만병통치약이 아니다

채용위원회를 두는 데는 적극적으로 관리해야 할 단점도 있다. 위원회 구성원은 많은 시간을 투자해야 해서 생산성이 낮아진다. 회사는 면접관이 얼마나 많은 시간을 투자하는지 알고 있어야 한다.

어떤 산업군 또는 회사에 착취가 만연하다면, 안타깝게도 개인뿐 아니라 집단이 그 착취를 용납하고 있는 것이다. 예를 들어, 배우 앤절라가 할리우드의 레스토랑에서 감독들이 앉아 있는 테이블을 지나가는데 한 사람이 앤절라를 불렀다. "앤절라, 알지? 결국 한 사람을 골라야 해." 의미는 분명했다. '영화배우가 되고 싶다면 우리 중 한 명과 자야 한다.' 모두 웃었다. 앤절라는 몸서리를 쳤다. 캐스팅 코치들의 이야기는 이미 풍문으로 들었다. 하지만 그 소문이 상상보다 더 현실에 가깝다는 것을 방금 알게 되었다. 자신과도 친분이 있는 이 남자들이 그렇게 행동할 거라고는 예상하지 못했다. 채용위원회는 아니었지만, 다를 것도 없었다. 이 사건 이후 앤절라는 영화 대신 TV쪽으로 진로를 틀었다. TV 업계에서는 영화계만큼 성희롱이 난무하지는 않았다. 그쪽 역시 비난을 피할 수는 없지만 말이다.

동질적인 채용위원회는 동질적인 팀을 구성한다

채용위원회가 동질적이면 문제가 생긴다. 동질적인 팀의 사람들은 모두가 공유하는 선입견을 좀처럼 인식하지 못한다. 누군가 잘못된 행동을 신고하면 다함께 방어 태세를 취할 확률이 더 높다. 채용위원회를 남자가 지배한다면 채용 결정에 성별 선입견이 슬며시 끼어들 것이다. 모두가 백인이라면 인종 선입견이 개입된다. 무의식적 선입견 트레이닝은 도움이 될 수 있지만, 문제를 완전히 해결하지는 못한다.

동질적인 채용위원회에 부정적인 부분이 있다면, 다양성이 있는 위원회에는 장점과 혜택이 있다. 동질적이지 않은 위원회는 동질적인 위원회에 비해 채용 성공률(일자리 제안을 받아들이는 지원자의 비율)이 높은 경향이 있다. 퀄트릭스(Qualtrics)의 공동 창업자 재러드 스미스(Jared Smith)에 따르면, 그러한 사실은 퀄트릭스 인사팀에서도 꾸준히 증명되었다. 종합적인 데이터는 없지만, 다른 리더들에게서도 비슷한 이야기를 들었다.

동질적인 조직에서 어떻게 다양성이 있는 채용위원회를 구성할 수 있을까? 많은 회사가 비주류 집단의 직원에게 정당한 수준 이상으로 채용위원회에 참여하도록 요구함으로써 이 문제를 해결한다. 문제가 해결된 거 아니냐고? 당연히 아니다. 이제 비주류 집단의 사람들은 채용 과정을 돕기 위해 많은 시간을 할애해야 한다. 해당 직원의 성숙한 책임의식에 감사하고 '모두가 채용 절차에 참여해야 한다'며 넘어가고 싶을 것이다. 그러나 대부분의 기업에서는 자신의 핵심 업무에서 성과를 내는 사람이 승진한다. 그러므로 비주류 집단의 직원이 본 업무 외에 채용위원회 업무까지 짊어지면 승진 전망이 어두워지고, 또 다른 무의식적 차별을 낳는다. 이는 문제로 말미암아 가장 많은 피해를 본 사람에게 해결의 부담을 지우는 모습이다.

그러나 이것은 해결할 수 없는 딜레마 상황은 아니다. 무의식적 선입견 트레이닝과 다른 사람의 선입견을 차단하는 규범, 선입견 정량화에 대한 기준을 따른다면, 동질적인 채용위원회도 선입견을 인지하고 문제의식을 가질 수 있다. 예산이 있다면 채용위원회 회의에 참가할 선입견 퇴치사를 고용하라. 시간이 지나면서 조직의 다양성이 확보되면 일하기 좋은 직장이라는 평판이 생기면서 채용이 쉬워질 것이다. 스콧 오닐이 보여준 선순환을 만드는 길이다.

모든 절차에서 선입견을 정량화하라

매 분기 신규 채용자를 살펴보라. 분석한 수치가 인구 비례를 반영하고 있거나 최소한 그런 방향으로 움직이고 있지 않다면, 그런 의도가 없었더라도, 이 조직에서 그런 일이 벌어진다고 상상할 수 없더라도 채용 절차가 선입견이나 편견으로 왜곡된 것이다. 결과를 측정하는 것이 의도를 측정하는 것보다 의미 있다. 채용 절차의 모든 단계를 되짚으며 분석하라.

사전에 측정해야 할 부분이 몇 가지 있다.

헤드헌터가 가져온 이력서의 비율은?

특정 집단이 지나치게 많거나 적지 않은지 검토하라. 헤드헌터가 이제까지 접촉했던 집단 외의 사람을 찾게 할 방법을 생각하라. 특정 집단의 비중이 높거나 낮은 이유가 있다고 해도, 비주류 집단의 사람들이 지원을 꺼릴 만한 이유가 없는지 검토해 보라.

직무 설명에서 선입견이 드러나지는 않는가? 텍시토 하이어와 같은 툴을 사용해 선입견이 반영된 언어를 찾아낼 수 있다. 또 필수적인 자격 요건과 있으면 좋은 요건을 확실히 구분하여 명시하라. 구분 없이 나열하면 여자들은 요건을 백 퍼센트 충족할 때만 지원하지만 남자들은 모든 자격 요건을 갖추지 못했더라도 지원하는 경향이 있다.

또 주의할 점이 있다. 추천이다. 많은 회사가 직원 추천에 의존한다. 이렇게 받은 지원자가 다양성을 개선하는 경우는 거의 없다. 이에 관한 실험으로, 나는 링크드인이 '당신이 알 수도 있는 사람'으로 흑인을 추천하기까지 걸리는 시간을 측정해 보았다. 경악스럽게도, 흑인 한 명이 추천될 때까지 여덟 페이지를 클릭해서 넘겨야 했다. 게다가 추천된 사람의 4분의 3은 남자였다. 내가 여성이고 여고를 졸업했으며 여성 친구 및 동료와 활발한 인간관계를 형성하고 있는데도 그랬다. 링크드인의 알고리즘만 비난하는 것은 공평하지 않다. 내 네트워크도 문제였을 것이다. 내가 아는 사람들, 내가 일한 회사들, 내가 다녔던 대학. 알고리즘은 주류 집단이 많고 비주류 집단이 적은 내 네트워크의 문제를 반영하기도, 강화하기도 했다. 내가 생각 없이 링크드인에서 추천하는 사람에게 연락하면 주류와 비주류의 구분은 시간이 지나며 개선되기는커녕 악화될 것이다.

진정한 다양성을 원한다면, 의식적으로 이런 패턴을 중단시켜야 한다. 직원이 추천한 인력 풀의 다양성을 측정해 보고, 추천을 통한 지원자 모집이 회사의 동질성을 강화한다면 이 방법에 너무 의존하지 않아야 한다.

면접으로 넘겨진 이력서의 비율은?

면접을 제안받은 비주류 지원자의 비율이 이력서를 낸 비주류 지원자의 비율보다 낮다면, 그 이유와 개선할 방법을 생각해 보자.

이미 언급했듯이, 이력서의 개인 신상 정보를 제거해서 선입견이 이력서 평가에 영향을 미치지 않게 하는 것도 하나의 전략이다. 캔버스 같은 프로그램을 사용하거나 인턴을 고용해 지원자 성별, 인종, 성적 지향, 이름, 대명사 등의 정보를 지울 수 있다. 예를 들면, 남성 전용 또는 여성 전용 모임 가입 정보를 지우는 식이다. 이 작업을 해주는 소프트웨어도 있지만, 그러면 '알고리즘'의 선입견이 개입된다고 주장하는 사람이 많다.[21]

이 단계를 거쳤을 때 비주류 집단이 서류 전형을 통과하는 비율이 높아진다면, 지원자 분류 시스템에 녹아든 선입견을 찾았을 뿐 아니라 이를 차단할 방법도 찾은 것이다.

채용 제안을 받은 사람들의 비율은?

여기서 비주류 집단의 비율이 또 떨어진다면, 왜 그럴까? 면접을 본 남자의 20%, 여자의 5%에게 채용 제안을 했다면? 어떻게 개선할 수 있을까?

세 가지를 생각해 보라. 첫째, 지원자의 정체성을 드러내지 않는 기술 평가를 개발하라. 둘째, 면접 시 어떤 부분에 관한 면접인지 명시적으로 제시하라. 셋째, 문화에 맞는 사람이 아니라 문화에 보탬이 되는 사람을 찾아라.

1. 정체성이 아닌 기술을 평가하라. 오케스트라의 사례는 지원자의 정체성이 아니라 기술을 평가한 훌륭한 예시다. 1970년, 미국 최고 수준의 오케스트라에서 여성이 차지하는 비율은 6%에 불과했다. 이 수치만

보아도 오케스트라는 최고의 연주자를 고용하고 있지 않을 가능성이 있었다. 그러나 물론 아무 여성에게나 바순이나 호른을 쥐어주는 것은 해결책이 아니었다. 선정 과정의 선입견을 제거할 방법을 찾아야 했다.

커튼을 치고 오디션을 보는 것이 명쾌한 해답이었다. 그러나 그것만으로는 충분하지 않았다. 지원자들은 숨길 수 없는 하이힐 소리가 성별을 드러내지 않도록 맨발로 입장했다. 커튼을 치고 맨발로 오디션을 보는 규칙이 일반화된 뒤 오케스트라의 여성 연주자 비율은 1993년에 21%로 늘어났고, 2016년에는 50%를 넘겼다.[22]

최고의 오케스트라에 여성이 없었던 것이 무의식적 선입견 때문인지 의식적 편견 때문인지는 알 수 없다. 오디션을 보는 여성 지원자가 스스로 선입견에 갇혀 있었을 수도 있다. 고정관념 위협 때문이었을 수도 있다. 사람들이 자신의 무의식적 선입견이나 의식적 편견을 실행에 옮길 힘을 갖게 되면 생각한 대로 보게 되어 차별이 일어난다. 따라서 선입견과 편견을 없애면 선순환을 시작할 수 있다.

커튼 뒤에서 오디션을 보는 방법은 오케스트라에 비백인 연주자가 없다는 문제를 해결하지는 못했다. 아직 승리를 선언하기는 이르다.[23]

2. 확실히 명시하라. 면접에서 선입견을 피할 수 있는 대니얼 카너먼의 조언이 있다. 면접을 볼 때는 지원자에게서 찾고 있는 자질을 구체적으로 명시하고, 서면으로 작성하라는 것이다. 6개를 넘지 않도록 한다. 모든 면접자를 동일한 자질에 관하여 인터뷰한다. 각 면접관은 각 자질에 대해 1~5점으로 점수를 매긴다. 각 면접관은 한 자질에 대해 근거와 함께 점수를 매기고, 다음 자질로 넘어간다. 이렇게 하면 어떤 사람이 한 가지에 우수할 때 다른 면에서도 우수할 것이라고 생각하는 선입견

인 후광 효과(halo effect)를 피할 수 있다. 제일 마음에 드는 지원자가 아니라 점수가 가장 높은 지원자를 채용하겠다고 다짐하자.[24]

3. '문화적 보탬'을 찾아라. 면접을 보면서 면접관은 지원자가 '문화에 맞는지'를 생각한다. 이것은 선입견의 고삐를 푸는 큰 실수다. 테크커넥션(Tech Connection)의 CEO 멀리사 제임스(Melissa James)는 채용할 때 "어떤 사람이 회사의 가치와 직업 윤리를 반영할 뿐 아니라, 팀에서 그치지 않고 회사 전체의 문화를 강화할 수 있는 다양한 의견, 경험, 전문 기술을 가졌는지"로 정의되는 '문화적 보탬'을 찾으라고 조언한다.[25]

팀의 다른 사람들과 어울려 일할 수 있는지를 본다는 명목으로 '문화에 맞는지'를 면접 기준에 포함하면, 선입견에 거대한 뒷문을 열어주는 셈이며, 무의식적으로 '우리와 같은 사람을 찾는' 규칙이 생긴다. 이는 다수의 횡포를 막지 않고 강화하는 길이다.

채용 제안을 받아들인 사람들의 비율은?

비주류 집단의 지원자가 채용 제안을 거절하는 경향이 있는가? 그 이유를 고민해 보고 개선하기 위해 어떻게 할 수 있는지 생각해 보라. 동질적인 조직에는 어려운 과제다. 이때는 조직의 모습을 돌아보자. 주위를 둘러보자. 이 회사가 비주류 집단의 사람들이 일하기에 최악이라는 평판이 있는가? 여자를 환영하지 않는 남자들의 동굴이라는 느낌을 주거나 여자가 꺼릴 만한 특징이 있는가?

이런 부분을 알고 싶지 않더라도, 리더라면 알아야 한다. 글래스도어(Glass-door) 등의 구직 웹사이트에서 당신의 회사에 대한 후기를 읽어보고 평판이 어떤지 알아보자. 지원자들에게 채용 절차에 참여한 경험이 어떠했는지 들어보자. 그러나 웹사이트와 설문 뒤에 숨지 말고, 채용 제안을 거절한 지원자에게 커피를 대접하며 이유를 물어보자. 지원자들이 말하는 다양한 이유를 기록하자. 특정한 경향성이 보이면 해결하기 위해 노력하자.

스콧 오닐이 경영진에 합류할 최고 임원직의 여성 지원자와 면접을 볼 때, 지원자가 내내 불편해하는 것을 눈치챘지만 이유를 알 수 없었다. 어색한 분위기를 무시하는 편이 쉬웠겠지만, 오닐은 질문하는 편을 택했다.

"소파 때문이에요." 그녀가 답했다.

"소파요?" 오닐이 어리둥절해서 물었다.

"제가 어떻게 앉아 있는지 보셨나요?"

오닐이 무슨 말인지 모르겠다고 고백하자, 여성 지원자는 소파가 키 2미터 이상의 농구선수를 위해 만들어진 디자인이었다고 지적했다. 등받이에 기대면 엄지공주처럼 다리가 붕 떴을 사이즈였다. 오닐은 소파에 쿠션을 몇 개 가져다 두었다. 해결책은 단순했지만, 여성이 왜 불편한지 용기를 갖고 물어보기는 쉽지 않다. 다행히 오닐은 자신감과 원칙이 있었기에 문제를 해결할 수 있었다.

선입견이 들어간 비교에 문제를 제기하라

마이클 루이스(Michael Lewis)의 《생각에 관한 생각 프로젝트(The Undoing Project)》에는 휴스턴로키츠(Houston Rockets)의 단장 대릴 모리(Daryl Morey)가 드래프트 선발 과정에서 선입견을 없애려고 도입한 방법에 관한 이야기가 나온다. 모리는 NBA의 모든 사람들과 마찬가지로 제러미 린(Jeremy Lin)을 놓쳤다. 린은 하버드를 졸업하고 NBA 드래프트에서 무시됐지만 결국 성공한 중국계 미국인 선수다. 모리는 린이 일반적인 NBA 포인트가드처럼 생기지 않아서 무심히 지나쳤다고 시원하게 인정했다. "그의 신체 능력은 정말이지 놀랍습니다. 하지만 현실은 나를 포함해서 한 명도 빠짐없이 린이 능력이 없을 거라 생각했다는 거죠. 아시아인이라서 그랬다는 것 말고 다른 이유는 떠오르지 않네요."[26]

선입견이나 신념이 의사 결정을 그르쳤을 때 솔직히 잘못을 인정하고 그 실수를 반복하지 않도록 조치를 취하는 용기는 리더십의 매우 중요한 부분이다. 고용했어야 했는데 놓친 지원자들을 떠올려 보자. 선입견에 따른 판단이었는가? 다른 모든 면에서 자격 있는 여성 후보가 '문화에 맞는' 사람이 아닐 것 같아서 떨어뜨린 적은 없는가? 그 '문화'가 문제임을 인식하지 못한 것은 아닌가? 그런 적이 있다면 숨김없이 털어놓자. 그런 이야기를 해야 할 때면 대릴 모리를 생각하자. "그녀가 여자였다는 것 말고는 채용하지 않은 이유가 떠오르지 않네요"라고 깔끔하게 인정하자.

리더가 먼저 채용 결정을 왜곡한 선입견을 고백하면, 조직의 다른 사람들도 그렇게 할 수 있다. 당신이 실수한 부분을 털어놓고 팀원들에게 비슷한 경험이 있으면 이야기하라고 해보자. 이 과정은 고통스럽지만 중요하다. 선입견을 인정하는 것이 변화의 첫걸음이다. 자신이 무의식적으로 문제에 기여하고 있다는 사실을 알게 되면 팀원들에게도 선입견을 고칠 동기가 생긴다.

대릴 모리는 제러미 린 사건을 반복하지 않기 위해 스카우터들에게 선수의 피부색이 아닌 실력에 집중하라고 요구했고, "한 선수를 다른 선수와 비교할 때, 두 선수는 다른 인종이어야 한다"고 못박았다. 다시 말해, 백인 선수를 백인 선수와, 흑인 선수를 흑인 선수와, 아시아계 미국인 선수를 아시아계 미국인 선수와 비교할 수 없다는 뜻이다.

단순 비교를 경계하는 것은 스포츠에서뿐 아니라 경영계에서도 좋은 수단이다. 기업가 더그 스페이트(Doug Speight)의 말처럼, "인식의 정형화는 암묵적인 선입견을 실천하는 것이다."[27] 그러나 인재 채용에서 비슷한 일은 항상 일어난다. 셰릴 샌드버그(Sheryl Sandberg)가 페이스북에 COO로 합류하여 엄청난 부가가치를 만들어낸 후, 나를 비롯한 여자 동료들에게 전과 달리 COO 자리 제안이 들어오기 시작했다. 헤드헌터들이 "□□사의 셰릴 샌드버그가 될 수 있을 겁니다"라고 전화를 걸어왔다. COO 자리는 굉장히 좋은 제안이고, 한 번이라도 성 선입견이 여자 쪽으로 기운다는 건 좋은 일이기도 했다. 한편으로는 너무나 어이없는 일이었다. 셰릴 샌드버그가 여자라서 훌륭한 COO가 된 건 아니니까. 그녀는 그냥 무적의 COO였을 뿐이다. 성별과는 아무런 관련이 없다.

헤드헌터들이 남자에게 "□□사의 셰릴 샌드버그가 될 수 있을 겁니다"라고 한 적이 있을까? 여자에게 전화해서 "□□사의 래리 페이지(Larry Page)가 될 수 있을 겁니다"라고 한 적은?

한 유명한 벤처캐피털리스트가 성공한 사업가에 대해 이렇게 말했다. "하버드나 스탠퍼드를 중퇴한 백인 남자 공부벌레에 사회생활을 전혀 하지 않는 사람들이다. 구글도 이 패턴에 들어맞았다. 패턴을 파악하고 나니 투자 결정을 하는 것은 매우 쉽다."[28]

그렇게 우수한 투자가가 자신의 편견이 판단을 왜곡하고 있다는 사

실을 전혀 모를 수 있다니 충격이다. 벤처캐피털은 과거가 아닌 미래에
투자해야 한다. 선입견이 리더십을 저해하는 이유 중 하나는 계속 뒤를
돌아보게 하고 눈앞의 전쟁이 아니라 지나간 전쟁에 매달리게 하기 때
문이다. 스티브 잡스(Steve Jobs)의 말을 빌리면, "최고의 사례를 벤치마킹
하면 평균이 될 뿐이다." 선입견은 진짜 혁신으로 이어지지 않는다. 과
거를 복제할 뿐이다. 심지어 과거의 성공이 아니라 실수를 재생산한다.

게다가 이 투자가는 과거의 성공 원인을 명백히 잘못 이해하고 있다.
구글이 성공한 것은 래리 페이지나 세르게이 브린이 백인이라서, 남자
라서, 내향적이라서, 스탠퍼드에 입학하거나 중퇴해서가 아니다. 이런
특징을 투자 결정의 조건으로 삼는 것은 비합리적이다. 셰릴이 페이스
북에서 낸 성과를 하버드경영대학원 출신의 백인 여성이기 때문이라고
생각하고 하버드경영대학원을 졸업한 백인 여성을 COO로 채용하는 것
과 마찬가지로 말이 안 되는 이야기다.

그러나 비슷한 일은 항상 일어난다. 나는 셰릴과 위의 세 가지 요소
가 같다는 이유로 채용 제안을 많이 받았다. 셰릴은 내가 아는 사람 중
가장 체계적이다. 나는 무질서하고 창의적인 사람이라 COO로는 절대
어울리지 않는다. 사람을 틀에 맞춰 유형으로 분류하는 행위는 선입견
을 공식화하고 교묘하게 고정관념을 전파한다. 선입견 때문에 잘못된
자리에 잘못된 사람을 앉히게 되는 건 물론이다.

빌리 빈의 책에서 한 페이지를 빌리자면

영화 〈머니볼(Moneyball)〉은 선입견을 합리적인 의사 결정으로 대체

함으로써 야구의 판도를 바꾼 오클랜드애슬레틱스(Oakland Athletics)의 단장 빌리 빈(Billy Beane)의 이야기를 다루며, 편향된 사고의 위험성을 완벽하게 보여준다.[29] 빈이 마이너리그 유망주들을 평가하는 스카우터 여러 명과 만나는 장면이 있다. 객관적으로 성적을 측정할 수 있는 다양한 통계 자료가 있는데도, 스카우터들은 선수의 강인한 턱선이나 예쁜 여자친구 등 부적절한 요소들로 판단을 내리고 있었다. 누구도 서로의 헛소리를 지적하지 않았다. 헛소리라고 인식하지 못했기 때문이다. 빈은 한 손을 들더니 손가락을 붙였다 뗐다 하며 입을 나불대는 모양을 만들어 보인다. "어쩌구저쩌구, 말도 안 되는 소리만 지껄이는군"이라는 듯. 빈 역시 실력보다는 외모와 스타일 때문에 미래의 슈퍼스타라고 띄워진 적이 있었다. 영화 후반부에 데이터를 기반으로 의사 결정을 개선하는 통계학자와 만났을 때, 빈은 그라면 드래프트에서 자신을 뽑았을 것이냐고 묻는다. 통계학자는 아니라고 답한다. 메이저리그 경력이 변변치 않았던 빈은 그의 결정에 동의한다. 사실 그는 드래프트에 뽑히지 않았다면, 그래서 스탠퍼드에서 제안한 전액 장학금을 수락했다면 더 좋았을 것이라고 생각한다. 표면적으로는 그에게 유리했던 선입견이 사실은 피해를 준 것이다. 그는 실제보다 더 잘하는 선수로 보였다. 선입견 때문에 더 자격 있는 사람을 제치고 자격이 부족한 사람이 자리를 얻게 되면, 두 사람은 물론 팀에도 좋지 않다. 선입견이 판단을 왜곡하면 모두가 피해를 본다.

〈머니볼〉은 세 가지 중요한 부분을 짚었다. 첫째, 선입견은 보통 무의식적으로 모든 사람의 의사 결정에 끼어든다. 둘째, 의사 결정자는 잘못된 관찰을 바탕으로 습관적으로 잘못된 판단을 하며, 아무도 이 선입견에 의문을 제기하지 않는 경우가 많다. 셋째, 선입견은 최적이 아닌 의사 결정으로 이어지며, 이것은 모두에게 나쁘다. 심지어 '수혜자'조차 피해자다.

선입견으로 말미암은 채용 결정이 나타나는 분야는 또 있다. 정치계를 생각해 보자. 클로디아 랭킨이 《공정한 미국(Just Us)》에서 확인한 바에 따르면,[30] 2019년 미국 인구의 30%인 백인 남성이 미국 국회의원의 60%를 차지했다. 백인 남성을 대표하는 사람의 수가 지나치게 많은 것이다. 더 있다. 미국 인구의 31%인 백인 여성은 미국 국회의원의 27%를 점하고 있다. 승리를 선언하긴 이르지만, 백인 여성은 인구에 비례한 대표자 수에 거의 가까워졌다! 그러나 미국 인구의 20%인 유색인종 여성이 국회에서 차지하는 비율은 4%뿐이다. 극도로 대표 수가 적다. 유색인종 남성은 미국 인구의 19%이지만 미국 국회의원의 7%에 불과하다. 역시 극도로 대표 수가 적다.

성별 불평등과 대표자 수의 불균형에 문제의식을 가진 백인 여성으로서, 나는 유색인종 여성이 당선되도록 많은 관심을 기울였다. 대표성 문제에 전반적으로 관심이 있으므로 유색인종 남성의 당선도 도왔다. 그렇다면 내가 백인인 내 아버지, 남편, 아들에게 피해를 주었다고 할 수 있을까? 물론 아니다. 나는 그들 모두를 사랑한다. 그리고 나는 그럴 만한 사람이 그럴 만한 자리에 있을 때 모두의 상황이 더 나아진다고 진심으로 믿는다.

여느 엄마들처럼 나는 아들을 사랑하고, 어떤 직업을 선택하든 자신의 잠재력을 펼쳤으면 좋겠다. 그러나 아들이 열정을 갖고 잘할 수 있는 일을 찾게 해주려고 다른 사람이 있어야 할 자리에 밀어넣고 싶지는 않다. 아들은 프로야구 선수가 되면 정말 행복해할 것이다. 하지만 그 꿈을 이루는 방법이 백인 메이저리그 야구 선수에게 주어지는 불공평한 이득을 받는 것이면 절대 안 된다고 생각한다. 빌리 빈에게 무슨 일이 일어났는지 보라. 나는 야구든 정치든 사업이든 농사든 교직이든 아들이 도전하려는 어떤 분야에서도 그런 일이 일어나지 않길 바란다. 나는 공정한 세상에서 내 아들이 더 행복하게 잘 살 거라고 생각한다.

2 | 인재 유지

제대로 채용하는 것은 어렵다. 그러나 인재 유지에도 관심을 기울이지 않으면 깨진 양동이에 물을 붓는 격이다. 이 부분에서는 보상, 평가, 승진, 코칭 및 멘토링, 심리적 안정 등 애써 고용한 사람과 계속 함께 가기 위한 중요한 요소들을 다룬다.

그러나 결국 다양성이 있는 팀을 만들기 위해서는 우선순위를 두는 것이 가장 중요하다. 인도 하이데라바드의 같은 회사에 있는 두 팀의 이야기를 참고하자. 한 팀은 절반이 여자인데, 다른 팀은 여자가 아예 없다. 사장은 두 팀의 팀장과 이야기해 보고 차이를 깨달았다. 여자가 없는 팀의 팀장은 어깨를 으쓱했다. "하이데라바드에서 여자를 고용하긴 정말 어려워요." 절반이 여자인 팀의 팀장도 뾰족한 수를 제시하지는 않았다. 역시 어깨를 으쓱하며 말했다. "여성 인재를 고용하고 유지하는 걸 우선시했을 뿐이에요."

이어지는 내용을 읽으면서 우선순위를 두기 위한 구체적인 아이디어를 얻을 수 있을 것이다. 거창한 정답은 없다. 치과의 신경 치료보다 칫솔질이나 치실질에 가까운 사소한 부분이 많다.

3 | 보상

보상에서 가장 큰 불평등은 최상위 1%가 너무 많은 부분을 가져간다는 것이다. 남편과 나 역시 사회생활을 하며 거액을 받은 적이 있으니 우리도 문제의 일부이며, 그 문제를 해결하기 위해 노력하고 있다. 미국의 자본주의가 유지되려면 개혁이 필요하다. 중대한 부의 재분배가 필요하다는 뜻이다. 금융 분야의 리더들조차 자본주의의 극심한 보상 격차에 대한 비판에 동의한다.[31] 부의 재분배는 아무리 영향력이 큰 CEO도 혼자서 할 수 없는 거시경제적 조정이다. 세금과 감독에서는 빠져나가면서 관대한 척 자선 활동을 하고 자기 몫을 다했다고 느끼는 억만장자들도 있지만, 이것은 답이 아니다.[32] 이에 대해 할 말이 많지만, 이 책은 개인이 할 수 있는 일에 대한 책이지 거시경제 정책을 다루는 책이 아니다.

소득 불균형이 '거시경제적 문제'라고 해서 개별 리더들이 아무 일도 할 수 없다는 뜻은 아니다. 당신이 회사의 보상 담당자라면, 모두에게 공정한 보상을 주기 위한 의식적 결정을 내리고 재확인하는 과정이 중요하다. 직원들 각자가 자신의 급여가 공정한지 의심하며 시간과 정신적 에너지를 낭비하는 것은 원치 않을 것이다.[33] 비효율적이면서 불공정한 일이다. 다양한 변수(성별, 인종, 연령 등)에 따라 보상을 검토함으로써 사전에 문제를 파악할 수 있다.

당신은 이사회 소속인가? 공정함에 대해 생각할 때 당신 회사 CEO와 다른 CEO의 보상만 비교하지 말라. CEO의 보상과 최저 연봉을 받는 직원의 급여도 비교하라. 물론 CEO가 더 많이 받는 것은 괜찮다. 하지만 얼마나 더 많은가? CEO와 몇몇 최고경영진은 전용기를 가지고 있는데 신입사원은 차에서 살거나 건강보험이 없다면, 이것은 문제다.[34] 아이스크림 브랜드 벤앤드제리스(Ben & Jerry's)에서는 누구도 최저 연봉을 받는 직원의 5배를 초과하는 보상을 받지 않는다고 한다. 나는 10배, 심지어 100배까지도 괜찮다고 생각한다. 그러나 내가 일하던 회사들을 보면 1000배, 드물지만 1만 배가 되는 곳도 있었다. 남편과 나는 각자 다니던 회사의 직원이 차에서 사는 걸 본 적이 있는데, CEO들은 수십억대 자산가였다. 이건 뭔가 잘못됐다. 공산주의를 주장하는 것이 아니다. 일반적인 인간의 품위를 말하는 것이다.

보상 담당자는 적은 보상을 받는 사람의 급여를 조금 늘리고, 많은 보상을 받는 사람의 급여를 조금 줄일 수 있다. 나는 어느 자산가가 자기집 가사도우미는 집을 살 수도, 심지어 은행 계좌를 열 수도 없다면서 부동산 시장과 은행 시스템을 비판하던 순간을 잊지 못한다. 본인이 급여를 인상하면 해결된다는 생각은 아예 못하는 것 같았다. 가사도우미의 급여쯤은 쉽게 올려줄 수 있는 부를 가졌는데도. 이와 비슷한 소리를 하는 회사 리더들도 많다.

내가 함께 일했던 몇몇 CEO들은 공정한 직원 스톡옵션으로 본인 자산의 상당 부분을 직원들에게 배분하려 했으나 이사회의 반대에 좌절했다. 훌륭하고 관대하며 공정한 직장으로 한 발 나아가는 시도다. 단, 이런 상황 역시 초특급 부자가 자신의 부를 특급 부자와 자발적으로만 나눈 것에 불과하다.

우리 경제는 '효율적'으로 '진화'하면서 불평등을 심화하고 해결의 노력을 저해했다. 한번은 내가 일하던 회사 CEO가 사무실을 청소하는 사람들에게 주식을 나눠줄 방법을 알아봐 달라고 했다. 청소부들은 외주업체 소속이었다. 이들에게 회사 지분을 제공하려면 엄청난 법적·절차적 장애물이 있다는 사실에 나는 당황했다. 청소부가 한 푼이라도 더 받아가는 것을 막으려고 시스템을 설계했나 싶을 정도였고, 유능한 임원 둘의 의지로도 이 문제를 해결할 수 없었다. 나는 주변에 비슷한 사례가 있는지 물어보고 다녔다. 한 임원이 전 직원에게 현금으로 1000달러의 명절 보너스를 지급한 일을 말해주었다. 대부분의 회사 직원에게 현금 1000달러는 받으면 좋지만 그렇게까지 큰돈은 아니다. 그 임원은 보너스를 받는 직원의 범위를 청소 용역이나 관리인까지 확장하면 더 의미 있지 않겠냐고 제안했다. 그러나 역시 외주 용역인 것이 문제였다. 회사가 직원에게 제공하는 현금 보너스를 청소 등 용역에게까지 제공하려면 넘기 힘든 벽이 있었다. 그 임원은 원래의 계획을 포기하고, 그냥 개인 수표책을 꺼내 매일 만나는 사람들에게 1000달러씩 나눠 주었다. 그리고 그 일로 타 구역 사람들에게 욕을 먹었다.

결국, CEO와 내가 생각할 수 있었던 유일한 해결책은 주식이 신규 상장되는 날 CEO의 개인 계좌에서 돈을 꺼내 청소부 한 명 한 명에게 나눠 주는 것이었다. 심지어 주고 싶은 만큼 주지도 못했다. 세금과 법적 문제를 피해야 했기 때문이다.

모든 리더가 할 수 있는 일이 두 가지 있다.

이익 공유에 관심을 기울여라

조직 내 최고 급여와 최저 급여 사이의 차이를 살펴보라. 이 차이가 너무 크지 않도록 하라. 리더 본인과 최고경영진이 받는 보상을 줄이고, 최저 급여를 받는 직원의 보상을 늘릴 수 있다. 또한 공감 선입견에 유의하라. 리더는 본인과 직속 부하들의 보상 수준을 가장 잘 파악하고 있다. 그래서 임원의 보수는 오르지만 가장 급여가 낮은 직원은 연봉을 인상하지 못한다. CEO는 자신의 보상을 다른 회사 CEO나 직속 부하들과 비교하지만, 사내 우편물 취급실 직원의 급여와 비교하는 경우는 거의 없다.

양극화를 경계하라

최저임금을 받는 사람들의 급여가 얼마나 적은지 알게 되는 불편함을 피하기 위해 저임금 노동을 모두 아웃소싱으로 해결하지 말라. 회사에서 직접 고용하고 다른 직원들과 마찬가지로 대하라. 모든 회사의 리더가 나선다면, 최소한 저임금 직업과 고임금 직업 사이의 간극을 메우는 시작점은 될 것이다.

성별 임금 격차: 세일즈포스

세일즈포스(Salesforce)의 CEO 마크 베니오프(Marc Benioff)는 늘 여성 인력을 유지하고 승진시키는 것의 중요성을 역설했다. 그러나 최고수석부사장 레일라 세카(Leyla Seka)와 신디 로빈스(Cindy Robbins)는 CEO의 좋은 의도에도 불구하고 세일즈포스의 여자들이 남자들보다 적은 보상을 받는다고 생각했다. 베니오프는 이 말을 믿지 않고 이렇게 대답했다고 한다. "그럴 리가 없어. 세일즈포스는 훌륭한 문화를 가지고 있어. '최고의 직장'이지. 우리는 급여 지급에 속임수를 쓰지 않아. 그런 말은 들은 적도 없어."

세카와 로빈스는 압박을 놓지 않았고, 결국 베니오프는 회사 전체의 보상을 철저히 분석하는 데 동의했으며 여기서 어떠한 격차가 발견되더라도 해결하겠다고 약속했다. 로빈스가 미리 경고했다. "이런 건 절대 안 돼요. 막상 뚜껑을 열었는데 엄청난 돈이 나갈 것 같아서 다시 닫는 것."[35]

CEO에게 마음의 준비를 시킨 건 현명한 일이었다. 분석을 통해 여성들이 동일 노동에 대해 남성보다 일관되게 낮은 보상을 받아왔다는 사실이 드러났다. 베니오프는 무슨 영문인지 알 수가 없었다고 한다. "회사 전체에서 나타나는 현상이었어요. 부문, 부서, 지역을 막론하고요."

베니오프는 자신이 한 말을 지켰다. 문제를 해결했다. 그리고 같은 일이 또 발생했을 때 다시 바로잡을 수 있도록 조치를 취했다. 문제는 불가피하게 또 생길 테니까. 베니오프는 세카와 로빈스에게 임금 격차를 정기적으로 확인하고 다시 여성이 저임금을 받는 일이 없도록 하라고 지시했다.

매년 임금 격차를 측정하는 것은 반드시 해야 할 일이다. 측정에서 문제가 발견되면 당연히 조정해야 한다. 리더가 의도하지 않았더라도, 회사는 여성뿐 아니라 조직의 비주류에 속하는 모든 구성원에게 주류에 속하는 동료보다 적은 돈을 주고 있을 확률이 높다. 저임금을 받는 여성에게 리더의 의도는 중요하지 않다. 금액이 중요하다.

BBC의 임금 격차

2017년 영국에서는 최고 수준의 진행자들이 BBC에서 받는 금액을 공개해야 한다는 강력한 로비가 있었다. BBC가 최고 능력자들을 데려오려고 얼마를 쓰는지 대중에게 알리는 것이 목표였다. 그 결과, 의도하지는 않았지만 여성이 남성만큼 보상을 받지 못한다는 사실이 확실하고 공개적으로 증명되었다.

인기 스타의 개런티를 줄여서라도 예산을 줄이라는 압박을 심각하게 받고 있던 BBC는 여성이 받는 돈을 늘려서 이 문제를 해결할 수 없었고, 남자의 보상을 줄일 수밖에 없었다. 남자들이 반발한 건 말할 필요도 없다. 사적인 대화가 유출되었다. 한 방송인이 이렇게 말했다. "×발, 내 출연료를 네가 지금 버는 것보다 더 많이 깎아도, 내 출연료가 누구보다 높아. 그런데 내 눈엔 이게 완벽하게 정의로워 보이는데?"[36] 그냥 농담으로 한 말인지도 모른다. 그러나 돈을 많이 버는 사람은 보통 진심으로 '그만큼은 받아도 된다'고 생각한다.

BBC의 최고편집자 캐리 그레이시(Carry Gracie)가 사임했다. BBC는 사과하고 미불 급여를 지급했고, 그레이시는 전액을 성평등과 여성 인권을 위한 자선 단체 포셋소사이어티(Fawcett Society)에 기부했다.[37] 2017년 이후, BBC는 공개적으로 성별 임금 격차 보고서를 발행하며 문제를 해결하기 위해 힘쓰고 있다. 실제로 매년 임금 격차가 줄었다. 2019년에는 미국 평균인 17.9%보다 현저히 낮은 6.7%를 기록했다.[38]

BBC의 사례는 선입견이 드러나는 또 다른 방식을 보여준다. 자신이 더 많은 돈을 받는 것이 옳다는 남자의 허세와 자신의 급여를 기부하기로 한 캐리 그레이시의 결정이 극명한 대비를 이룬다.

부유한 여성은 부유한 남성에 비하면 극단적으로 적은 돈을 받으면서도 남자라면 받지 않을 강도 높은 감시와 분노의 시선을 받는다. 부자 여성을 감시하다 보니 의도치 않게 부유층 남녀의 임금 격차가 공개되었는데, 격차가 가장 크게 벌어지는 지점이 바로 여기다. 나는 기술 분야에서 남자 동료보다 10%, 20%가 아니라 몇 배 적은 연봉을 받는 여자들을 많이 알고 있다. 10분의 1, 20분의 1을 받는 것이다.

물론 여자가 100만 달러를 벌 때 남자 동료가 2000만 달러를 번다는 문제보다 부유층과 극빈층의 임금 격차 문제가 훨씬 더 심각한 부정의라는 점을 짚고 넘어가야 한다. 임금 격차는 사회 전반에 걸쳐 해결되어야 한다. 그러나 여자에게 남자보다 적은 보상을 주는 것은 해결책이 아니다. 저널리스트 케라 스위셔(Kara Swisher)가 적절한 말을 했다. "부자들을 걱정해 줄 필요는 없지만, 어차피 부자일 거라면 남녀 똑같이 부자여야 한다."[39] 여자와 돈에 대한 뿌리 깊은 편견을 인지하는 것은 중요하다.

정의는 제로섬 게임이 아니다. 연방 법률(예컨대 동일임금법, 평등보호조항 9조)이 빈부와 관계없이 적용되는 것은 평등이 공평하고 정의로운 사회의 기반이기 때문이다. 부유한 남자가 정당한 자기 몫 이상을 가져가는 사이 부유한 여성의 임금을 깎고 월급을 자선 재단에 기부하도록 압박함으로써 경제적 불평등을 해결하려 해서는 안 된다.

미국의 임금 격차

평균적으로, 남성이 1달러를 벌 때 여성은 82센트를 번다.[40] 인종과 성별이 둘 다 작용하면 더 부당한 일이 벌어진다. 백인 남성이 1달러를 벌 때 라틴계 여성은 54센트, 흑인 여성은 62센트를 번다.[41] 40년을 일한다고 하면, 흑인 여성은 백인 남성보다 100만 달러 이상을 적게 번다.[42] 그것이 다가 아니다. 승진 격차도 있고, 셀 수 없는 '보이지 않는' 불평등도 있다.[43] 이 문제까지 해결하지 않으면 임금 격차 문제를 풀 수 없다.

그러나 먼저 당신 조직의 임금 격차에 집중하자. 리더로서 할 수 있는 일이 있다. 당신은 남녀의 임금 격차를 초래하는 온갖 종류의 더 넓은 사회문제를 상상하고 있을 것이다. 그런 원인도 물론 있지만, 한 회사의 리더가 그런 광범위한 문제를 해결할 수는 없다. 하지만 백인 남성은 다른 사람보다 우월하고 그래서 더 많은 임금을 받아야 한다고 믿지 않는다면, 선입견도 임금 격차의 원인이라는 것을 부정할 수 없을 것이다. 리더의 일은 ❶ 조직 내 임금 격차를 측정하고, ❷ 그것이 선입견이나 편견, 따돌림에서 비롯한 것인지 파악하는 것이다. 이를 위한 구체적인 방법을 다음과 같이 제시한다.

공정한 보상 체계를 만들어라

관리자에게 급여, 상여, 주식, 그 밖의 보상 형태에 대한 단독 권한을 주지 않는 것은 절대적으로 중요하다. 그 대신 모두가 이해할 수 있는 보상 시스템을 개발하고 이를 준수하라. 조직 내의 누군가(대기업 인사팀의 보상 담당자, 중기업 인사팀장, 또는 소기업을 이끄는 사장)가 특정 직무와 기능에 대한 보상 또는 보상의 범위를 정해야 한다. 같은 일을 하는 사람은 동일한 급여로 채용 제안을 받아야 한다. 보너스를 지급한다면 동일한 직무에서 동일한 성과 평가 등급을 받은 직원들은 동일한 금액을 받아야 한다. 기준에서 벗어나는 예외적 보상은 최소한 동일 직급의 세 임원에게 승인 서명을 받아야 한다. 만약 동시에 신입 엔지니어를 다섯 명 고용한다면, 그 다섯 사람이 모두 비슷한(동일하면 이상적이겠지만) 채용 제안서를 받아야 한다. 큰 차이가 있다면 문제다. 주류 집단의 사람이 비주류 집단의 사람보다 더 많은 금액을 받거나 그 반대라면, 문제는 더 심각하다.

이 과정은 두 가지 면에서 도움이 된다. 첫째, 급여가 관리자 개인 또는 자신이 특정한 금액을 받을 자격이 있다고 생각하는 직원의 요구에 덜 좌우되고 더 공정해진다. 둘째, 이렇게 하면 사내 정치질을 해서 얻을 것이 별로 없어진다. 따라서 구성원들은 자기 상사를 만족시키기보다 혁신에 더 집중하게 된다.[44]

표준화된 투명한 급여 체계를 고려하라

급여 차이를 해결하는 가장 단순한 방법은 절차상의 비밀을 없애는 것이라고 결론 내리는 기업이 많아지고 있다. 협상은 없다. 비밀도 없다. 각 역할에 대한 서로 다른 급여와 보상의 개요를 웹사이트에 게시하라. 이렇게 하면 경영진과 지원자들 양측 모두 많은 시간과 감정적 에너지를 아낄 수 있다.

이로써 더 나은 연봉을 제안받은 지원자를 놓치게 될 수 있다. 그러나 구인 구직 시장은 효율적인 편이다. 적정 수준의 보상을 설정하면,

다른 회사와 현저하게 차이가 나지는 않을 것이다. 크지 않은 연봉 차이로 지원자를 놓친다면, 당신의 회사가 지닌 가능성을 제대로 설득시키지 못한 것이다. 연봉 차이가 크다면 이유를 생각해 보자. 아마 전체 급여를 조정해야 할지도 모른다. 직원 대부분이 저임금을 받는데, 한 명이 훨씬 많은 연봉을 받으면 사기가 떨어지고 반발심이 생긴다.

협상이 필요하다면, 계약할 때 미리 지급되는 보너스를 협상 대상으로 하자. 그러나 그 금액의 범위를 공개하여 비주류 집단의 지원자가 강하게 요구하지 않았을 때 자신이 포기하는 금액이 얼마인지 알 수 있게 하자.

선입견이 급여에 미치는 영향을 정량화하라

임금 격차를 측정하라

조직의 비주류 직원과 주류 직원의 보상에 격차가 있다면 어느 정도인가? 데이터를 인종과 성별 등에서 모든 비주류 집단에 대해 분석하자. 조직 내 특정 인구 집단이 지속적으로 다른 집단보다 적은 보상을 받고 있다면, 이유를 알아내라. 유효한 이유가 있을 때도 있다. 예를 들어, 예외적으로 훌륭한 성과에 예외적으로 높은 보너스를 주면 작은 표본이 왜곡될 때가 있다. 그러나 이것은 어디까지나 표준이 아니라 예외여야 한다. 또한 비주류 집단의 사람도 예외적인 보너스를 받을 때가 있어야 한다. 항상 주류 집단만 예외적으로 큰 금액을 받는다면, 이 부분에도 의문을 가져야 한다. 바닥까지 파고들어야 하는 문제가 있을 것이다.

이 데이터를 마련하면 차별과 관련된 소송에서 회사에 불리하게 쓰일 수 있다는 부담감이 있을 것이다. 물론 이 책의 조언을 적용하기 전에 법무팀에 자문하는 것이 좋다. 그러나 법률 전문가는 어떤 리스크가 있는지 말해 줄 뿐이라는 사실을 기억하라. 모든 리스크를 피해야 하는 것은 아니다. 어떤 리스크를 부담할지는 리더가 결정한다. 소송에 휘말리면 어차피 이 데이터가 공개될 것이라는 사실을 잊지 말라. 문제가 있다면 소송을 당하기 전에 미리 알고 고치기 시작하는 것이 낫다. 최후의 순간까지 손 놓고 기다리지 말라.

협상 선입견을 해결하라

여성의 연봉이 낮은 일반적인 이유 중 하나로, 협상에서 너무 강하게 나가면 공격적이다, 이기적이다, 팀워크가 없다는 평가를 받는다는 것이 있다. 여성이 협상을 못한다는 의미가 아니라, 합리적 행위자라는 뜻이다. 협상에 대한 불이익을 받을 수 있다고 판단했다면, 왜 리스크를 짊어지겠는가?

여기서 두 가지 선입견을 해결해야 한다. 첫째는 협상하는 여성에 대한 인식이다. 둘째는 여성은 협상 능력이 떨어진다며 더 많은 보상을 받지 못하는 것을 여성의 잘못으로 돌리는 선입견이다. 리더에게는 두 가지 선택지가 있다. 회사에서 협상 선입견을 차단하기 위해 노력하거나, 단순히 누구에게도 협상을 허가하지 않으면 된다. 앞서 말했지만, 보상 금액의 범위를 정하고 이를 벗어나지 않는 것이다. 상여금과 승진을 정기적인 절차에 포함하여 누구나 목표로 삼을 수 있게 하라.

시장의 선입견을 강화하지 말라

여성이 급여를 적게 받는 또 다른 이유로 시장 자체가 기울어져 있다는 점이 있다. 잡지 〈하이어드(Hired)〉의 임금 불평등에 관한 보고서를 보면, "동일 회사에서 동일 직무를 할 때 남자가 여자보다 임금을 더 많이 받을 확률은 63%다. 기업들은 동일한 직무를 시작할 때 적어도 4%, 심지어 45%까지 적은 임금을 여성에게 제시한다."[45] 이것은 연봉만을 감안한 것이다. 어떤 산업군에서는 스톡옵션이 보상 체계의 큰 부분을 차지하는데, 이에 대한 데이터는 더 불투명하다.

왜 그럴까? 한 회사가 시스템에서 남녀 임금 격차를 없애려 한다고 하자. 그러나 다른 기업의 불평등이 '눈에 들어온다.' 비슷한 일에 대해 남녀가 면접을 보게 되고, 이들에게 신중히 설정한 동일한 보상 체계를 제시한다. 그러나 남자 지원자는 남자의 급여가 더 높은 다른 회사에서도 채용 제안을 받고 있다. 이때 제안된 연봉을 올릴 것인가? 그렇다면 그 동일한 연봉을 여성에게도 제시할 것인가? 공정한 직장을 만드는 것이 목표라면, 답은 분명하다. '그렇다'가 답이다. 하지만 '이 회사에서 그 금액은 감당이 안 돼!'라고 생각할지 모른다. 그렇다면 계속 체계적으로 여성에게 남성보다 낮은 급여를 주어도 되는가? 이로 인해 발생하는 손실을 단기적으로 측정할 수는 없지만, 사실 굉장히 심각한 문제를 야기한다. 남자 동료보다 적은 연봉을 받는 여자는 동기부여를 잃어 생산성이 떨어질 것이다. 서로 반감을 품게 되어 팀의 응집력도 떨어진다. 집단 소송에 휘말릴 수도 있다. 무엇보다 공정하지 않다.

차별은 부메랑으로 돌아온다

'무의식적 차별'에 해당하는 여러 요소로 말미암아 비주류 집단 사람들이 피해를 보는 사례를 이야기해 보려 한다. '무의식적'이라는 말은 책임이 없다는 뜻이 아니다. 사업에서는 의도가 아니라 결과가 중요하다. 우리는 '차별'이라는 말에 거대한 '남자 전용', '백인 전용' 표지판 같은 것을 상상하지만, 배제나 과소평가의 의도가 없을 때도 차별은 여전히 일어난다.

타워드컨설팅(가칭)의 상무 로라는 회사의 몇 안 되는 여성 임원이었다. 타워드는 두 가지 서비스를 제공한다. 전략 컨설팅과 기술 컨설팅이다. 로라는 신규 사업인 기술 컨설팅의 글로벌 영업을 담당했다. 동일 직급의 세 동료는 좀 더 기반이 다져진 전략 컨설팅을 취급했다. 돈은 미국, 마이크는 유럽, 제니퍼는 아시아 영업 담당이었다. 로라까지 네 사람 모두 승진 후보에 올랐다.

로라가 주도한 사업은 빠르게 성장해서 이제 회사 수익의 절반을 넘었다. 로라의 사업은 돈, 마이크, 제니퍼의 사업보다 규모가 크고 수익성이 좋으며 성장이 빨랐다. 어떤 객관적인 측정 기준으로 보아도 로라의 성과는 비교 불가였다. 사업 규모는 로라 다음이 돈, 마이크, 제니퍼 순이었다. 로라가 1순위로 승진해야 마땅했다. 그러나 돈과 마이크가 승진했다. 승진을 공지하는 이메일에는 이렇게 씌어 있었다. "야망 넘치는 두 리더의 잠재력은 무궁무진하다." 로라는 승진하려면 성공의 실적을 더 쌓아야 한다는 말을 들었다. 그럼 지금까지 한 건 뭐란 말인가?

로라에게 일어난 일은 너무 흔해서 부르는 말이 따로 있다. '성과/잠재력' 편향, 또는 '다시 증명해 봐' 편향이다.[46] 남자는 잠재력만 보여주어도 보상을 받을 가능성이 높지만, 여자는 순수하게 과거의 성과를 기반으로 승진한다.

로라는 이 편향에 대해 알고는 있었지만, 자기 일이 될 줄은 몰랐다. 이는 단순히 감정적인 문제가 아니었다. 승진에는 100%의 연봉 인상이 달려 있었기 때문이다. 로라는 회사의 다른 임원들에게 자신이 승진하지 못한 이유를 물었고, 다양한 답이 돌아왔다.

기술 컨설팅 영업에는 유명 CEO들과의 골프 회동이 필요 없다는 답이 있었다. 돈과 마이크가 자부심 강한 CEO들을 효율적으로 상대하려면 더 높은 직책이 필요하다는 것이었다. 로라는 어느 정도는 수긍했다. 로라의 고객은 최고임원진보다는 IT 부문일 경우가 많았다. 그럼 제니퍼는? 제니퍼 역시 최고임원진을 대상으로 영업했다. 아시아에서는 CEO의 자부심이 미국이나 유럽보다 낮기라도 하다는 말인가? 제니퍼에게는 왜 직책이 '필요'하지 않은가? 만족스러운 답은 없었다. 그저 회사로서는 아시아가 더 작은 시장이라는 설명이 돌아왔다.

로라가 의견을 냈다. "글쎄요, 제니퍼가 제대로 된 직책을 갖는다면 더 큰 시장이 될지도 모르죠." 대답은 돌아오지 않았다.

다른 임원은 로라가 돈만큼 '통제 범위'가 넓지 않다고 말했다. 무슨 말인고 하니, 돈의 사업 규모는 더 작았지만 관리하는 직원은 더 많았다. 로라가 적은 인원으로도 능숙하게 사업을 운영한다는 뜻이었다. 결과적으로 로라의 사업은 수익성이 더 좋았다.

잠깐, 뭐라고? 돈은 '통제 범위'가 넓어서 보상을 받았고, 로라는 수익성이 높은 사업을 이끌면서 불이익을 받았다. 효율성은 보상을 받을 일이지 불이익을 받을 일이 아니다. 이 회사는 '데이터 중심'의 경영을 추구하며 사내 정치를 반대하는 곳이었다. '통제 범위' 논리가 이곳에서 진지하게 받아들여졌다는 사실에 로라는 통탄했다.

그러면 의문이 생긴다. 로라보다 직원 수도 적고 사업 규모도 작은 마이크는 왜 승진했는가? 제니퍼가 담당한 사업 역시 적은 인원을 효율적으로 운영했고, 돈과 마이크보다 규모는 작지만 수익성이 좋고 빠른 성장세를 보였다. 부하 직원을 더 고용하고 수익성을 낮춰서 '통제 범위'를 넓히면 다음에 승진할 수 있는 걸까? 로라가 이렇게 묻자, '억지 쓰지 말라'는 말이 돌아왔다.

로라는 '통제 범위' 운운하는 임원이 의식적으로 여성에 대한 편견을 가졌다고 생각하지는 않았다. 그러나 그와 더 대화를 이어가기는 어려웠다. 로라는 수익성에 대한 논의를 하려고 했지만, 남자 임원은 로라를 기본 산수도 못하는 사람 취급했다. 돈이 관리하는 인원이 더 많다는 설명에서 로라가 이해하지 못할 부분이 있단 말인가? 이 임원은 로라의 분석 능력이 떨어진다는 공고한 선입견을 갖고 있었을지도 모른다. 불합리를 못 보는 건지, 못 본 척하는 건지. 아무튼 답답해진 로라는 대화를 포기했다.[47] 그가 하는 말은 처음부터 끝까지 불합리해서 로라는 자신이 뭔가를 놓치고 있는지 궁금하기까지 했다. 이것이 가스라이팅의 작용이다.[48] 로라는 상대에게 의문을 가져야 하는 상황인데도 자신을 돌아보고 있었다.

로라는 승진하지 못한 이유를 계속 알아보려 했고, 심지어 더 노골적인 성차별적 설명도 들었다. 한 임원은 그녀의 이른바 공격성을 돈과 마이크의 이른바 카리스마와 대조했다. 그것은 분명한 이중 잣대가 아니냐고 반발하자, 그 임원은 '여자라는 걸 무기로 쓰지 말라'고 했다. 이번에도 이런 식의 불합리를 마주하니 로라는 입을 닫게 되었다. 이제는 화가 나고 고립된 느낌이 들었다.

회사의 최고임원들을 코칭하는 베네딕트는 이 승진 결정이 얼마나 부당하고 잘못되었는지를 유일하게 인정하는 사람이었다. 베네딕트는 임원진이 너무 동질적인 집단이라(최고임원 10명 중 남자가 아홉 명, 백인이 아홉 명이었고 동성애자는 없었다) 선입견이 인지되지 않고 넘어간다고 했다. 여성 혐오적 발언들이 교정되지 않고 일상적으로 오갔다.

어떤 발언이길래? 로라는 알고 싶었다. 베네딕트는 남자 임원이 한 여자 이사의 기술과 리더십을 평가해야 할 회의에서 '가슴과 엉덩이' 이야기를 한 적이 있다고 말했다. 회의 참석자 누구도 제지하지 않았다.

로라는 최고임원진에서 유일하게 비주류 집단에 속하는 여자 임원이 성차별을 지적할 의지도 권한도 없을 거라고 쉽게 상상할 수 있었다.[49] 아마 로라가 일을 하며 자주 그랬듯이, 그 여성 임원 역시 의도적으로 불쾌한 발언을 외면해 버렸을 것이다. "방금 저 남자가 '가슴과 엉덩이'라고 했나? 상대하기 싫은데. 아, 저거 봐, 다람쥐가 있네!"

그러나 남자들은 어땠을까? 임원진 중 세 명은 여성에 대한 문제 있는 태도를 굳이 숨기려고 하지 않았다.

하지만 나머지 여섯 명은 적극적으로 더 다양성 있고 포용적인 직장을 만들기 위해 노력하고 있었다. 그러나 로라의 경험상 남자들은 함께 있는 여자가 말을 꺼내지 않으면 고약한 발언도 괜찮다고 생각하는 경향이 있었다.

로라는 어떻게 하면 좋을지 베네딕트에게 물었다. "그런 회사에서는 존중받기 힘들 거예요. 능력을 백 퍼센트 펼칠 수 있는 기회를 찾아봐요." 마침내 누군가 솔직한 답을 준 것은 기뻤지만, 우울하기도 했다. 베네딕트의 말이 옳았다. 다른 직장을 찾아보아야 했다. 하지만 로라는 자기 일을 사랑했고, 만들어 놓은 팀을 사랑했다. 회사를 떠나고 싶지는 않았다.

그러다 어느 날 로라는 돈, 마이크와 미팅을 하게 되었다. 옆자리에 앉은 돈이 손을 뻗더니 곱슬머리를 잡아당겼다. 로라의 머리가 제자리로 팅겨 돌아가는 것을 보면서 만족스러운 새 장난감을 찾았다는 듯 웃었다. 로라는 돈을 똑바로 보며 고개를 저었다. 그러나 그는 멈추지 않았다. "그만 해요." 로라가 속삭였다. "장난이었어요." 돈이 받아쳤다.

여기까지였다. 로라는 미팅을 듣지 않고 사업상 지인들에게 이직하려 한다는 이메일을 보내기 시작했다.

로라가 경험한 차별로 소송을 걸 수는 없었을 것이다. 로라가 유리천장에 가로막혔다는 명백한 증거는 없었다. 회사는 몇 가지 수치를 조합해서 문제는 로라였지 최고경영진의 승진 기준(이 없다는 사실)이 아니었다고 '증명'했을 것이다. 그리고 법정에서 이긴다 해도 원래 업무에 시간과 에너지를 더 집중하는 편이 자신과 다른 여자들을 위해 더 낫지 않았을까 후회할 것 같았다. 소송은 수지가 맞지 않는다고 결론 내린 로라는 성공할 수 있는 일자리를 찾는 데 시간을 쏟기로 했다.

〔손익 계산은 개나 주고 전쟁을 해야 할 때도 있다. 급여 차별로 대법원까지 갔던 릴

리 레드베터(Lilly Ledbetter)를 생각해 보자. 소송에서는 졌지만 이 사건의 총체적인 부당성이 알려졌고, 의회에서는 그 후 2009년 릴리 레드베터 공정 임금법(Lilly Ledbetter Fair Pay Act)을 제정하여 법률의 허점을 메웠다. 레드베터가 의지를 가지고 싸웠기에 이 세상은 수백만의 여성에게 조금 더 공정한 세계가 되었다.]

돈이 머리를 잡아당기고 장난이라고 넘긴 날로부터 6주 만에 로라는 질리아컨설팅의 CEO 자리를 제안받았다. 작지만 빠르게 성장 중인 타위드의 경쟁사였다. 로라가 이 사실을 알리자 로라의 상사는 축하하거나 같이 일할 수 없게 되어 아쉽다고 말하는 대신 아주 야심이 넘친다며 빈정거렸다. 정말 이상한 일이었다. 상사 본인도 매우 야심찬 인물이었던 데다가, 돈과 마이크를 승진시킬 때는 야심을 칭찬하지 않았던가.

아이러니하게도, 로라가 떠나게 된 건 야심 때문이 아니다. 로라는 꼭 CEO 직위를 목표로 하고 있던 건 아니었다. 타위드가 로라의 가치를 인정해 주지 않았기 때문에 지친 것이다. 능력을 발휘하고 성취를 이룰 여건이 되지 않아 힘이 빠지기도 했다. 크고 작은, 노골적이고 미묘한 부당한 취급이 모두 쌓여서 로라가 다른 직장을 찾게 된 것이다.

질리아는 경영 원칙이 끊임없이 바뀌는 혼돈 상태였다. 로라가 리더 자리에 앉자 회사는 바로 안정을 찾았고, 몇 년 지나지 않아 타위드의 가장 위협적인 경쟁사로 성장했다. 로라는 돈이나 마이크, 심지어 자신을 떠나보낸 상사보다도 능력 있는 경영인으로 알려졌다. 많은 이가 로라가 타위드에서 충분히 인정받고 권한을 가졌더라면 질리아는 시장에서 밀려났을 거라고 추측했다.

타위드에서 로라의 상사가 숫자를 제대로 들여다보고 가장 규모가 크고 수익성이 좋은 사업을 이끄는 로라를 왜 승진시키지 않는지 자문해 보았더라면, 자신의 의사 결정에서 선입견을 찾아냈을 것이다. 로라는 승진했다면 타워드를 떠나지 않았을 것이다. 결국 그의 선입견은 로라보다 그 자신과 회사에 더 큰 불이익으로 돌아왔다. 그러나 당시에는 로라의 경력이 부당하게 해를 입었다.

차별을 당하는 여성이 자신의 능력을 제대로 펼칠 수 있는 더 나은 직장으로 가는 것은 고사하고, 그저 다른 자리로 이직하는 것도 쉽지 않을 때가 많다. 정의는 그렇게 이상적이거나 빠르지 않다. 그러나 정의가 승리했을 때 축하하고 이로부터 배워서 또 다른 정의를 추구하는 것은 의미 있는 일이다.

로라의 상사와 같은 실수를 하는 것을 피하기 위해 할 수 있는 일이 몇 가지 있다.

선입견을 정량화하기 위해 승진 데이터를 분석하라

하위 직급에서 최초로 관리직으로 승진하는 남녀의 비율은 의미하는 바가 크다. 관리직으로 승진하는 사람은 남자 100명당 여자가 72명뿐이다. 인종별로 통계를 내면, 백인 여성은 80명이지만 라틴계 여성은 68명, 흑인 여성은 58명이다.[50]

당신의 조직은 어떤가? 수치를 확인하고 상세하게 검토하라. 선입견만으로는 승진 불평등을 백 퍼센트 설명할 수 없을지도 모른다. 일부 요인은 통제할 수 없을 것이다. 그러나 선입견이 수치상의 차이에 전혀 영향을 미치지 않았다고 생각할 수는 없다. 승진 데이터에서 드러나는 선입견을 파악하면, 상황을 개선하기 위한 조치를 취할 여지가 커진다. 문제점을 측정하고, 측정 결과 문제가 드러나면 해결하라.

관리자의 단독 결정이 아닌 성과 평가 시스템에 의존하라

미국의 대기업과 소기업에서 관리자들은 성과 평가를 하고 연봉 인상과 승진을 결정할 독재자에 가까운 권력을 가진다. 실적이 좋다고 해도 상사의 눈 밖에 나면 망한 것이다. 이런 제도에서는 경영상 결정에 비효율과 불평등이 끼어들게 마련이다.

성과 평가와 승진 결정을 관리자 한 사람의 손에 맡기지 않는 시스템을 설계하는 것이 해결책이다. 개별 상사가 중요 절차를 단독으로 관리하는 권한을 견제와 균형으로 제한하면 결과가 훨씬 더 공정해진다. 직책에 적합한 사람을 앉히게 될 것이며, 상사와 직원 간 협업이 활발해지고 편협한 따돌림은 줄어들 것이다. 따돌림 가해자가 상사로 앉는 불편을 누구도 겪어서는 안 된다. 성과 평가 시스템은 부담스러울 필요가 없다. 대기업이라면 다섯 명 정도의 팀으로 충분하다.

성과 평가 시스템은 정확히 어떻게 작동하는가?

관리자가 단독으로 성과를 평가하지 말고, 다면 평가를 도입하여 한 사람이 동료와 상사, 부하 직원의 평가를 받도록 하라. 관리자가 점수를 너무 후하거나 인색하게 주는 경향을 교정하는 절차를 만들어라. 직원의 업무 성과를 검토하고 승진 결정을 내리는 승진위원회를 두어라. 관리자 역시 승진 결정에 발언권이 있지만, 단독 결정권자는 아니다.

주의: 시간이 지나면서 이런 시스템이 비대해지면 시간 낭비가 될 수 있다. 내가 일했던 회사 한 곳에서는 성과 평가 기간이 '지연 기간'으로

알려졌다. 2주간 다른 일을 할 수 없었기 때문이다. 나는 끝날 줄 모르는 승진위원회 때문에 가족 휴가를 망친 적이 있다. 절차를 설계하되, 최대한 단순하고 간소하게 유지하라.

성과 평가 시스템에서 선입견을 정량화하라

비주류 집단의 승진율을 추적하라

조직 내 비주류 집단의 승진 속도가 주류 집단보다 느린가? 그렇다면 이유는 무엇인가? 이 수치를 기록하고 철저하게 차이를 조사하는 것은 불편하지만 꼭 필요한 일이다.

평가와 승진을 측정할 때는 쌍방향으로 공정해야 한다. 이를테면 어느 회사에서는 성평등을 측정하는 색깔 표시 시스템이 있었다. 여성의 승진율이 남성과 비교해서 같거나 높은 부서는 녹색, 남성 승진율이 더 높은 부서는 적색으로 표시했다. 한 성별이 다른 성별보다 성과 평가가 높을 이유가 없다는 것이 핵심이었다. 지속적으로 남성이 성과 평가를 높게 받는 것으로 나타나면, 그 이유에 대한 조사가 필요하다는 징후가 되었다. 선입견을 측정하려 한 것은 좋았다. 그러나 한 남자 직원이 논리적 의문을 제기했다. 이 시스템에서 남자에게 유리하게 왜곡된 부서만 강조하는 이유가 무엇인가? 남자가 여자보다 지속적으로 낮은 등급을 받는 것은 괜찮고, 그 반대는 심각한 문제로 간주되는 이유가 무엇인가? 이 남자는 남자든 여자든 논바이너리든 어떤 집단에 대한 성차별이 발견되면 적색 표시를 해야 한다는 의견을 내놓았다. 안타깝게도 분석을 한 팀은 이 시스템에 일관성이 있어야 한다는 사실을 시원하게 인정하지 않았다.

평가의 공정성이 목표가 되어야 한다.

언어 분석

관리자들이 직원을 서면으로 평가하거나 승진 추천서를 쓸 때 사용하는 용어가 선입견을 드러내는 경우가 많다. '공격적'이라는 말은 대표적인 사례로, 이미 앞에서도 언급했다.

이 문제의 해결책은 간단하다. 성과 평가에서 드러나는 성별 선입견에 익숙한 사람을 고용하여 평가를 읽고 선입견의 가능성을 찾아내게 하면 된다. 또는 기술적인 보정을 할 수도 있다. 텍시토 등의 글쓰기 툴에서 평가를 작성하면 선입견을 나타내는 언어를 표시하는 기능을 쓸 수 있다. 또는 성별 선입견 빙고 게임을 활용하여 관리자들을 모아 서로 평가서를 읽고 여성에게 불이익을 주는 성별 선입견의 증거를 찾게 할 수도 있다. 이런 언어를 찾아내면 그 평가를 작성한 관리자를 가혹하게 징벌하지 말고 재평가를 요청하라. 요점은 불이익을 주는 것이 아니라 선입견을 인지하고 교정하는 법을 배우는 것이다.

5 | 코칭과 멘토링

보상과 평가 등의 공식 체계는 직원의 경력 개발에 중요하다. 하지만 비공식적 멘토링은 심지어 더 중요할 때가 많다. 좋은 멘토가 있으면 경력 초반에 어마어마한 도움이 된다. 그러나 멘토링만큼 선입견의 영향을 크게 받는 것도 없다.

비주류 집단을 위한 멘토링은 애매한 회색지대이며, 대부분의 회사에서 겪고 있는 문제다. 다양성이 있는 팀을 만드는 유일한 방법은 멘토링을 받는 사람에 대해 리더와 회사가 선입견을 갖지 않는 것이다. 투명한 멘토링을 하라. 문 닫힌 방, 스트립 클럽, 골프 클럽, 호텔 스위트룸 등에서 관계를 쌓지 말라. 누구를 멘토링하든 공적인 장소에서 만남을 가져라.

로펌 클리퍼드찬스(Clifford Chance)의 아메리카 담당 임원 에번 코언(Evan Cohen)의 경험은 리더들 사이에서 널리 공유된 바 있다. 코언은 회사에 여성 파트너 변호사가 너무 적다는 것을 느끼고 자신이 변화를 위해 무슨 일을 할 수 있을지 생각했다. 그리고 특히 앞길이 창창해 보이는 여자 직원이 사직서를 냈을 때 퇴사 인터뷰를 하다가 답을 얻었다. 코언은 확실히 파트너가 될 수 있을 텐데 왜 회사를 그만두는지 물었다. 여자 직원은 얼떨떨했다. 이 회사에서 자신의 미래를 기대하는 사람이 있다는 사실을 몰랐던 것이다. 그녀와 비슷한 직급의 유망한 남자 소속 변호사들은 각자 파트너 변호사의 멘토링을 받고 있었다. 그녀도 가끔 멘토링을 받을 때가 있었지만, 정기적으로 자리를 만들어 그녀가 언젠가 파트너 변호사가 될 수 있는 궤도에 올랐다고 말해준 사람은 없었다.

코언은 이런 일이 또 있어서는 안 된다고 다짐했다. 파트너 변호사들은 대부분 남자였고, 멘티를 선정할 때 자신의 젊은 시절을 생각나게 하는 소속 변호사를 선택하는 경향이 있었다. 그는 회사의 모든 파트너에게 멘티를 더 다양하게 선정하라고 요청했다. 이것은 말하자면 거울을 들어 보여주는 작업이었다. '당신과 비슷한 사람만 멘토링하고 있는가?' 라는 질문이었던 것이다. 특별한 할당량이나 공식적인 멘토링 프로그램 없이도 여성을 멘토링하는 파트너의 수는 늘어났고, 파트너가 되는 여성의 수 역시 계속 늘어나고 있다. 클리퍼드찬스에서 지난 3년간 파트너로 승진한 변호사의 45%는 여성이며, 코언이 리더로 있었던 6년 사이 전체 여성 파트너의 비율은 2배 이상으로 늘었다.

당신이 리더라면 의식적으로 멘토링 상대를 선정하고, 남들과 다른 사람을 찾아라. 당신이 리더들의 리더라면 누가 멘토링을 받는지 주시하라. 여자가 배제된다면 문제가 있는 것이다. 안타깝게도 쉽게 고칠 수 있는 문제는 아니다. 멘토링은 규정이 따로 없고, 상부에서 지시하는 사항도 아니다. 최고의 멘토링은 그때그때 일어난다. 미팅 후에 같은 차를 타고 사무실로 돌아가는 길에, 출장 중 점심을 먹고 잠시 커피를 마시는 시간에.

스트립 클럽에서 만나지 말라

이 단락의 소제목은 너무 뻔한 소리라 글로 쓰는 것이 어이없게 느껴진다. 그러나 내가 이 글을 쓰는 순간에도 비슷한 일이 자주 일어난다. 나는 회사 남자들을 스트립 클럽에 일상적으로 데려가는 리더와 일한 적이 있다. 여성을 배제할 의도였다고 생각하지는 않는다. 그러나 의도는 상관없다. 문제는 이 남자들이 잔을 부딪쳐 가며 외국인 댄서에게 추파를 던지는 그 시간에 중요한 업무 관련 소통도 하고 유대감도 형성했다는 것이다. 이 상사는 성차별적이고 여성을 배제하는 자신의 행동이 같은 회사 여자들을 힘들게 한다는 사실을 몰랐다. 당연하게도 아무도 말해주지 않았기 때문이다. 사실 남자들의 나들이에 대해 내게 말해준 사람도 없었다. 여자 직원 낸시가 화장실에서 우는 것을 보고 내가 무슨 일이냐고 추궁하기 전까지는.

낸시는 열심히 하던 프로젝트가 취소되었다고 대답했다. 그때까지 나는 낸시가 우는 건 고사하고 불평하는 것도 본 적이 없었다. 뭔가 숨기는 것이 있다는 느낌이 들었다. 그래서 차를 한잔 마시자고 했다. 사무적이지 않은 분위기를 만드는 것은 말하기를 꺼리는 모습이 확연한 사람에게서 피드백을 끌어내는 좋은 방법이다. 그제야 진짜 이야기를 들을 수 있었다. 그녀가 화난 이유는 남자 동료가 상사와 스트립 클럽에 갔을 때 프로젝트 취소 이야기를 들었다고 했기 때문이다. 남에게 이 말을 전해 들은 것도 모욕적이었지만, 그 자리에 있었다면 다른 결말을 위해 싸울 수 있었을지도 모른다.

문제의 리더는 피드백을 열린 마음으로 듣는 것을 중요하게 생각하는 사람이었다. 그래서 혼자 화를 내는 대신 대화를 시도했다. 내가 '스트립 클럽'이라는 말을 꺼냈을 뿐인데, 그는 적절하게 유감을 표했다. 나는 그 리더가 자신이 끼친 피해에 대한 책임을 인정하는 것을 보고 깊은 인상을 받았다. 그는 스트립 클럽 나들이를 알고 있던 모든 여자 직원에게 사과했다. 사실 거의 다였다. 또한 여자만 배제한 것이 아니라 야한 춤에 관심 없는 남자들도 소외시킨 것을 인정하고 그들에게도 사과했다. 더 중요한 것은, 함께 스트립 클럽에 간 적이 있는 모든 남자에게 이 관습을 당장 없애야 한다고 말했다는 사실이다. 실제로 회사에서 그 문화는 사라졌다.

이것이 조직적 용기의 사례다. 그는 경청했고, 직언을 한 사람을 존중했고, 사과했고, 책임지고 추가 피해를 예방했다. 비판에 마음을 열고 자신의 실수를 기꺼이 마주한다면 상황이 더 커져서 위험해지기 전에 해결할 수 있다.

6 | 심리적 안정감을 측정하라

하버드경영대학원 교수 에미 에드먼슨(Emy Edmondson)은 심리적 안정감을 정의했고, 효과적으로 측정할 수 있는 방법을 개발했다. 일곱 문장에 대한 직원들의 반응을 수치화하는 간단한 설문이다.

- 이 팀에서 실수를 하면 비난을 받는다.
- 이 팀에서 팀원들은 문제점이나 어려운 사안에 대한 이야기를 꺼낼 수 있다.
- 이 팀의 팀원들은 차이를 이유로 타인을 거부할 때가 있다.
- 이 팀에서 리스크를 부담하는 것은 안전하다.
- 이 팀에서 다른 사람에게 도움을 청하는 것은 어렵다.
- 이 팀의 누구도 고의적으로 내 노력을 저해하는 행동을 하지 않는다.
- 이 팀의 팀원들과 함께 일하면서 나의 특별한 능력과 재능은 가치를 인정받고 제대로 활용된다.[51]

일련의 단순한 질문에 대한 응답을 성별과 그 밖의 주류와 비주류가 나뉘는 기준으로 분석하면, 구성원들이 날마다 일하는 곳에 대해 어떻게 느끼는지 보여주는 강력한 지표가 된다. 분석 결과는 팀의 소집단 문화에 대한 단적인 정보를 줄 것이다. 이 자료를 모두와 공유하라. 설문 결과 개인이나 집단이 심리적 안정감을 느끼지 못한다면, 상황을 개선할 구체적인 조치를 취하라. 선입견 퇴치사를 두라는 신호이거나, 괴롭힘이나 차별을 당하는 직원이 있다는 징후일 수 있다. 넘겨짚지 말자. 물어보자. 어떤 사실을 알게 되면 행동하자. 변화를 시도한 뒤 영향이 나타날 때까지 시간을 두고 지켜보고, 어떤 변화가 효과가 있고 없는지 다시 측정하자.

심리적 안정감을 주는 분위기를 만들고 유지하는 것의 핵심은 모두가 편하게 문제를 제기할 수 있도록 하는 것이다. 구성원들이 자신의 말에 주의를 기울일 것이며, 이에 대해 보복이 없을 것이라는 확신이 있어야 한다. 그러나 이미 구성원들이 안정감을 느끼지 못한다는 결과가 나왔다면, 문제를 알려달라고 하는 것은 적절한 출발점이 아니다. 리더 자신의 문제를 확인하고, 해결책을 찾고, 그다음에 사람들에게 이 해결책이 적절했는지 아니면 과했는지 물어보자. 선입견과 편견, 따돌림이 만연한 분위기에서, 여성들은 민감한 주제에 대해 정직하게 답하거나 논의하기가 편하지 않을 수 있다. 특히 리더에게 문제가 있다면 더더욱 그렇다.

7 | 퇴사자 인터뷰

퇴사자 인터뷰 역시 조직의 질적 스냅사진을 얻는 데 유용하다. 계속 일하기를 원했던 직원이 그만두면, 그 이유를 알아내기 위해 모든 노력을 다해야 한다. 진실을 말해도 이직할 때 '다리를 태우는' 일이 없을 것이며, 퇴사하지 않게 설득할 수 있으면 좋겠지만 그것이 미팅의 목적이 아니라는 확신을 주자. 리더 또는 회사가 한 실수를 알고 다시 반복되지 않게 하기 위해 그 자리를 만드는 것이다.

이 귀중한 직원이 왜 그만두는지 정말 알고 싶다면 가능한 한 높은 직책의 리더가 인터뷰를 맡는 것이 좋다. 사람들은 보통 회사를 떠나는 것이 아니라 직속 상사를 떠나는 것이다. 자기 팀장에게는 절대 있는 그대로 사실을 말하지 않을 것이다. 하지만 그 팀장의 상사에게라면 말하고 싶은 생각이 간절할 수 있다.

퇴사자 인터뷰는 안타깝게 인재를 잃었을 때 일반적으로 적절한 조치이지만, 비주류 집단의 인원이 그만둘 때는 특히 중요하다. 고용하고 유지하기 위해 특별히 노력했던 그 사람이 왜 이 회사에서 일하고 싶지 않은지 조사하라. 리더의 실수 때문인지, 조직 내 다른 구성원의 실수 때문인지, 직장 문화의 고질적인 문제 때문인지 분석하라. 정량화하라. 비주류 집단의 직원 몇 퍼센트가 괴롭힘과 차별을 겪고 퇴사하는가? 몇 명이 선입견과 편견, 따돌림 때문에 퇴사하는가? 퇴사하는 주류 집단의 직원과 비교하면 그 비율이 어떻게 다른가? 데이터에서 문제가 드러나면 해결책을 생각해 보라.

8 | 기밀 유지 협약과 중재 강요를 끝내라

나도 기밀 유지 협약(Non-Disclosure Agreement, NDA)을 사용했다. 그런 내가 이제 와서 반대하는 것은 위선적으로 보일 수 있다. 회사에서 왜 NDA를 선호하는지 알고 있다. 그러나 NDA의 나쁜 점도 알고 있다.

회사와 분쟁이 생겼을 때 강제 중재에 임하라고 모든 직원에게 요구하는 관행을 따르지 말자. 강제 중재에서 회사 측 잘못임이 판명되어 위자료를 지급해야 하는 드문 경우에 NDA에 서명하게 하지도 말자. 이러한 관행은 법률 시스템이 고용주에게 걸어놓은 견제와 균형을 피하려는 뻔뻔한 시도다. 이 견제와 균형이 직원뿐 아니라 회사와 리더도 보호한다는 사실을 잊지 말자. 차별과 괴롭힘은 은폐할수록 계속해서 일어난다. 그리고 위자료 플러스 NDA 시스템은 진짜 문제를 진짜가 아닌 것처럼 보이게 한다.

물론 법정에서 해결하려면 피해자에게 위자료를 주는 것보다 많은 돈이 들며, 사업에도 엄청난 방해가 된다. 모든 관련자에게 법정까지 가지 않는 것이 더 낫다. 그리고 법정까지 가지 않는 최고의 방법은 문제를 덮지 않는 것이다. 문제를 은폐하면 점점 악화되어 더 많은 사람이 피해를 보고, 너무 커져서 덮을 수 없는 상황으로까지 치달을 뿐이다. 그러므로 법정에 가지 않는 가장 좋은 방법은 차별과 괴롭힘이 일어나지 않도록 애초에 방지하는 것이다. 경영진이 최선을 다했는데도 그런 일이 일어났을 때 신고할 수 있는 경로를 여러 개 제공하라. 신고가 들어오면 철저하고 공정하게 조사하라. 그리고 신고가 사실로 밝혀지면 적절한 조치를 취하라. 이와 관련된 절차를 제대로 갖추고 있음을 증명할 수 있다면 소송에 대응하기가 훨씬 쉽다.

NDA(기밀 유지 협약): 조디 캔터(Jodi Kantor)와 메건 투히(Megan Twohey)의 《그녀가 말했다(She Said)》, 로넌 패로(Ronan Farrow)의 《잡아 죽이기(Catch and Kill)》는 진짜 악독한 가해자들이 NDA를 이용하여 피해자를 계속해서 양산한 과정을 자세히 보여준다. 하비 와인스타인(Harvey Weinstein)의 수많은 여성 피해자 중 하나인 배우 로즈 맥고완(Rose McGowan)은 다음과 같이 설명한다. "와인스타인만 문제가 아니었다. (…) 그 개인이 아니라 시스템 전체, 공급망 전체의 문제였다. 보는 눈이 없으니 두려움도 없었다. 모든 스튜디오가 피해자를 비난했고, 위자료로 끝내려 했다. 거의 모두가 NDA를 쓰고 있었다."[52] 이 합법적인 편법은 이제 권력을 가진 사람이 권력이 없는 사람의 입을 막기 위해 쓰는 표준 방식이 되었다. 비단 할리우드만이 아니다. 기술 분야도, 금융 분야도 마찬가지다. 은폐가 범죄를 지속시킨다.

어떤 리더는 NDA가 은폐라고 할 수 없으며, 잘못된 혐의로부터 회사를 보호하는 방법이라고 설명한다. 그러나 NDA가 어떤 식으로 남용되는지 안다면, 날조된 혐의로부터 무고한 사람을 보호한다는 주장은 허울만 그럴듯한 위험한 발언이다. 게다가 NDA는 사실 회사를 보호하지도 않는다. 오히려 그 반대다. 피해자가 거의 진상 조사 없이, 실제적인 법적 절차 없이 위자료를 받았다면, 혐의가 사실이라는 주장에 더 힘이 실릴 뿐이다. 진짜 피해자를 진짜 범죄에서 보호하는 동시에 회사를 잘못된 혐의에서 보호하는 가장 좋은 방법은 문제를 투명하게 해결하는 것이다. 누구도 타인의 침묵을 돈으로 살 권리를 가져서는 안 된다.

강제 중재: 구성원이 특히 차별과 괴롭힘, 성폭력 등으로 불만을 제기하면, 많은 회사가 해결책을 논하기에 앞서 해당 구성원이 법정에서 잘잘못을 다툴 권리를 포기하는 협의에 서명했다는 주장부터 한다. 이미 회사에 합류할 때 고용 계약에서 이 권리를 포기하는 경우가 많다. 법적 분쟁을 사설 중재로 해결하는 데 동의한 것이다.

강제 중재에는 많은 문제가 있지만, 두 가지에 집중하자. 구성원에게 나쁘고, 그들이 소속된 조직에도 나쁘다. 강제 중재가 구성원에게 나쁜 이유는 사설 중재자를 선정하고 고용하고 대가를 치르는 주체가 조직이기 때문이다. 사설 중재자는 정의보다는 앞으로도 이 회사에 고용되는 데 더 관심이 있을 것이다. 이런 조건에서 편파적이지 않은 정의가 가능할 리 없다. 강제 사설 중재는 소송 비용을 아끼고 사건 공개를 피할 수 있다는 점에서 단기적으로는 조직에 이익이지만, 장기적으로는 운영 리스크를 키운다. 괴롭힘을 당한 기록을 남겨 결국 전 고용주 우버에 계산할 수 없는 손해를 안겨준 수전 파울러는 이렇게 설명한다. "차별, 괴롭힘, 보복 행위에 대한 법적 분쟁을 은밀한 중재 절차로 해결하면 그러한 행동이 은폐됨으로써 문화적으로 단단히 자리 잡고 만다."[53]

회사 측에서 주장하는 강제 중재의 한 가지 이점은 모두의 프라이버시가 보호된다는 것이다. 소송을 하게 되면 모든 주장이 공개되며, 주장하는 사람의 이름 역시 공개된다. 원고든 피고든 어느 정도 위험을 부담하게 된다. 피고가 받는 모든 혐의는 공공 기록의 일부가 되며, 사실로 증명되지 않더라도 피해를 볼 수 있다. 또한 원고에게도 나쁘게 작용할 수 있다. 원고가 다른 직장에 지원했을 때 배경 조사에서 소송 사실이 드러날 수 있다. 전 고용주를 고발했다는 이유로 어떤 사람을 고용하지 않는 것은 불법이지만, 많은 고용주가 이 기록을 보면 조용히 그 지원자를 떨어뜨릴 것이다.[54] 이것은 모두 소송을 제기할 때 원고의 고려 사항이 될 수 있지만, 결정권은 원고에게 있어야 한다. 현 고용주가 소송 제기로 말미암은 미래 고용주의 불법적인 차별로부터 '직원을 보호'하기 위해 강제 중재 협약에 서명하게 하는 것은 말이 안 된다. 이런 말과 같다. "네가 법정까지 가면, 앞으로의 고용주들이 불법적으로 그 정보를 이용할 수 있어. 그러니까 나를 법정에 세우는 걸 불가능하게 만들거야. 널 위해서지."

마이크로소프트는 성희롱에 대한 강제 중재 조항을 2017년에 없앴다.[55] 우버가 그 전례를 따랐고, 구글과 페이스북 등 많은 회사가 뒤를 이었다.[56] 반가운 추세다. 나쁜 소식은 약 6000만 명의 미국인이 여전히 강제 중재 조항에 묶여 있다는 것이다.[57] 당신의 회사에서 강제 중재를 없앤다면, 그만큼 세상을 조금 더 정의롭게 만들 수 있다.

9 | 조직 설계

CEO가 비행을 저지른다면?

회사에 이사회가 있다면, CEO의 잘못을 해결하는 것은 이사회의 책임이다. 애초에 이사회를 두는 이유 중 하나이기도 하다. 그러나 CEO에게 책임을 묻지 않거나 인사팀에 접수된 인사 규정 위반 신고를 잘못 처리했다는 이유로 이사회가 아닌 인사팀이 비난을 받는 경우가 많다. 권력을 가진 자에게 직언을 해야 한다는 말도 맞지만, 인사팀이 비난받는 것은 공정하지 않다. 상사를 조사한다는 것은 어려운 일이다.

이런 상황에서 회사들은 강력한 리더가 이끄는 준법 감시 기능이 필요하다. 준법감시팀은 감사위원회에 직접 보고하며, 필요하다면 CEO를 거치지 않을 수 있다. 내부 감사 기능은 동일한 이유로 동일하게 작동한다. 누군가 금융 비리, 괴롭힘이나 차별, 협박을 고발하고자 한다면, CEO가 문제일 때 CEO를 거치지 않고 갈 수 있어야 한다.

사기업보다는 상장 기업에서 이 방식이 잘 통한다. 작가이자 이사회 거버넌스 전문가인 담비사 모요(Dambisa Moyo) 박사는 다양한 이해관계자가 있는 상장 기업은 개인이 소유한 기업에 비해 투명하고 공개적으로 사회적·문화적 문제를 해결해야 할 의무가 훨씬 크다고 설명한다. 예를 들어 젠더 다양성, 임금격차, 기후변화, ESG(환경·사회·거버넌스) 관련 영역에서 상장 기업은 일반적인 사기업과 달리 조사와 보고의 의무를 부담한다.[58]

인사 부문의 리더는 CEO에게 직접 보고하고, 실제로 권한이 있어야 한다. 인사팀이 COO 아래로 들어가서 CEO와 최고경영진에 실제로 영향을 끼치지 못하는 경우가 너무 많다. 그러나 인사팀이 전략에 대한 의견을 낼 수 없으면, 인사 업무를 효율적으로 운영할 능력이 손상되면서 조직은 인사 기능에 대한 신뢰와 존중을 잃을 것이다. 또한 최고인재관리책임자(CHRO)는 CEO의 귀중한 파트너가 될 수 있다. CHRO가 CEO에게 직접 보고하게 하면 파트너십을 강화할 수 있다.

여기서 문제는 가장 큰 힘을 가진 이사회 구성원들이 책임을 피하기 가장 쉬운 자리에 있다는 것이다. 그래서 조직 구조가 의도적으로 CEO의 권한을 제한하도록 설계되어 있지 않으면, 그리고 이사회가 CEO에게 책임을 묻지 않을 때 법적 책임을 지지 않으면, 인사팀이 힘든 상황을 맞게 된다. 이사회는 CEO에게 책임을 물어야 하고, 인사팀을 지원해야 한다.

CEO가 자신의 권한에 도전하지 않고 책임을 묻지 않을 사람을 이사회 구성원으로 임명하는 회사가 너무 많다. 벤 실버먼(Ben Silbermann)이 핀터레스트의 이사회를 어떻게 선정했는지를 설명한 프랑수아 브루거(François Brougher)의 글에도 이 부분이 드러난다.[59] CEO는 또한 자신에게 책임을 물을 진짜 파트너보다는 자신을 섬길 인사팀을 뽑는다. 이렇게 구성된 인사팀의 조사는 핵심을 벗어난다. 수전 파울러가 우버에서 문제를 제기했을 때 인사팀이 어떻게 반응했는지 설명한 블로그 게시글이 이 부분을 잘 보여준다(7장 참고).

이사회가 없는 소기업도 있다. 술집, 레스토랑, 세탁소, 잡화점 등이 그렇고, 내가 만든 임원 교육 기업에도 이사회가 없었다. 소기업 업주들이 스스로 책임을 지는 방법은 무엇일까? 몇 가지가 있다. 첫째는 구성원들이 불만을 제기할 수 있는 옴부즈퍼슨을 위촉하는 것이다. 옴부즈퍼슨은 사업주의 멘토 등 큰 영향력을 미칠 수 있는 사람이어야 하며, 모든 직원에게 자신의 개인 이메일 주소나 전화번호를 줄 마음이 있어야 한다. 둘째는 CEO에게 문제를 제기하는 것을 두려워하지 않을 것이라고 전 직급에 걸친 구성원들의 신뢰를 받는 사람 두세 명으로 직원불만위원회를 구성하는 것이다.

커닝페이퍼

문 제	대 응 책

문 제

차별

선입견 / 편견 + 배제할 수 있는 권력

괴롭힘

따돌림 + 위협할 수 있는 권력

대 응 책

선입견 정량화

채용, 급여, 승진, 멘토링과 관련된 결정을
공정하게 만들 수 있는 요소를 측정한다

견제와 균형

단독 의사 결정을 할 수 없게 한다

7장

피해자와 조력자를 위하여

경력을 망치지 않고 차별, 괴롭힘과 싸우는 법

새 옷을 요구하는 사업을 경계하라 *

상사에게 옷차림이 마음에 안 든다는 말을 들은 적이 있다. 내 패션 센스가 실제로 부족하기도 했고, 피드백에 열린 모습을 보여주고 싶어서 새 옷을 몇 벌 샀다. 그러나 아직 부족했다. 상사는 내게 상의도 하지 않고 팀의 다른 여자 직원을 보내 옷을 사왔다. 나는 딱 달라붙는 청바지, 어깨에서 미끄러져 내려와 브래지어가 보이는 셔츠와 앙증맞은 빨간 슬리퍼를 받았다. 몸도 마음도 불편한 옷이었다. 마지막으로 남자 재킷을 대충 여자 몸에 맞춘 듯 롤업 소매와 허리선이 있는 여성용 재킷이

---

* 헨리 데이비드 소로, 《월든(Walden)》.

있었다. 그리고 전혀 입고 싶지 않은 옷들에 대해 입이 떡 벌어지는 청구서를 건네받았다.

나는 그 노출이 있는 셔츠를 몇 번 입은 끝에 다시는 입지 않기로 했다. 딱 붙는 청바지를 입으니 끔찍한 복통이 왔고, 슬리퍼는 발이 아팠다. 나는 타협의 표시로 재킷을 입었다. 하지만 그 옷을 좋아하지는 않았다.

그러나 내 일은 좋아했다. 매력적인 프로젝트가 많았다. 세상에서 가장 좋아하는 두 사람과 소규모 팀에서 일하고 있었다. 그래서 옷 사건을 그냥 받아들이고 돈을 냈다. 오랜 친구에게 이 이야기를 하면서 상사가 날 도와주려던 것이라고 합리화했다. '미친, 무슨 소리야?' 친구는 아직도 그 일로 나를 놀린다.

몇 달 뒤 상사는 사무실에 나를 불러서 다른 팀 동료인 잭과 관계를 회복해야 한다고 말했다. 그가 내 '소통 스타일'에 화가 났다는 것이었다. 나는 상황을 파악하려고 몇 가지 물었지만, 상사는 정확히 내가 무엇을 잘못했는지 설명하지 못했다. 그는 능력-호감도 선입견 때문일 수도 있겠다고 크게 혼잣말을 했다. 당시 그것이 무슨 말인지 몰랐던 내게, 그는 여자가 능력이 있을수록 주변 사람들의 호감도가 떨어진다는 연구 결과를 설명했다.[1] 나는 잠시 그가 잭에게 이 이야기를 하며 선입견을 지적할 거라는 희망을 품었다. 그런 일은 없었다. 반대로 내가 '객관적으로' 호감이 가지 않는 사람인 것이 문제라고 했다. 나는 상처받았다.

이 모욕의 충격이 가시기도 전에, 상사는 잭이 나에 대해 또 다른 문제를 지적했다고 말했다. 팀 동료 둘과 내가 친밀한 업무 관계를 유지해서 잭이 소외감을 느꼈다는 것이다. 잭은 우리 팀이 아니었지만, 우리

　　　　　　　　　　　　　2부 | 권력에 견제마저 없다면

팀에 오고 싶다고 했었다.

이제 정말 혼란스러웠다. 그래서 지금 '문제'는 내가 객관적으로 호감도가 떨어진다는 것인가, 아니면 지나친 호감을 받고 있다는 것인가? 나는 실제로 상사가 말한 동료들과 가까웠다. 둘 다 10년 이상 알고 지낸 사람들이었다. 한 사람은 나를 그 회사에 추천했고, 다른 한 사람은 내가 회사에 추천했다. 청바지 사건 이후에 내가 회사를 그만두지 않은 이유도 바로 그 사람들이었다.

"어쨌거나, 그래서 내가 너무 힘들어." 상사가 결론을 내렸다. 잭이 내 얘기를 하는 게 지긋지긋하다는 것이었다. "그냥 좀 잘 대해줄 수 없어? 패션 조언도 좀 얻고." 상사의 말을 나는 이렇게 해석했다. "내가 그렇게 애써서 구해다 준 옷을 왜 안 입어?"

그래서 잭과 점심을 먹었고, 그는 바로 쇼핑을 가자고 제안했다. 길고 딱 붙는 청바지를 입어야 다리가 예뻐 보이고 키도 커 보인다며. 잭은 게이였다. 내게 작업을 거는 건 아니었다. 상사가 시킨 일이라는 예감이 들었다. 내게 직접 말하고 싶지는 않았던 것이다. 게다가 상사의 말과는 달리, 잭은 내게 악의가 없었다. 잭과 나를 싸움 붙여서 상사와 그의 문제를 덮으려 한 게 아닌가 싶었다. 그렇게 둘 수는 없었다.

"저기, 난 최근에 쌍둥이를 출산했어요. 나는 산후의 몸을 보여주지 않을 권리가 있어요. 스키니진은 입지 않을 거예요." 나는 내 옷장 이야기 말고 다른 이야기로 넘어갈 수 있길 바라며 말했다. 그 대신, 나는 어떤 프로젝트 이야기를 꺼냈다. 그의 의견은 늘 굉장한 도움이 되었다. 내 청바지 이야기에서 벗어나자 유대를 형성할 수 있었다.

나는 상사에게 잭과의 관계가 좋아졌으며, 아무 문제가 없다고 말했다. 하지만 한 달 후, 상사는 다시 나를 사무실로 불렀다. "자네의, 음, 문제에 대한 해결책을 찾은 것 같아." 그가 말했다.

내 직급을 내리면 잭이 위협을 느끼지 않고, 내 팀에 오고 싶다고 조르지 않을 거라는 것이다.

뭐라고? 이 말도 안 되는 합리화는 뭐지? 호감도-능력 선입견 때문에 내 직급을 낮추겠다고? 단지 그래야 잭이 원하는 직책을 주지 않는 걸 설명하기 쉽다는 이유로?

마침내 나는 입을 열었다. 내 '문제'에 대한 그의 '해결책'에 반대한다고. 상사는 내가 좌천되는 데 '객관적인' 근거가 있다고 했다. 팀 동료 두 사람과 최근 고용한 한 사람에게는 박사 학위가 있었지만 내게는 없었다. 나는 채용 당시에도 내게 박사 학위가 없었다는 점을 지적했다. 그것이 이 직책의 필수 요건이었다면, 나를 채용하기 전에 말했어야 했다.

"그래, 그 말도 일리가 있네." 미팅은 그렇게 끝났다.

나는 사무실로 돌아가서 멘토 두 사람에게 연락했다. 첫 번째 멘토는 실리콘밸리의 유명 CEO였는데, 법적 절차를 밟게 될 수 있으니 지금 일어나는 일을 기록하라고 조언했다. 다른 멘토는 경험이 많은 기술 분야의 임원이었는데, 정반대의 조언을 했다. "그냥 이직해. 경력 망치지 말고."

나는 후자의 조언을 따랐다. 지금 생각해 보니 후회가 된다. 당시 나는 선택권을 많이 쥐고 있어서 '경력을 망칠' 위험은 생각보다 적었을 것이다. 실제로 경력에 지장이 생긴다고 해도, 나는 일할 곳이 없었던 적이 없었고 남편도 그랬다. 무슨 일이 있어도 저녁 식탁에 음식을 올려놓을 수는 있었을 것이다. 솔직히 말하면 내가 원한 건 안정이 아니었다. 더 위로 올라가고 싶었다. 내가 이 거지 같은 상황에서 벗어나 더 나은 직장을 구할 수 있는데도 남아서 정의를 위해 싸워야 하는가? 싸울 이유가 없다는 생각이 들었다. 나는 조용히 떠났다.

당시 나는 가장 현명한 선택을 했다고 생각했지만, 이제 보니 미래의 보상을 약속하며 사람을 침묵하게 하는 부당한 사회 시스템에 순응한 것이었다. 나는 문제에 정면으로 대응하는 것이 좋다고 생각한다. 그리고 문제를 일으킨 사람이 그 문제를 해결할 수 있도록 내가 진심으로 돕고 싶은 마음을 보여주어야 한다고 생각한다. 이것이 지독한 솔직함이다. 그러나 지독한 솔직함 대신, 나는 이직의 이유를 대충 설명했다. 상사가 알아듣지 못한 것이 분명했지만, 꼭 이해시키려고 하지도 않았다.

피해자로서 싸울 때를 고를 권리는 전적으로 내게 있다. 그러나 시간이 지나면서 나는 침묵이 내 자존감과 주체성에 손상을 입힌다는 사실을 알게 되었다. 나 스스로를 위해서 더 단호하게 부정의에 대응했더라면 좋았을 거라고 생각한다. 더 나쁜 것은 내 침묵 때문에 나보다 더 취약한 비주류 집단 사람들의 지지자가 없어졌다는 사실이다. 다른 사람을 위해서도 내가 상황을 효과적으로 문제 삼는 편이 좋았을 것이다.

나는 몇 년 뒤 세라 쿤스트(Sarah Kunst)와 기술 분야의 여성에 대한 자문단을 할 때까지 이런 사실을 스스로 인지하지 못했다. 세라는 여섯 명의 여성들과 벤처캐피털리스트 데이브 매클루어(Dave McClure)의 성희롱과 성추행을 밝힌 참이었다. 이 일은 기술 업계의 초기 미투 운동으로 이어졌다.[2] 좌담회 전에, 나는 경력을 망치지 말라는 멘토의 조언을 세라에게 말해주었다. 다른 여성들에게도 이 조언을 전할 생각이었다.

"문제가 뭔지 알아요?" 세라가 말했다. "문제는, 사람들이 당신 말을 들을 거라는 거예요! 목소리를 낸 대가로 경력을 망치게 될 거라고 말하면 모두가 침묵을 지킬 것이고, 아무 것도 바뀌지 않겠죠. 절 보세요. 제가 경력을 망쳤나요?"

기술 업계에서 몇 안 되는 흑인 여성 리더인 세라는 친절하게도 분명한 사실 하나를 입 밖에 내지 않았다. 흑인인 그녀보다는 백인인 내가 문제를 공론화하는 것이 훨씬 더 안전하다는 것이다. 그녀는 성공을 위해 나보다 더 노력해야 했다. 그런데도 부유하고 권력 있는 남자의 성 착취를 고발하기 위해 개인적인 위험을 기꺼이 떠안았다. 그렇게 함으로써 이 세상은 조금 더 정의로워졌고, 세라는 살아남는 정도가 아니라 성공했다. 그녀는 이미 갖고 있던 〈마리클레르〉지의 수석 편집장 직책을 유지하면서 벤처캐피털 펀드의 임원이 되었다. 어떤 기준으로 봐도 엄청난 성공을 거두었다. 나는 성희롱과 성폭력에 정면으로 맞선 여자가 경력을 망친 적이 없다고 말하는 것이 아니다. 많은 여성의 경력이 무너졌다. 그러나 우리가 위험을 지나치게 크게 생각하는 것도 사실이다. 부정 편향 때문이다. 불리한 점을 생각하기보다 이점을 낙관함으로써 더 적극적으로 부정의에 맞설 수 있을 것이다.

직장에서 부당한 사건을 겪은 사람은 누구나 상사의 행동에 맞서지 않는 수많은 '이유'를 안다. '계란으로 바위 치기다.' '질 게 뻔하다.' '이제까지의 모든 실수가 현미경 밑에 놓일 것이다.' '골칫거리라는 평판이 자자해져서 다시는 채용되지 않을 것이다.'

그러나 내가 침묵한 가장 큰 이유는 남아서 싸워도 손익이 맞지 않아서였다. 최소한, 그때는 그렇게 생각했다. 나는 꽤 쉽게 연봉이 더 많은 다른 직장으로 옮길 수 있다는 확신이 있었고, 반면 훨씬 고된 법적 절차를 밟으면 승소하더라도 합의 정도로 끝날 것 같았다. 그 합의금을 받느니 그 시간에 일해서 버는 돈이 더 많을 것이다. 나는 이제 이것을 '특권의 황금 재갈'이라고 부른다.

길가에 서서 100명에게 물어보자. "질 것이 뻔한 소송을 하느라 2년을 보내시겠어요, 아니면 노후와 자식들 교육비를 보장해 줄 스톡옵션을 제공하는 스타트업에서 즐겁게 일하시겠어요?" 후자의 기회를 걷어차고 내 편이 아닌 법률 시스템 안에서 싸우겠다는 영웅은 거의 없을 것이다.

다시 말해, 방정식에서 정의를 빼고 수익률만 계산하면, 결정은 어렵지 않다. 그러나 어떤 결정은 비용과 편익만으로 내릴 수 없다. 자본주의는 측정할 수 있는 것을 보상하는 데 탁월하지만, 우리가 가치 있게 여기는 것을 보상하는 데는 서툴다.

세라 역시 투쟁을 선택하면 투자 대비 효율은 좋지 않았다. 그런데도 그녀는 자신의 가치를 위해 싸우기로 결정했다. 내가 이 책을 쓰는 데는 세라의 사례도 크게 영향을 미쳤다. 우리가 목소리를 내기 좋은 때를 기다린다면, 영원히 기다리기만 할 것이다. 리더들이 자신의 선입견을 스스로 해결하길 기다린다면, 공정한 업무 환경은 요원한 일이 된다.

몇 년 후 2020년 여름, 프랑수아 브루거가 심각하게 성차별적인 이유로 핀터레스트의 COO에서 해임되었을 때, 그녀의 곤경[3]은 너무나 익숙하게 느껴졌다. 핀터레스트의 인종차별과 성차별은 프랑수아에 앞서 이페오마 오조마(Ifeoma Ozoma)와 에리카 시미즈 뱅크스(Aerica Shimizu Banks)가 폭로한 바 있다.[4]

세 여성 모두에게 자신의 이야기를 공개하는 것은 매우 위험하고 어려웠다. 프랑수아는 자의로 회사를 그만두는 척하면 엄청난 보상을 받

선입견 편견 따돌림 ⚡ 피해자, 조력자& 차별 괴롭힘 신체적 침해

291

을 수 있었다. 핀터레스트가 제시한 굉장한 액수의 위로금을 받을 뿐 아니라, 그 후로도 다른 회사의 최고경영진이 되거나 이사회에 앉을 수 있었다. 그러나 공개적으로 나서면 그런 기회는 대부분 사라질 수 있다. 그런데도 프랑수아가 자신의 이야기를 공개해 주어서 우리 모두에게 다행한 일이다.

프랑수아는 현실적인 리스크를 감수했다. 그녀가 자신의 이야기를 공개하기 직전에 한 헤드헌터가 내게 이사회 구성원을 추천해 달라고 했다. 나는 프랑수아를 추천했다. 프랑수아의 이야기가 세상에 나온 뒤 그는 내게 메모를 남겼다. "프랑수아가 부당함을 밝힌 건 잘한 일이지만, 앞으로 후보자로서의 입지는 곤란해졌습니다."

나는 답했다. "이사를 찾고 있는 회사에 조언하고 싶네요. CEO에게 책임을 물을 수 있는 이사가 필요하다면, 프랑수아는 확실히 그 일을 할 수 있을 겁니다. 비주류 집단 구성원에게 피해를 주었던 시스템의 부당함을 해결할 의지를 보여주고 싶다면, 프랑수아를 고용하면 됩니다. 기술을 이해하는 사람이 필요하다면, 기술을 어떻게 만들고, 적용하고, 팔고, 관리하는지 프랑수아보다 더 잘 아는 사람은 없습니다. '내부 사정을 떠벌리는 사람을 고용하고 싶지 않다'는 헛소리는 사라져야 합니다. 당신의 회사는 어떤 모습을 보여주려는 건가요? 조직적 용기인가요, 조직적 배신인가요?" 반응이 어땠냐고? 답은 오지 않았다.

나는 헤드헌터를 비난하지 않는다. 그러나 헤드헌터가 일하는 회사의 리더들은 책임을 피할 수 없다. 리더들이 부정의에 대항하여 목소리를 낸 사람, 즉 공정한 직장을 만드는 과정에 도움이 될 사람을 채용하기 위해 경쟁하는 대신 조용히 이런 후보자를 거부한다면, 직장의 불평등을 영구화할 뿐이다.

이 장에서 나는 나 자신조차 하려 하지 않았던 일을 당신이 '해야 한다'고 말하지 않을 것이다. 그보다는 내가 선택의 순간에 명료하게 알았다면 좋았을 선택지의 목록을 제공하려 한다. 정량화할 수 있는 부분과 보이지 않는 가치를 고려하여 찬반을 검토할 방법을 알려주고 싶다.

괴롭힘이나 차별을 맞닥뜨린 피해자, 또는 그런 일을 겪는 사람의 조력자는 화가 나고 혼란스럽다. 당연한 일이다. 전술과 전략을 결정하기 전에, 시간을 두고 당신이 겪는 일에 공감할 사람, 상황을 똑바로 보는 데 도움이 될 사람을 찾아보라.

피해자나 조력자에게 다음 세 단계의 사전 준비를 추천한다.

1. 문서화하기

2. 연대하기

3. 가장 가까운 출구 알아두기

자신이 취할 태도를 정하고 대응하기로 결정했다면, 상황에 따라 사태를 공론화할 수 있는 네 가지 선택지가 있다.

4. 가해자와 직접 이야기하기

5. 인사팀에 보고하기

6. 법적 절차 밟기

7. 내 이야기 공개하기

조력자라면 마지막 두 단계는 직접 할 수 없지만, 피해자가 이 단계를 밟도록 도울 수는 있다.

이제 각 단계를 설명하려 한다. 그전에, 다음 내용은 당신이 해야 할 일을 설명하는 것이 아니라 알아야 할 부분을 알고 주도적으로 결정하도록 도울 목적으로 이야기한다는 것을 강조하고 싶다. 당신이 어떤 결정을 내리든 지지하는 사람이 있다는 것을 알고 덜 외로웠으면 좋겠다.

1 | 문서로 기록하라

차별이나 괴롭힘을 겪거나 목격했다면, 특히 가해자가 직책이 더 높다면, 소송을 걸거나 인사팀에 보고할 생각이 없더라도 사건이 발생할 때마다 문서로 남겨라. 매일 잠깐씩 시간을 들여 무슨 일이 일어났는지 기록하라. 내키지 않는다면 일기처럼 기분을 써둘 필요는 없지만, 적어둬도 무방하다. 최대한 명확하게 사실을 기록하라. 문서화에는 세 가지 효과가 있다. 첫째, 피해자에게 관점이 생기므로 주체성의 감각을 회복할 수 있다. 둘째, 실제로 어떤 일이 일어났는지 확신할 수 있어 무방비하게 가스라이팅을 당할 확률이 낮아진다. 셋째, 선택권이 생긴다. 문서화는 소송을 제기하거나 사실을 공개할 때 귀중한 자료가 된다.

가능할 때마다 시간과 장소를, 누가 어떤 말을 하고 어떤 행동을 했는지, 누가 그 자리에 있었는지 기록하라. 완벽해야 한다고 생각할 필요는 없다. 첫 단계일 뿐이다. 다음은 간단한 사례를 제시하기 위해 스키니진 상사와의 경험을 문서화한 것이다.

- 1월 20일: 상사가 내게 옷 좀 잘 입으라고 말했다.
- 1월 22일: 새 옷을 샀다(영수증 첨부).
- 1월 24일: 상사가 동료를 시켜 나를 위한 새옷을 샀다. 꽉 끼는 스키니진, 노출이 있는 셔츠, 불편한 신발, 재킷. 회사 예산으로 값을 치렀다고 했다(그날 밤 대학 시절 룸메이트와 이 사건에 대해 대화를 나눴다).
- 1월 27일: 상사가 옷값을 회사에 변제하라고 했다(수표 사진 첨부).
- 2월 14일: 상사가 내게 객과 관계를 개선하라고 요구했다. 능력-호감도 선입견 때문일 수도 있겠다고 이야기한 뒤, '객관적으로 호감도가 떨어진다'는 결론을 내렸다(그날 밤 울면서 이야기한 것을 남편이 기억한다).[5]
- 3월 18일: 상사가 객과의 관계 개선을 이유로 내 직급을 강등하겠다고 제안했다(동료에게 이에 대해 이야기했다).

문서화할 때 생각할 부분이 또 있다. 기록하는 사실 중 다른 사람이 증언해 주거나, 어떤 종류든 문서로 입증할 수 있는 부분이 있는가? 예를 들어, 새옷의 영수증 사진을 찍어 개인 구글 드라이브에 저장해 둘 수 있다. 같은 폴더에 내가 옷값을 치르기 위해 회사에서 발행한 수표 사진도 보관한다. 또 상사가 그 옷을 가져다준 날 나는 대학 룸메이트에게 전화해 사건을 이야기했다. 이런 메모도 중요하다. 2월 14일 미팅에 대해서는 남편에게 말했다. 밸런타인데이 저녁 만찬을 망쳤기 때문에 남편은 분명 기억할 것이다.

누군가 협박 문자, 이메일, 사진, 영상을 보낸다면 스크린샷을 찍고 당신이 관리하는 곳에 저장하라. 직장 컴퓨터에 정보를 저장하면 안 된다. 직장 컴퓨터에 보관된 모든 문서는 개인적인 일기까지도 고용주에게 귀속된다. 개인 이메일 계정으로 보내거나, 집 컴퓨터 또는 외부 저장 매체에 저장하거나, 구글드라이브·드롭박스 계정에 업로드하자(그 밖에 개인적으로 사용하고 관리하는 저장 기술이면 무엇이든 괜찮다). 단, 회사의 기밀이거나 자산에 해당하는 정보는 개인 계정에 저장하면 안 된다. 즉각적인 해고의 근거가 될 수 있다.

직장 컴퓨터로 위 작업을 할 수 없다면 휴대전화로 사진을 찍고, '사건 당시에 작성된' 정보임을 입증할 수 있도록 신뢰할 수 있는 사람에게 보내라. 나에게 소송을 하라고 조언한 멘토는 무슨 일이 일어날 때마다 자신에게 이메일을 보내라고 했고, 나는 그 말을 따랐다. 또는 친구나 신뢰할 수 있는 동료에게 말하고 대화 내용을 이메일로 보내어 '사건 당시에 작성된' 정보를 만들 수 있다.

2 | 연대하라

괴롭힘과 차별을 당하면 고립된 느낌이 든다. 그러나 이런 일을 경험하고 있다면, 당신은 혼자가 아니다. 그 어느 때보다도 당신이 겪는 일을 이해해 줄 다른 사람에게 손을 뻗어야 할 때다.

내가 직장에서 최악의 경험을 하는 내내 친구들은 내 곁에 있어 주었다. 무슨 일이 있었는지 설명하면, 친구들이 피드백과 가스라이팅을 구별해 주었다. 내가 정말 부당한 취급을 받았을 때와 단순히 운이 나빴을 때를 알게 해주었다. 내가 아니라 상사가 잘못된 경우를 알려주었다.

친구들은 감정적으로만 지지해 준 것이 아니다. 정보를 주고, 일자리를 소개해 주고, 나를 무장시켰다. 우리는 서로 연봉을 공개했고, 남자 동료들이 받는 금액을 알게 되면 그 정보도 공유했다. 상황이 너무 나빠져서 내가 직장을 그만두기로 했을 때 이직할 일터를 소개해 준 사람도 항상 친구, 멘토, 전 직장 동료들이었다.

차별이나 괴롭힘에 대응하면, '격한 반응'을 겪게 될 확률이 높다. 작가 케이트 만(Kate Manne)은 이 부분을 조명한다. "내가 단도직입적으로 솔직한 글을 쓰면 나는 격한 반대에 부딪혔다. 그러나 격한 반대와 함께 지지와 연대도 온다는 사실을 알게 되었다. 친구들과 팬들에게 감사드린다."[6]

개인 보험으로 감당할 수 있다면, 좋은 치료사가 매우 큰 도움이 될 수 있다. 그러나 치료사가 당신이 겪는 차별이나 괴롭힘 뒤에 있는 바로 그 선입견을 가지고 있을 수도 있으니 주의해야 한다. 치료사에게 지나치게 권위를 주어서는 안 된다.

몹시 외로울 때는 책을 읽으며 위안을 찾기도 했다. 클로디아 랭킨의 《시민(Citizen)》은 침묵하는 나 자신을 연민할 수 있게 도와주었다. 오드리 로드는 침묵이 나를 보호해 주지 않는다는 사실을 상기시켰다. 티나 페이(Tina Fey)의 〈보시팬츠(Bossy Pants)〉는 웃음이 어느 때보다 필요할 때 깔깔 웃게 해주었다. 영화는 보통 스스로 자신을 보호하는 여성이 불이익을 받으니, 마음을 위로하는 영화를 신중하게 고르자. 〈나인 투 파이브(9 to 5)〉는 카타르시스를 주는 멋진 영화였다. 또한 온라인에는 린인(Lean In)이나 미트업(Meetup)처럼 전문적인 조직과 여성 연대가 많이 있다. '나와 가까운 여성 네트워크 그룹'을 구글에서 검색할 수도 있다.[7]

강력한 권력이 없어도 변화를 시작할 수는 있다

차별 문제를 해결하는 변화를 시작하기 위해 구글의 수석 부사장이거나 대학 총장일 필요는 없다.

로런 이어리(Lauren Yeary)는 콜게이트대학교 2학년 때 컴퓨터공학 강의를 듣기로 했다. 좋아하는 과목이었지만, 문제가 하나 있었다. 컴퓨터공학 입문 수업에는 여자가 너무 적었고, 혼자만 여자일 때도 있었다. 이는 많은 여학생이 컴퓨터공학 과목 수강을 포기하는 이유이기도 했다.

로런은 사회생활이 어렵다는 이유만으로 즐겁게 할 수 있고 보수도 높은 일을 포기할 생각이 없었다. 그러나 절대적인 소수 집단으로 외롭게 지내는 것도 싫었다. 로런은 다른 사람들을 컴퓨터공학 전공으로 끌어들이려 노력했고, 여성컴퓨터공학클럽(Women in Computer Science, WiCS)을 만들었다. 로런이 졸업할 때쯤, 콜게이트대학교 컴퓨터공학부에 등록하는 학생의 여성 비율은 30%를 훌쩍 웃돌았다.[8]

소프트웨어 기업들이 극단적인 성비 불균형에 대해 손을 놓고 무력하게 변명('이건 인재 수급 문제라서 우리 잘못이 아니고, 할 수 있는 일이 없다.')으로 기나긴 시간을 낭비하는 사이, 로런은 작은 변화를 시작했다. 그녀의 노력이 열매를 맺으면서 대학 행정에도 변화의 가능성이 제시되었다. 여성이 남초 전공에 입학하고 남성이 여초 전공에 입학하기 편하도록 각

대학에서 의식적이고 선제적인 노력을 기울이면 어떨까?

피해자: 정보를 요청하라

정보 공유는 연대를 형성하고 지지하는 데에서 큰 부분을 차지한다. 나는 내가 다니던 회사에 합류하려는 전 직장 동료에게 내가 받은 채용 제안서를 공유했다. 우리는 같은 직급이었지만, 나는 그가 제안받은 연봉이 내 연봉보다 높을 거라고 확신했다. 그의 연봉이 궁금했지만, 막상 확인하면 화가 날 것 같아서 물어보기 망설여졌다. 결국 나는 연봉제안서를 보여달라고 요청했고, 그에게 제시된 연봉이 나와 거의 비슷하다는 사실을 알게 되었다. 나는 그 정보에 해방감을 느꼈다. 망설임을 이기고 물어보아서 다행이었고, 정보를 공유해 준 그에게 감사한다.

조력자: 정보를 공유하라

다른 사람이 누리지 못하는 혜택을 누리고 있다면, 부당하게 더 많은 돈을 받고 있다면, 죄책감을 느끼며 가만히 있지 말라. 당신의 특권을 이용해 부정의를 개선하라. 예를 들어, 배우 제시카 채스테인(Jessica Chastain)은 함께 공연하는 옥타비아 스펜서(Octavia Spencer)가 관행을 이유로 자신보다 훨씬 적은 돈을 받는다는 것을 알고 다음에 함께 출연하게 되면 출연료 협상을 함께 하자고 제안했다. 채스테인은 약속을 지켰다. 유색인종 여성인 스펜서는 그때까지 수년간 적은 출연료를 받고 있었다.[9]

6장에서 논의했듯이, 고용주가 의식적으로 비주류 집단에 적은 금액을 주려고 마음먹지 않을 때조차 임금 격차는 항상 존재한다. 당신과 함께 일하는 비주류 집단의 직원은 전 직장에서 급여를 덜 받았기 때문에 당신보다 적은 돈을 받는다. 비주류 집단의 동료를 고용한 당신의 상사는 '시세'대로 지급한 것이 차별을 반영하고 강화하는 행동이라는 사실을 인식하지 못했을 수 있다. 물론, 문제를 제기하려면 동료의 임금이 당신에 맞춰 오르는 대신 당신의 급여가 동료와 같게 깎일 위험을 감수해야 한다. 상사는 화가 나서 방어적으로 나올 수 있다. 조심스럽게 접근해야 한다.[10]

상사에게 직접 이야기하는 것이 계란으로 바위 치기 같다면, 집단적인 운동에 합류할 수 있는지 찾아보라. 조직 내, 또는 산업군 내의 많은 사람과 모여 정보를 공유할 수 있다면, 소외되거나 보복을 당할 위험은 훨씬 낮아지고, 집단행동을 통해 큰 영향력을 행사할 가능성은 훨씬 커진다. 임금 평등을 위한 사회운동을 지지하면 근본적으로 한 발 더 나아갈 수 있다.

도움을 청하라

멘토가 경력 초기에 귀중한 조언을 한 적이 있다. 그는 도움을 청하는 것이 동냥과는 매우 다르다고 했다. 도움을 청하는 것은 투자를 요청하는 것과 같다. 일회성으로 끝나지 않는 선물이다. 당신을 도와주는 사람은 당신의 성공에 투자한 것이고, 앞으로도 당신이 필요할 때 또 도움을 줄 가능성이 크다. 도움을 받는 것은 도와준 사람에게 빚을 지는 것이 아니다. 그러나 도움을 받은 사람은 다른 사람에게 선행을 나눌 의무가 있다.

　도움을 요청하는 최고의 방법은 간단하다. 누군가가 당신을 위해 해 줄 수 있는 구체적인 일을 찾아라. 커피를 마시자거나 점심을 먹자고 하지 말자. 바쁜 사람에게 15분을 내달라는 것은 큰 부탁이다. 상대방에게는 상대적으로 쉽지만 당신에게는 큰 가치가 있는 일을 찾아라. '상대에게는 적은 노력/당신에게는 큰 가치'는 반드시 기억해야 할 황금률이다. 그러나 너무 감해서 생각할 필요는 없다. 당신을 위해 큰 노력을 기울일 사람도 있을 것이다. 사람들은 놀라울 정도로 관대해지기도 하니까.

　차별이나 괴롭힘을 겪는 비주류 집단은 어떤 방식으로 도움을 받을 수 있을까?

● 구체적인 결정에 대해 멘토에게 조언을 구한다. 어떻게 하면 가장 효율적인 방법으로 결정을 설명할지 미리 생각하라. 생각하는 과정을 멘토에게 맡겨버리면 안 된다. 정리해서 질문해야 한다. "저는 A를 할 수도 있고, B를 할 수도 있어요. 제가 생각하는 장단점은 이러이러합니다. 제가 고려해야 할 다른 부분이 있을까요?"

● 승진에 유리한 다른 팀에 배치되거나 중요도가 높은 프로젝트에 포함되게 해달라고 선배 사원에게 도움을 청한다.

● 선배 사원에게 승진을 지지해 달라고 부탁한다.

● 차별이 심하지 않은 회사의 일자리를 소개해 달라고 부탁한다.

● 당신이 겪은 괴롭힘에 대해 믿을 수 있는 선배 사원에게 이야기하고, 경력을 망치지 않는 방식으로 고발할 방법을 찾는 데 도움을 청한다.

어려움의 기준점을 찾아라

구글의 엔지니어링 팀장인 메카 오케레케(Mekka Okereke)는 직무에 대해 충분히 인정받기 위해 조직의 상위 직급자에게 도움을 요청하는 방법에 관한 훌륭한 조언을 트위터에 올렸다. 조직에서 존경받고, 기준이 높은 것으로 알려져 있으며, 그와 동시에 객관적인 사람에게 도움을 청하는 것이 핵심이다. 엄격하지만 공정하다는 평판이 있는 사람이어야 한다. 당신이 하는 업무를 설명하고, 가끔씩 만나 프로젝트와 당신의 구체적인 역할에 대한 지도를 부탁하라. 이 사람은 당신이 공헌한 바를 구체적으로 증언해 줄 수 있는 '어려움의 기준점'이 되어줄 것이다. 회사 동료들이 당신이 한 일을 별것 아닌 것으로 취급하고, 해결한 문제를 쉬운 것이라고 가정하면(비주류 집단이 할 수 있다면 쉬운 일일 테니까!) 객관적으로 반대하며 당신이 해낸 일을 설명해 줄 것이다. 당신이 직접 어려운 일이었다고 주장하는 것보다 기준점이 되어주는 사람이 설명하는 것이 훨씬 효과적이다.[11] 이것은 큰 부탁이다. 사소하지 않다. 그러나 자기 경력이 확고한 사람들은 이런 종류의 멘토링을 즐겁게 생각하는 경우가 많다.

3 | 가까운 탈출구를 알아두어라

퇴사 후의 선택지에 따라 머물지 떠날지 판단이 달라질 수 있다. 그러니 가장 가까운 탈출구를 알아두어라. 내가 앞에서 이야기한 대학 졸업 후의 첫 직장을 그만두고 이직한 뒤에 몇 사람이 왜 자기 쪽에 연락하지 않았냐고 물어왔다. 내가 이직을 원한다는 걸 전혀 몰랐던 것이다! 나는 누군가에게 연락해 볼 생각을 하지 못했다. 벽에 부딪혔다고 느낄 때는 출구가 보이지 않을 수 있다. 사실은 문이 여러 개 있는데도.

상사에게 직접 이야기를 꺼내거나 인사팀에 이야기하는 등 공론화를 결정하면, 그 후 일어날 가능성이 있는 일들을 잘 생각해 보아야 한다. 공론화는 일종의 협상에 해당한다. 그리고 협상을 하기 전에는 '협상에 의한 합의가 불가능할 경우에 취할 최선의 대안(best alternative to a negotiated agreement, BATNA)'을 반드시 알아두어야 한다. 주위를 둘러보고 옮길 수 있는 일자리를 보아두면, 별안간 해고의 위협은 그다지 큰일이 아니라고 느껴진다. 주위를 둘러보았는데 현재의 직업이 유일한 선택지이거나 최고의 자리라면, 그 또한 얼마만큼의 리스크를 부담할지 결정하는 데 도움이 된다.

가끔은 BATNA가 변변하지 않은데도 직진해야 할 때가 있다. 위에서 설명한 모든 과정—발생한 사건의 문서화, 친구들의 지지 얻기, 도움 요청하기—이 주체적인 결정에 도움이 되길 바란다.

다른 직장이 정해지기 전까지 일을 그만두지 말라는 일반적인 지혜를 맹신하면 안 된다. 내가 정말 아끼는 앨릭스는 존중을 모르는 상사가 괴롭히는 주류 판매점에서 일했다. 보통은 '다른 일을 얻을 때까지 그만두지 않아야' 맞을 것이다. 그러나 현 직장 때문에 화나고 의기소침한 상태에서 새 일자리 면접을 보기가 어려울 수 있다. 앨릭스는 일을 그만두고 승차 공유 서비스로 생활비를 벌며 상사가 준 충격에서 회복했다. 모든 사람에게 이런 대안이 있는 것은 아니지만, 벗어날 수 없다고 단정

짓기 전에 신중하고 창의적으로 고민해 보라.

직장 생활과 관련해 내가 뒤늦게야 알게 된 사실이 있다. 채용 제안을 받아들였는데 한두 달 뒤에 면접 시점에서 알 수 없었던 심각한 문제를 발견한다면, 특히 그 문제가 직장 불평등과 관련된 것이라면, 바로 그만둬도 괜찮다. 1년을 버티지 않아도 된다. 입사하고 바로 퇴사하면, 사람들은 당신보다는 회사에 무슨 문제가 있는지 의심할 것이다. 물론 몇 번 연속으로 채용 제안을 받아들이고 얼마 지나지 않아 퇴사한다면 당신이 안 좋게 보일 것이다. 그러나 새로운 직장이나 상사에게 소름 끼치는 문제가 있다면, 정신 건강을 위해서도, 나쁜 이력을 남기지 않기 위해서도 빨리 행동하는 편이 낫다.

진짜로 벽에 부딪힐 때도 있다. 일하려는 분야에서 최저임금이라도 지급하는 고용주가 단 한 명뿐이라거나, 가족 문제—부모가 내준 대학 등록금, 값비싼 의료보험이 필요한 가족—때문에 보수가 좋은 직장을 그만둘 수 없는 경우도 있다. 진짜로 출구가 없다면, 고통스럽겠지만 지금의 엿 같은 상황을 바꿀 수는 없으나 여전히 자유가 있다는 것을 잊지 말자. 어떻게 반응할지 선택할 자유가 있다. 이런 상황이라면 두 가지 매우 다른 책을 추천한다. 영감을 얻고 시야를 틔우려면 빅터 프랭클(Viktor Frankl)의 《죽음의 수용소에서(Man's Search for Meaning)》를 읽어보라. 실용적인 조언을 얻을 수 있는 로버트 서튼(Robert Sutton)의 《참아주는 건 그만하겠습니다(The Asshole Survival Guide)》도 추천한다.

조력자: 출구를 안내하고, 소개하고, 조언해 주어라

이 책의 서문에서 나는 다른 직장을 찾게 도와준 임원 에밋을 언급했다. 그는 내게 공정한 연봉으로 일하게 해줄 회사를 소개했고, 내가 차별과 괴롭힘, 더 심한 성추행까지 겪는 상황에서 벗어날 수 있는 자유를 주었다. 그가 소개한 회사의 면접을 보기 전에 훌륭한 조언을 해주기도 했다. 직전 연봉이 심각하게 적었으니 금액을 공개하지 말고, 그 대신 내가 기대하는 수준을 말해야 한다는 것이었다. 공정한 연봉을 주는 새로운 일자리에서 나를 존중하는 사람들과 일하면서 마음을 치유할 수 있었다. 에밋의 도움이 없었다면 과연 그 자리에 갈 수 있었을지 모르겠다.

당신이 조력자라면 에밋의 선례를 따르자. 차별이나 괴롭힘을 겪고 있는 사람에게 탈출구가 필요하다면 어떻게 도울 수 있을지 생각하자. 피해자가 사건에 대해 어떻게 생각하는지 확인하자. 피해자와 같은 느낌을 받았다고 말해주기만 해도 가스라이팅의 효과를 없앨 수 있다. 그 자체가 소중한 도움이다. 그리고 피해자에게 일자리를 제공할 만한 사람을 미리 소개해 주면 피해자의 BATNA는 극적으로 개선된다. 피해자가 유리한 고지에서 협상할 기회가 생길 것이다. 당신의 지인 중에 변호사나 코치 등 피해자에게 다른 시각에서 조언하거나 도와줄 사람이 있을 수도 있다. 이런 인맥을 소개해 주면 생명줄을 내려주는 것과 같다.

4 | 가해자와 직접 이야기하라

그냥 직접 말하는 편이 효과가 있을 때도 있다. 페이스북의 첫 여성 엔지니어인 루치 상비(Ruchi Sanghvi)는 자신의 연봉이 남자 동료들보다 적은 것을 알고 마크 저커버그(Mark Zuckerburug)와의 협상에서 이렇게 말했다. "동등한 연봉으로 올려주세요. 일하면서 이 부분을 신경 쓰고 싶지 않아요. 그러면 회사에도 좋지 않겠죠. 전 건설적인 일만 생각하고 싶습니다."[12] 루치는 동료들과 공평한 보상을 받는다면 행복할 뿐 아니라 일도 더 잘할 수 있다는 사실을 본능적으로 알고 있었다. 적절한 보상을 받으면서 그녀는 일에 집중할 수 있는 자유를 얻었다.

나는 직장에서의 불공정에 좌절한 사람들을 수없이 멘토링했다. 비주류 집단의 사람을 더 고용하려는 현실적인 노력이 부족하고, 비주류 집단의 커리어 성장이 눈에 보이게 느리고, 고위 리더들이 선입견과 편견을 반영하는 발언을 하고, 괴롭힘과 차별이 있는 직장에서 비주류 집단의 사람들은 언제라도 달아날 준비가 되어 있었다.

나는 묻는다. "상사와 이야기해 보면 어때요? 어차피 한 발은 문을 나섰잖아요. 해고되는 게 무섭지 않을 텐데, 왜 말도 꺼내보지 않나요?"

"굳이 왜 그래야 해요?"

"지금 일을 계속 하고 싶어요, 옮기고 싶어요?"

"지금 일이 더 좋아요."

"하지만 부당한 상황이 계속된다면 옮길 거고요?"

"맞아요."

"그리고 아무 말도 안 하면 아무것도 바뀌지 않겠죠. 그렇다면……?"

많은 사람이 어색한 대화를 하고 싶지 않아서 포기한다. 이 문제를 해결해 주지 않은 상사가 당신에게 충분한 관심이 없다는 것은 분명하다. 그렇다면 실망, 심지어 모욕을 더 감내할 이유가 있는가? 이런 정면 대립의 상황은 개인마다 매우 다르다. 당신만의 장점과 단점, 비용과 편익 목록을 만들어야 한다. 다음은 내가 나를 위해 만든 목록이다.[13]

비용/리스크	편익
더 이상 부정할 수 없다. 문제에 정면으로 부딪치면 현실이 된다.	하지만 이미 현실이다. 그리고 정면으로 부딪치는 것은 현실을 바꿀 유일한 희망이다.
시간	아무 말도 하지 않은 나에게 화가 나서 새벽 세 시에 일어나는 것 역시 시간 낭비다.
감정 노동: 나는 이 과정을 견디길 원하는가?	반드시 해야 하는 것은 아니다. 하지만 문제를 해결하지 않고 신뢰할 수 없는 사람과 계속 일하는 것 역시 감정적인 낭비다. 내가 직면한다면, 나의 주체 의식과 자존감이 커질 것이다. 감정 노동의 수익으로 나쁘지 않다.
보복 가능성이 있다.	내가 이 문제를 꺼내면 상대는 나를 해고하거나 내 평판을 해치려 할 것이다. 그러나 나는 다른 일자리를 구할 수 있다. 그리고 내가 침묵을 지키면 이 행동은 나에게도, 다른 사람에게도 계속되거나 심지어 악화될 것이다.
해결되지 않거나 상대의 대응이 나쁘면 이미 화가 난 것보다 더 화가 날 수 있다.	내가 대응하지 않으면 상황이 해결되거나 어차피 신뢰 부족으로 망쳐진 관계가 회복될 가능성은 전혀 없다. 이것 역시 나를 화나게 하고 주체 의식을 무너뜨릴 것이다.
감정적인 모습을 보이게 되고, 수치심을 느낄 수 있다.	감정적이어도 괜찮다. 상대가 내 감정을 받아들일 수 없다면, 그건 그 사람의 문제다.

5 | 인사팀에 보고하라

차별과 괴롭힘을 인사팀에 보고해야 할 중요한 이유가 몇 가지 있다.

먼저, 인사팀이 도움이 될 수 있다. 인사팀이 문제를 해결한다면, 새로운 직장을 찾거나 다른 조치를 취하는 시간과 노동력을 아낄 수 있다.

나는 운이 좋아서 내가 몸담았던 곳의 인사 부문 임원들과 긴밀한 관계를 맺고 있었다. 그들은 경력의 어느 시점에나 적용되는 훌륭한 조언을 해주고 직업적 성장을 도와주었다. 나는 동료들과 좋은 관계를 유지하고 사업이 번영하는 업무 환경을 만드는 것이 주요 관심사라서, 어떤 회사에서나 가장 흥미로운 영역은 인사 기능이라고 생각한다. 그러나 인사팀이 나를 괴롭히는 사람의 손아귀에 있다면, 악몽 같은 시나리오가 펼쳐진다. 나도 그런 일을 겪었다. 하지만 물론 항상 그런 것은 아니다.

인사팀이 도움이 되지 않을 수도 있다. 수전 파울러가 우버에 대한 블로그 포스트에서 설명한 것처럼 터무니없는 반응("그는 실적이 좋고 이런 문제 제기는 처음이니, 당신이 문제입니다.")이 나올 수 있다. 그래도 인사팀에 사건을 신고하는 것은 여전히 중요하다. 먼저, 이것은 증거가 된다. 결국 회사에 소송을 걸거나 사건을 공개할 생각이라면, 당신의 불만 사항과 그것이 어떻게 처리되었는지, 또는 처리되지 않았는지에 대한 기록을 남기는 것은 필수적인 첫 단계다. 문제가 해결되지 않는다면, 이 기록은 다음 조치를 취할 것인지 결정하는 데 필수적이다. 수전 파울러가 인사팀을 먼저 찾지 않았다면, 우버에서 당한 취급에 대한 블로그 포스트는 그 정도의 파급력이 없었을 것이다.

마지막으로, 인사팀에 보고하는 것은 당신에게는 도움이 되지 않더라도 다른 사람에게 도움이 될 수 있다. 스키니진 상사가 있는 직장을 그만두면서 가장 마음에 걸렸던 것은 회사의 다른 여자들도 그의 비뚤어진 성차별을 겪고 있었다는 점이다. 내가 그만두기 전에 이 문제를 신고했다면 회사로서도 그 이후에 불만이 제기되었을 때 대충 넘길 수 없었을 것이다. 나는 다른 일을 구했고 어차피 퇴사할 생각이었으니, 큰 어려움 없이 인사팀에 신고할 수 있었다.

퇴사자 인터뷰

퇴사자 인터뷰는 당신이 떠나는 이유를 정확하게 회사에 말할 수 있는 적절한 순간이다. 물론 돌이킬 수 없는 관계가 되고 싶지는 않을 것이다. 그러나 회사에 있는 동안 말하기를 주저했던 당신의 시각을 공유할 수 있는 기회다. 실제로 경험한 일을 진술하고 괴롭힘이나 차별을 설명할 수 있다. 또한 인터뷰를 진행하는 사람에게 당신이 업무 환경 때문에 떠난다는 사실을 이해시킬 수 있다. 소송을 제기할 의도는 없지만 남아 있는 직원들의 환경이 더 나아지길 바란다는 점도 짚어줄 수 있다. 이렇게 하면 회사의 비주류 집단에게 어마어마한 도움이 된다.

퇴사자 인터뷰를 솔직하게 하면 기밀 유지 협약에 서명하라는 요청을 받을 수 있다는 리스크가 있다. 압박을 받는다고 해서 서명하고 싶지 않은 내용에 서명하지는 말라. 퇴사 조건에 유의하자. 한시라도 빨리 떠나고 싶어서 서명을 했다가 몇 년간 재갈을 물고 지내는 사람들을 보았다. 기억하라. 당신은 언제나 회사에서 걸어 나올 권리가 있다. 어떤 것에 서명해야만 할 이유가 없다.

6 | 법적 절차를 고려하라

물론 법적 절차에는 상당한 리스크가 따르며, 무엇보다 시간과 감정적 에너지의 소모를 무시할 수 없다. 그리고 이 주장을 뒷받침할 근거는 없지만, 막대한 위자료를 받을 가능성은 로또에 당첨되는 것만큼이나 희박한 것 같다.

그러나 소송을 원하는지 의식적인 결정을 내리고, 여러 노무 전문 변호사에게 조언을 구하는 것이 전심전력을 다해야 하는 일은 아니다. 전문가와 상담함으로써 자신을 보호할 최선의 방법이 무엇인지, 소송에서 무엇을 원하는지, 그것을 얻을 수 있는지에 집중할 수 있다.

변호사 쇼핑을 하라

변호사를 고용하는 것이 너무 큰 일로 느껴질 수 있으며, 오히려 변호사 때문에 위협을 느끼는 상황도 비일비재하다. 그러나 훌륭한 변호사는 당신이 늘 원하던 끈질긴 아군이 될 수 있다. 실용적 조언과 감정적 지지, 시야를 넓히는 지혜를 제공해 준다. 직장 내 괴롭힘 문제를 마주한 사람들은 지식이 풍부하고 공감 능력이 있는 변호사와 상담하기 마련이며, 이 과정에서 대처 계획을 세울 수 있다. 다양한 법률 회사가 당

신을 도울 자원을 가지고 있다.[14]

기억하라. 당신을 위해 일할 사람을 고용하는 것이다. 당신이 주도권을 가져야지 변호사에게 넘겨주면 안 된다. 변호사는 조언을 해주겠지만, 반드시 따르지 않아도 된다. 변호사의 자문에 따라 움직일지 무시할지는 직접 결정해야 한다.

한 명만 만나지 말고 몇 명을 만나본 뒤에 고용할 변호사를 결정하라. 그 첫 면담에 대해서는 고용주가 면접자에게 제공하는 비용 이상을 낼 필요가 없다. 어렵고 불편한 질문을 하는 것을 두려워할 필요는 없다. 변호사는 여기에 익숙하다. 당신의 시간을 존중하고, 당신에게 중요한 것이 무엇인지 이해하는 변호사를 찾아라.

많은 변호사가 성공 사례금을 받고 일한다. 소송에 이기거나 합의에 이르렀을 때만 비용을 받는다는 뜻이다. 이런 변호사들은 합의금의 일정 비율을 받기 때문에 그냥 합의하고 기밀 유지 협약에 서명하라고 당신을 압박할 수 있다. 기밀 유지 협약은 제약이 커서 당신에게 일어난 일을 누구와도 상의할 수 없다는 점에 주의해야 한다. 치료사나 배우자와도 말할 수 없다. 이 부분이 불편하게 느껴진다면, 변호사에게 입장을 분명히 밝히고 존중해 달라고 해야 한다.[15]

7 | 당신의 이야기를 공개하라

비용/리스크	편익
사건을 되새기는 것이 고통스럽다.	자기 인식. 사건에 대해 쓰면서 감정을 해소할 수 있다.[16] 기록하다 보면 고통스러운 경험에서 의미를 찾을 때가 있다.
사건을 쓰거나 이야기하는 것은 고통스럽고, 어렵고, 시간이 소모된다.	부당한 대우를 받은 경험을 안고 살아가는 것 역시 고통스럽고 시간 낭비다.
비난을 받고, 2차 가해를 받을지 모른다. '피해자 탓'을 당할 수 있다.	침묵 역시 2차 가해다. 부당한 비난을 받더라도 이야기를 했을 때 주체 의식을 더 강하게 느끼는 경우가 많다.
보복 가능성이 있다.	당신의 이야기를 공개하면 보복보다는 지지를 얻을 것이다. 당신이 겪었던 일을 겪는 다른 사람들과 연대할 수 있고, 친구들과 낯선 사람들의 지지를 얻을 수 있다. 차별과 괴롭힘을 겪는 다른 사람을 돕고 있다는 것을 알면 기쁜 마음이 든다. 연대감의 가치는 보복의 비용을 상회할 때가 많다. 게다가, 당신은 자신의 이야기를 어떻게, 누구와 공유할지 선택함으로써 보복에 노출되는 정도를 조절할 수 있다.
달라지는 것이 없을지도 모른다.	당신의 이야기를 공개한다면 가해자는 대가를 치르게 될 수도 있다. 그러나 침묵을 지키면 확실히 빠져나갈 것이다.

수전 파울러가 전 직장 우버에서 겪은 성차별과 괴롭힘을 자세히 서술한 블로그 포스트[17]를 올린 2017년, 기술 분야에서는 대규모 미투 운동이 일어났다. 그녀는 우버를 떠나 스트라이프(Stripe)에 둥지를 틀었다. 수전의 블로그 게시글은 전 세계적으로 입에 오르내렸고, 헤드라인

뉴스가 되었다. 결국 우버의 창업자이자 CEO인 트래비스 캘러닉은 자리를 잃었다. 그의 몰락에 많은 사람이 놀라고 기뻐했다. 유해한 업무 환경을 만든 리더가 이런 식으로 대가를 치른 일은 거의 없었기 때문이다.

수전의 게시글이 효과적이었던 이유는 회사에 구조적 성차별이 있었으며, 경영진이 이를 인정하기를 꾸준히 거부했다는 점을 냉정하고 사실적으로 설명했기 때문이다. 심리학자 제니퍼 프리드(Jennifer Freyd)가 조직적 배신[18]이라고 이름 붙인 현상이다. 당신이 소속된 조직이 ❶ 피해를 예방할 수 있었으나 그러지 않았으며, ❷ 피해자의 신고에도 힘이 되는 대응을 하지 못했을 경우 피해는 더 심해진다. '엎친 데 덮친 격'의 전형적인 사례다. 수전이 관리자의 괴롭힘을 고발하자 우버는 수전에게 불이익을 주고 관리자를 보호하는 조치를 했다. 조직적 배신이 피해자에게 2차 가해를 하면 사람들은 문제를 신고하지 않게 되고, 그러면 미래에 더 많은 피해자가 생기고, 결국 조직은 처음에 용기 있게 대응했더라면 보지 않았을 큰 피해를 보게 된다. 모두에게 나쁜 결론이다.

몇 달에 걸쳐 수전은 성희롱과 성차별의 구체적인 사례를 우버의 인사팀에 신고했다. 인사팀이 문제의 일부이지 해결책이 아니라는 것이 명백해진 뒤에도 수전의 시도는 계속되었다. 이것은 전략적이었다. 불법행위를 계속 보고하고 형편없는 대응을 문서로 기록하면서 그녀의 이야기는 설득력을 갖게 되었으며, 이는 우버에 진짜 변화를 일으킨 힘이 되었다. 공식적으로 불만을 제기하여 기록을 남기는 과정은 우버의 성별 불평등 문제가 얼마나 뿌리 깊은지 문서화하고 외부에 알리는 데 필수적이었다.

피해자, 취약성 그리고 스토리텔링

우리 사회는 전통적으로 피해자를 부당하게 취급했기 때문에, 많은 사람이 자신의 이야기를 공유하길 꺼린다. 피해자에 대한 온갖 잘못된 서사가 난무한다. 여기에 의문을 가져보자.

거지 같은 일은 일어난다. 가끔은, 거지 같은 일이 내게도 일어난다. 나도 어떤 상황에서 피해자가 될 수 있다. 그것은 내가 주체성을 잃게 되었다거나 미래에도 항상 피해자일 것이라는 뜻은 아니다. 내 이야기를 하는 것이 '피해자 행세'도 아니다. 브레네 브라운이 말했듯이, "취약성은 이기고 지는 것이 아니다. 결과를 통제할 수 없는 순간에 숨지 않고 나를 드러낼 용기를 갖는 것이다. 취약성은 약함이 아니다. 용기의 최고의 수단이다."[19] 그녀는 또 '용기'라는 단어의 어원을 설명한다. "용기는 진심을 담아 진정한 내가 누구인지 이야기하는 것을 의미한다."[20] 그래서 따돌림과 괴롭힘에 맞서는 가장 효과적이고 용기 있는 '너' 화법은 이것이다. "네가 내게 이런 짓을 했어. 그건 잘못된 거야."

고통을 표현하는 행위, 고통에 대응할 방식을 고르는 선택에는 주체성이 있다. 내가 피해를 보았다는 사실을 인정하는 데서 치유는 시작된다. 우리의 경험을 진짜라고 인정함으로써 우리는 주체성을 조금 회복한다.

커닝페이퍼

문 제	대 응 책
 차별 선입견 / 편견 + 배제할 수 있는 권력 --- **괴롭힘** 따돌림 + 위협할 수 있는 권력	**문서화하기** **연대감 형성하기** **탈출구 찾기** **직접 이야기하기** **인사팀에 보고하기** **법적 절차 고려하기** **내 이야기 공개하기**

8장

최소한의 안전장치에 대하여

동의의 문화를 만드는 방법과 실패했을 때의 대가

적어도 관리자 입장에서는, 직장에서의 신체 접촉에 대해 절대적인 규칙이 있는 편이 좋다. 신체 접촉 금지, 연애 금지, 불륜 금지, 원나이트 금지. 그러나 인간은 그런 종류의 규칙을 지키지 못한다. 그리고 직원 간의 로맨스가 꼭 나쁜 것만은 아니다. 나도 남편과 결혼 전에 같은 회사에서 일하며 사귀기 시작했다. 많은 사람이 직장에서 인생의 동반자를 만난다.

마음의 문제를 규정하는 것은 불가능하지만, 안전장치를 둘 수는 있다. 다음은 동의의 문화의 기본을 표현한 글이다.

신체 접촉을 당하는 사람의 기분을 인지하는 것은 접촉하는 사람의 책임이다. 상대가 접촉을 원하지 않으면, 만지지 말라. 조금이라도 미심쩍은 부분이 있다면, 만지지 말라. 모르겠거나 확실하지 않으면, 만지지 말라. 상대를 더 알아가라. 말하는 법, 의견을 묻는 법을 배워라. 술에 취해 분별이 어렵다면, 만지지 말라. 취했을 때 자신을 통제할 수 없다면, 특히 직장에서는 술을 마시지 말라.

직장에서 신체 접촉이 일어나는 다양한 상황에 이 규칙을 적용한다면, 직장 내에서 더 생산적인 관계가 이루어지고 재앙은 줄어든다.

이 장에서는 직장에서 나타나는 잘못된 신체 접촉의 사례를 살펴보고, 그런 일을 막을 수 있는 방법과 피하기 위해 최선을 다했는데도 사건이 일어났을 때의 대처법을 알아본다.

사무실의 알코올

직장 동료와 성관계를 하고 나중에 후회한 적이 있는지 10명에게 물어보고, 술을 마시고 관계를 했는지도 물어보자. 10명 중 아홉 명은 그렇다고 할 것이다. 가해자는 계속해서 자기 행동에 책임을 져야 한다. 사람이 아닌 술을 탓하며 개인의 책임을 회피하는 것은 용납할 수 없는 태도다. 그러나 직장에서 취하면 안 된다는 뜻은 아니다.

술을 진탕 마시는 금융계와 기술계의 직장 문화에 익숙하지 않다면, 내 말이 이상하게 들릴 수 있다. 내가 경력의 대부분을 보낸 실리콘밸리에서는 사무실에서 술을 마시는 일이 잦았고, 심지어 마약도 했다. 조리사가 주기적으로 대마초가 든 브라우니를 만드는 회사도 있었다. 사무실 한가운데 고가의 위스키와 와인이 채워진 바가 있었던 적도 있다. 점심시간에 맥주가 나오는 곳도 있었다. 이런 광경에 충격받을 사람도 있겠지만, 전 세계의 다양한 산업군에서 일상적인 일이다.

직장에서 마시는 알코올이 소름 돋는 포옹부터 성폭행까지 수많은 사건의 가능성을 증가시킨다는 것은 부정할 수 없다. 직장에서 알코올을 제공하는 것은 확실히 직원에게도, 회사에도 위험부담이 있다. 추천할 일은 아니다. 그래도 하겠다면 관리할 방법을 제안하려 한다.

피해자

세상이 공정하다면, 술에 취해 정신을 잃어도 안전할 것이다. 취한 당신을 처음으로 발견한 사람은 당신을 강간하지 않고 괜찮은지 살필 것이다. 아무리 필름이 끊기도록 마셨더라도 당신이 취했다는 사실이 누군가에게 당신을 해칠 권리를 주지 않는다. 기절할 정도로 취해서 강간을 당하면 피해자가 아니라 가해자의 잘못이다. 얘기 끝!

그러나 피해자의 잘못이 아니라고 해도 다치는 건 피해자다. 그러므로 술을 좋아하고 과음으로 유대감을 형성하는 문화에서 일한다면, 위험을 관리할 방법을 정확히 생각해 두는 것이 좋다. 다음은 음주의 위험을 관리해야 한다는 경고성 일화다.

신체적 한계를 현실적으로 생각하라

경력 초기에 금융사에서 일할 때였다. 나는 탱크 공장의 공장장인 세르게이에게 미국 투자자를 위한 사업계획서를 작성하는 법을 가르쳐주기 위해 우크라이나로 날아갔다. 나는 세르게이와 보좌관 정도를 만날 거라고 생각했지만, 막상 도착하자 남자들이 회의실을 꽉 채우고 있었다. 세르게이는 공장에서 일하는 30명이 모두 사업 계획을 이해하면 더 좋을 거라고 판단한 모양이었다. 나는 그들을 보고 놀랐다. 그러나 그들은 나를 보고 더 놀랐다.

"세르게이는 무시무시한 자본주의자가 온다고 했는데!" 한 남자가 소리를 질렀다. "이렇게 작은 소녀가 오다니!"

유감스러운 성차별 발언을 뺀다면, 꽤 괜찮은 하루였다. 일정을 마치며 좀 전의 그 남자가 말했다. "킴 씨가 사업계획서를 잘 쓴다는 건 알았고, 이제 보드카도 잘 마시는지 볼까요?"

개인당 보드카 한 병을 열어서 다 마시는 것이 그들의 전통이라고 했다. 테이블에 앉은 모두와 마찬가지로 내 물잔 옆에도 보드카 한 병이 있었다. 나도 한 병을 끝장내야 했다. 〈인디아나 존스〉에서 남자들이 만취할 때까지 술을 마시던 여자의 모습이 스쳐 갔고, 어쩐지 나도 이 남자들과 대작할 수 있을 것 같았다. 다들 내 몸무게의 3배는 되어 보였지만, 그게 어쨌단 말인가? 우리는 애피타이저와 함께 술을 마시기 시작했다. 피클 한 조각에 보드카 한 잔씩.

저녁 요리를 내오는 순간, 혀뿌리에서 당기는 느낌이 강하게 났다. 이렇게 생각할 시간도 없었다. '저녁 식사 자리에서 토하면 안 돼!' 그리고…… 우웩! 나는 내 앞에 놓인 비프 스트로가노프 위에 토하고 말았다. 갑자기 정적이 찾아왔다. 이 굴욕감을 떨칠 수 없을 거라는 생각이 들었을 때, 세르게이가 침묵을 깼다. "춤출까요?"

밴드가 음악을 연주했고, 세르게이는 종업원이 내 토사물을 치우고 새 접시를 가져올 때까지 나를 끌고 레스토랑을 돌아다니며 춤을 추었다. 감사하게도 그는 이것을 기회로 삼아 나를 괴롭힐 사람이 아니라 조력자였다. 종업원은 위를 달래줄 걸쭉한 요거트 드링크도 한 잔 가져다주었다. 나는 포기하지 않고 저녁 식사와 보드카 한 병을 끝냈다.

덩치가 3배 큰 남자들과 술로 겨루려 한 것은 잘못된 판단이었다. 세르게이보다 90킬로그램쯤 덜 나가는 것은 내 과실이 아니었다. 그러나 보드카 한 병을 다 마셔야 한다는 마초적 도발에 넘어간 것은 내 과실이었다. 더 심한 일이 일어나지 않은 것은 천운이었다.

나는 그런 식으로 술을 마시라는 압박에 다시는 굴복하지 않았다.

술을 마시라거나 마시지 말라고 위 이야기를 쓴 것이 아니다. 그건 당신이 결정할 일이다. 그러나 어떤 결정을 내리더라도 리스크를 알고 있어야 한다. 동료들과 함께라서 안전하다고 생각할 수 있지만, 통계적으로 아는 사람이 낯선 사람보다 더 위험하다. 그러니 마땅히 계획이 있어야 한다.

밖에서 술을 마신다면, 신뢰하는 사람들과 함께 가서 서로를 돌봐주기로 확실히 합의하자. 운전을 할 사람을 정해두고, 그날의 판단 역시 이 사람에게 맡기자. 그러면 당신이 깊이 후회할 일을 막거나 최소한 말려줄, 취하지 않은 사람이 한 명은 있게 된다.

가해자

술을 마시면 판단력이 떨어진다. 안전하게 운전할 능력이 떨어지는 것과 마찬가지다. 친구가 자동차 키를 빼앗을 수는 있지만, 성적 충동을 빼앗을 수는 없다. 당신은 술을 마셔도 다른 사람에게 피해를 가하지 않을 것이라고 자신하는가?

알코올은 또 다른 위험을 부른다. 당신이 성적 매력을 느끼는 사람이 취했다면, 그 사람은 동의할 수 없을 정도로 정신을 잃었을 수 있다. 그런데도 관계를 한다면 대부분의 지역에서 당신은 강간을 하는 것이다. 게다가, 당신도 그 사람의 동의 여부를 정확하게 판단할 수 없을 정도로 취했을 수 있다. 그러나 동의를 할 수 없을 만큼 취한 사람에게 성관계를 강요하면 유죄다. 음주 상태에서 운전을 하면 알코올이 운전자의 판단력을 흐렸더라도 유죄인 것과 같다. 그러니 이러한 리스크를 어떻게 관리할지 술을 마시기 전에 계획하라.

24세 미만이라면 이 부분은 특히 중요하다. 위험한 행동을 할 확률이 높으며, 동료나 친구들과 있다면 일탈 가능성은 더 높아진다.[1] 에어비앤비의 최고윤리책임자이자 《의도적 진실성(Intentional Integrity)》의 저자인 로버트 체스넛(Robert Chesnut)의 조언에 귀를 기울이자. 그는 술이 있는 업무 관련 행사에 갈 일이 있는 이들에게 경고한다. "파티에 도착해서 얼마나 마실지 생각하면 문제가 생깁니다. 본인 주량을 알고 그 자리에 가기 전에 얼마나 술을 마실지 결정하세요. 근무 환경에서 얼마나 술을 마실지 판단할 최악의 시점은 근무 환경에서 술을 마시고 있을 때입니다."

리더

사무실에서 마시는 술을 제한하라

직장에서 술 파티를 벌이는 문화를 만들면 예외 없이 사무실 분위기가 어색해질 일이 생긴다. 나는 사무실에서 술을 전혀 허용하지 말라고 조언한다. 특별한 기념일에만 술을 제공하는 직장에서도 바로 그런 날 좋지 않은 사건이 일어나곤 한다.

술을 제공할 때는 책임감 있게 마시라고 반드시 말해야 한다. 분위기를 망칠 것을 걱정하지 말자. 동료를 괴롭히는 취한 인간보다 더 모임 분위기를 망치는 것은 없다. 이들은 음주 운전을 하지 않았다면 애초에 없었을 사고로 본인이 죽거나 남을 죽게 할지도 모른다.

고백하건대, 나는 술을 좋아한다. 그냥 와인 한 잔이 아니다. 취하는 것을 좋아한다. (적어도 예전에는 그랬다. 최근에는 술을 끊었다.) 내가 일하던 많은 회사의 과음 문화를 좋아했다. 그러나 지금 되돌아보니 얼큰히 취했던 회식의 즐거움은 술 때문에 일어난 나쁜 일들을 덮을 만큼 크지는 않았다. 그 나쁜 일에는 강간, 자살 기도, 원하지 않았던 성적 접근으로 말미암은 혼인 파탄, 취한 동료가 경찰에게 주먹을 날렸다가 유치장에 끌려간 일 등이 있다.

이런 일이 팀에서 일어나는 것을 막고 싶다면, 리더인 당신이 사회적 윤활유라는 알코올의 순기능과 과음이 심각하게 나쁜 행동으로 이어질 수 있다는 역기능을 잘 저울질해야 한다.

리더가 알아야 할 중요한 사실이 있다. 과음 문화는 비주류 집단, 특히 여성에게 적대적인 업무 환경을 만든다는 것이다. 버클리대학교 IT

학과에서 일했던 버네사 카스키리스(Vanessa Kaskiris)는 "직원들이 밤마다 술을 마시고, 여성이 끼면 적대적으로 대하고 끼지 않으면 배척하는" 문화였다고 설명했다.[2]

어떤 이유로든 술을 마시지 않는 사람도 잊어서는 안 된다. 어떤 사람에게 술을 중심으로 돌아가는 직장 문화는 불편하거나 종교적인 문제를 일으킬 수 있다. 그리고 알코올의존증으로 고생하는 직원이 있다면, 그런 문화는 무신경할 뿐 아니라 위험하다.

리더가 사무실에서 술을 제공하지 않거나 술에 대한 명시적인 규칙을 만들면 많은 문제를 방지할 수 있다. 이 규칙을 얼마나 엄격하게 만드느냐는 리더에게 달렸다. 다음은 여러 리더가 직장 행사에서 파괴적인 음주 문화를 막은 방법의 예시다.

- 술을 제공하지 않는다.
- 술을 제공하되, 티켓과 교환하도록 하고 1인당 1~2장의 티켓만 제공한다.
- 바텐더에게 1인당 두 잔 이상 제공하지 말라고 지시한다.
- 술은 원하는 만큼 주되 다음과 같이 경고한다. 단순한 상식이라 생각할 수 있지만, 사람들은 술에 취하면 상식을 잃는다. 직장에서 술을 제공한다면 직원들에게 꼭 말해두자.
  - 음주운전 금지.
  - 취해서 무슨 일을 하는지 자각하지 못했더라도 자신의 행동에 책임을 져야 한다. 취하면 동의의 신호를 읽을 수 없다. '너무 취해서 무슨 일을 했는지 모르겠다'는 것은 음주 운전의 변

명이 될 수 없으며, 동일한 논리로 성추행의 변명이 될 수도
없다.
— 사무실이나 회식 자리에서 만취하면 경력에 지독한 악영향을
미친다.
— 어디서든 너무 취해서 동의할 수 없는 동료와 성관계를 하지
말라. 강간이다.

리더에게는 구성원의 음주를 관리하는 것보다 중요한 일이 많다. 내
충고는? 단순한 것이 최고다. 사무실에서 술을 제공하지 말자.

'순수한' 포옹과 그 밖의 의미심장한 상호작용

엉덩이 걷어차기

한 직원이 다른 직원의 엉덩이를 걷어차면서 친근한 접촉이라고 생
각했다. 그러나 걷어차인 여자 직원은 몹시 불쾌해했다. 피해자를 포함
해 누구도 소송할 일이라고 생각하지는 않았다. 그러나 여자 직원은 남
자 직원이 그런 짓을 하지 않길 바랐고, 나는 상사로서 그를 말렸다.

솔직히 말하면 알아서 해결하게 두고 싶었다. 그러나 내가 두 사람과
개인 면담을 하지 않았다가 작은 문제가 큰 문제로 비화할 수도 있었다.
여자 직원은 안전하다고 느껴야 했고, 남자 직원은 다시 그런 짓을 하지
않아야 했다.

다행히 모든 것이 그럭저럭 순조롭게 해결되었다. 남자 직원에게는 사과해야 한다고 말했다. 내 앞에서 먼저 사과를 예습시킴으로써 '네가 불편했다면 미안하지만, 난 잘못한 게 없어' 따위의, 전혀 사과가 아닐뿐더러 상황을 더 악화시킬 말을 하는 것을 방지했다. 여자 직원을 불러서 문제의 직원이 그녀를 따로 찾아가길 원하는지, 아니면 내가 동석한 자리에서 사과하길 원하는지 물었다. 그녀는 전자를 택했다.

남자 직원은 사과했고, 다시는 그러지 않겠다고 약속했다. 그녀는 사과를 받아들였고, 그들은 그 후 몇 년간 함께 일했다. 바쁜 와중에 이 일로 두 시간을 썼지만, 장기적으로 보면 나 자신과 회사의 시간과 돈을 아끼고 문제를 방지한 것이다. 내가 아무 일도 하지 않아서 발차기 사건이 반복되고, 여자 직원이 소송을 했다면 어떻게 되었을까? 두 시간 정도로 해결할 수 있었던 문제가 200시간이 드는 비싼 문제로 번졌을지도 모른다.

손등 키스

나 역시 소송감은 아니지만 신경이 거슬렸던 신체적 침해의 경험이 있다.

대기업에서 일할 때였다. 내가 속한 팀이 영업 사원 500명을 대상으로 리더십 강좌를 진행하게 되었다. 나는 영업 부문 리더인 프랭크가 여자 직원과 일한 적이 거의 없으며, 말할 때마다 성차별적 발언을 양념처럼 곁들이기로 유명하다는 경고를 들었다.

프랭크는 내 남자 동료 둘을 소개받고 당연하다는 듯 악수를 했다.

그가 내 앞으로 왔을 때 나도 악수를 하려고 손을 내밀었지만, 프랭크는 터무니없이 깊게 허리를 숙였고, 내 손을 양손으로 부여잡더니 입술을 갖다 대고 고통스러울 정도로 오랜 시간 그 자세 그대로 내 손등을 축축하게 침으로 적셨다.

나는 배제된 기분이었는데, 그것이 그의 의도였다고 생각한다. 그는 나를 포함해 그 자리의 모든 사람에게 여자는 리더가 아니라 댄스 파트너라는 입장을 분명히 표현했다. 게다가, 내가 내 손이 침에 젖는 것을 원하지 않는데 그가 입술을 비빌 권리는 없었다.

미팅이 끝나고 나는 그를 따로 불러 그의 행동이 불편했으며, 앞으로는 업무상 알게 된 여성의 손에 키스하지 말라고 조언했다.

"아, 하지만 제가 당신을 남자처럼 대하길 원하시는 건 아니죠?" 그는 연극배우처럼 비극적인 톤으로 외쳤다.

"그래 주시면 좋겠는데요."

핵심은 그가 남자와 여자를 똑같이 악수로 환영해야 옳았다는 것이다(코로나19 이전 기준으로). 직관적인 판단 기준이 있다. 당신이 일터에서 여성을 만났고 어떤 식으로든 신체 접촉을 하고 싶을 때는 자신에게 물어보라. 남자와도 이런 식으로 접촉하겠는가? 그 답이 '아니오'라면, 당신은 선을 밟고 있는 것인지도 모른다.

프랭크가 나를 불편하게 한 것을 순순히 인정하고 사과했다면, 우리는 그 일을 별 생각 없이 넘겼을 것이다. 그다지 큰일이 아닐 일을 그가 큰일로 만들었다. 그는 화가 나서 쿵쿵거리며 사라졌다. 그의 공개 키스에 대해 내가 어떻게 느낄지 나 대신 결정할 권리라도 주장하는 것처럼. 나는 회사의 인사 부문 부사장을 만나 사건을 말했지만, 그는 자신이 할 수 있는 일이 없다는 듯 이 일을 얼렁뚱땅 넘겼다. 비슷한 일이 몇 번 반복된 후 나는 그 직장을 그만두었다.

피해자를 위하여

당신을 불편하게 하는 방식으로 당신의 신체에 접촉할 권리는 누구에게도 없다. 단순한 원칙이다. 그러나 어릴 때부터 우리는 그 반대로 배운다.

소름 돋거나 부적절하게 느껴지는 방식으로 접촉을 당한다면, 아니면 그냥 기분이 나쁘다면, 상대에게 선을 넘었으니 그만하라고 말할 권리가 있다. 어떤 접촉이 당신에게 허용되는지 결정할 수 있는 사람은 오직 당신뿐이다. "포옹은 불편해요"라고 말하는 데는 전혀 문제가 없다. "악수보다 주먹 인사/고개 숙이는 인사/다른 인사법이 좋은데요"라고 말하는 것도 괜찮다. 코로나19 이후로는 더 쉬운 일이다. '결벽증이 있다'는 이유로 거리를 유지하는 것이 어느 때보다 용납되는 세상이다.

상대가 이를 무시하고 방어적으로 대응하며 접촉을 멈추지 않는다면, 그것은 따돌림이나 심지어 괴롭힘이 될 수 있다. '너' 화법을 시도하자. "당신이 나를 안으려고 하지 않으면 좋겠어요." 상대가 대가를 치르게 하자. 프랭크가 손등 키스를 했을 때, 나는 얼굴을 찌푸리고 침 묻은 손등을 바지에 문질러 닦음으로써 내 기분을 보여주고, 공개적으로 그에게 망신을 줄 수 있었다. 인사팀이나 상사에게 불만을 말하는 방법도 있었다.

상사에게 부적절한 접촉에 대한 불만을 말하고, 상사가 그 상대에게 그만두지 않으면 불이익을 받을 거라고 말하는 것은 가장 단순하고 공정한 방법이지만 승산 없는 시도로 느껴질 때가 있다. 이런 생각이 들 때도 있다. 왜 내가 명백하게 불쾌한 행동을 하는 사람에게 조언을 해줘야 하지? 일에 집중할 수 있게 내버려두면 좋겠는데.

대응책을 결정할 때는 체계적인 접근을 취할 것을 추천한다. 7장에 명시된 선택지를 검토하고, 각각을 고려하고, 의식적인 결정을 하자.

- 문서화하기
- 연대감 형성하기
- 탈출구 찾기
- 직접 이야기하기
- 인사팀에 보고하기

어떤 결정을 하든 자기 자신에게 친절해야 한다. 괴롭게 느껴졌다면 괴로워할 권리가 있다. 생각하지 못했던 일이며, 당신이 자초한 일이 아니다.

당신은 아마 평생 접촉을 허락하길 기대하는 사람들과 싸우게 될 것이다. 다들 그렇듯 나 역시 가족 모임에서 잘 알지도 못하는 친척들과 안고 뽀뽀해야 했다.[3] 사실, 직장에서의 손등 키스가 끔찍했던 건 만날 때마다 열렬하고 축축한 키스로 나를 반기던 고모할머니의 기억이 되살아나서이기도 하다. 고모할머니는 돈 많은 여자 가장이었고, 식구들을 핥고 싶을 때 핥았다. 최근에 나는 아버지에게 왜 아무도 고모할머니가 가족들에게 침을 묻히는 걸 말리지 않았냐고 물었다. 나처럼 아버지도 축축한 키스의 기억에 치를 떨었다. "그럴 용기가 있는 사람이 아무도 없었지." 아버지가 시인했다. 아이들이나 거부할 수 있었을 것이다. 얼마 지나지 않아 가족 모임에서 나는 나 역시 친척을 안아주라고 내 딸의 등을 떠밀고 있다는 걸 자각했다. 딸아이가 말했다. "알지도 못하는 사람이랑 껴안기 싫어요!" 내 딸이 옳았다. 나는 이렇게 말해주었다. 예의 바르게 인사는 해야 하지만, 접촉은 하지 않아도 된다고.

조력자를 위하여

프랭크가 단상에서 남자들과는 악수를 한 뒤 내 손에 침을 묻히는 장면을 500명이 보았다. 그 행동에서 문제를 못 느낀 사람도 있겠지만, 최소한 400명은 뭔가 잘못됐다는 걸 느꼈다고 생각하고 싶다. 내가 심란했던 건 비단 프랭크의 침이 묻어서가 아니라 이 광경을 본 500명이 하나같이 입을 다물었기 때문이다. 한 명이라도 내게로 와서 "세상에!" "그거 너무했어요"라고 했더라면 하늘과 땅 차이였을 것이다. 뭔가를 보았다면, 뭔가를 말하자.

가해자를 위하여

상대가 접촉을 원하지 않으면 만지지 말라. 아주 간단하다. 사회적 신호를 파악하라. 사회적 신호를 읽을 줄 모른다면, 접촉하지 않는 것을 기본으로 하라.

이것은 코로나19 이후의 세상에서 더 중요하다. 예전에는 업무상 만

남에서 만국 공통의 인사였던 악수가 이제 많은 사람에게 굉장히 불편하게 느껴진다. 당신은 다를 수 있지만, 당신이 악수를 좋아한다고 해서 남에게 강요하면 안 된다. 그리고 이유는 다르지만 남녀가 업무로 만났을 때 접촉이 불편한 것도 사실이다. 당신이 업무 환경에서 남성과 접촉하는 방식과 다르게 여성과 접촉하려 한다면, 상대 여성은 그 방식을 반기지 않을 확률이 높다.

상대방의 마음을 읽을 수 있는 것이 아니라면 차라리 제대로 물어보는 편이 낫다. "포옹, 악수, 주먹 인사, 팔꿈치 인사, 발끝 인사, 미소, 어느 쪽이 좋아요?" 만전을 기하자면, 2미터 떨어져서 미소 짓는 방법도 있다. 이해한다. 물어보기 민망할 수 있다. 그러나 당신이 만지려던 사람이 "만지지 마세요!" 또는 "나 결벽증이에요!"라고 말하기는 더 어렵다. 당신이 접촉자이고 행동을 시작하는 사람이라면, 어색함을 처리하는 것은 당신의 책임이다. 상대에게 심한 압박을 주지 않는 선에서 어떻게 어색하지 않게 행동할지 당신이 알아내야 한다.

한번은 회의에서 한 남자에게 손을 내밀었다. '만나서 반갑다'는 뜻의 악수를 제안한 것인데, 상대가 극도로 불편해 보였다. 나는 손을 거둬들이며 말했다. "감기 걸리셨어요? 아픈 사람이 악수를 거절하면 정말 감사하더라고요."

"사실, 전 악수를 하지 않습니다. 제가 믿는 종교에서는 아내 외의 여자와 접촉하는 것이 금지되어 있거든요."

"아, 그렇군요. 불편하게 해드려서 죄송합니다."[4]

"아니요, 설명할 기회를 주셔서 감사해요. 늘 말하기가 어렵거든요."

"사실 전 아무도 서로 악수를 안 했으면 좋겠어요. 특히 감기가 유행하는 계절에는 말이에요. 병균만 옮길 뿐인데. 좀 이상한 습관이죠."

그는 웃었고, 악수와 관련된 문제가 하루 한 번 이상은 꼭 일어난다고 했다. 우리는 함께 그가 빠르게 말할 수 있는 문장을 생각해 냈다. "만나서 정말 반갑습니다. 하지만 저는 종교적 믿음 때문에 악수를 하지 않습니다."

성급한 일반화를 하지 말자

개인에게 일반화를 적용하지 말라. 달리 말하면, 고정관념이나 본질주의를 조심하라. 상황을 명확히 파악하고 상대를 존중하는 능력이 흔들릴 수 있다. 이탈리아인들은 미국인에 비해 신체 접촉을 편하게 느낀다는 말을 들어보았겠지만, 그렇다고 해서 이탈리아 성씨를 가졌다는 이유로 방금 만난 사람의 볼에 세 번 키스해도 된다는 뜻은 아니다.

포옹은 어떨까?

그냥 포옹 금지라고 하는 편이 나을까? 많은 사람이 단순하고 명확한 규칙을 원한다. 여기 선이 있다. 한 번 넘으면 이런 일이 일어난다. 두 번 넘으면 저런 일이 일어난다. 그러나 나를 포함해 많은 사람은 그렇게 모든 것이 결정된 세계에 살아간다고 생각하면 좀 무서울 것 같다. 이런 규칙이 빠르게 의미를 잃는 수많은 예외가 있다. 직장 동료가 가족이 죽었다는 전화를 받는다면? 그 순간 그 사람을 안아줄 수 있는가? 또는 누군가 심각한 건강 문제 때문에 직장에서 고통으로 눈물을 흘리며 무너진다면, 그때는 안아줘도 괜찮을까? 아니면 그냥 그날 하루 일진이 사납다면? 이런 상황까지 관장하는 법률과 규정을 원하는 사람이 있을까?

선입견 편견 따돌림 ⚡ 차별 괴롭힘 [신체적 침해]   331

그렇지는 않을 것이다.

그 대신 나는 이렇게 제안한다. 당신이 사람들을 안아준 순간을 생각하고, 언제 상대가 기꺼이 받아들였으며 언제 그렇지 않았는지, 상대가 어떻게 반응했는지 생각해 보자. 어떤 사람은 당신의 포옹을 기쁘게 받아들이겠다는 의미로 미소를 보일 수 있다. 또 다른 사람은 미소로 불편함을 표현할 수도 있다. 상대의 웃음이 무슨 뜻인지 알 수 없다면, 먼저 공감을 표현한 후 물어보자. "x라는 일이 당신에게 일어나다니 정말 유감이에요. 안아줘도 될까요?" 이 질문을 하기조차 어색한 상황이라면, 말로 위로하는 편이 나은 상황일 것이다. 이미 상대가 어떻게 '행동해야' 한다고 정해놓고 그 기대에 부응하길 바라는 것이 아니라 진짜로 상대를 관심 있게 본다면, 옳은 선택을 할 수 있다. 그리고 실수를 했을 때 피드백을 열린 마음으로 받아들인다면 빠르게 배울 수 있다. 피드백을 무시하고 모두에게 자신의 선한 의도만 강조하고 그러니 잘못한 것이 없다고 우기면 헛발질만 하게 된다. 상대의 신호를 잘못 해석했을 때 인정하는 것은 어렵고도 용기가 필요한 일이다.

당신의 권력을 인지하라

헨리 키신저(Henry Kissinger)의 유명한 말이 있다. "권력은 궁극의 최음제다." 내가 경험한 바에 따르면, 그 의미는 권력이 있는 사람이 없는 사람보다 섹시하다는 뜻이 아니다. 권력이 있는 사람은 본인이 더 섹시하다고 생각한다는 것이다. 사실 그렇지 않은데도.

권력을 가진 사람은 섹스에 대해 더 많이 생각하고, 주위 사람에게 성적으로 더 끌리고, 성적 충동을 억제하지 못하는 모습을 보인다는 연구

2부 | 권력에 견제마저 없다면

결과가 있다.[5] 그러나 주변의 권력이 없는 사람들이 그들과 같은 감정을 느낀다는 의미는 아니다. 이것은 심각한 문제인데, 권력을 가진 사람은 상대가 접촉을 원하는지 생각하지 않고 접촉할 가능성이 더 크기 때문이다.[6]

그러므로 당신이 권력을 가진 위치에 있다면, 신체 접촉과 관련된 문제를 일으킬 위험성이 높은 집단에 속한다는 사실을 매 순간 상기해야 한다. 리더로서 다른 사람들에게 주의시키는 모든 사항을 본인은 2배로 주의해야 한다. 상사로부터의 원치 않는 포옹은 권력관계가 없는 두 사람 사이에 일어난 일보다 훨씬 큰 문제가 된다는 사실, 그리고 더 자주 일어난다는 사실을 기억하라.

리더를 위하여

동의의 문화를 만들고 시행함으로써 신체적 침해를 예방할 수 있다. 사람들이 비교적 사소한 침해 사건에서 교훈을 얻으면 심각한 일을 예방할 수 있다. 직장은 옳은 판단력이 기대되는 성인들의 공간이라는 사실을 존중하면서도 동시에 명확한 규칙을 세우자.

동의의 문화와 행동 강령에 대해 지나칠 정도로 강조하라

직장에서 동의에 대해 말하지 않고 싶은 유혹에는 여러 이유가 있다. 첫째, 쑥스럽다. 둘째, 그다지 필요해 보이지 않는다. 당연한 얘기 아닌가? 아니, 당연하지 않다. 쑥스러운 것도 맞다. 하지만 리더가 높은 임금을 받는 수많은 이유 중 하나는 불편한 일을 밀어붙여야 한다는 데 있다. '사소한' 침해를 피하기 위해 동의의 문화를 구축하면 앞으로 훨씬 더 크고 심각한 신체적 침해를 예방하는 데 도움이 된다.

안전하고 쉽게 신체적 침해를 신고할 통로를 만들어라

동의의 문화에 대해 아무리 잘 설명했더라도, 신체적 침해 행위는 일어날 것이다. 회사 벽면의 빈 공간마다 동의의 방침을 붙여놓아도 어떤 사람들은 소름 끼치게 다른 사람을 만질 것이다. 어떤 사람은 선을 넘고서야 동의의 의미를 배울 것이다. 그러므로 리더는 자신의 권한을 모두 동원하여 사람들이 최대한 안전하고 쉽게 부적절한 신체 접촉을 신고할 방법을 만들어야 한다.

사람들에게 배울 기회를 주되, 너무 많은 기회를 주지는 말라

원하지 않은—또는 질척하거나 너무 진한—포옹에 대해 여러 차례 불만이 들어와서 명확한 피드백을 했는데도 해당 직원이 달라지지 않는다면, 해고를 고려해 볼 때다.

모든 상황에서 통용되는 분명하고 간단한 규칙은 없다. 경영진과 팀장급이 조사를 거쳐 어려운 결정을 내려야 한다. 관리자가 해야 할 일은 다음과 같다. 사람들이 안전하게 권력자에게 사실을 말할 수 있는 시스템을 만든다. 그리고 진실, 때로 충돌하는 '진실들'을 경청한다. 사실을 조사한다. 판단력을 동원하여 해석한다. 문제가 있는 사람에게 필요한 조치를 취한다. 기대되는 점을 말하고, 그렇게 할 수 있는 방법을 설명한다. 한 영역이 부족하지만 다른 모든 면에서 훌륭한 직원이 문제 영역을 개선하도록 돕는 것은 관리자의 책임이다.

공정을 기하기 위해 투명한 절차를 세워라. 관리자가 단독으로 결정을 내리지 않는 것이 좋다. 승진이나 채용 결정뿐 아니라, 해고 결정도 한 사람보다는 소집단이 하는 편이 낫다. 관리자들이 집단으로 중요한 결정을 논의하면 자연스럽게 서로의 판단에 의문을 제기할 수 있다.

나쁜 의도가 없어도 실수를 할 수 있다. 가해자에게 인간으로서 공감하되 확실한 피드백을 주자. 불가피한 실수를 이해할 수 있지만, 실수에 대해 책임을 묻는 것도 불가피하다고 충분히 설명하자. 책임을 묻는 것은 가혹한 처벌을 의미하는 것이 아니다. 어떤 행동이 실수라는 사실에 대한 이해를 공유하고 반복하지 않도록 약속해야 한다는 의미. 누군가의 실수를 지적할 때는 확실히 이해했는지 확인할 수 있도록 반응을 요구하자. 방어적으로 굴지 않고 사과할 수 있게 유도하자. 신체 접촉이 불편하다고 말한 사람은 피드백을 제공한 것이며, 선물처럼 받아들여야 한다는 점을 이해시키자. 같은 사람이 같은 행동을 반복하여 계속 불만의 대상이 되거나 피해자에게 보복하면 해고되어야 한다. 원치 않은 접촉이 반복되면 의도가 없다고 하기 어렵기 때문이다. 잠재적인 성추행일 뿐 아니라, 따돌림의 행동이다. 그리고 따돌림 가해자는 실제적인 불이익이 있다는 사실을 알아야만 멈춘다.

다음과 같은 방침을 도입할 수 있다.

누군가를 어떤 식으로든 만질 권리는 누구에게도 없다. 상대방을 만지거나 상대방과 접촉하기 전에는 상대가 접촉을 원하는지 인지할 책임이 있다.

단순하고 직설적이지 않은가? 하지만 많은 반대에 부닥칠 것이다. 자주 받는 질문들을 다음과 같이 정리했다.

Q 포옹이 없는 세상은 너무 냉정하지 않나요?

A 포옹하지 말라는 말이 아닙니다. 포옹을 원하지 않는 사람을 포옹하지 말라는 이야기입니다.

Q 하지만 포옹을 원하는지 어떻게 알 수 있죠?

A 물어보세요. "안아줘도 괜찮을까요?" 당신은 포옹을 좋아하지만 상대는 그렇지 않을 수 있습니다. 상대의 신체 언어에 주의를 기울이세요. 알아차리기 어렵지 않습니다. 상대가 팔짱을 끼고 있다면, 불편해 보인다면 물러나세요.

Q 너무 복잡하네요. 직장에서 포옹을 금지하고 신체적 침해 전반에 대한 무관용 원칙을 두는 게 낫겠어요.

A 인간의 행동을 '접촉 금지'처럼 단순하고 절대적인 원칙으로 제어할 수 있었던 역사는 없습니다. 직장에서의 포옹이 기쁘게 받아들여질 때도 있습니다.

직장 동료와의 성관계와 후회

한 직장에서 일하는 두 사람이 진짜 합의를 통해 성관계를 한다. 그 후 한쪽, 혹은 양쪽 다 아침에 후회한다면, 일주일 후, 한 달 후에 후회한

2부 | 권력에 견제마저 없다면

다면?

관계된 모든 사람이 피해를 본 사례가 있다. 나는 대규모 팀의 팀장이었다. 어느 날 가까운 회의실의 문이 거칠게 닫히는 소리가 났다. 내가 하던 일을 멈추고 무슨 일인지 알아보러 갈 만큼 엄청난 소리였다. 방금 닫힌 문을 열자, 회의실을 가득 채운 사람들은 모두 불편한 기색이었다.

"다들 괜찮아요?" 내가 물었다.

"그럼요, 아무 일 없어요." 모두가 격하게 끄덕이며 동의했다.

"문 닫히는 소리는 뭐였어요? 괜찮은 것 같지 않은데." 나는 몇 안 되는 여자 중 하나인 버니스의 창백해진 얼굴을 보았다.

"별일 아니에요." 몇 사람이 동시에 답했다.

"음, 그 별일 아닌 일이 뭐죠?" 내가 물었다.

"지미요. 오늘 안 좋은 일이 있었어요."

"내가 도울 일이 있을까요? 내가 가서 이야기해 볼까요?"

"아니, 아니, 아니, 아니에요. 정말로, 별일 아니에요."

결국 진실이 드러났다. 지미와 버니스는 몇 번 잤는데, 버니스가 다른 사람과 사귀기 시작한 것이다. 지미는 상심이 컸다. "버니스는 지미의 첫 여자친구였거든요." 한 팀원이 나중에 말해주었다. "정확히 말하면 여자친구는 아니었지만요. 아무튼, 첫 경험이었어요." 실연으로 지미는 상처를 받았고, 화가 났다.

버니스가 회의에서 입을 열면, 지미가 냉소적으로 끼어들었다. 버니스가 의견을 관철하면 지미가 뛰쳐나갔고, 눈물을 보일 때도 있었다. 마음이 힘든 건 알겠지만, 그의 행동은 미성숙하고 공격적이었다. 그러나 팀원들은 대부분 그렇게 생각하지 않았다. 다친 강아지 같은 지미의 행동은 동정표를 얻었고, 팀에서는 그를 눈감아 주었다. 그러나 실연의 고통을 잘못된 방식으로 표현하는 것은 폭력이다. 좋지 않은 징조다.

나는 사업을 일구는 직책을 맡은 것이지 연애 상담사가 아니었다. 아니, 이별 상담사라고 해야 하나? 하지만 팀을 다시 궤도에 올리려면 내가 개입해야 했다.

팀원들은 버니스가 떠나야 한다고 생각했다. 회사를 옮기든, 팀을 옮기든. 나는 전혀 다른 관점을 갖고 있었다. 버니스는 어려운 상황에 잘 대처하고 있었다. 반면 지미는 팀의 업무를 망치는 쪽으로 행동하고 있었다. 내가 보기에는 버니스가 두 가지 선입견 때문에 불리한 처지에 놓인 것 같았다. 동정과 성별이다. 동정 선입견: 불쌍한 지미, 얼마나 마음이 아플까.[7] 성별 선입견: 헤픈 버니스, 한 남자를 버리고 다른 남자에게 갈아탔지(역할이 반대였다면 지미는 섹시한 남자, 버니스는 애정 결핍이 있어 감정을 추스르지 못하는 여자가 되었을 것이다).

물론 성관계는 두 사람 모두에게 나쁜 선택이었고, 함께 일하지 않는 편이 나았다. 하지만 누가 떠나야 하는가에 관해서라면, 나는 어려운 상황에서도 프로답게 행동하는 버니스가 불이익을 받아야 한다고 생각하지 않았다. 상사와 부하 직원이었다면, 상사가 다른 팀으로 가야 했을 것이다. 그러나 두 사람은 직급이 같았다.

나는 지미와 몇 번 대화를 나누고, 내가 실연당하고 상처를 치유한 경험을 들려주었다. 2주 정도 휴가를 내면 어떻겠냐고 제안하면서, 내가 도와줄 방법이 있는지 물었다. 그렇지만 버니스와 함께 일하는 것을 견딜 수 없다면 다른 팀으로 옮겨야 할 것이라고도 말했다. 잘못된 행동을 하는 건 버니스가 아니라 지미였으니까.

사내 커플이었다가 헤어지면 특히 힘들다. 두 당사자도, 주변 사람도, 팀장도. 그러나 종종 일어나는 일이기도 하다. 모두에게 공정하게 피해를 최소화하며 이 문제를 해결할 방법에 대해 이야기해 보자.

피해자와 가해자

동료와의 하룻밤 성관계에 대해 내가 맨 처음으로 할 수 있는 조언은 사무실에서의 음주 때와 같다. 하지 말자. 사랑에 빠진 거라면 이야기가 다르다. 진정한 사랑을 위해서라면 직장을 희생할 가치가 있을지도 모른다. 그러나 직장에서 매일 보는 사람과의 하룻밤 불장난은 너무 많은 문제를 가져올 가능성을 안고 있어서 피하는 것이 가장 좋다.

물론, 일은 일어난다. 동료와 잤다면, 그리고 둘 중 한쪽이, 아니면 둘 다 후회한다면, 유감이라고 말해주고 싶다. 어렵고 고통스러운 상황에 처해 있을 것이다.

그러나 우리는 십 대 소년 소녀가 아니다. 어른답게 행동해야 한다. 위 이야기에서 지미가 마음이 아팠던 건 알겠지만, 그는 고의로 버니스를 힘들게 하려는 행동으로 팀 전체에 막대한 피해를 끼쳤다. 이것은 괜찮지 않다.

참고할 만한 지침은 다음과 같다.

- 당신이 성관계를 맺었거나 사귄 사람보다 연차와 직급이 훨씬 높거나 그의 관리자라면 권력을 남용한 것이다. 다른 일자리를 찾아

야 할 사람은 당신이다.

- 상대가 더 이상 이성적인 관계를 원하지 않는데 당신이 계속 압박한다면, 동의의 원칙을 깨고 있는 것이다. 다른 일자리를 찾아야 할 사람은 당신이다.
- 당신이 감정을 억제하지 못하고 팀에 피해를 끼치고 있다면, 다른 일자리를 찾아야 할 사람은 당신이다.
- 팀의 누군가와 성관계를 맺는 행동이 반복된다면, 이 파괴적인 패턴을 깨기 위해 필요한 조치를 취해야 한다. 지금 당장.

조력자

타인의 사랑싸움에 끼고 싶은 사람은 없다. 특히 직장에서는. 그러나 문제가 일어나지 않은 척하는 것은 해결에 도움이 되지 않는다. 다시 말하지만, 뭔가를 보았다면 무슨 말이든 하자. 한 사람이 다른 사람을 잔인하거나 무례하게 대하는 것을 눈치챘다면, 무슨 말이든 하자. 사람들이 이성 관계의 두 사람 중 한쪽에 대해 선입견 섞인 발언을 하는 것을 들었다면, 무슨 말이든 하자. 관계의 양상이 파괴적이라면, 무슨 말이든 하자.

가끔은 성관계를 가진 두 사람이 아니라 팀 전체에 문제가 일어나기도 한다. 팀의 다른 남자들이 문제의 여성 팀원을 '만만한 사냥감'으로 보는 것이다. 그녀를 놓고 일종의 경쟁이 벌어지고, 다음은 '누구 차례'인지 싸운다. 이제 여성 팀원은 출근하는 것 자체가 불편하다. 말할 필요도 없이, 이것은 나쁜 행동이다. 팀의 한 남자와 사귀었다고 해서 다른 남자 팀원들에게도 관심이 있다는 뜻은 아니다. 이와 비슷한 일이 일어나는 것을 느끼면, 무슨 말이든 하자.

리더

사람들은 직장에서 깨어 있는 시간의 대부분을 보낸다. 직장에서의 관계에 무관용 원칙을 적용하는 것은 합리적이지 않다. 그러나 위에서 이미 논한 이유들 때문에, 사내의 성적 관계를 관리할 필요는 있다. 일을 제대로 하려면 무한한 자유를 줄 수는 없다.

다음은 간단한 제안들이다.

1. '결재 라인 내에서의 성관계, 신체적 접촉, 연애 금지' 규칙을 둔다.

꼭 그래야 한다면 친목 금지 등의 완곡한 표현을 쓸 수 있지만, 정확한 의미를 확실하게 밝히는 편이 낫다. 다시 말해, 부하 직원—또는 부하 직원의 부하 직원—과 성관계 또는 성적 친밀감을 갖는 상사는 해고되어야 한다.

누군가 이 규칙을 어기는 일은 불가피하게 일어날 것이다. 그렇다면 직급이 낮은 사람이 아니라 높은 사람이 떠나야 한다. 정의를 위해서, 그리고 권력을 가진 사람의 부적절한 행동을 예방하기 위해서, 규칙은 반드시 권력이 없는 사람을 보호해야 한다. 임원들이 소속 팀원과 연애하는 팀장에게 어떠한 불이익도 주지 않고 모든 불이익을 직급이 낮은 직원에게 준다면, 권력을 가진 관리자 중에서 권력이 없는 소속 팀원과 성관계를 하는 사람이 계속 생겨날 것이다.

회사의 고위 직급에 있는 리더, 즉 CEO에게 직속으로 보고하는 임원과 그 임원의 직속 부하는 회사의 그 누구와도 연애를 하거나 성관계를 하면 안 된다. 어떤 수준 이상의 직급에 있는 사람은 권한이 너무 커서 구성원에게 성적으로 접근하거나 관계를 맺는 것 자체가 강압적이고 폭력적인 일이 되기 때문이다. 강압을 당하는 사람에게도 나쁘고, 회사에도 불필요한 재무 리스크를 만들고, 업무 기능을 훼손할 수 있어 일을 제대로 하기 어렵다.

2. '직장에서 성관계 및 신체적 접촉 금지'를 명문화하는 것도 고려해 보라.

이것은 상식이며 규칙까지 필요하지 않다고 생각할지도 모른다. 누가 사무실이나 공장 바닥에서 섹스를 하겠는가? 그러나 그렇게 하는 사람이 꽤 많다. 나는 직장 생활을 하는 동안 '사무실 성관계' 문제를 몇 번이나 겪었다. 특히 젊은 직원이 많을 때는 이 규칙을 명시하고 알리는 것도 고려해 보아야 한다.

3. 암암리에 성관계를 권장하여 위 규칙을 유명무실화하지 말라(윙크하기, 옆구리 찌르기).

당연한 말 아닌가? 그러나 또 한 번 강조하지만, 상사가 부하 직원들의 성관계를 응원하는 모습을 본 적이 있다.

나조차도 의도치 않게 그랬던 적이 있다. 나는 격의 없는 분위기를 만들기 위해 회의실을 '팀 휴게실'로 만들어 회의 테이블과 의자 대신 간이침대와 소파를 놓았다. 어느 날 아침 직원회의에 들어갔다가, 소파 귀

퉁이에서 브래지어와 사각팬티를 발견했다. 나는 간이침대와 소파를 치워버렸고, 그 이유를 팀 전체에 설명했다.

나중에 다른 회사에서 일할 때 성관계를 위해 만든 듯한 회의실을 보았다. 조도 낮은 조명과 천막 같은 느낌을 주는 담요가 있고, 창문은 없고, 구석에는 위스키 몇 병이 있었다. 나는 인테리어를 바꾸라고 고장난 라디오처럼 같은 말을 반복하며 경영진을 닦달했다. 그러나 실제로 그 방에서 불륜이 벌어지고 나서야 인테리어가 바뀌었다.

4. 실수를 용서하되, 반복되면 대가를 치르게 하라.

한 팀원이 반복적으로 회사 내 사람과 성관계를 한다면, 심각한 불이익이 있어야 하며 여기에는 해고도 포함된다.

직장의 권력관계를 남용한 관계

사람들은 직장에서 사랑에 빠지기도 한다. 동거를 하게 되거나, 결혼하거나, 아이를 낳거나, 셋 다이거나. 이 책을 쓰기 시작할 무렵 나와 남편은 결혼 전 함께 다니던 회사에서 결혼하고도 계속 일했다. 소속 팀이나 회사, 우리 관계에는 영향이 없었다. 우리는 다른 팀에 있었고, 직급도 거의 같았다. 내가 남편에게, 남편이 내게 권력을 행사하지 않았다. 아무 문제가 없었다.

그러나 연인 관계에서 한쪽이 다른 한쪽의 상사이거나 조직 내에서 직급이 훨씬 높을 때는 나쁜 상황이 펼쳐질 수 있다.

메그는 회사의 계약 관리자였다. 그녀는 소속 팀장의 상사의 상사와 연애를 시작했다. 관계가 진지해지면서, 두 사람은 아이를 갖기로 했다. 메그가 임신했고, 아빠가 누군지 모두 알았다. 이 회사에도 앞서 언급한 '결재 라인 내에서 연애 금지'와 비슷한 규칙이 있었다. 그러나 직급이 더 높은 사람이 떠나야 한다는 의무 조항은 없었다. 이들의 관계가 알려지면서 경영진에서는 메그가 다른 자리로 가야 한다고 했다. 회사의 그 누구도 직급이 높았던 남자가 다른 직책으로 이동해야 한다는 말을 하지 않았다. 이것이 '자연스럽다'고 느끼는 사람도 있었다. 그는 전문 분야를 감독하는 임원이었다. 그가 갑자기 전문성이 없는 다른 기능을 담당하는 임원이 될 수는 없었다.

그러나 메그도 사정은 마찬가지였다. 메그 역시 다른 분야로 쉽게 이동할 수 없는 해당 기능의 전문가였다. 그리고 경력을 시작한 지 얼마 되지 않아 입지가 더 취약했다. 아들을 낳은 지도 얼마 되지 않았다. 메그는 부서를 옮겨 전문성이 없는 다른 업무를 시도했지만, 새로운 업무와 새로 태어난 아이를 동시에 감당하기는 어려웠다. 기대 수준만큼 업무를 해냈으나, 그전에 늘 기대 이상의 성과를 냈던 메그는 최선의 성과를 내지 못한다고 느끼고 낙담했다. 게다가 아들에게 건강 문제가 생겨 일을 꽤 오래 쉬어야 했다.

아이의 아빠인 임원은 메그에게 일을 그만두라고 했다. 그녀로서는 많은 스톡옵션을 포기해야 하는 선택이었다. 메그는 회사 설립 초기에 합류했고 회사가 폭발적으로 성장하고 있었으므로, 꽤 큰돈을 버리는 셈이었다. 임원에게는 푼돈이었겠지만, 아무튼 메그에게는 큰돈이었다. 임원은 수억 달러를 버는 사람이었다. 메그는 아이의 건강 문제에 집중할 수 있도록 그가 자신과 아이를 지원해 줄 것이라고 생각했다. 그러나 메그가 일을 그만두고 얼마 되지 않아 임원은 메그와 헤어지고 아이를 버렸다. 양육비 지급도 거부해서 메그는 소송을 제기해야 했다.

이것은 신체적으로 폭력적인 관계는 아니지만, 한쪽이 다른 사람에게 권력을 남용한 사건이다. 권력형 착취 관계였다. 메그는 좋아하는 일을 그만두고 훈련되지 않은 일을 해야 했으며, 퇴사를 권유받았다. 아들을 키우는 자금이 되었을 스톡옵션도 임원과의 관계 때문에 포기해야 했다. 그러나 임원은 금전적으로 손해를 보지 않았다.

사람들은 이런 이야기를 들으면 어깨를 으쓱한다. "안됐네. 그런데 어쩔 수 없지." '결재 라인' 내에서 갖게 된 관계를 이유로 권력이 없는 메그가 다른 팀으로 가야 했던 것은 대부분의 회사에서도, 사회 전체에서도 허용되는 학대의 형태. 물론 이는 해결할 수 없는 문제가 아니다. 임원이 그만둬야 하는 규정이 있었다면, 그는 애초에 이 관계를 시작하지도 않았을 것이다.

물론 임원을 잃으면 회사에 타격이 있다. 그러나 그의 자리를 보전하는 것 역시 기업 문화에 악영향을 미쳤다. 권력이 없는 모든 직원에게 어떤 메시지가 전달되었는가? 리더들은 멋대로 행동해도 되고, 직원은 언제든 버려질 수 있다는 것이다. 이 회사에서는 폭력적인 관계가 수없이 발생했고, 그중 몇몇은 언론에 대대적으로 보도되어 결국 처음에 회사가 메그와 사귄 임원을 내보냈더라면 입었을 손해보다 더 큰 손해가 발생했다. 조직적 배신은 단기적으로 피해자에게 해를 끼치지만, 장기적으로는 조직에 엄청난 피해를 가져온다.

공정한 직장을 위한 환경을 만들기 위해서는 규칙이 깨졌을 때 어떻게 대처하느냐에 대한 개념을 바꿔야 한다. 그렇지 않으면 규칙은 의미가 없다. 권력이 없는 사람은 해를 입고, 권력이 있는 사람은 아무 손해도 보지 않는 패턴이 계속되면서 결국은 회사에 돌이킬 수 없는 피해가 발생한다.

좋은 소식은 일과 권력, 섹스에 관한 규범이 바뀌는 징후가 보인다는 것이다. 메그와 사귀었던 임원은 사내의 여러 여자와 사귄 것이 밝혀지면서 회사를 그만두었다. 미투 운동 이전에는 생각할 수도 없는 일이었다. 나쁜 소식은 그가 회사를 그만두기 전에 이미 권력을 남용하여 여러 여성과 관계를 맺었다는 것이다.

피해자

내 이야기를 두 가지 하려고 한다. 폭력적인 관계의 구성 요건에 대해 논란이 많기 때문에 내 이야기를 공유하기로 했다. 강하고 독립적인 사람이라고 해서 폭력적인 관계에 빠질 수 없는 것은 아니다. 그러니 당연히 폭력적인 관계에 빠졌다고 해서 강하고 독립적인 사람이 아니라는 뜻도 아니다.

나는 단순한 상사가 아니라 진짜 멘토라고 여겼던 남자 밑에서 일한 적이 있다. 일을 그만두고 나서도 연락을 이어갔다. 그 사람과 동거하는 여자도 몇 번 만났다. 10년을 만났는데도 서로 깊이 사랑하는 것 같았다. 내가 일을 그만두고 얼마 지나지 않아 그녀가 죽었을 때, 그는 엄청난 충격에 빠졌다. 얼마 후 그는 나를 보트에 초대했다. 오후가 지나가는 가운데 그는 갑자기 손을 뻗어 내 손을 잡았다. 그가 원하는 것을 오해할 수 없는 방식이었다. 나는 너무 과감한 행동에 놀랐지만, 내가 그에게 끌린다는 것에 더 놀랐다.

그때까지 나는 MBA를 끝내면 다시 그의 밑에서 일할 계획이었다. 내가 그의 손을 잡으면 그 선택지는 사라지는 것이었다. 상사와의 연애가 얼마나 위험한지는 이미 비싼 값을 치러서 잘 알았다. 그런 실수를 또 할 생각은 없었다. 그와 잔다면 원래 계획대로 옛 직장으로 돌아갈 수는 없었다.

이것이 그 관계의 첫 번째 폭력이었다. 그가 의도한 상황은 아니었지만, 그는 이 상황에 내재된 문제를 인식하려 하지도 않았다. 나는 그가 내게 추천했고 내가 가려고 했던 직장으로 갈 수 없었다. 이 이야기에서는 이러한 양상이 반복된다. 동의가 있는 관계라 해도 권력관계가 있으면 폭력이 개입된다.

권력의 불균형(나이, 경제 상황, 직급 등)이 있는 두 사람의 관계가 불가능하다는 뜻이 아니다. 그러나 양쪽 당사자 모두, 특히 권력을 가진 사람이 상황을 인지하고 해결하기 위해 적극적인 조치를 취해야만 건강한 관계라고 할 수 있다. 권력이 없는 쪽이 모든 부담을 져서는 안 된다.

그러나 나의 관계는 그렇게 풀리지 않았다. 그는 유명한 친구를 만날 때면 나를 소개하지 않았다. 나는 그가 기르는 동물처럼 서서 약간 수치심을 느끼며 내가 거기 있다는 사실을 아무도 인식하지 않길 바랐다.

그는 집을 사서 같이 살고 싶다고 했지만, 어디 살지에 대해 내게 의견을 묻지는 않았다. 나는 함께 살펴본 아파트 하나를 언급하며 "거기 살 수는 없다"고 했다. 다음날 그는 바로 그 아파트를 사겠다고 했다. 내 말을 귀담아듣지 않은 것이다. 결국 그는 나를 위해서라고 주장하며 내가 마음에 들어 하지 않는 아파트를 샀다. 터무니없는 말이란 걸 알았지만, 나는 이 경고 신호를 적당히 무시하고 그 아파트에 들어갔다.

그는 한 번도 아파트를 '우리' 것이라고 한 적이 없었다. 집은 그의 것이었고, 나는 거기 살 뿐이었다. 그는 저녁 만찬을 열 때면 내게 자리를 피해 달라고 부탁했다. 한번은 약속된 시간에 집에 돌아갔는데 아직 손님들 소리가 들렸다. 그 아파트는 내가 사는 곳이기도 했지만, 그가 화낼 것을 아는 나는 아파트 계단에서 손님들이 떠나길 기다렸다. 내가 불만을 말하자 그는 내가 터무니없는 소리를 한다는 듯 굴었다. 물론 나는 내가 사는 집에 들어갈 수 있어야 했다. 가스라이팅이다.

내가 사는 곳에 속하지 않는 느낌을 지우기 위해서, 나는 중요한 결정을 할 때 '우리'라는 말을 써달라고 부탁했다. 그는 똑똑한 척을 하며 다이아몬드로 '우리(We)'라는 글자를 새겨 목걸이에 달아 주었다. 그다지 감동받지 않은 나는 나를 정치인처럼 대해 달라고 했다. 25달러가 넘는 선물을 하지 말라고. 그는 비싼 그림을 사주었다. 나는 그림을 갤러리에 돌려주고 환불을 받았다. 그는 나와 싸우면서 외쳤다. "넌 통제가 안돼!"

"너는 날 통제하지 못해." 내가 받아쳤다. 그러나 그 말을 하자마자 나는 그가 사실 수많은 미묘하고 노골적인 방식으로 나를 통제하고 있다는 것을 깨달았다.

내가 존엄성을 회복하고 원하는 삶을 살기 위해서는 그를 떠나야 한다는 걸 알았지만, 그대로 몇 년이 흘렀다. 신체적인 학대를 받지는 않았기 때문에, 나는 그가 자신의 부와 사회적 위치를 이용해 나를 계속 모멸스럽고 상처가 되는 상황으로 밀어넣는 것을 대단치 않게 생각했다.

심지어 지금도 내가 왜 그 상황을 벗어나지 못했는지 완벽히 설명할 수가 없다. 그러나 무엇이 내가 벗어나는 데 도움이 되었는지는 알겠다. 예상치 못한 도움의 손길이 있었다.

친구가 좋은 질문을 했다. "너는 원하는 것을 쟁취하는 여자 같아. 그런데 이 상황에서는 왜 그렇게 무력해?" 그는 진정한 감탄을 담아 내가 원하는 것을 쟁취하는 여자 같다고 말했다. 보통 사람들은 원하는 것을 쟁취하는 성향에 대해 여자는 비난하고, 남자는 칭찬한다. 친구의 태도는 내게 중요했다. 그는 내가 원하는 것을 갖기 위해 노력할 권리가 있다는 사실을 상기시켰다. 나는 수많은 폭력적 관계의 배경에는 여성이 원하는 것이나 필요한 것을 가질 수 있다고 기대하면 '안 된다'는 강요가 있다고 생각한다.

나는 약간의 도움을 받긴 했지만, 결국 벗어나는 데 성공했다. 상사 중 한 사람이 핵심을 꿰뚫는 질문을 했다. 상사와 나는 업무 미팅을 위해 워싱턴에서 뉴욕까지 기차로 이동하고 있었다. 나는 신문을 펼쳤고, 내가 만나고 있던 남자가 당시 내각의 일원이었던, 세계에서 가장 영향력 있는 여성의 초대로 백악관 휴일 파티에 갔다는 소식을 읽었다. 사귀는 사람이 다른 사람과 만나는 것을 알게 되면 누구나 그렇겠지만, 나역시 명치를 한 대 맞은 것 같았다.

상사는 나와 이 남자의 관계를 알고 있었고, 내가 화난 이유를 적어도 일부는 이해했다. 그의 직책에서는 아무 일도 일어나지 않은 것처럼 행동할 수도 있었지만, 그는 유감이라고 말해주었다. 그리고 셰릴 크로 (Sheryl Crow)의 말을 인용해 내게 물었다. "네가 그 사람 때문에 행복하다면, 대체 지금 왜 이렇게 슬픈 거야?" 내 관계에 대한 현명한 질문이었고, 덕분에 나는 그만둘 마음을 먹었다.

그러나 2년 뒤에도 나는 여전히 벗어나지 못하고 있었다. 같이 일하는 직원에게 나는 개를 기르고 싶은데 같이 사는 남자친구가 허락하지 않는다고 하자, 동료는 그냥 강아지를 입양하라고 했다. 사무실에서 내가 기르면 밤에는 그가 집에 데려가겠다는 것이었다. 엄청나게 관대한 제안이었고, 나는 적잖이 당황하긴 했지만 동의했다. 막상 데려오고 나니 나는 자연스럽게 강아지를 집에 데려가게 되었다. 이것은 드디어 그 아파트를 나와서 살 곳을 구한 결정적인 이유였다. 그러나 여전히, 동거는 하지 않았지만 관계는 계속되었다.

내 스타트업이 망한 뒤 경력 초기에 함께 일했던 동료를 우연히 만났다. 짧은 대화에서 그는 내가 어려운 상황에 있는 것을 알아챘는지, 그렇게 친한 사이가 아니었는데도 햄버거를 같이 먹자고 했다. 저녁을 먹으면서 그는 새로운 일자리를 얻으면 기반을 다시 다질 수 있을 거라고 했고, 자기 회사에서 사람을 구하고 있으니 면접을 보라고 했다. 나는 약간 어색함을 느꼈다. 그가 내민 도움의 손길이 자선사업처럼 느껴졌다. 그러나 도움을 청하는 것에 대하여 멘토가 해준 충고를 떠올리고 제안을 받아들였다.

면접 절차를 거치면서 나는 경영대학원 동기에게 전화해 조언을 얻었다. 그리고 조언보다 귀한 것을 얻었다. 이곳으로부터 거의 5000킬로미터 떨어진 훌륭한 일자리에 나를 추천해 면접을 보게 해준 것이었다. 그 정도로 멀어지지 않았다면 남자친구와 관계를 끊을 수 있었을지 확신할 수 없다.

폭력적인 관계에서 벗어나기는 힘들다. 모든 사람에게 새로운 장소에서 새롭게 시작할 일자리를 추천해 줄 지인이 있는 것은 아니다. 내가 운이 좋은 특권층이었다는 사실을 알고 있다. 그러나 요점은 이것이다. 다른 사람에게 당신의 상황을 숨기지 말라. 무슨 일이 일어나고 있는지 지인들에게 알릴수록 그들은 당신을 도와주려 노력할 것이고, 작은 걸음을 떼다 보면 나중에는 크게 나아갈 수 있다. 사무실에서 기르던 강아지 덕분에 새로운 집을 얻었고, 햄버거를 먹다가 면접을 보게 되었고, 이것이 전화 통화로 이어져서 훨씬 큰 움직임이 가능했다. 다른 사람이 제공하는 도움을 받아들여라. 당신을 아끼는 사람들에게 당신이 벗어나는 것을 도울 기회를 주자!

권력을 가진 사람은 놀랍도록 뻔뻔하게 다양한 방식으로 권력을 남용한다. 그러나 이제는 거기에 대처하는 기술이 생겼다.

직장 생활을 이어가며 행복한 결혼을 하고 아이를 낳은 뒤, 실리콘밸리의 전설인 멘토가 기술 산업의 진화를 분석하는 프로젝트를 도와주겠다고 나섰다. 나는 막 이직한 참이었다. 산업군에서 가장 전략적인 정신을 가졌다고 정평이 난 그를 이사회에 데려가면 나의 신뢰도가 수직 상승할 것이었다.

우리는 2주마다 만났다. 몇 달이 지나고, 그는 그의 아내와 함께 해변 별장에서 느긋하게 주말을 보내자며 우리 가족을 초대했다. 그리고 일정 이틀 전에, 그는 내게 육체적으로 끌린다고 고백했다. 그래서 나를 도왔다는 것이다. 내가 '눈치를 챘어야' 한다고 말하는 사람들도 있었지만, 그것은 피해자를 비난하는 헛소리다. 나는 완전히 허를 찔렸다.

나는 빈말로도 이 사람에게 매력을 느낀다고 할 수 없었다. 무엇보다도 나는 남편을 사랑했으며, 내게 가족보다 소중한 것은 없었다. 멘토에게 이 점을 확실히 말했다. 그는 내 말을 받아들였지만, 우리가 주말에 나타나지 않으면 곤란한 상황이라고 했다. 아내가 이미 음식을 준비했다는 것이다.

부끄럽지만, 나는 잠시 흔들렸다. 음식을 걱정한 것이 아니었다. 남편에게 뭐라고 할 것인가? 섹스를 하자는 말을 들었으니 커플 여행을 취소해야겠다고 배우자에게 즐겁게 말할 수 있는 사람은 없다. 직장에서의 평판도 걸려 있었다. 내가 조언을 얻고 있던 실리콘밸리의 전설이 갑자기 프로젝트에서 빠진다고 새로운 동료들에게 어떻게 말하겠는가? 내가 쌓은 신뢰는 무너지고, 질타의 시선을 받을 것이다. 멘토는 이것을 모두 알고서 아무 일 없었던 척하자고 나를 설득한 것이다. 해변 별장에서 나를 궁지에 몰아넣고 즐기고 싶은 것이었다.

이 시점에서 나는 해변 별장에 가면 무슨 일이 일어날지 훤히 보였다. 소름 돋고, 어색하고, 비참하고, 추한 게임에 동참하는 것만으로 똑같은 기분이 될 것이었다. 그의 제안을 고려할 가치도 없다는 것을 이미 경험에서 배운 터였다.

반나절이 지나고서야 용기를 끌어모아 남편에게 무슨 일이 있었는지 말할 수 있었다. 그렇게 두려워할 필요는 없었다. 가장 먼저 그는 나를 꼭 안아준 뒤 이렇게 말했다. "정말 유감이야. 굉장히 실망스럽네. 나는 그 사람이 좀 다른 줄 알았거든." 내가 느낀 기분과 정확히 똑같았다. 나는 내 멘토가 권력을 휘두르는 흔한 기술 기업 임원들과는 다르다고 믿었다. 남편과 나는 변변찮은 변명을 지어내서 주말에 해변 별장에 가지 않았다. 나는 그 멘토를 다시는 만나지 않았다.

당신이 권력을 남용하는 사람이라면

학대받고 있다는 것을 인지하기도 어렵지만, 자신이 누군가를 학대하고 있다는 것을 깨닫기는 더 어려울 수 있다. 특히 그 대상이 사랑하는 사람이라면 더욱더 어렵다. 당신은 권력을 휘두를 의도가 아니었을지도 모른다. 다른 사람들에게는 명확한 사실을 당신의 권력과 부, 특권이 눈을 가리는 바람에 보지 못해서 상황 파악이 안 될 수도 있다. 그러나 무지는 변명이 될 수 없다. 당신이 타인에게, 특히 아끼는 사람에게 미치는 영향을 인지하는 것은 당신의 책임이다.

예를 들어, 내 친구 니나는 회사 임원 스탠리에게 승진에 추천해 달라고 부탁했다. 스탠리는 니나의 업무 능력을 높이 평가했으므로 바로 동의했다. 이틀 뒤, 스탠리는 니나에게 데이트를 신청했다. 니나는 그의 결재 라인에 속해 있지 않아서 엄밀히 말해 인사 규정 위반은 아니었다. 그러나 그녀의 승진 추천서를 썼다는 점에서 그는 권력을 갖고 있었다. 그리고 니나는 그에게 관심이 없었다. 니나는 예의 바르게 거절한 뒤 내게 전화를 걸어 스탠리가 승진 지지를 철회할까 걱정된다고 말했다.

나는 스탠리를 잘 알았다. 니나에게 데이트를 신청하면서 그녀가 어색한 위치에 놓일 것이라는 생각이 머리에 스치지도 않았을 것 같았다. 그러나 알고 있었어야 마땅하다. 그는 기술 분야 대기업에서 임원 자리를 차지할 만큼, 그리고 이런 권력관계를 파악할 만큼 똑똑했다. 그런데도 몰랐던 건 자기 행동의 함의를 제대로 생각해 보지 않았기 때문이다.

이런 상황에서 고의든 아니든 몰랐다, 깨닫지 못했다, 생각도 못했다는 건 변명이 될 수 없다.[8] 그가 잠깐이라도 생각해 봤다면, 니나에게 데이트를 청할 타이밍이 아니라는 것을 알았을 것이다. 그리고 직장에서 이성적으로 접근할 때는 마땅히 생각이란 걸 해야 한다.

반면 부유한 내 친구는 혼전 계약에서 이런 종류의 권력 불균형을 명시적으로 인정했다. 그는 약혼자에게 아무 조건 없이 큰돈을 내밀었다. 약혼자가 결혼 전에 다른 남자를 만나 떠난다 해도, 그녀는 그 돈을 가질 수 있었다. 그는 그녀가 자신의 부 때문에 통제받는다고 느끼기를 원하지 않았다.

학대하는 쪽이 되지 않기 위한 몇 가지 지침이 있다.

1. 당신 밑에서 일하는 사람, 또는 조직에서 직급이 많이 낮은 사람과 성적인 관계를 맺지 말라. 작업을 걸지 말고, 그들이 작업을 걸게 두지도 말고, 데이트를 신청하지 말고, 성적이거나 이성적인 방식으로 신체 접촉을 하지 말라. 절대로.

2. 당신의 부하 직원에게 연애 감정을 느낀다면, 이렇게 자문해 보라. 이 관계를 위해 현재의 직책을 포기할 생각이 있는가? 그렇다면, 어떻게든 일을 그만둔 뒤에 데이트를 신청하라. 그렇지 않다면 애초에 당신을 이 자리에 앉힌 뇌의 기능을 발휘해서 충동을 통제해야 한다. 당신의 감정을 드러내고 상대가 당신이 만든 곤란한 상황을 처리할 거라고 기대하지 말라.

3. 위의 규칙을 어기고 결국 부하 직원이나 직급이 낮은 사람과 연애를 하게 되었다면, 당신이 새로운 일자리를 찾아야 할 때다. 상대

가 당신을 위해 경력을 희생하기를 기대하거나, 그렇게 하도록 허락하지 말라. 이런 상황에서 너무나 흔하지만 오류가 있는 논리는 직급이 낮은 사람이 부서를 바꾸거나 사직하는 것이다. 결국 당신이 '더 큰' 일을 하니까. 그러나 당신의 경력이 중요한 만큼, 상대의 경력도 중요하다. 상대는 자원이 적고 직급이 낮은 사람이므로 경력이 삐걱거리면 당신보다 더 큰 타격을 입는다.

리더

리더의 직무 설명에는 폭력적인 연애 관계가 팀의 생산성을 해치지 않도록 예방하라는 말은 없을 것이다. 그러나 리더가 이러한 일을 예방하는 데 주의를 기울이지 않으면, 그런 일은 반드시 일어난다.

다음은 예방을 위해 할 수 있는 일과 예방이 실패했을 때를 대비한 제안이다.

1. 솔선수범하라. 사내의 누군가와 연애를 하지 말라.
2. 앞서 언급된 '결재 라인 내의 성관계 및 연애 금지' 규정을 모두가 이해하게 하라.
3. 규정을 이행하라. 이는 성과가 좋은 관리자 몇 명을 내보내야 한다는 뜻일 수도 있다. 고통스럽지만, 조직적 배신이 아닌 조직적 용기를 추구한다면 그렇게 해야만 한다. 2019년 가을 이 책을 쓰는 시점에, 맥도날드 이사회는 직원에게 음란한 문자 메시지를 보낸 CEO를 해임했다. 그의 임기 동안 회사 주가가 2배로 뛰었는데도.[9]

4. 리더는 과거의 관계를 공개해야 한다. 맥도날드의 CEO는 해임된 사건에 연루된 여직원 외에도 세 명의 직원과 관계를 맺은 사실을 공개하지 않았다는 혐의를 받았고, 맥도날드는 퇴직수당을 환급하라고 소송을 걸었다.[10] 내가 이끌던 회사의 이사가 사실을 밝히지 않고 자신이 사귀던 여자를 회사에 추천한 적이 있다. 그리고 이 사실은 모두가 어색해지는 방식으로 밝혀졌다. 추천 당시에 이 정보를 먼저 공개했다면 좋았을 것이다.

5. 불공정한 관계가 판치는 환경을 만들지 말라. 실리콘밸리의 한 벤처캐피털은 휴가철마다 파티를 두 차례 열었다. 하나는 아내를, 다른 하나는 정부를 데려오는 파티였다(파티에 참석하는 임원 중 여자나 게이는 없었다). 이런 짓을 했을 때 회사 문화가 공공연히 나빠진다고 해도 놀랄 일이 아니다.

6. 공부하고 배워라. 폭력적인 관계의 구성 요건이 무엇인지 잘 모르겠다면, 단순한 정의가 있다. 한 사람이 다른 사람에 대해 권력을 가지고, 이 권력으로 그 사람이 하고 싶지 않은 일을 하도록 통제하거나 강요하는 것이다.

직장에서의 성범죄

조직적 배신

미투 운동으로 드러났듯이, 직장에서의 성범죄는 경악스러울 정도로 흔한 일이다. 여성 여섯 명 중 한 명은 강간 또는 강간미수 피해자다. 성폭행의 12%는 피해자가 근무하는 중에 발생한다.[11] 직장에서의 강간은 늘 있는 일이다. 나는 사무실 강간의 수사가 엉터리여서 직장을 그만둔 적이 있다. 그 후로 나는 더 나은 조력자가 될 수 있는 방법을 깊이 생각했으며, 리더로서 내가 이끄는 조직에서 이런 끔찍한 일이 일어났을 때 어떻게 대처해야 할지도 고민했다.

심리학자 제니퍼 프리드가 지적했듯이, "폭력이 드러났을 때 우리가 어떻게 반응하는지가 중요하다. 성폭력이 공개되었을 때 대응이 엉망이면 더 큰 피해가 일어난다. (…) 조직 전체가 나쁘게 대응하는 것이 '조직적 배신'이다."[12] 프리드는 조력자와 리더가 모두에게 공정한 방식으로 사건을 조사하면서 진정으로 경청하고 도움이 될 수 있는 몇 가지 실용적인 방법을 제시한다.[13]

내가 일하던 회사의 대응은 조직적 배신이 아니면 설명할 수가 없다. 다양한 요소가 이 결과에 영향을 미쳤지만, 나는 두 가지에 주목하려 한다. 우리 모두를 침묵시키는 강간 신화와 동의 문화의 부재다.

강간 신화가 우리 모두의 입을 막는다[14]

회식에서 발생한 강간 사건 조사가 사무실에서 이루어지면서, 나는 이런 식의 조사가 왜 제대로 기능하지 않는지 알게 되었다. 조사의 방식은 불편했다. 강간 혐의를 받고 있던 남자는 섹스를 한 건 사실이지만, 그녀가 너무 취해서 무슨 일이 있었는지 기억하지 못하는 것이라고 당당하게 말했다. 조사를 담당하는 변호사도 이 사실을 알았다. 그러나 변호사는 조사 중인 여성을 나와 이야기하게 해주지 않았다.

변호사에게 항의하자, 그는 내가 문제의 남자와 이야기한 것도 잘못이라는 식으로 말했다. 법적 가스라이팅이다. 그리고 변호사는 사건의 전말을 읊었다. 그 여자는 가해자가 상상하는 강간 피해자가 '취해야 할' 행동을 하지 않았다는 것이다. "이해가 안 되네요. 왜 싸우거나 소리 지르지 않았죠?"

나는 당시 성폭력을 당하는 사람이 저항하지 않는 것이 일반적이라는 사실을 몰랐다. 그러나 전문 지식이 없었어도 피해자가 영화에서처럼 소리를 지르며 가해자에게 반항할 것이라는 강간 신화가 말이 안 된다는 건 알았다.[15] 나는 그녀가 왜 싸우거나 소리를 높이지 않았는지 완벽하게 이해했으니까.

대학 시절 여름방학에 옷가게에서 아르바이트를 한 적이 있다. 지하철역에서 긴 에스컬레이터를 혼자 타고 올라가는데 갑자기 질과 항문 부위에 날카로운 통증이 느껴졌다. 뒤돌아보자 한 노인이 음흉하게 웃고 있었다. 내 뒤로 몰래 다가와서 치마와 속옷 위로 손가락을 찔러 넣은 것이다. 본능적으로 발을 들어 얼굴을 차서 에스컬레이터 밑으로 떨어뜨리고 싶었다. 나를 방어하는 건 정당방위니까.

정당방위가 맞을까?

나는 노인이 금속 계단을 굴러 떨어져 머리가 깨지고, 심각한 부상을 입고, 내가 폭행이나 살인미수로 구속되는 장면을 상상했다. 그래서 걷어차는 건 그만두었다. 소리를 지르고 싶었지만, 뭐라고 해야 할지 몰랐다. 지갑을 도둑맞았다면, 나는 "거기 서, 도둑이야!"라고 외쳤을 것이다. 하지만 지금은? 할 말이 없었다. 나는 다시 돌아서서 달아났다. 맞서고 싶지만 도망가는 나 자신을 혐오하면서.

경찰서를 찾을 생각은 하지도 못했다. 나는 손가락을 질에 넣는 것이 내가 살던 지역을 포함하여 많은 관할권에서 강간으로 분류된다는 사실을 전혀 몰랐다. 내게 이런 끔찍한 일이 일어났는데, 나는 그것을 뭐라고 부르는지도 몰랐다. 아침 출근길에 너무나 빠르고 예측할 수 없게 그런 끔찍한 일이 일어날 수 있다는 사실이 너무나 불안했다. 가게에 도착한 나는 여전히 떨고 있었고, 동료에게 이 일을 이야기했다.

"지하철에서 그럴 때가 있지. 익숙해져야 해." 그는 어깨를 으쓱하며 말했다. 더 나은 반응을 바란 나를 바보라고 나무라는 것 같았다. 어떤 면에서, 그가 내게 일어난 일을 별일 아니라는 듯 무시한 것은 앞서 일어난 일보다 더 화가 났다. 내 치마 밑으로 손을 쑤셔 넣은 남자는 변태라고 무시할 수 있었고, 내게 일어난 일은 재수가 없었던 것이라고 치더라도, 동료가 이것이 일반적인 일이라며 신경도 쓰지 않는 건 무슨 의미란 말인가?

나는 그 사건과 동료의 태평한 반응을 내 마음의 가장 어두운 곳에 묻어두었다. 그러나 이 사건은 내 출근 복장을 영원히 바꿔놓았다. 지금까지도 나는 통 넓은 청바지를 입는다. 나중에 지하철 치한이 아니라 기술 회사의 임원이 나를 더듬으려 한 적이 있었지만, 리바이스 청바지의 다리 사이가 난공불락으로 마감되어 있어서 그는 별 소득을 얻지 못했다.

나는 그때 이후 그 사건을 누구에게도 말하지 않았고, 그때 맞은편에 앉은 변호사에게 그 이야기를 할 생각도 없었다. 그래서 아무 말 하지 않았다. 이 강간 피해자가 왜 침묵했는지에 대한 내 침묵을 어떻게 이겨내야 할지 몰랐다. 지금 돌아보니, 나는 목소리를 내야 했다. 그랬다면 상황이 달라졌을지도 모른다. 다음에는 더 잘 대응할 것이다. 마야 안젤

루(Maya Angelou)가 말했듯이, "나는 그때 내가 아는 대로 행동했다. 이제 더 잘 알고 있으니, 더 잘할 수 있다."[16]

동의의 문화의 부재

지금 생각해 보니, 변호사와 대화하면서 내가 침묵한 또 다른 요인은 그 회사에 동의의 문화가 공유되고 있지 않다는 사실을 직면하기 싫어서였던 것 같다. 미투 운동이 폭로했듯이, 권력을 가진 수많은 남자는 자신이 여성의 몸에 대한 '권리'를 가졌다고 믿는다. 그러나 당시 나는 이 사실을 인정하기 어려웠다. 내가 기절할 정도로 술을 마시면 내 몸을 마음대로 할 권리가 있다고 실제로 믿는 남자가 존재한다는 사실을 마주하기가 고통스러웠던 나는 부정의 단계에 있었다. 나는 성폭행 사건이 잘못 처리된 이유를 근본적인 윤리의 차이보다는 '오해'로 돌리고 싶었다.

변호사와 대화하기 직전, 나는 회사 복도에서 젊은 남자 직원들끼리 하는 이야기를 우연히 듣게 되었다. "뭐, 엄청 취했었잖아. 당연한 거 아냐?"

너무 지독한 말이라 그냥 무시할 수가 없었다. 나는 대화에 끼어들었다. "너무 취해서 동의를 할 수 없는 사람과 섹스를 하면, 그게 강간이야."

"그건 아니죠!" 말하던 직원이 항의했다. 옆에 서 있던 직원도 동의한다는 듯 끄덕였다. "강간 맞아. 여자가 취했다고 해서 그 몸에 무슨 짓을 할 권리는 없어. 이 문제로 너희와 시간 낭비할 생각 없어." 내가 쏘아붙였다. "나중에라도 교도소에 갇혀 있기 싫으면 법을 좀 알아야 할 거야.

내 말이 틀린 것 같으면 아무 변호사한테나 물어봐."

나는 이 사건에 당황했고, 회사 임원인 허버트를 찾아갔다. 우리가 회사에서 동의의 문화에 대한 트레이닝을 해야 할까? 이 청년들은 어째서 강간이 뭔지 모르는 걸까? 허버트는 단박에 거절했다. 나는 우리가 공유한다고 생각했던 이상적인 회사의 문화를 말하려 했다.

"이 회사는 여자가 남자와 똑같이 취해도 안전한 곳이어야 하지 않나요? 저는 굉장히 높은 기준을 얘기하는 게 아니에요. 의식이 없을 정도로 취한 사람과 성관계를 하지 말라는 거예요."

"사무실에서 했다는 게 문제일 뿐이야." 허버트는 화를 내며 방어적으로 대답했다. "자기 집으로 데려가거나 식당 화장실에서 했다면 상관없지."

우리가 공유하는 윤리적 세계에 대한 내 가정이 와르르 무너지는 순간이었다. 너무 취해서 자기가 뭘 하는지도 모르는 사람에게 무언가를 강요하는 것이 잘못이란 건 모두가 아는 일 아니었나? 이제는 그 생각이 현실을 부정했기에 가능했던 순진한 가정이었다는 사실을 안다. 여성이 실제로 판단할 수 없을 만큼 취했는지, 여성이 그 정도로 취했다는 걸 남성이 알았는지 조사할 수는 있다. 그러나 나는 허버트는 물론 그 누구라도, 의식이 없을 정도로 취한 것이 확실한 여자와 성관계를 하는 것이 괜찮다고 진심으로 믿을 거라고는 전혀 예상하지 못했다. 충격을 받은 나는 집으로 돌아가 남편과 이야기했다.

남편은 나만큼이나 충격을 받았고, 역겹다고 생각했다. "그놈들은 뭐가 문제야? 도덕의 잣대 같은 건 없는 거야?" 다행히, 대부분 관할권의 법률은 옳고 그름에 있어 나와 내 남편과 같은 입장이었다. 강간은 불법이다. 취해서 동의할 수 없는 사람과의 섹스는 강간이고, 그러므로 불법이다. 그러나 이 사회가 강간이라는 주제에 대한 도덕률을 공유하기까지는 아직 멀었다. 어째서인지, 그전에는 이 문제를 똑바로 바라본 적이 없었다.

취한 여자와 성관계를 하는 행동에 전혀 문제가 없다고 생각하는 남자가 있다는 사실을 왜 인지하지 못했는지 생각해 볼 필요가 있다. 사건 이후 나는 성범죄를 전문으로 다루는 변호사를 몇 명 만났다. 그들은 내가 강간에 대한 비윤리적 태도에 놀랐다는 사실에 더 놀랐다. 모두들 알고 있었던 것이다. 나는 오랫동안 상황을 부정했다. 내가 해결할 수 없을 것 같은 문제를 인정하지 않고 있었다. 이 문장을 되새길 때였다. 문제를 인정하지 않으면 해결할 수도 없다.

이제 알게 되었으니 피할 수 없었고, 내 책임이 무엇인지 고민할 때였다. 내 아이들에게 윤리적으로 행동하고 법률을 준수하라고 가르치는 것은 내 책임이었다. 그러나 강간에 대한 회사 남자들의 여성 혐오적 태도를 교정하는 것도 내 책임인가? 이런 태도는 회사 복도에서 나누는 일상적 대화와 임원과의 논의에서 드러날 정도로 만연해 있었다. 회사 사람들에게 동의의 의미를 설명하는 데 힘써야 하나? 내가 운영을 담당하던 경영진 교육과 영업 교육에 동의에 대한 교육을 추가해야 하나?

본능적으로 아니라는 말이 꿈틀거렸다. 나는 이미 일이 많았다. 여성의 몸을 마음대로 할 권리가 있다고 믿는 남자들의 생각을 바꿀 책임은 내 직무 설명에 없었다. 그러나 내가 성공할 확률이 조금이라도 있다고 생각했다면, 나는 어쨌든 이 추가 업무를 했을지도 모른다. 그 부분이 또 다른 문제였다. 내게는 아군이 없었다. 임원진에는 내가 도움을 요청할 사람이 하나도 없었다. 내 상사는 이미 내가 '여성 문제에 좀 집착한다'는 평판을 듣고 있다고 했다. 고위 경영진에 한 명이라도 여자가 더 있어서 이 문제를 함께 해결할 수 있었다면 상황은 달랐을지도 모른다. 내가 이 회사를 떠나면서 죄책감을 느낀 이유 중 하나는 내 퇴사가 젊은 여자 직원들의 의욕을 꺾었을 것이라는 점이다. 그러나 내가 머물 수 없었던 이유도 회사에 여자가 너무 부족했기 때문이기도 했다.

내가 확고한 선택들을 한 것처럼 쓰고 있지만, 당시에는 전혀 그렇게 느껴지지 않았다. 대혼란에 빠져 있었다. 나는 잠시 버티려고 해보았다. 그 회사에는 잘못된 점이 너무 많았다. 그 회사와 기술 산업 분야, 더 크게는 우리 사회의 문화는 여러 면에서 사내 성범죄가 일어날 수 있는 토양이 되었다. 그 회사는 여성에 대한 선입견은 물론 편견까지도 노골적으로 말할 수 있는 '남성 중심적' 문화를 가지고 있었고, 그런 태도에 불만을 제기하면 오히려 입막음을 당했다. 교정되지 않은 선입견과 편견이 여성 차별로 이어졌다. 그래서 그 회사에는 여자가 거의 없었다.

이런 문화적 문제를 해결하는 것은 그들이 나를 고용한 이유 중 하나였다. 나는 문제를 해결하려는 의지를 높이 샀고, 힘이 되고 싶었다. 그러나 그들은 문제 해결이 그들이 아닌 나의 일이라고 생각했다. 게다가 문화가 바뀌길 원하지 않는 이들이 많았다. 그래서 내가 하는 일에 감사하기보다는 맞서 싸우려 할 것이었다. 그곳의 여성들에게 빚진 기분이 들었던 나는 두어 달 더 버텼다. 그러나 결국 나는 임원들이 내게 문제를 미뤄둘 수 있다면, 절대 회사의 문제를 해결하지 않을 것이라는 점을 깨달았다. 거기서 버텨도 여자들을 보호할 수 없었다. 회사의 여성 혐오 문화를 만든 남자들을 내 치마폭에 숨겨주는 꼴이었다. 그리고 그들이 만든 상황에 내가 비난받는 처지를 자처하고 있었다. 그래서 회사를 떠났다.

조직적 용기

직장에서 신체적 침해를 예방하고 대응하는 방법을 몇 가지 제시하려 한다. 동의의 문화를 만들고, 이 문화를 강화하기 위해 신뢰받는 신고 시스템 및 견제와 균형을 두는 것이 목표다. 조직적 배신이 아닌 조직적 용기로 신체적 침해에 대응할 수 있다.[17]

피해자

당신의 이야기를 하고, 다른 사람의 이야기를 들어라

미투 운동은 한 명의 이야기로 시작되어, 수백만 명의 이야기를 세상에 내놓았다.[18] 열세 살 여자아이가 사회운동가이자 지역사회 조직가인 타라나 버크(Tarana Burke)에게 성폭행 사실을 밝힌 것이 미투 운동의 씨앗이었다. 자신 역시 성폭행 피해자였던 버크는 당시 이 아이의 말에 대답할 수 없었다. 나중에야 버크는 "나도 당했어"라고 말했어야 했다고 생각했다. 버크는 자신의 이야기를 하고 타인의 이야기를 들을 힘을 갖자는 의미로 2006년 마이스페이스에 이 문구를 올렸다. "당신의 이야기를 하고, 다른 사람의 이야기를 들어라." 버크의 첫걸음이 SNS에서 뜨거운 호응을 얻으면서 성폭력의 수많은 피해자가 자신의 이야기를 나누었다. 오늘날 당신의 이야기를 하면 사람들은 역사상 어느 때보다 공감과 연대로 들어줄 것이다. 그러면 가해자의 다른 피해자, 또는 잠재적 피해자에게 도움이 되고 또 다른 누군가가 자기 이야기를 할 길을 닦을 수 있다.

수치심 때문에 침묵하지 말라

내가 지하철역에서 성추행을 겪었을 때 소리를 지르지 않았던 이유는 그가 내게 한 짓을 정확히 묘사하는 단어를 차마 입에 올릴 수 없었기 때문이다. "네가 손가락을 내 질에 넣었다"라는 말은 재빨리 나오지 않았다. 그렇다고 "내 질과 항문에서 손가락을 빼"라고 소리를 지르기도 불편했다. 심지어 "왜 내 치마에 손을 넣었냐"라고 할 수도 없었다. 어쩐지 내게 일어난 일을 정확히 설명하면 그가 아니라 내가 수치를 당하는 것 같았다.

수치심은 침묵시키는 효과가 있다. 그러나 우리가 제대로 된 단어를 쓰지 않으면 정확한 묘사를 할 수 없고, 가해자는 범죄 혐의를 벗을 것이다. 아이들이 자신의 성기를 가리키는 정확한 단어를 알고 사용할 수 있으면, 소아성애자에게 해를 입을 확률이 낮아진다는 연구가 있다.[19]

작가 데버라 코파켄(Deborah Copaken)의 일화는 내가 들은 이야기 중 가장 만족스러운 성추행 대응법이다. 버스에서 누군가 그녀의 엉덩이를 잡았다. 버스에는 사람이 많아서 누군지 알 수 없었고, 그녀는 아래로 팔을 뻗어 남자의 손을 움켜잡고 소리쳤다. "이거 누구 손이야?"

코파켄의 책에서 배우자. 그녀는 부끄러워하지 않았다!

이 부분은 대응뿐 아니라 예방에도 중요하다. 누군가 불편한 일을 강요하면 정확하고 명시적으로 왜 불편한지 말하라. 나는 모스크바에서 상트페테르부르크로 가는 기차 안에서 우연히 이 사실을 배웠다. 나는 모르는 사람 세 명과 침대칸을 함께 이용하고 싶지 않아서 티켓을 네 장 샀다. 그런데도 한 남자가 밀고 들어왔다. 나는 그가 화장실에 간 틈을 타서 그의 짐을 복도로 내던지고 문을 잠갔다. 돌아온 남자는 문을 두드리며 소리를 질렀다. 내 러시아어는 돌려 말할 만큼 유창하지 않았다. "너는 큰 남자야. 나는 작은 여자야. 작은 여자가 모르는 큰 남자랑 자면 위험해." 그는 사과하고 다른 자리로 갔다.

나는 그날 밤 중요한 교훈을 얻었다. 명확하게 말하는 것은 중요하다.

지원이 필요하다면 찾아 나서라

당신이 가장 사랑하는 사람에게 의지하라고 말할 수 있다면 좋겠다. 그러나 가장 가까운 사람의 반응 때문에 더 아프고 심지어 2차 가해를 당하는 경우도 수두룩하다.

그러나 도움을 받을 곳은 많다. 당신에게 필요한 지원을 가장 가까운 사람들에게 얻지 못해도 당신은 혼자가 아니다. 지역의 강간긴급상담센터나 생명의전화를 찾아보자. 이들은 상담을 해주고 당신에게 필요한 자원을 연결해 줄 것이다. 온라인에서 RAINN(강간, 학대 & 근친상간 국가 네트워크)의 전문가와 상담하거나 24시간 긴급 전화(한국 번호 1366)를 이용하자. 타라나 버크의 조직인 #MeToo 역시 훌륭한 자원을 보유하고 있다.[20] 칼리스토생존자가이드(Callisto Survivor's Guide) 역시 성폭력, 강간, 직장 내 강요된 성관계의 생존자들을 위한 정보와 자원을 제공하며, 트라우마로 남은 인생의 어려운 사건으로부터 감정적으로 회복할 수 있게 돕는 비영리 단체 옵션B(Option B, optionb.org)도 마찬가지다.[21] 몇 가지만 언급한 것일 뿐 도움을 받을 곳은 더 많다.

그러나 나를 포함해 그 누구도 당신이 어떤 일을 해야 하고, 하지 말아야 하는지 강요할 수는 없다. 당신의 이야기를 듣고 당신이 필요로 하는 방식으로 도움과 지원을 제공할 뿐이다. 당신이 찾은 사람들이 당신에게 필요한 부분을 제공하지 않으면, 다른 사람이나 단체를 찾아보자.

표출할 방법을 찾아라

글로 쓰든, 말로 하든, 예술로 표현하든 자기 이야기를 하는 것이 성폭력의 트라우마에서 회복하는 데 굉장한 도움이 되었다는 사람이 많다. 극작가 이브 엔슬러(Eve Ensler)의 회고록 《아버지의 사과 편지(The Apology)》도 그 사례다.[22]

당신이 이야기를 함으로써 무슨 일이 일어날지 모른다. 이야기가 퍼져 파급력이 생기지는 않더라도, 스스로 치유하는 데 도움이 되었다면 태산을 움직인 것과 같다. 나는 8장 초반에서 설명한 폭력적 관계를 납득하고 그 영향에서 벗어나기 위해 300쪽의 회고록을 썼다. 이 글은 세상에 나오지 않았고, 앞으로도 출판할 생각이 없다. 나 자신을 위해 쓴 글이다. 그리고 쓰는 행위는 벗어나는 데 도움이 되었다. 그것으로 충분하다! 나는 글쓰기를 좋아해서 이 방법이 잘 맞았다. 글쓰기를 싫어한다면 발산할 다른 방법을 찾아보면 된다. 노래하기, 춤추기, 연기하기, 영상 만들기, 친구와 산을 오르거나 밥을 먹으며 이야기하기. 치료사를 찾아봐도 좋다. 집단치료에 참여할 수도 있다.

건강진단을 받아보라

성폭행을 당했다면 최대한 빨리 병원에 가서 의학적 검사를 받는 것이 좋다.[23] 가기 전에 지역의 강간긴급상담센터에 연락해 어떻게 검사를 받으면 좋을지 상의하자. 피해자와 함께 병원에 가줄 봉사자가 있는 센터도 많다. 봉사자 동행은 병원 직원이나 경찰이 잘못된 정보를 주거나 피해자를 냉대하는 경우가 있기 때문에 중요하다. 공무원이 피해자를 의심하거나, 차갑고 무감각하게 대응하거나, 피해자가 거짓말하거나 사실을 왜곡한다고 의심하는 일이 여전히 너무나 많다. 그래서 피해자를 지원해 줄 사람이 있는 편이 낫다.

굉장한 충격을 받은 뒤에는 본능적으로 샤워를 하고 싶어진다. 그러나 중요한 증거가 씻겨서 사라질 수 있다는 점을 유념하자. 이미 샤워를 했다고 해도 병원에 가라. 중요한 증거가 남아 있을지 모르며, 의료적 처치를 받아야 할 부상이 있을 수도 있다. 또한 당신에게 일어난 일을 기록하고, 이를 본인의 이메일 계정이나 믿을 수 있는 친구에게 보내 두는 것이 좋다. 이 단계를 밟는 것은 범죄를 신고해야만 한다는 의미가 아니다. 다만, 나중에 신고하기로 결정한다면 증거는 많을수록 좋다.

경찰 신고를 고려하라

성폭행 신고에는 위험 요소가 아주 많고, 이에 대한 기록도 많다. 성폭력 생존자들은 범죄를 신고하는 과정이 실제 사건만큼이나 충격적이라고 입을 모은다. 조사하는 데 시간이 오래 걸리고, 공격적일 수 있다. 가해자의 변호사는 피해자의 모든 작위 또는 부작위를 피해자에게 불리하게 적용할 수 있다. 가해자가 유죄판결을 받을 가능성은 낮다. 가해자가 유죄판결을 받는다고 해도, 피해자 역시 법률 시스템에 의해 처벌을 받은 느낌이 들 수 있다.

그럼에도 공권력에 사건을 맡길 때 나타나는 긍정적인 부분도 생각해 보아야 한다. 신고에는 현실적인 장점도 있다. 아래에 그 장점을 나열하기 전에, 자신에게 가장 좋은 선택을 하라는 말을 먼저 해두고 싶다. 피해자가 '해야만 하는' 일은 없다.

"공론화의 대가에만 집중하기 때문에 두려움이 생긴다. 침묵의 대가에 집중하면 용기가 생긴다."[24] 배우이자 사회운동가인 애슐리 저드 (Ashely Judd)가 한 말이다. 이것은 당신이 성폭행을 신고하지 않겠다고 결정하면 겁쟁이가 된다는 뜻이 아니다. 저드는 당신이 갖지 못한 자원을 가졌을 수 있으니까. 그러나 유명 배우가 아니더라도 똑같은 질문을 할 수는 있다. '침묵에 대한 대가가 사실을 밝히는 대가보다 큰가?'

재판을 하면 끝을 맺을 수 있다. 30년 전, 내 친구가 대학에서 강간당했다. 그녀는 범죄를 신고하고 싶었지만, 대학의 정신과 의사가 말렸다. 의사는 대학의 입장을 대변하려 했을 것이다. 지금까지도 그때 신고하지 않은 것이 강간 피해를 입었다는 사실만큼이나 내 친구를 괴롭힌다.

끝을 보는 방법은 또 있다. 칼럼니스트 미셸 알렉산더(Michelle Alexander)는 칼럼에서 강간범에게 사과를 받으면서 마침표를 찍을 수 있었다고 했다. 반면 경찰에 신고했다면 2차 가해를 당하고 스탠퍼드로스쿨에 입학할 기회를 놓쳐버릴 수도 있었다. 그녀는 이렇게 말했다. "몇 년이 지나고, 나는 자유로워졌음을 깨달았다. 더 이상 나를 강간한 남자에게 공포나 분노, 억울함을 느끼지 않는다. 나도 모르는 사이에 그를 용서한 것이었다. 그가 어떠한 걱정과 염려도 보이지 않았다면, 또 우리의 법률 시스템에서 새로운 트라우마를 겪어야만 했다면, 또는 내가 선택하지 않은 아이를 낳아야만 했다면 지금과 같은 자유로움을 느낄 수는 없었을 것이다." 경찰에 신고하지 않은 이유도 설명했다. "나는 단 한번도 경찰에 신고해서 상황이 나아질 거라고 생각하지 않았다. 더 악화되었을 것이다. 검사와 법정, 수사 과정을 머릿속에 그려보았다. 나는 로스쿨의 첫 해를 힘겹게 헤쳐 나가는 중이었고, 첫 시험을 어떻게 통과할 수 있을지 생각하며 낙제를 걱정하고 있었다. 법정에 서는 일은 절대로 원하지 않았다."[25]

미국의 법률 시스템은 특히 재정적 자원이 없고 백인이 아닌 사람에게는 심각한 문제가 있다. 그러나 사건을 법정에 가져가면 시스템의 부족함을 조명하게 되고, 그 혜택은 모두에게 돌아간다. 하지만 사법 시스템이 성폭력을 다루는 방식을 개혁하겠다는 이타적인 동기만으로 신고해서는 안 된다. 자신을 먼저 생각해야 한다.

피해자가 사건을 법정에 가져가는 비용은 어마어마하다. 결국은 무엇보다 중요한 한 가지 결정적 요인이 판단의 근거가 된다. 루시아 에번스(Lucia Evans)는 하비 와인스타인을 대상으로 한 소송에 참여하기로 한 이유를 설명하면서 자신의 결정적인 요인을 설득력 있게 풀어낸다.

내가 이 소송을 해야 할 이유와 하지 말아야 할 이유를 모두 목록으로 만들었다. 하지 말아야 할 이유는 너무 많았다. 내 안전에 대한 공포, 가족에 대한 공포, 내 평판, 내 경력, 나의 모든 것. 모든 것이 엉망이 될 것이다. 그리고 반대쪽에, 나는 그저 이렇게 썼다. "옳은 일이라고 느껴져서." 반대쪽에는 쓸 것이 별로 없었다. 그러나 최소한, 아마도, 그를 감옥에 넣을 수 있을 것 같았다. 너무 많은 사람을 강간하고 너무 많은 사람을 희롱한 그 사람을. 나는 결국 그 가능성에서 등을 돌릴 수 없었다. 이것이 옳은 일이라면, 나는 그 일을 할 것이다.[26]

에번스는 폭풍을 무릅썼으나, 결국 소송은 기각되었다. 분노가 치미는 이 경험에 대해 그녀는 이렇게 말했다. "나 때문에 성범죄 피해자들이 소송에 나설 의욕이 꺾이지 않으면 좋겠다. 그러길 바랄 뿐이다. 내가 증언한 모든 고통에도 불구하고, 사람들이 여전히 목소리를 내겠다고 결심하길 바란다. 그것이 말 그대로 우리의 유일한 희망이니까."

아마 단순히 찬반 목록만으로 결정을 내릴 수는 없을 것이다. 그러나 목록을 만들면서 생각하면 결정적 요인을 찾는 데 도움이 된다. 가끔은 정의 구현 제도가 아니라 부정의 구현 제도로 느껴지는 일그러진 사법 시스템에 호소하겠다는 결정에 대한 찬성 의견과 반대 의견을 모두 듣자. 그리고 눈을 감고, 무엇이 당신에게 옳게 느껴지는지 결정하자.

조력자

개입하기

진정한 동의가 있는지 의심되는 성관계를 목격하면 경찰에 신고하자. 당신의 신체적 안전이 위험하지 않다면 직접 개입하자.

샤넬 밀러(Chanel Miller)는 《디어 마이 네임(Know My Name)》에서 그녀가 쓰레기장에서 의식을 잃고 강간범 브록 터너의 아래에 깔려 있을 때 자전거를 타고 지나간 두 스웨덴 청년을 묘사했다. 자전거를 탄 청년들은 무슨 일인지를 깨닫고 개입하여 강간범을 막았다. 터너가 도망가자 그들은 밀러의 상태를 먼저 확인하고 그를 쫓았다. 밀러는 이렇게 썼다. "그들은 목격자이면서 행동가였다. 행동으로 상황을 바꾸기를 선택한 사람들이었다. (…) 사람들이 가져야 하는 건 바로 이러한 본능이다. 순간적으로 옳고 그른 것을 판단하는 힘, 상황을 무시하지 않고 직면하는 명료한 정신 말이다." 그녀는 청년들이 터너를 땅에 메다꽂고 "이게 대체 무슨 짓이야?"라고 말하는 걸 들으며 소송을 결심했다고 한다. "스웨덴 청년들은 내 안의 새로운 목소리를 일깨웠다. 나는 그들처럼 말할 수 있도록 스스로를 다잡아야 했다. 언젠가는 가해자를 마주하고 '대체 무슨 짓이냐'고 말할 수 있도록."[27]

분노나 공포가 아닌 공감으로 경청하라

적어도 동의가 없는 성관계를 목격하거나 듣게 되면 이에 대해 부정하거나 축소하거나 거짓말하지 말자. 성범죄 신고를 너무 어려운 일로 만드는 가스라이팅을 되풀이하거나 강화하지 말자.

다음 사례는 직장에서 성희롱이 일어났을 때 주변 사람이 조력자가 되지 못하고 2차 가해를 하는 모습을 보여준다.

나는 뉴욕에서 진행될 인수 건에 참여할 생각이 있다고 회의에서 말한 적이 있다. 이미 개인적인 이유로 캘리포니아에서 뉴욕까지 2주마다 다니고 있었기 때문이다. 회의에 참석했던 임원 필은 출장 때마다 한 여자로 만족하지 못해서 호텔 방을 두 개 더 잡는 것으로 유명했다. 미팅이 끝나고 필은 내게 이메일을 보내 그 주 주말에 뉴욕에 갈 때 전용기를 태워줄 수 있다고 제안했다.

나는 거절했다. 그 주에는 집에서 일을 해야 한다고 했다. 소속 회사에서 권력이 있는 남자를 거절하는 것은 늘 위험하지만, 그의 전용기를 타는 것이 더 위험하게 느껴졌다. 일을 하겠다는데 뭐라고 하겠는가? 물론 내가 그의 의도를 제대로 읽었다면, 그는 '결재 라인 내에서 연애 금지' 규칙을 위반하고 있었다. 그러나 회사에는 그 규칙을 위반하는 최고 임원이 몇 명 있었다. 회사는 순조롭게 성장했고, 임원들은 상상하기 어려울 정도로 부자가 되어갔다. 이 정도의 돈을 벌면 사람들은 대부분 자신이 예외적인 인물이며 규칙보다 위에 있다고 생각하게 된다.[28] (전부 그런 건 아니다. 예외인 사람들은 인정받아야 한다.) 그리고 억만장자가 되는 사람 중에 남성이 압도적으로 많다면, 이런 메시지가 남는다. 남자는 여자보다 훨씬 가치 있는 존재다. 남자는 원하는 대로 행동할 수 있다.

필의 제안을 퇴짜 놓고 얼마 되지 않아 파티에 참석해 그를 만났다. 당시 돈벼락을 맞은 실리콘밸리의 상황을 잘 드러내는 떠들썩한 파티였다. 주최자는 우주비행사의 무중력 훈련을 위해 특별 설계된 727 항공기, 일명 '구토 혜성(vomit comet)'을 임차했다. 항공기가 포물선으로 날았다. 승객들은 하강 시 30초의 무중력을 경험했다. 몇 번의 운행 끝에 모두들 우주 유영의 아찔한 느낌에 익숙해지자 우리는 게임을 시작했다. 한 사람이 공처럼 몸을 말면 나머지 사람들이 그 사람을 기내에서 던지고 받는 것이다. 내가 공이 되어 웃고 즐길 때였다. 누군가 손가락 두 개를 질과 항문에 찌르는 것을 느꼈다. 다행히 나는 뚫리지 않는 리바이스 청바지를 입고 있었다. 그러나 심장이 덜컥했고, 나는 필이라고 확신했다. 참석자들은 모두 내가 잘 아는 사람들이었고, 그런 짓을 할 사람은 없었으니까. 그 몸짓에 유혹적인 부분은 전혀 없었다. 폭력적일 뿐이었다. 필은 뉴욕으로 가는 비행기행을 거절한 내게 벌을 주려 한 것일까? 너무나 힘 빠지는 일이지만, 나는 이 상황에서 할 수 있는 일이 없다는 걸 알았다. 필 역시 이 사실을 안다는 것까지도.

나는 한동안 이 일을 누구에게도 말하지 않았다. 내게는 소유가 확정되지 않은 그 회사의 스톡옵션이 있었다. 2년만 더 쥐죽은 듯 지내면 집을 사는 데 큰 보탬이 될 금액이었다. 몇 년 후 그 회사를 그만두고, 나는 드디어 회사를 같이 다녔던 친구에게 이 일을 털어놓았다.

"왜 나한테 일찍 말 안 했어?" 그녀의 첫마디였다.

리더, 조력자, 친구라면 이걸 알아두자. 누군가 어떤 사건을 고백하면, 절대로 왜 더 일찍 말하지 않았냐고 다그치면 안 된다. 그런 질문을 이미 천 번은 들었을 테니까. 이런 사건에서 대부분 피해자는 무슨 일이 있었는지 말하면 불이익이 있을까 두려워서 더 일찍 말하지 않은 것이다. 듣기 힘들더라도 마음을 열고 공감하며 들어주자.

하지만 내 동료는 반대신문을 시작했다. "진짜 필이 그랬는지는 모르는 거잖아."

"몰라. 하지만 다른 사람들은……" 나는 참석자 명단을 읊었다. 우리는 둘 다 그들을 잘 알았다. "그런 짓을 할 만한 사람이 있어?"

그녀는 긍정도 부정도 아닌 애매한 소리를 냈다.

"내 생각엔 없어. 그런 짓을 할 법한 사람은 없었어. 그리고 너나 나나, 필은 그럴 수 있다는 걸 알잖아."

"그런 말은 법정에서 통하지 않을 거야."

"여긴 법정이 아니잖아. 그냥 너한테 얘기하는 거지."

"게다가 그냥 사고였을 수도 있잖아?"

"누가 너한테 그런 적 있어? 그건 오해할 수가 없는 행동이야. 우연히 그렇게 될 수는 없다고."

"그래도 증명할 수는 없잖아."

"증명은 못 하지."

왜 지금 이걸 증명해야 하지? 나는 사석에서 이야기를 하고 있는 것뿐이었다. 친구는 언성을 높이지 않았지만 사실 내게 입 다물라고 말하고 있다는 생각이 들었다. 필이 회사의 여자들을 계속 공격한다는 사실은 괜찮고, 나와 관련된 루머가 떠돌아다니는 게 진짜 위험하다는 투였다.

친구가 경고했다. "조심해, 보복을 당할 거야."

"보복? 필에게는 아무 일도 없었어! 내가 할 수 있는 일이 없었거든. 무슨 보복을 하겠어?"

확실히, 그녀는 조력자가 아니었다. 어떤 면에서는 필이 한 짓보다 이 순간이 더 화가 났다. 필은 그냥 바람을 피우고 다니는 쓰레기였다. 하지만 내 친구는?

이 책을 쓰면서 대화를 다시금 돌아보니, 협조적이지 않았던 친구의 반응을 해석할 수 있게 되었다. '왜 나한테 일찍 말 안 했어?'는 걱정하는 부모가 아이에게 할 법한 발언이다. 세상의 악함을 통제할 수 없기 때문에 무의식적으로 아이를 야단치는 것이다. 부적절한 비난이긴 하지만 그 바탕에는 두려움과 사랑이 있다. 우리는 아끼는 사람이 다치길 원하지 않는다. 그리고 바르게 행동하면 다치지 않을 거라고 생각하고 싶어 한다.

아마 내 친구 역시 말로 표현하지 못한 복잡한 감정을 느꼈을 것이다. 나도 그 감정을 공유했지만 입 밖에 내고 싶지 않았다. 우리는 둘 다

무의식적으로 남자들과 비슷하게 행동함으로써 치열한 남성 중심적 기업의 세계에서 성공하는 전략을 취해왔다. 우리는 성별이 문제가 되지 않는다는 태도를 취했으나, 사실 여자인 우리는 모든 크고 작은 면에서 남자들의 변덕에 당연하게 맞춰야 하는 사람들이었다.

내 친구는 우리 산업군의 최정상에 앉기 위해 부단히 투쟁했다. 그러나 우리 둘 다 너무나 잘 아는 것처럼, 기술 업계는 여전히 남자의 세계였고 그녀는 여전히 어렵게 얻은 자리를 잃을까 두려워했다. 내 친구가 부지불식간에 내게 보낸 메시지는 이렇게 압축할 수 있다. '나는 우리 산업이 여성에게 해를 입히고 여성을 비하한다는 걸 인정할 수 없어. 이런 사적인 대화에서라도 너를 지지하면 나는 이런 부정의를 지속하는 데 나 또한 연루되었다는 사실을 돌아봐야 할 거야.' 내가 내 스타트업에서 했던 짓도 형태는 달랐지만 비슷했다. 나는 우리 회사가 차별과 괴롭힘의 문화를 가졌다는 매들린의 경고를 무시하다시피 하고 그녀의 침묵을 돈으로 샀다.

나는 내가 당시 왜 침묵했는지 알고 있다. 침묵에는 현실적인 가치가 있었다. 스톡옵션 때문에 회사에서 버텼고, 그 금액은 집을 살 금액의 절반 정도가 되었다. 다른 회사에서 복권 당첨 수준의 스톡옵션을 받은 남편이 나머지 반을 냈다. 그러나 내 침묵 때문에 나와 그 회사, 회사의 여자 직원들이 잃은 것이 있다. 그래서 괴로웠다. 나는 나를 믿어준 사람을 위해 성과를 내는 것에 자부심을 가지는 사람이니까.

그러나 주식 소유가 확정되고 남편과 내가 집을 소유하게 되었고 내가 그 회사를 나왔는데도, 내 친구는 왜 내게 침묵을 지키라고 했을까? 물론 돈을 아무리 많이 벌어도 더 벌 수 있지만, 그러면 열 끼를 먹기라도 하는가? 나는 아무리 돈을 벌어도 자유롭게 의견을 말할 수 없다는 것을 깨달았다. 그런 자유는 돈으로 살 수 있는 것이 아니다. 그럴 수 있는 힘은 내면에서 찾아야 했다.

직장에서 일어나는 부정의의 숨겨진 대가는 또 있다. 직장 내 성범죄의 해결이 왜 중요한지 궁금하다면 이 점을 잊지 말자. 회사의 다른 임원에게 손가락으로 아래를 침범당했다고 확신하고, 이를 신고하면 회사에서 앞날이 힘들어질 것이라고 생각하는 고성과의 고위직 임원은 리더에게 솔직하게 이야기하지 않을 것이다. 그러나 회사의 수익보다는 퇴사 전략을 생각할 것이 확실하다.

성폭력은 예외 없이 보이지 않는 피해를 초래한다. 성폭력은 극도로 증명하기 어렵기 때문에 아무도 성적으로 부적절하고 때로 범죄에 해당하는 행위에 대해 이야기하지 않는다. 그래서 이런 일은 계속되고, 뼛속 깊이 느껴지지만 확실히 드러나지는 않는 학대의 환경에서 조직은 안에서부터 썩어 들어간다. 피해자들은 피해를 알려도 소용없다고 생각한다. 피해자를 위해 일어서야 할 사람들이 침묵을 권하기 때문이다. 또 실제로 사건을 밝히면 경영진에서는 악행을 공식적으로 인정하기보다 조용한 합의를 종용할 확률이 크다는 사실도 안다. 그래서 가해자들은 책임을 지는 대신 새로운 피해자를 찾아 나설 수 있는 면죄부를 받는다. 반면, 피해자들은 조용히 힘들어한다. 오랫동안 감정적·재정적·직업적·신체적 고통에 시달린다. 결국 모두가 지는 게임이다.

리더

미국에서는 92초마다 한 명이 성폭력을 당한다.[29] 성폭력의 8%는 피해자가 직장에 있는 동안 일어난다.[30] 임원이라면 언젠가는 성폭력 문제가 일어났을 때 리더 역할을 하게 될 확률이 없지 않다는 뜻이다.

성폭력은 형사법 체계로 대응할 수 있다고 생각할 수 있다. 그러나 우리의 사법 체계는 강간과 성폭력을 효과적으로 기소하지 못한다. 대학 성폭력 신고 시스템인 칼리스토의 창업자 제스 래드(Jess Ladd)에 따르면, "강간 가해자가 빠져나갈 확률은 99%다. 미국에는 사실상 성폭력을 제지하는 것이 없다."[31] 직장에서 성폭력이 일어나면, 리더가 조치를 취해야 한다. 제대로 된 대응은 중요하다. 성범죄 혐의에 대한 서투른 대응만큼 팀의 사기를 급격하게 떨어뜨리고 분열시키는 것도 없다.

적극적으로 공부하라

리더들은 성폭력, 즉 피해자들이 어떻게 반응하며, 가해자들은 어떻게 자신의 행동에 대한 책임을 피하려 하는지에 대해 배워야 한다. 이를 위해서는 상품 매출을 위협하는 경쟁사를 상대할 때와 똑같은 투지로 임해야 한다. 이는 단순히 최악의 상황에서 회사의 법적 책임을 피하기 위해 직원들을 트레이닝에 강제 참석시키는 것이 아니다. 문제를 더 깊이 이해하는 것, 피해자의 회복을 돕고 조직에서 성폭력이 재발할 확률을 낮춘 다른 리더들의 대응책을 배우는 것이다.[32]

내가 다니던 회사에서 강간 사건이 일어났을 때 목격한 엉터리 조사는 사실 따지고 보면 나와 임원들의 잘못이었다. 그런 심각한 상황에 대비하지도 않았고, 예상치 못한 상황이 일어났을 때 빠르게 공부하지도 못했다. 회사 변호사도 나도 성폭력에 대해 아는 것이 별로 없었다. 변호사는 영화에 나온 강간 장면을 상상했다. 그 결과, 그는 혐의를 받는 가해자에게 공정하되 피해자에게 2차 가해를 입히지 않는 방식으로 대응하는 법을 몰랐다. 나는 경험한 바가 있어 강간 신화를 믿지는 않았지만, 역시 변호사의 무지에 맞설 만큼 잘 알지는 못했다.

피해자는 침묵으로 일관하거나 감정을 억누른다. 고발된 가해자는 보통 DARVO라는 행동 패턴을 보이는데, '부정, 공격, 피해자와 가해자 바꾸기(deny, attack, reverse victim and offender)'의 약자다(제니퍼 프리드가 만든 용어로 〈사우스파크(South Park)〉에서 유명해졌다).[33] 애슐리 저드가 설명했듯이, 하비 와인스타인은 DARVO 패턴으로 몇 년이나 성범죄 혐의에서 달아났다. DARVO를 시도하는 사람이 모두 유죄라는 뜻은 아니다. 그러나 당신이 피해자와 가해자에게 기대하는 감정적 반응을 근거로 무죄와 유죄를 판단하면 안 된다는 사실을 기억해 둘 필요가 있다.

성범죄에 대해 배우자. 리더로 있는 동안 관련 사건이 일어나면 인지하고 대응할 수 있도록 준비하자. 영상 하나와 책 네 권을 입문용으로 추천한다.

- **"#미투의 시대, 배신과 용기."** 제니퍼 프리드가 참가한 스탠퍼드대학교의 행동과학 학술 토론회 토론이다.[34] 12분이 조금 넘는 영상에 조직이 가장 효과적으로 성폭력 신고에 대응할 수 있는 방법들에 대한 수십 년간의 연구가 요약되어 있다. 프리드는 신고를 있는 그대로 철저하고 공정하게 처리하면(조직적 용기를 특징짓는 접근) 미

래의 사건을 막고, 피해자의 빠른 회복을 돕고, 직원과 경영진 간 신뢰를 증진할 수 있다고 설명한다. 반대로 피해자를 비난하고 사건을 은폐하며 다른 행동으로 주의를 돌리는 조직적 배신은 피해자에게 2차 가해를 하고 장기적으로 조직의 평판을 떨어뜨린다.[35]

- **《디어 마이 네임》**, 샤넬 밀러.[36] 이 회고록에는 성폭력에 대한 공감의 반응이 피해자의 치유를 돕는 과정으로 담겨 있다. 반면 조사와 법적 절차를 통해 폭력의 순간을 재생하도록 피해자에게 강요하는 것이 성폭력 사건 자체만큼, 또는 그 이상으로 충격적일 수 있다는 사실을 이해하도록 돕는다.

- **《미줄라(Missoula)》**, 존 크라카우어(Jon Krakauer).[37] 크라카우어는 잘못 처리된 몬태나대학교의 강간 사건을 통해 우리 사회 전체와 리더들이 성폭력의 예방과 대응에 실패했다는 현실을 조명한다. 이 책에서 다룬 사건에서는 조직적 배신으로 피해자들과 조직 전체가 끔찍한 희생을 치러야 했다. 학문의 전당을 배경으로 일어난 범죄를 다루었지만, 크라카우어의 결론은 대부분의 직장에도 적용된다.

- **《그렇게 나쁘지는 않아: 강간 문화로부터 온 보고서(Not That Bad: Dispatches from Rape Culture)》**, 록산 게이(Roxane Gay) 엮음. 이 책은 다양한 성폭력 경험에 초점을 맞춘다. 많은 사람이 일반적인 강간 서사에 맞지 않는 성폭력을 성폭력으로 인지하는 데 어려움을 겪는다.

- **《다시 정의하는 강간(Redefining Rape)》**, 에스텔 프리드먼(Estelle Freedman). 시간의 흐름에 따라 강간이 무엇인지에 대한 사회적 정

의가 달라진 역사를 다루었다.

또 하나 유념할 것은 누구나 성폭력 사건을 맞닥뜨리면 온갖 선입견이 충돌한다는 것이다. 성별 선입견을 가졌거나 일반적인 강간 신화를 믿는 사람은 필요 이상으로 성폭력 신고에 회의적인 태도를 보일 것이다.[38] 인종 선입견과 체격 선입견까지 작용하면 사건이 무시당하기는 더 쉽다.

동의의 문화를 만들어라

강간이 일어난 직장 이야기로 돌아가자. 그 회사의 모두가 동의의 의미를 이해했다면, 그 사건은 일어나지 않았을지도 모른다. 악수, 포옹 등 사소한 신체 접촉부터 합의를 전제해야 한다고 교육했다면, 직장에서 성교육을 한다는 느낌을 피하면서도 동의에 대해 이야기할 수 있었을 것이다. 그러나 직원들 사이의 연애나 성관계에 대해 알게 되었다면 모르는 척 외면하지 말라. 성적 동의에 대해 공개적으로 이야기하는 편이 낫다.

신뢰받는 신고 시스템을 만들어라

사베인스옥슬리 법(Sarbanes-Oxley Act)에 따라, 상장 기업은 직원이 이사회의 감사위원회에 중요한 영향을 미칠 수 있는 사건을 신고할 수 있는 체계를 가지고 있어야 한다. 대부분의 대기업은 이를 위해 제3의 조직을 통한 익명 보고 핫라인을 제공한다. 그러나 이러한 시스템은 성범죄를 염두에 두고 설계된 것이 아니다. 깨어 있는 기업들은 직장에서 비밀리에 일어나는 성범죄의 위험을 낮추기 위해 성범죄 신고의 접근성을 개선하는 시스템에 투자한다.

이러한 시장의 요구에 발맞춰 지난 몇 년간 다양한 신고 시스템이 개발되었다. 성범죄 방침 및 보고 절차에 관한 비영리 자료 제공 웹사이트 '아임위드뎀(I'm With Them)'은 여러 시스템의 장단점을 분석하고 있어 유용하다.[39]

이 시스템들의 공통점은 사건을 익명으로 신고할 수 있다는 것이다.

익명성은 중요하다. 피해자가 성폭력을 신고할 때 다시 트라우마를 마주하는 것을 어느 정도 방지하기 때문이다. 이 시스템은 익명의 혐의 제기만으로 누군가를 자동으로 처벌하지 않는다. 조사를 시작할 뿐이다. 또 동일한 가해자의 피해자들을 연결하여 범죄를 고발하게 해주기도 한다. 한 사람에 대해 혐의가 제기되는 패턴을 경영진에 알려준다. 일관된 혐의 제기 역시 해당인의 즉각 해고나 처벌로 이어지지는 않는다. 더 조사할 부분이 있다는 의미일 뿐이다.

아임위드뎀의 대표 로리 기런드(Laurie Girand)는 익명 신고가 왜 그렇게 중요한지 설명했다. "어떠한 공식 기관에 혐의를 제기하는 사람은 누구나 책임을 집니다. 많은 행동 강령에는 허위 신고에 의해 계약이 종료될 수 있다고 명시되어 있습니다. 기업은 법정이 아닙니다. 고용은 계약이며, 직원들은 회사가 필요로 하지 않을 때까지 자의로 근무합니다. 가해자 혐의를 받는 사람과 피해자 모두 공정한 조사를 받을 권리가 있습니다. 그러나 피해자와 피해자 편에 선 사람들은 신고를 하면서 더 큰 리스크를 부담합니다. 그래서 익명성이 필요합니다."

뭉치면 산다는 원칙으로 운영되는 신고 시스템은 피해자들의 신고를 끌어내는 유일한 방법일 때가 많다. 조디 캔터와 메건 투히는《그녀가 말했다》에서 하비 와인스타인의 수많은 희생자 중 공개를 전제로 진술할 단 한 명을 찾는 데 몇 년이 걸렸다고 밝혔다. 마침내 배우 애슐리 저드와 와인스타인의 전 조연출 로라 매든(Laura Madden), 두 사람이 목소리를 내기로 했다. 이들이 기자회견을 준비하면서 〈버라이어티(Variety)〉와 〈할리우드 리포터(The Hollywood Reporter)〉는 〈뉴욕타임스(The New York Times)〉가 하비 와인스타인을 연쇄 성범죄자로 보도할 것이라는 소식을 전했고, 이와 함께 갑자기 막힌 물꼬가 터졌다. 캔터와 투히는 이렇게 썼다. "우리는 몇 달 동안 여자들을 따라다니며 이야기를 하라고 매달렸다. 이제 그들이 우리에게 왔다. 마치 강물이 반대로 흐르는 것 같았다."[40]

모든 연쇄 강간마에게 퓰리처상을 받은 취재기자 둘이 달라붙어 피해자들이 나서도 안전한 환경을 만들기 위해 몇 달간 노력하는 것은 아니다. 직장에 반복적으로 성범죄를 저지르는 사람이 있다면 리더로서 알아야 하지 않을까? 익명 신고 시스템은 직장 내의 상습범을 파악하는 데 도움이 된다.

어설픈 절차 뒤에 숨지 말고, 철저히 조사하라

우리 회사가 직장 내 강간 혐의 조사를 명령한 것 자체는 좋았다. 그러나 철저한 조사를 촉구하는 데는 완전히 실패했다. 상대가 섬세한 조사관이라 해도 충격적인 사건을 다시 이야기하는 것은 피해자에게 고통스러운 일이다. 결론이 나지 않을 엉터리 진상 조사는 피해자에게 또 다른 트라우마가 된다.

투명하게 공개하라

은폐가 범죄보다 나쁘다는 말이 있다. 몇 가지 이유로 맞는 말이다. 첫째, 은폐는 피해자에게 매우 부당하다. 둘째, 범죄가 일어날 수 있었던 근본적인 조건이 사라지지 않으므로, 당신의 직장에서 성폭력이 재발할 가능성이 높아진다. 셋째, 결국 조직은 은폐하지 않고 가해자에게 책임을 물렀을 경우보다 심각한 문제를 떠안게 된다. 그렇기 때문에 불만을 은폐하기 위해 강제 중재, 위자료 지급, 기밀 유지 협약에 의존해서는 안 된다.

쓰레기를 떠넘기지 말라

한 회사가 성희롱, 심지어 성폭력으로 해고한 사람을 경쟁사에서 고용하는 일이 너무나 많다. 회사들은 어떻게 서로 '쓰레기 떠넘기기'를 피할 수 있을까? 누군가를 성폭력으로 해고한다는 사실을 공개하면 법적인 문제가 될 수 있다. 그러다가 수백만 달러가 걸린 소송을 당한 회사들도 있다. 그러나 누군가를 해고하고 그 사실을 공개하지 않았는데 언론에서 먼저 알면, 홍보부는 지옥에 빠질 것이다. 이 딜레마 상황에서 리더는 어떻게 해야 할까?

몇몇 대기업의 CEO를 지내고 은퇴한 톰 시벨베인(Tom Schievelbein)은 실용적인 해결책을 제시했다. 사무실에서 성희롱이나 성폭력이 발생했다는 반박할 수 없는 증거가 있으면, 그는 전 사원에게 이메일을 보내 해당 직원이 왜 해고되었는지 설명했다. 변호사들은 말리려 했지만, 그는 리더로서 뜻을 굽히지 않았다. 변호사가 할 일은 장애물을 알려주고 어떻게 피할지 말하는 것이지 어디로, 어떻게 가라고 지시하는 것이 아니다.

직원들에게 이런 정보를 알리는 것은 두 가지 이유에서 중요하다. 첫째, 강력한 메시지를 보낸다. 성범죄 행위에는 중대한 대가가 따른다는 사실을 알릴 수 있다. 보통 잘못된 행동은 이미 알려져 있는 경우가 많다. 회사에서 이에 대한 조치를 했다는 것을 밝히는 것이 중요하다. 둘째, '쓰레기 떠넘기기' 문제에 도움이 된다. 어느 회사나 채용 시점에 비공식적으로 평판 조회를 한다. 많은 사람이 무슨 일이 일어났는지 알게 되었으니, 그 사람이 해고된 이유는 참고인들을 통해 드러날 것이다.

누군가를 채용한다면 평판 조회를 하면서 후보자에게 성희롱 경력이 있는지 참고인에게 반드시 물어보자. 당연한 말이지만, 지원자가 제출한 추천인에게만 연락하지도 말자. 임원 인사라면 후보자와 동일 직급인 사람에게만 연락하지도 말자. 밑에서 일하던 직원들의 말도 들어보자. 후보자가 진짜 어떤 사람인지, 평판이 어떤지, 수하에 있는 사람들을 어떻게 대하는지 알아볼 수 있는 실용적인 방법이다. 성희롱이나 성범죄 이력도 이렇게 알아볼 수 있다.

당신이 누군가를 해고했고 다른 회사가 참고인 조사를 한다면, 법률상 의무보다 윤리 기준을 높게 두자. 법적으로는 그 사람의 행동을 공개할 의무가 없고, 공개하면 불이익을 받을 수도 있다. 그러나 성범죄자가 다른 회사에 고용되지 않도록, 할 수 있는 선에서 할 일을 하자. 성폭력과 관련된 내부 조사를 공개할 수 있을지 윤리적·법적으로 검토하자.

관리자에게 견제가 없는 권력을 주지 말라

견제 없는 권력은 절대 권력이 아니라고 해도 끔찍하게 남용된다.

2017년 〈뉴욕타임스〉에 포드 자동차 공장의 관리자에 대한 기사가 실렸다. 그는 직원들의 교대조 배정을 결정하는 권한을 휘두르며 한 여자에게 성관계를 강요했다.[41] 그리고 거부당하자 그녀의 아이가 다니는 어린이집이 문을 열기 전에 시작하는 교대조에 배정하고 늦으면 해고하겠다고 협박했다.

확실히 이 관리자는 해고당하고 고소당할 만한 잘못을 했다. 그러나 그런다고 해서 문제가 해결되지는 않는다. 문제는 시스템에 있었다. 관리자가 견제받지 않는 권력을 가지면, 그 권력을 남용하는 사람이 생길 것이다. 게다가, 학대를 신고할 방법이 하나뿐이라면 바로 그 관리자에게 넘겨질 확률이 높다. 신고한 사람이 보복을 당할 수 있다. 견제와 균형은 성폭력이 발생할 가능성을 낮추고 신고의 가능성을 높인다. 신고의 가능성이 높아질수록 상습적인 범죄자를 찾아낼 가능성이 커지고, 성폭력이 발생할 가능성은 더욱 작아진다. 우리가 직장에서 성폭력을 최소화하려면 이러한 선순환이 필요하다.

데이터를 모아라

당신이 이끄는 조직의 구성원들이 직장에서 발생한 성희롱이나 성폭력을 신고했을 때 경영진이 올바르게 대응할 것이라고 믿는지 알고 싶다면, 익명 조사를 수행하라. 심리학자 칼리 스미스(Carly Smith)와 제니퍼 프리드는 이럴 때 사용할 수 있는 설문을 설계하여 회사들이 무료로 쓸 수 있도록 허가하고 있다.[42]

설문을 수행하면서 조직의 문제가 드러났는데 경영진이 이 문제를 해결하지 않으면, 직원들은 더 회의감을 느끼고 기운이 빠질 뿐이다. 법무팀의 자문을 받자. 최고경영진에서 논의하자. 그럴 여유가 있다면, 전문성이 있는 컨설턴트를 고용하자.[43]

다양성, 평등, 포용과 관련된 일을 한 명에게 지나치게 떠넘기지 말라

회사의 리더라면 비주류 집단 사람을 한 명 고용해서 원래 업무도 하고 회사의 강간 문화도 고치라고 요구하지 말라. 사내 성폭력을 막아야 할 사람은 재무 업무 때문에 고용한 여성 부사장이 아니다. 다양성이 있는 팀, 평등한 경영 시스템, 포용적인 문화를 만드는 것은 회사를 이끄는 리더의 책임이다.

내가 강간 사건이 있었던 회사에서 일할 때로 돌아가 보자. 나는 수십억 달러 규모의 사업을 성장시키는 일 때문에 고용되었다. 내가 합류한 시점에 그 회사는 여성을 위해 더 나은 업무 환경을 만드는 일을 막 시작한 참이었다. 노골적으로 말한 건 아니었지만, 그 회사에서는 내가 '소란 피우지 않고' 문제를 해결할 것으로 기대했다. 그러나 해야 할 일이 너무 많았다. 사내 범죄가 일어나고 보니 상황은 생각보다 더 심각했다. 회사의 많은 사람이 강간에 대해 대단히 비윤리적인 태도를 갖고 있었다. 내가 부족했을 수도 있지만, 회사는 나 한 사람에게 너무 많은 것을 기대했다. 다양성이 있는 팀이 있었다면 많은 문제가 해결되었을 것이다. 진정한 조력자인 남자들, 내가 변화를 이끌도록 도와줄 동지들이 있었다면 나는 두 팔 벌려 환영했을 것이다. 단 한 명인 비주류 집단이 모든 일을 하는 것은 합리적이지 않았고, 잘될 리도 없었다.

커닝페이퍼

문 제	대 응 책
	동의의 문화
	상대가 접촉을 원하지 않으면 만지지 말자.
	조금이라도 미심쩍은 부분이 있다면 만지지 말자.
신체적 침해	**신뢰받는 신고 시스템**
신체적 접촉 + 권력, 원하지 않은	익명 신고가 안전한 환경을 만들자.
포옹부터 폭력까지	공정한 조사 절차를 설계하자.
다양한 사건으로 이어진다.	

JUST
WORK

3부
오직 일에만
집중하도록!

JUST
WORK

시스템의 정의와 부정의

내 글은 나의 삶과 가장 밀접하게 연결되었거나 직접 경험한 것이다. (…)
모든 사람은 자신이 속한 사회의 책임과 죄의식을 공유하기 때문이다.
산다는 것은 영혼의 악마와 싸우는 것이다.
쓴다는 것은 나 자신에 대한 판결을 내리는 것이다.

헨리크 요한 입센(Henrik Johan Ibsen)

지금까지 우리는 직장 부정의의 엔진을 분해하여 모든 부품을 늘어놓았다.

이제 이 부품들이 전체 시스템으로 가동될 때 엔진이 어떻게 움직이는지 살펴볼 시점이다. 우리는 일상에서 부정의를 이루는 태도와 행동을 따로따로 경험하지 않는다. 모든 요소가 역동적으로 상호작용하며, 이러한 움직임이 시스템의 부정의를 만들어낸다.

선입견, 편견, 따돌림, 괴롭힘, 차별, 신체적 침해가 간혹 있는 나쁜 사람 한 명에게 국한된 문제가 아니라면 어떨까? 이 요소들이 직장을 통제하는 시스템에 스며들어 채용, 급여, 승진, 해고 결정을 왜곡한다면? 나쁜 사람이 되지 않으려고 노력하는 누군가가 자신이 소속된 시스템이 자신에게는 유리하지만 동료에게 피해를 준다는 사실을 인지하지 못한 채 가해에 가담한다면? 시스템이 누군가에게 해를 입힐 때면 굉장히 많은 사람이 의식적·무의식적으로 연루된다.

이러한 시스템은 남아프리카공화국의 사례처럼 의식적으로 설계되는 경우도 있다. 대영제국이 무너진 뒤, 남아공의 백인 지도층은 전 세계의 제도화된 인종차별을 연구하는 위원회를 설치했다. 이 위원회는 대다수를 차지하는 흑인 인구를 어떻게 억압할지 연구하여 보고서를 제출했다. 이들은 3000쪽이 넘는 법률로 국가적인 감시 체제를 만들어 흑인들을 완벽한 통제하에 두려 했다.[1]

당신의 직장에서 인종 분리 정책만큼 의식적으로 악한 일이 벌어지고 있지는 않을 것이다. 그렇다고 시스템의 부정의를 부정하는 경향을 강화하지는 말자. 결과가 의도보다 중요하다. 채용, 보상, 승진 체계와 멘토링 프로그램은 노골적으로 차별을 위해 설계되지는 않았을 것이다. 그러나 차별은 실제로 일어난다. 리더들이 설치한 무용지물의 신고 체계는 직장 내 상습적 성범죄자를 놓아주기 위해서 설계된 것은 아니다. 어쨌든 리더들이 의도한 것은 아닐 것이다. 하지만 실제로는 그런 일이 일어나고 있다. 피해자든, 가해자든, 조력자든, 리더든 문제를 인정하지 않는 사람은 해결책이 아닌 문제의 일부다.

그래서 우리는 직장 부정의로 이어지는 여러 가지 행동들 사이의 역학관계를 배우고 인정해야 한다. 이러한 양상은 '자연스러운' 것도 '불가피한' 것도 아니지만 늘 발생한다. 이를 인정해야만 막을 수 있다.

어떻게 생각하면 공정한 직장은 매우 단순한 개념이다. 일을 해낼 수 있도록 각자의 개인성을 존중하고 협업하면 된다. 그걸 원하지 않는 사람이 누가 있을까? 지금처럼 부정의에 젖어 있지 않다면, 우리는 이상적인 인간이 되고 원하는 성취를 이루는 과정을 부정의가 가로막게 내버려두지 않을 것이다. 그러나 우리는 부정의를 내버려둔다. 어제도, 오늘도, 항상.

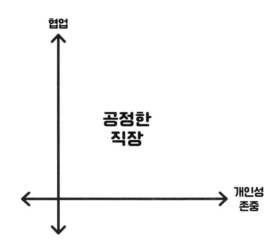

공정한 직장이 너무 드문 이유를 이해하기 위해, 우리가 무엇 때문에 협업과 존중에서 멀어지는지 살펴보자. 앞에서 논의한 태도와 행동 하나하나도 원인이 되지만 각 요소들의 상호작용도 중요한 부분이다.

순응의 흐름 때문에 우리는 개인성의 존중에서 멀어진다. 보통 이성적이고, 교양 있고, 예의 바른 태도를 가장한다. 그러나 순응 요구는 전혀 이성적이지 않으며, 장기적으로는 노골적인 폭력보다도 더 해로운 방식으로 비주류 집단 사람들을 배제한다. 앞 장에서 순응과 관련된 태도와 행동을 간단히 설명했다. 선입견, 편견, 차별이다. 또한 이것들을 막기 위해 할 수 있는 일도 있었다. 선입견 차단하기, 행동 강령, 선입견 정량화다. 다음 장에서는 순응을 향한 미끄러운 비탈길의 사례를 들고, 이것이 어떻게 혁신을 불가능하게 하며 개인을 해치는지 설명한다. 또 이 미끄러운 비탈길에서 당신의 조직을 보호할 안전 조치를 제안할 것이다.

협업

↑

↓

강요

강요의 흐름 때문에 우리는 협업하기가 어려워진다. 강요는 정중한 척도 하지 않는 야만적인 태도다. 앞 장에서 강요로 이어지는 태도와 행동을 설명했다. 선입견, 따돌림, 괴롭힘과 신체적 침해가 있다. 또한 우리가 협업에 최적화된 환경을 만들기 위해 할 수 있는 노력도 있었다. 선입견 차단하기, 따돌림의 대가 만들기, 견제와 균형 도입하기, 신뢰받는 신고 시스템 구축이다. 다음 장에서는 폭력을 향한 미끄러운 비탈길의 사례를 들고, 이것이 어떻게 협업을 불가능하게 하며 개인을 해치는지 설명한다. 또 이 미끄러운 비탈길에서 당신의 조직을 보호할 안전 조치를 제안할 것이다. 누군가 선입견이나 편견의 영향을 받아 명시적이거나 묵시적으로 폭력을 용납하는 말을 하는 것과, 실제로 그 폭력을 행사하는 것은 윤리적·법적으로 동일하지 않다. 그러나 그와 동시에 우리는 선입견이 너무나 쉽게 편견으로 변하는 방식을 완전히 인지하고 있어야 한다. 무지는 변명이 될 수 없다. 무의식도 변명이 될 수 없다.

순응의 흐름과 강요의 흐름의 차이를 알고, 이것들이 함께, 또 따로따로 작용하는 방식을 이해하고 인정하는 것은 부당한 시스템이 자리 잡기 전에 대응하려면 반드시 필요하다. 이러한 역학관계를 인정하는 것은 부당한 시스템을 공정한 직장으로 바꾸는 방법을 이해하는 데 필수적이다.

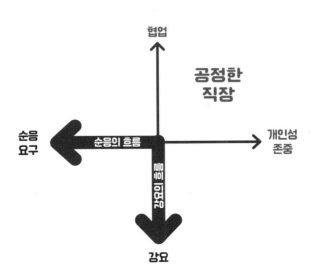

9장

두 가지 나쁜 흐름

순응의 흐름

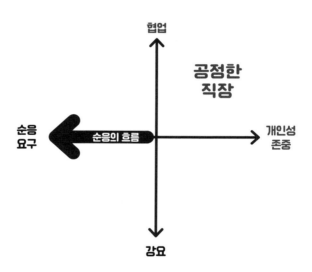

학대를 향한 미끄러운 비탈길

순응의 흐름은 은연중에 오래된 메시지를 전한다. 우리와 같아지지 않으려면 비켜라. 그리고 물론 많은 비주류 집단 직원에게 그 '우리'에 순응하는 것은 바람직하지도 않지만, 가능한 일도 아니다. 나 자신에 대

3부 | 오직 일에만 집중하도록!

해 바꾸고 싶지 않은 부분이 많다. 예컨대 성별이 그렇다. 그리고 내 나이나 머릿결처럼, 바꾸고 싶어도 바꿀 수 없는 것들도 있다. 임의의 규범에 순응할 수 없거나 순응하지 않는다는 이유로 누군가가 기회를 빼앗기거나 부당한 방침에 노출된다면, 그 사람은 감정적·신체적으로 학대받기 쉬운 상태가 된다. 순응의 흐름을 '예의 바른' 인종차별, '신사적인' 성차별이라고 칭하는 경우도 있지만, 말도 안 된다. 대놓고 폭력적이지 않다고 해서 파괴력이 약하다는 뜻은 아니다. 그러나 사람들은 드러나는 폭력이 없다는 이유로 자신의 태도와 행동이 유발하는 피해를 부인하는 경우가 너무나 많다. 이런 식이다. "내가 KKK도 아니고, 나 인종차별주의자 아니야." "나 성차별주의자 아냐, 난 절대 강간 안 해."

나는 어린 시절 내내 특권층에 맞춰진 순응의 흐름을 경험했다. 나보다 나쁜 일을 겪는 사람도 많지만, 내 경험 역시 파괴적이고 강력했으며 순응의 흐름을 분명히 보여준다.

내가 일곱 살 때였다. 부모님이 테니스를 치는 동안 나는 울타리를 따라 야생 블랙베리를 따며 놀고 있었다. 갑자기 두 남자가 코트로 다가왔다. 나는 클럽의 규칙을 알고 있어서 긴장했다. 여자는 회원이 될 수 없었다. 나와 엄마는 아빠의 초대로 들어간 것이다. 그래서 이 테니스코트에는 이런 계급체계가 생겼다. 두 여자가 경기를 하고 있으면, 남녀 한 쌍은 그 경기장을 빼앗을 수 있었다. 남녀가 경기를 하고 있을 때, 두 남자가 오면 남녀를 내쫓을 수 있었다. 그래서 부모님이 쫓겨날까 봐 무서웠다. 그러나 그때 임신 7개월이던 엄마는 배를 가리키며 두 남자에게 말했다. "저는 아들을 임신하고 있어요. 코트에 남자가 두 명 있는 거죠." 남자들은 이 논리를 받아들이고 다른 코트로 갔다.

나는 경악했다. 자궁에 있는 남동생의 성기는 훌륭하고 창조적이고 강인한 성인인 우리 엄마도 얻을 수 없는 승리를 얻어냈다. 나는 그 명백한 부정의에 분노했다. 학교에서 우리가 같이 놀고 싶지 않은 아이를 따돌리려고 그런 터무니없는 규칙을 만드는 건 절대 허락되지 않았을 것이다. 그런 말을 했다가는 단단히 혼이 났을 터였다. 말도 안 되는 상황이었다.

몇 년 후, 나는 토니 모리슨의 《솔로몬의 노래(Song of Solomon)》에서 한 문단을 읽었다. 내가 테니스 코트를 시작으로 이 세계에 적용되는 부조리한 규칙을 마주할 때마다 느낀 감정을 잘 포착했다. "네가 우리 인생을 좌지우지할 권리가 어디서 나오는지 알아? 내가 말해줄게. 그 다리 사이에 매달린 쪼그만 돼지 창자 같은 거. 잘 들어. (…) 그것보단 잘난 게 있어야 할 거야."[1] 공식적으로 말해두는데, 내 사랑하는 남동생은 그것보다는 잘난 것이 있다. 아무튼 성차별적 계급 체계는 우리의 존재를 지배했다.

나는 자라면서 주변 남자들이 뭐든 마음대로 해도 된다고 생각하는 모습을 보았다. 직장에서든 가정에서든, 여자는 남자를 보조하거나 눈요깃거리가 되었다. 멤피스의 은행에서 처음으로 여름 인턴을 하게 되었을 때 임원이 말했다. "와, 예쁜 여자를 뽑아도 되는 거였어?" 나는 열여덟 살이었고, '나' 화법이나 대응 방법을 몰랐다. 그래서 입을 다물었다. 그러나 바로 그 순간에 고향에서 취업을 하지 않겠다고 결심했다.

하지만 나는 아무 말도 하지 않았다. 기가 꺾였을 뿐이다. 존재가 지워지는 경험이 반복되면 아무리 강한 여성도 결국 지친다. 그 은행에는 여성 임원이 아무도 없었다. 친구들의 엄마 중에는 밖에서 일하는 사람이 거의 없었다. 행복한 결혼 생활을 하는 사람도 물론 있었지만, 아내들이 남편과 남편 친구들의 입방아에 오르고, 무시당하고, 따돌림을 당하는 일은 너무 많았다. 남편이 더 젊고 과시하기에 좋은 여자를 데려오는 바람에 생계 수단도 없이 버려지는 여자들도 있었다. 최악의 배신도 종종 일어났다. 남자의 세계를 이어받아 최악의 관습들을 재생산하는 딸들이 자기 엄마들을 입방아에 올리고, 무시하고, 따돌리는 일이었다.

오래된 이야기다. 시몬 드 보부아르의 작품 속 '위기의 여자'의 모습이다. 나는 그 여자를 짓밟힌 여자라고 불렀다.[2] 나는 무슨 수를 써서라도 짓밟힌 여자가 되지 않을 생각이었다. 나는 그 순간 거기에서, 일곱 살에 블랙베리를 따면서, 여자라는 이유로 테니스 코트에서 쫓겨나지 않기 위해 무슨 싸움이라도 감수하겠다고 결심했다. 어린 시절 그렇게 마음먹었기에, 나는 엘리베이터에서 성기 마찰을 당하고 저녁을 먹다가 가슴을 잡혔는데도 금융 업계에서 잡은 첫 직장에서 버텼다. 멤피스의 집으로 돌아가느니 그런 행동을 어떻게든 피하는 편이 나았다. 고향에서는 "예쁜 여자를 뽑아도 되는 거였어?"라는 말이나 들을 테니까. 그런 형태의 차별을 받고 살다 보면 어떻게 되는지, 나는 정확히 알았다. 그러느니 경제적 자유를 얻을 수만 있다면, 성희롱의 위험을 감수할 생각이 있었다.

순응의 흐름은 물론 성별에만 국한된 것이 아니다. 선입견이나 편견이 의사 결정에 영향을 주고 차별로 이어지는 경우라면 언제든 나타난다. 나는 여자로서 피해자였다. 그러나 백인으로서 나는 가해자였다. 나는 백인으로만 된 팀을 고용한 적이 많았다. 내가 차별할 의도가 없었다고 말하는 것은 정당한 변명이 아니다. 나는 배제가 기본으로 깔린 환경에 적극적으로 저항하지 않았다. 순응의 흐름에서 발생하는 인종차별을 인지하지 못했고, 도리어 강화했다. 인종차별 반대론자가 되지 않음으로써, 나는 인종차별을 행했다. 백인만으로 된 팀을 만들었다. 또 때때로 성차별적인 순응의 흐름을 강화하기도 했다. 나는 전원이 남자인 팀을 만든 적이 있다. 어떻게 그럴 수 있었을까? 부정했기 때문이다. 이 책의 나머지 부분에서는 순응의 흐름을 부정할 수 없도록 그 모습을 낱낱이 들춰낼 것이다. 당신이 현실을 부정하며 내가 한 실수를 하지 않도록.

강요의 흐름

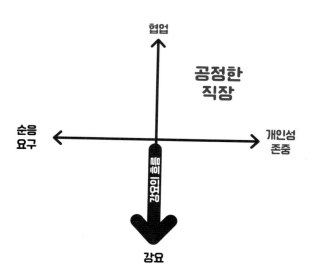

폭력을 향한 미끄러운 비탈길

강요의 흐름 역시 뻔하고 오래된 부정의의 양상이며, 선입견에서 따돌림, 괴롭힘, 폭력으로까지 이어진다. 선입견은 보통 순식간에 폭력으로 치닫는데, 그러면 무의식적 선입견의 무고함은 더 이상 없다. 샤넬 밀러는 여동생을 따라 집에서 10분 떨어진 대학 파티에 갔다가 본 적도 없는 남자에게 쓰레기장 뒤에서 성폭행을 당하고 병원에서 깨어났다. 조지 플로이드(George Floyd)는 담배를 사러 갔다가 점원이 그가 내민 20달러가 위조지폐라고 주장하며 911에 전화를 걸고 17분 뒤 경찰에게 살해당했다.

이러한 이야기가 너무나 강력한 반향을 불러일으키는 이유는 드문 일이라서가 아니라 오히려 폭력 사건이 너무나 자주 일어나기 때문이다. 8장에서 다룬 것처럼, 직장에서는 폭력이 일어난다. 그러나 직장 밖에서 일어나도 우리는 그 경험을 직장에 가지고 들어간다. 이러한 경험들을 인지해야 한다.

나 역시 강요의 흐름을 직접 겪은 적이 있으나 역시 특권층다운 경험이었다. 신체적인 안전에 대해 공포를 느낀 적은 거의 없었으니까. 그러나 다음 이야기는 부정을 벗어나 인정하는 자세가 왜 필수적인지 조명한다.

새로 이직하고 몇 달 되지 않아 휴가 파티에 갔을 때였다. 회사 직원들은 대부분(70% 이상) 남자여서 나는 문 안에 들어서기만 했는데도 조금 주눅이 들었다. 철창 안에서 춤추는 헐벗은 여자들이 나를 반겼다. 사회생활을 하면서 늘 그랬듯이, 나는 주변에서 일어나는 일을 무시하려 노력했다. 철창 안에서 춤추는 여자들? 누군가 유머랍시고 저 끔찍한 아이디어를 낸 게 분명했다. 나는 내 기분이 얼마나 불편한지 애써 무시했다.

나는 아는 얼굴을 찾아 돌아다녔다. 동료 사이먼이 내 쪽으로 오고 있었다. 그가 맥주를 건네주었다. 처음에는 그를 만나 기뻤다. 그러나 사이먼은 이어지는 말로 모든 걸 망쳤다. "남부 여자들이 한번 하자고 유혹할 때 뭐라고 하는지 알아요?"

나는 알고 싶지 않다고 했지만, 사이먼은 멈추지 않았다. "자기야, 나 취했어."

사이먼의 강간 유머에 신체적인 위협을 받은 것은 아니지만, 이 짧은 대화 때문에 모든 신경이 곤두섰다. 파티의 상황도 문제였다. 대부분이 남자라는 사실도, '눈요기'로 철창 안에서 춤출 여자를 고용해도 된다고 생각하는 문화도 불편했다. 사이먼은 아무리 잘 봐줘도 조력자는 아니라는 신호를 보내고 있었다. 별로 좋지 못한 방식이었지만, 사이먼은 그날 밤 경계 태세를 늦추는 건 현명하지 않다고 경고해 준 셈이다.

선입견에서 성폭력으로 이어지는 강요의 흐름이 너무나 비일비재한 세계에 살고 있지 않다면, 사이먼이 한 짓은 예외적인 따돌림 행동에 그쳤을 것이다. 그러나 우리가 사는 세상에서 그는 강간 문화를 반영하고 강화하고 있었다. 여성 혐오적인 행동이었다.

두 가지 흐름 모두 자기강화를 한다

옛 소련에 있었던 나의 첫 금융계 직장 이야기로 돌아가 보자. 거기서는 순응의 흐름과 강요의 흐름이 둘 다 존재했으며, 서로를 강화하고 있었다. 그리고 악순환도 반복되었다. 내가 취급당한 방식은 내게 일어난 일과 직접 관련이 없거나 그 일을 몰랐던 다른 사람들의 선입견까지도 강화했다.

그 회사를 그만두고 10년이 지나, 나는 그때의 동료 스티브와 만났다. 저녁을 먹으면서 그 시기에 얼마나 스트레스가 심했는지에 대해 이야기하며 웃고 떠들었다. 주당 80~100시간을 일했고, 지속적인 압박을 받았다. 무용담도 있었다.

"넌 항상 머리에 불이라도 붙은 것처럼 뛰어다녔지." 그는 그때를 떠올리며 웃었다. "나는 네가 걱정됐어. 그렇게 오래 일하는 건 누구나 힘들잖아, 특히 여자라면."

장난하나? 오래 일하는 게 힘들었을 거라고? 그는 이렇게 생각하는 게 분명했다. '여자들은 원래 오래 일하는 걸 못 견뎌. 그래서 킴이 스트레스를 받은 거야.' 물론 내가 스트레스를 받은 건 근무 시간이 길어서가 아니었다.

스티브는 성별 때문에 연봉을 적게 받지 않았다. 틈만 나면 괴롭히는 전 남친을 상사로 모시고 있지도 않았다. 회사의 최고임원이 그의 가슴을 움켜쥐지도 않았다. 물론 프레드가 엘리베이터에서 발기한 물건을 스티브에게 문지르는 일도 없었겠지. 그래서 스티브는 나보다 스트레스를 덜 받은 것이다. 그가 남자라서가 아니라, 그는 내게 쏟아진 거지 같은 일들을 해결하지 않아도 되었기 때문이다. 내가 그에게 얘기한 적이 없었으니, 내게 무슨 일이 일어났는지 몰랐다고 그를 비난할 수는 없다. 나조차도 인정할 수 없는 일들이었으니까. 나는 스티브를 비난하려고 이 이야기를 하는 것이 아니다. 차별과 괴롭힘이 그런 일에 참여하지 않는 사람들의 선입견까지 강화하는 양상을 보여주려는 것이다. 부당한 취급은 내 행동에 영향을 미쳤고, 그 행동을 본 스티브의 선입견은 강화되었다. 그는 실제로 무슨 일이 있었는지 몰랐는데도 말이다.

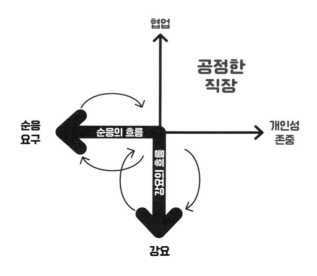

이러한 선입견을 차단하기는 놀랍도록 어렵다. 몇 년이 지나고 친구로서 대화하고 있었는데도, 나는 그에게 여자와 스트레스에 대한 그의 편견이 얼마나 부당한지 설명할 힘이 없었다. 왜냐고? 프레드는 죽었다. 스티브는 그의 장례식에 갔다. 스티브는 프레드를 좋아했다. 이해가 간다. 프레드는 스티브에게 성기를 비비지 않고 멘토링을 해주었으니까. 그냥 내버려두는 편이 쉬웠다. 이렇게 직장 부정의의 자기강화가 또한 번 일어난다.

나는 과거로 돌아가서 젊은 내가 사실을 말하도록, 젊은 스티브가 경청하도록 돕고 싶다. 혹은 상황이 어떻게 돌아가는지 스티브가 혼자서 알아챌 수 있게 해주고 싶다. 이 책을 통해 젊은 킴들과 젊은 스티브들이 부당한 일을 당할 때 서로 힘이 되어주고 이 악순환을 깨뜨렸으면 좋겠다. 나는 그들이 강요와 순응의 부정적인 흐름에 끌려 들어가는 대신, 협업하고 서로의 개인성을 존중함으로써 공정한 직장을 만들 수 있게 돕고 싶다.

개별 사건 VS. 부정의의 상호작용

개별적인 따돌림 사건, 그리고 시스템적 부정의의 일부로 작용하는 따돌림의 차이를 이해하는 것은 중요하다. 전자는 나쁘지만, 후자보다는 위협이 적다. 내가 동료 러스에게 팟캐스트 녹음실에서 "원더우먼 포즈를 하고 태어났다"라고 말했을 때, 러스가 경험한 것은 개별적인 따돌림 사건이었다. 내 행동이 나빴다는 것은 인정하지만, 그의 신체적 안전에는 어떠한 위협도 미치지 않았다. 내 행동은 나와 같은 사람들이 그와 같은 사람들에게 저지르는 폭력의 패턴에 포함되지 않았다. 그 사건은 선입견에서 폭력으로 가는 흔한 미끄러운 비탈길에 놓여 있지 않았으며, 여성 혐오적이지도 않았다.[3] 그러나 사이먼이 내게 그 멍청한 강간 농담을 했을 때, 나는 따돌림뿐 아니라 강요의 흐름, 또는 여성 혐오를 경험했다. 나는 그 말 아래 흐르는 위협을 느꼈다. 사이먼은 노골적으로 나를 위협하지는 않았지만, 범죄에 해당하는 개념을 별일 아닌 것처럼 이야기하고 있었다. 그의 말은 동의 의사를 표현할 수 없을 만큼 술에 취한 사람과의 성관계를 단순히 파티에서 실수한 것 정도로 생각하는 사람이 있다는 사실을 일깨웠다. 그가 의도했든 하지 않았든, 나는 특히 술을 마신다면 신체적으로 안전하지 않을 거라는 생각이 들었다.

한 가지 사건이 누군가에게는 개별적인 따돌림이었지만 누군가에게는 강요의 흐름이었던 사례를 들어보자. 내가 초등학교에 다닐 때, 선생님 한 분이 세례를 받지 않은 사람은 지옥에 갈 거라고 말했다. 나는 이것이 싫었다. 내가 믿는 크리스천 사이언스교는 세례를 하지 않았기 때문이다. 지옥에 갈 거라고 믿지는 않았지만, 마음이 불편했다. 나는 선생님으로부터 따돌림을 겪고 있었다. 그러나 같은 반 유대인 친구들은 따돌림보다 더 나쁜 것을 겪고 있었다. 어떤 아이들은 홀로코스트 생존자의 손자 손녀였다. 이런 강요의 흐름에 내재된 폭력은 나와는 달리 그들에게 충격적이고 직접적으로 다가왔다. 나는 단순한 따돌림을 겪고 있었지만, 그들은 반유대주의를 마주했다. 이것은 큰 차이다.

우리가 원하는 공정한 세상을 만들기 위해서는 선입견에서 차별, 또는 선입견에서 폭력으로 이어지는 흐름을 인지할 의지가 있어야 한다. 나 자신은 폭력을 행한 적이 없고 앞으로도 그럴 수 없는 사람이라고 생각하더라도, 나의 언어가 폭력의 패턴을 반영하고 강화하는 양상을 인지할 의지가 있어야 한다. 성경 공부 선생님은 절대 자신을 집단 학살에 참여할 사람으로 생각하지 않았을 것이다. 나는 내게 '자기, 나 취했어' 농담을 했던 사이먼을 잘 안다. 그 역시 자신이 여자를 강간하거나 강간을 용납할 사람이라고 생각하지 않을 것이다. 그러나 둘 다 자신이 생각하는 이상적인 인간으로 살아가고 싶다면, 자신들의 말이 우리가 살아가는 이 세계의 끔찍한 흐름을 반영한다는 사실을 먼저 인정해야 한다.

성차별 VS. 여성 혐오

성차별주의는 성별과 관련된 순응의 흐름을 드러낸다. 성차별주의는 은밀히 퍼진다. 혼란스럽게도 특정한 태도나 행동이라기보다는 선입견·편견·차별의 상호작용이며, 여성을 학대에 취약하게 한다. 여성 혐오는 성별과 관련된 강요의 흐름을 보여준다. 여성 혐오는 선입견·따돌림·괴롭힘·신체적 침해의 상호작용으로, 여성에게 원하지 않는 역할을 강요하거나 여성을 폭력의 희생양으로 삼는다.

윤리철학자 케이트 만은 이렇게 설명했다. "성차별주의는 학문적이다. 여성 혐오는 전투적이다. 성차별주의는 이론이다. 여성 혐오는 몽둥이를 휘두른다."[4] 다시 말해 성차별주의가 성별에 대한 편견을 형성하여 차별을 정당화한다면, 여성 혐오는 따돌림·괴롭힘·폭력을 사용하여 지배하고 강요한다. 성차별주의는 이성의 차원에서 일어나지만, 여성 혐오는 감정적이고 신체적이다. 성차별주의는 무엇이 '남성적'이고 '여성적'인지 인공적으로 이분화하고 '여성적'인 것을 비하한다. 여성 혐오는 여성을 지배하는 것을 당연하게 생각하고, 그렇지 못할 때 폭력적으로 분노한다.

성차별주의와 여성 혐오, 또는 순응의 흐름과 강요의 흐름의 차이를 왜 분석하는가? 그 차이를 알아야 각각을 퇴치하는 데 가장 효과적인 전략을 알 수 있기 때문이다.

성차별이 없는 여성 혐오에 맞서고 있다면, 그 사람의 신념을 논하며 시간을 낭비할 필요가 없다. 신념이 없기 때문이다. 따돌림에 대한 대가를 치르게 함으로써 괴롭힘과 폭력을 예방하는 데 집중하면 된다. 여성 혐오를 이해하면 따돌림에 대처하는 것, 즉 "자기, 나 취했어"라는 말을 들었을 때 대처하는 것이 왜 중요한지 이해할 수 있다. 이런 '작은' 것들이 강간 문화를 반영하고 강화한다. 관련된 현상들의 상호작용을 알면, 이런 사소한 발언을 차단함으로써 더 나쁜 상황을 막을 수 있다는 사실을 알게 된다.

여성 혐오가 없는 성차별을 마주한다면, 명확한 경계선을 긋고 누군가가 자신의 성차별적 믿음을 다른 사람에게 강요하지 못하게 해야 한다. 수고를 감수할 만큼 상대와의 관계가 중요하다면, 그들의 편견과는 다른 관점을 제시하는 대화를 시도할 수 있다. 그런 사람은 불이익이 있다고 해서 생각을 바꿀 가능성은 낮지만, 논리적인 주장에 설득될지도 모른다.

여러 현상의 상호작용과 그 도착점을 용어로 정리하면 유용하다. 개별 행동과 위험한 상호작용을 구별할 수 있다. 서로 다른 힘의 작용에 대해 서로 다른 단어를 쓰는 것은 문제를 진단하고 해결책을 찾는 데 효과적이다. 또 개별적인 문제가 어떻게 상호작용하며 직장 부정의의 시스템을 만들어내는지 그림으로 표현하는 것도 좋다.

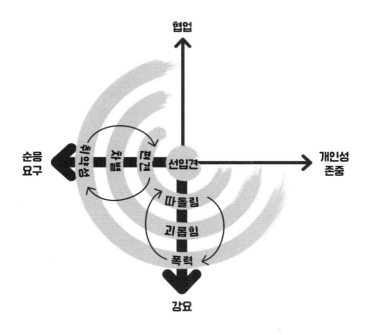

협업

순응
요구

개인성
존중

선입견

차별

성향적

편견

따돌림

괴롭힘

폭력

강요

침묵한 나 또한 가담자다

위의 기운 빠지는 그림을 무시하고, 부정하고, 보지 않고 싶은 것이 당연하다. 그러나 너무나 익숙한 흐름으로 상황이 나빠질 가능성이 있을 때, 그리고 실제로 급격하게 나빠지고 있을 때 선입견을 의식하고 차단하는 것은 모든 사람의 윤리적 의무다. 위험한 흐름이 발생할 때 누구도 이를 부정하면 안 된다.

안타깝게도, 부정은 너무나 흔한 반응이다. 예로, 실리콘밸리 회사의 흑인 직원들은 몇 년 동안이나 보안 요원이 흑인의 사원증은 확인하지만 백인 동료들의 것은 확인하지 않는다고 불평했다. 변명의 여지 없이, 보안 요원이 인종에 대한 선입견이나 편견을 가지고 있다는 증거다. 또한 인종차별주의의 양상을 반영한다. 나는 백인이다. 나는 수십 년간 기술 분야에서 일했다. 언제 어디서도 보안 요원이 내 사원증을 확인한 적은 없었다. 그리고 신호 위반 때문에 차를 세울 때 경찰이 폭력을 행사할까 봐 두려워하지도 않는다.

기술 기업의 흑인 사원 캐리가 구내식당에서 사원증 확인에 대해 불평했을 때, 대부분이 백인인 경영진은 무의식적 선입견 때문이니 어쩔 도리가 없다는 식으로 어깨를 으쓱했다. 보안 요원은 캐리를 비롯한 흑인 사원들을 잡아 세우고 백인은 통과시키면서 자신의 선입견을 인식하지 못했을 수 있다. 그럼에도, 이 현상은 '무의식적 선입견'으로 말미암은 개별 사건 이상이었다. 흑인에 대한 선입견이 폭력, 인종차별로 이어지는 양상이 우리 사회에서 지배적이기 때문이다.

직장에서 인종차별을 없애는 것은 경영진의 책임이다. 그러나 그들은 이것이 인종차별이라고 인정하지 않았다. 그들의 부정은 이해하기 힘들었다. 캐리는 조지 플로이드 살해 사건이 일어나 경영진에서 반인종차별주의를 강력하게 선언할 때 이 문제를 꺼냈기 때문이다. 캐리는 보안 요원이 백인 동료들은 잡지 않으면서 자신을 잡을 때 왜 안전하지 않다고 느끼는지 설명하려 했다. 그녀는 자택에서 경찰 총격으로 사망한 흑인 응급 의료 요원 브리오나 테일러의 이야기를 꺼냈다.

"브리오나 테일러가 누군지 몰라요." 백인 임원이 말했다. 그가 무지를 인정하며 "그러니 설명해 주세요"라는 말을 이어갔더라면, 경청하고 배울 의지가 있다는 신호였을 것이다. 그러나 그의 말은 공격적인 최후

통첩이었다. 그가 모른다는 사실이 브리오나 테일러가 중요하지 않다는 뜻이기 때문에 알 필요가 없다는 투였다.

이것이 이해할 수 없는 반응이었던 이유는 당시 브리오나 테일러의 이름이 뉴스를 도배하고 있었기 때문이다. 심지어 캐리는 그 전날 브리오나 테일러를 언급한 이메일을 경영진에 보내 임원진에 그 이름을 상기시키기도 했다. 캐리는 사무실 밖에서 겪는 폭력 때문에 지치고 감정적으로 충격을 받았다는 점을 지적하려 했다. 그녀는 최근 통근길에서 매우 공격적인 경찰과의 만남으로 큰 충격을 받았다. 화가 났고, 그 생각을 떨칠 수 없었고, 자기뿐 아니라 가족이 걱정되었다. 남동생은 이런 상황에 어떻게 대응할까? 과연 그럴 때 경찰은 어떻게 대응할까? 외부 경험이 직장 일에 영향을 미치지 않게 하는 건 불가능했다.

그러나 백인 임원은 전혀 공감하지 않았고, 식당에서 사원증을 확인하는 것이 인종차별과 관련이 있다는 사실을 인정하길 거부했다. 그리고 캐리가 반박하자 저마다 다른 방식으로 '화난 흑인 여성' 선입견을 강화하는 반응을 했다.

백인 임원들의 반응은 전략적 무지가 아니라면, 전형적인 부정의 사례다. 그가 브리오나 테일러를 몰랐던 이유는, 회사 식당에서 일상적이고 무의식적인 선입견으로 가볍게 생각한 일이 어쩌면 경찰의 흑인 살해와 연결되어 있을지도 모른다고 생각하고 싶지 않기 때문이다. 그러나 실제로 두 사건은 연결되어 있다. 그리고 미국 전역에서, 심지어 전 세계에서 사람들이 이런 종류의 시스템적 인종차별에 대항하고 있다. 무지를 핑계로 이 문제에 관여할 책임을 벗어나려는 생각은 변명의 여지 없이 잘못되었다.

홀런드앤드나이트(Holland & Knight) 로펌의 파트너 변호사 티파니 리(Tiffani Lee)는 회사 전체의 다양성 및 포용 프로그램을 이끌고 있다. 그녀는 이런 식의 부정이 자리 잡는 것을 막기 위한 조치를 취했다. 인종 차별 문제에 정면 대응하는 노력이 차별이 일어나지 않는 척하는 데 드는 노력보다 적다는 사실을 알게 된 것이다.

조지 플로이드 살해 사건이 일어났을 때, 이 회사는 사원 1300명 이상이 참가하는 비대면 회의를 열었다. 몇 사람이 경찰에게 거칠게 취급당한 경험을 공유했다. 회사에 막 합류한 어느 흑인 법무사는 경찰이 친척을 살해하는 것을 목격했고, 가족 모두가 트라우마에 시달렸다고 했다. 이 회의는 백인 직원들이 경찰 폭력의 현실로부터 거리를 두려는 경향을 없애는 필수적인 과정이었다. 폭력은 '어딘가'의 '누군가'에게 일어나는 일이 아니었다. 그들이 속한 조직의 동료에게 일어나고 있었다.

인종 문제와 마찬가지로 성별 문제에서도 부정의 양상은 나타난다. 수십 년간 이어진 하비 와인스타인의 성범죄에 대해 시나리오 작가 스콧 로젠버그(Scott Rosenberg)가 한 말이 있다. "우리 이거 하나는 확실히 합시다. 젠장, 다들 알고 있었잖아요."[5] 일부 용감한 사람들이 문제를 제기했다가 보복을 당하거나 위자료를 받고 기밀 유지 협약으로 입이 막혔다. 그래서 와인스타인의 행동은 오랜 시간 계속되었다. 잘못을 한 건 그 사람이지만, 시스템 전체—법률, 기업, 사회—가 그럴 수 있게 내버려 두었다. 모두가 알았지만, "저기, 뭔가 잘못됐어요"라고 하는 사람은 없었다.

〈뉴욕타임스〉 칼럼니스트 데이비드 레온하르트(David Leonhardt)는 이런 현상을 부작위의 공모라고 부른다. 그는 이렇게 썼다. "모든 대규모 사건에는 공통점이 있다. (…) 사람들은 알았다. 자세히는 몰랐더라도 (…) 뭔가 잘못되었다는 건 알았다."[6] 사람들은 안다. 다만 제대로 알지 못하거나, 부정하거나, 무슨 이유로든 아는 것에 대해 행동하지 않는다.

레온하르트의 글은 다음과 같이 이어진다. "변화는 정책이나 조직에 대한 것일 수만은 없다. 개인적인 변화도 있어야 한다. 여러분 역시 와인스타인, 오렐리, 트럼프가 저지른 학대에 분노했을 거라고 생각한다. (…) 그들이 다른 인간에게 안긴 기나긴 비극에 대해. 나는 그렇게 믿는다. 다음에 내가 옳지 않은 일을 마주할 때, 나는 지금의 분노를 떠올릴 것이다."[7] 분노는 부정을 깨고 나와 행동하는 원동력이 된다.

와인스타인의 회사에서 상황이 어떻게 그렇게까지 흘러갔는지, 비난은 쉽고 이해는 어렵다. 그러나 그 정도로 나쁘지는 않더라도 당신이 일하는 곳에서 부정의가 일어나고 있지 않은지 자문해 보자. 시스템을 바꾸려면 나 자신부터 돌아보아야 한다. 자랑스럽지 않은 부분이 보여도 고개를 돌리면 안 된다. 아니, 특히 자랑스럽지 않을 때 자세히 보아야 한다. 시스템의 부정의를 인지하기가 너무나 어려운 이유 중 하나는 그 양상을 깨닫는 것이 너무 고통스러워서 우리가 정말, 정말, 정말 알고 싶지 않다는 것이다. 상황이 최악으로 가기 전에 개입하지 않으면 더 나빠질 수 있다는 사실을 머리로는 알면서도.

부정의의 흐름이 향하는 지점에 대한 공포는 너무나 끔찍하고 불편해서, 인지하는 것이 고통스러운 우리는 인지를 거부한다. 이 책의 서문으로 돌아가 보자. 누구도 볼쇼이발레단의 발레리나를 인신매매하는 우리 회사의 사업 파트너, 소련 관료들에게 맞서고 싶지 않았다. 그래서 맞서지 않았다. 단순히 친구끼리 하는 음담패설인 척 넘겼다. 하지만 끝까지 물었다면 우리는 모두 그 이야기가 그냥 허풍이 아니라는 걸 알았다고 인정했을 것이다. 소련 공무원들은 강요할 권력이 있었고, 당연히 그 권력을 휘둘렀을 것이다. 부작위의 공모다. 침묵한 나 또한 가담자다.

부정의를 넘어서

이브람 X. 켄디(Ibram X. Kendi)가 《안티레이시즘: 우리의 관점과 세계관을 왜곡시키는 인종차별주의의 구조를 타파하기(How to Be an Antiracist)》에서 썼듯이, "부정은 인종차별의 심장박동이며, 사상과 인종과 국가를 뛰어넘어 뛰고 있다. 바로 우리 안에서 뛰고 있다."[8] 부정은 여성 혐오, 반유대주의, 동성애 혐오, 그리고 부정의로 이어지는 너무나 많은 다른 흐름의 심장박동이다. 우리는 다양한 부정의의 흐름을 인지하는 법을 배워 맞설 수 있어야 한다.

부정을 넘어서기 위해, 인종차별의 시스템을 해체하기 위해, 우리는 켄디가 말하는 반인종차별주의를 실천해야 한다.[9] 비인종차별주의는 KKK의 불붙은 십자가처럼 극단적인 인종차별주의에 대한 소극적 거부에 불과하다. 공공장소에서 흑인 옆에 앉지 않거나, 흑인·라틴계·원주민에게 부정적이고 불균형적인 영향을 주는 법률에 찬성표를 던지는 등 더 일상적인 인종차별적 행위를 찾아내고 근절하려는 선제적인 노력이 아니다.[10]

부정을 넘어서서 공정한 직장으로 향하려면 정의를 원하거나 의도하는 것으로는 충분하지 않다. 부정의에 반대하는 행동을 취해야 한다. 우리는 시스템의 부정의가 드러나는 방식을 인지할 수 있어야 한다.

이를 위해, 다음 장에서는 직장 부정의의 가장 흔한 형태 세 가지를 설명하고 이름을 붙일 것이다. 킴벌리 크렌쇼가 말했듯이, 문제에 이름을 붙이면 해결할 수 있다.[11]

10장

세 가지 부정의 시스템

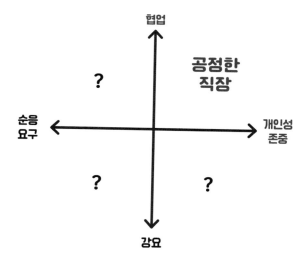

앞서 다룬 흐름들은 서로 다른 방식으로 결합되어 직장에서 세 가지 형태의 시스템을 형성한다. 각 형태에 이름을 붙이면 파악하고 해체하는 과정이 쉬워질 것이다.

때로는 강요의 흐름 없이 순응의 흐름만 나타난다. 나는 이것을 무의식적 배제(Oblivious Exclusion)라고 부른다. 반대도 있다. 이것을 독선적 수치심 주기(Self-Righteous Shaming)라고 하겠다. 둘 다 동시에 나타날 때도 있다. 이것은 잔인한 비효율(Brutal Ineffectiveness)이라고 부를 것이다.

416

시스템 1 | 잔인한 비효율

잔인한 비효율은 강요의 흐름과 순응의 흐름이 동시에 나타나며 서로를 강화하는 형태다. 악랄한 리더가 이런 상황을 만들 때도 있지만, 보통은 구성원의 나쁜 행동에 책임을 묻지 않거나 심지어 그 나쁜 행동을 보상하는 경영 시스템으로 말미암아 발생한다. 권력의 작용, 경쟁, 형편없이 설계된 경영 시스템, 사내 정치가 처음에는 미묘하고 은밀한 시스템의 부정의로 시작해서 시간이 지나면 조직을 좀먹고 범죄행위로까지 이어질 수 있다.

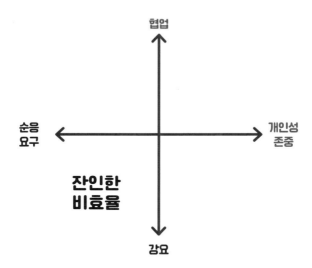

리더가 고의로 구성원 일부를 배제하는 시스템을 설계하는 경우도 있다. 그러나 보통 리더들은 채용, 해고, 승진 결정을 단순하게 만들 의

도로 경영 시스템을 설계한다. 효율적인 성과주의(meritocracy) 시스템이 목적이다. 그러나 실제로는 저널리스트 케라 스위셔가 말하는 '거울주의(mirror-tocracy)' 시스템을 만들어 놓는다. 리더와 비슷한 구성원만이 보상을 가져가는 구조다.[1]

사실, 리더의 의도가 무슨 상관인가? 비즈니스에서는 의도가 아니라 결과가 중요하다. 월스트리트는 이렇게 말하는 CEO를 용서하지 않을 것이다. "나는 수익성을 개선할 의도였는데요, 왜 손실이 나는지 모르겠네요. 그러니까 수익성을 측정하지 맙시다. 나는 수익에 아주 어두워요. 내가 어떻게 할 수 없는 근본적인 수급 문제 같으니까 여기 다른 문제를 살펴봅시다." 투자자들은 그런 CEO를 절대 너그럽게 봐줄 리 없다. "당신은 의도가 좋은 분이니까 수익은 형편없지만 당신의 주식을 사겠습니다"라고 해주는 일은 일어나지 않는다. CEO는 책임지고 물러나야 하고, 일을 더 잘할 수 있는 사람이 그 자리를 메울 것이다. 우리는 경영 시스템을 설계하는 리더에게도 마찬가지로 성과를 요구해야 한다. 시스템이 우리 사회의 부정의를 반영하고 강화한다면, 시스템은 변해야 한다. 그 시스템을 어떻게 바꿔야 할지 모르는 리더라면 떠나야 한다. 그러나 리더 혼자서 시스템을 바꿀 수는 없다. 구성원 모두가 제 역할을 해야 한다.

이어지는 이야기는 한 기업의 운영 방식이 시스템의 부정의를 만들어낸 사례다. 리더는 이에 대해 책임지기는커녕 자신이 이끄는 조직에서 무슨 일이 일어나는지 알려고 하지도 않았다. 나쁜 시스템이 나쁜 흐름을 어떻게 반영하고 강화하는지, 하나의 흐름이 어떻게 다른 흐름이 생겨날 조건을 형성하는지, 그리고 부정의가 한번 뿌리를 내리면 상황을 바꾸기가 (불가능하지는 않지만) 얼마나 힘든지 보여주는 이야기다. 이 사례는 현실보다 어둡다. 다행히 현실에서는 누군가 올바른 행동을 하지만, 이 이야기에서는 제대로 행동하는 사람이 아무도 없다. 내가 일했던 회사들에서 비슷한 역학 관계는 거의 예외 없이 나타났지만, 보통은 부정의한 상황을 보완할 인간적인 따뜻함도 있었다. 일반적으로 구성원의 인간성이 시스템의 문제를 메우기 때문에, 아무도 인간성을 갖추지 못했을 때의 상황을 상상해 보았다. 나는 인간의 본성에 대해 이 정도로 비관적이지 않다. 단지 시스템의 부정의에 작용하는 흐름을 낱낱이 파헤치려 했다.

톰, 딕, 해리, 그리고 메리

톰, 딕, 해리는 소프트웨어 기업의 사장 애덤의 직속 수석 부사장들이다. 애덤이 갈등을 싫어해서 세 부사장은 회사가 행복하고 조화로운 공동체로 보일 수 있게 노력했다. 그러나 톰, 딕, 해리의 야망은 같았다. 애덤의 뒤를 이어 사장이 되는 것이다. 이 꿈을 이룰 수 있는 건 단 한 명이었기 때문에, 이들은 기회만 나면 서로 물어뜯었다. 갈등을 싫어하는 애덤이 자기도 모르게 일종의 상어 우리를 만든 셈이다. 보너스와 승진이 결정되는 매년 연말이면 전투는 절정에 이르렀다.

애덤이 관리하는 보너스 예산은 세 부사장이 이끄는 팀에 할당되었다. 즉, 톰의 팀이 보너스를 많이 받으면 딕과 해리의 팀에 소속된 구성원들의 몫이 줄어든다. 게다가, 올해 애덤은 세 명만 부사장급으로 승진시키기로 결정했다. 또 다른 제로섬 게임이었다. 예를 들어 딕 밑에 있는 직원 두 명이 승진하면, 톰과 해리의 수하에 있는 직원들을 통틀어

한 명밖에 승진할 수 없었다. 톰, 딕, 해리의 밑에서 일하는 모든 구성원은 신경을 곤두세웠다. 제대로 된 보너스를 가져오지 못하는 상사 밑에서 일하고 싶은 사람은 없다.

애덤은 자신이 해본 적 없는 이 다툼을 이해하지 못한다. 자신이 '정치에 초연'하며, 누구나 그래야 한다고 생각한다. 하지만 이 회사를 세운 건 애덤의 부친이었고, 그는 언젠가 후계를 이어받게 되어 있었다. 온실 안에서 사회생활을 한 셈이다. 애덤은 톰, 딕, 해리가 눈에 보이게 싸우면 용납하지 않았을 것이다. 자기 스스로 만든 게임의 룰에서 불가피하게 발생하는 권력 다툼에 대한 책임을 회피한 채, 애덤은 세 수석 부사장이 성인인 만큼 각자의 문제를 독립적으로 해결하라고 말했다. 갈등은 지하로 숨었고, 무대 뒤에서 다양한 정치 공작이 벌어졌다.

톰은 딕과 해리에게 가장 큰 타격을 주는 방법이 두 사람 밑에 있는 직원들의 공을 빼앗는 것이라고 생각했다. 그리고 가장 쉬운 표적은 여자들이었다. 톰은 딕과 해리 밑에서 일하는 여자들을 특히 맹렬하게 공격했다. (톰, 딕, 해리의 직속 부하 직원은 모두 백인이었다. 여기에 의문을 갖는 사람은 아무도 없었다.)

톰은 '오로지' 이기기 위한 게임을 했다. 성차별주의자는 아니었으나, 자신의 팀에 더 큰 보상을 주기 위해서라면 경쟁 팀의 취약한 여자들을 공격할 수 있었다. 이 전략은 통했다. 톰의 팀은 보너스와 승진에서 가장 앞서갔다. 딕과 해리의 팀에 있던 여성들은 물론 최고의 인재들이 톰의 팀으로 옮겼다. 구성원들은 막후의 술책에 대해 몰랐고, 그저 톰의 직원들이 성과가 좋다고만 생각했다.

딕은 톰의 도전에 응수했다. 그러나 해리는 그렇게까지 정치적이지 못했고, 여전히 톰과 딕을 친구로 생각했다. 해리의 팀에 있던 최고의 인재들이 톰과 딕의 팀으로 넘어갔고, 해리는 낙담했다. 팀을 옮긴 사람들은 모두 해리를 좋아했지만, 보너스와 승진을 생각하지 않을 수는 없었다. 해리는 수하의 직원들을 위해 싸우지 못하는 나약한 리더라는 평판을 얻었다. 이탈하는 사람들이 늘어나면서 해리의 실적은 더 나빠졌고, 오래 지나지 않아 그는 회사에서 밀려나게 되었다.

이제 회사에 크게 기여한 사람들이 아니라, 다른 팀 구성원의 성과를 깎아내리는 상사 밑에 있는 사람이 보너스를 받고 승진하는 상황이 되었다. 그리고 비주류 집단의 구성원을 공격하는 것이 더 쉽다. 그래서 전반적으로 비주류 집단의 구성원들은 성과 평가 등급이 낮고 승진도 느렸다. 이런 식의 게임에 직접 휘말린 적이 한 번도 없는 애덤은 회사의 절차가 성과 중심으로 설계되었다고 진심으로 믿었다.

반면 톰은 우두머리 수컷의 기분을 만끽했다. 모든 여성이 그의 밑에서 일하고 싶어했다. 톰은 자신이 매력적이기 때문이라고 생각했다. 자기 밑에 있는 사람들이 가장 높은 등급을 받을 수 있도록 가장 치열하게 싸우는 상사이기 때문이라고 생각하지 못했다. 그는 여자 팀원의 사무실에 들어가 문을 닫고 지나치게 개인적인 질문을 하기 시작했다. 어깨를 마사지하거나 술을 마시자고도 했다. 하루는 술을 몇 잔 마신 끝에, 여자 팀원 애니카를 붙들고 키스하라고 강요했다. 애니카는 인사부 사장인 데니스에게 말했지만, 데니스는 애덤에게 이 문제를 제기했다간 자기가 해고당할 거라고 생각했다. 데니스는 톰에게 "단단히 말해두겠다"라고 애니카를 달랬다. 그리고 실제로 톰에게 주의를 주었지만, 그는 진지하게 듣지 않았다.

애덤이 갈등을 싫어하는 것을 아는 여자들은 아무도 직접 불만을 말하지 않았다. 여자들은 남자들이 더 빨리 승진하고, 더 큰 보너스를 받고, 톰의 소름 돋는 성희롱을 견디지 않아도 된다는 사실에 분노했다. 인사부사장 데니스는 누구보다도 이 사실을 잘 알았다. 마침내 그녀는 애덤에게 이야기하기로 했다. 그러나 자기보호 차원에서, 회사의 특정한 남자를 지목하지는 않았다. 톰에게 화살을 겨누면 애덤이 톰의 편에 설 것을 알았기 때문이다. 그 대신 최고의 성과를 내던 여자들이 계속 회사를 떠나고 있다는 점을 지적했다. 흑인과 라틴계 직원들의 이탈도 있었지만, 데니스는 이번에는 하나에 집중하기로 했다. 관점을 넓히면 더 유리할 거라는 생각은 하지 못했다. 그러나 다양성, 평등, 포용성을 폭넓게 고려하지 않으면 성별 불평등의 문제도 효과적으로 풀 수 없다.

애덤은 데니스의 말에 일리가 있다고 생각했다. 왜 이제까지 눈치채지 못했는지 의아했다. 그는 자신의 회사가 여성들이 근무하기 좋은 곳이라는 평판을 얻길 바랐다. 그러나 이른바 '여자 문제'를 어떻게 풀어야 할지 아무 생각도 없었다. '여자 문제'가 아니라 자신이 직접 만든 시스템의 부정의가 문제라는 생각은 하지 못했다. 애덤은 해리의 후임자를 찾으면서 헤드헌터들에게 여자 후보자를 찾아달라고 따로 부탁했다. 여자를 고용하면 여자 문제가 해결될 줄 알았던 것이다.

메리가 회사에 합류한다. 메리의 이력은 인상적이다. 근무했던 회사마다 수익을 끌어올린 역사가 있었다. 메리는 애덤이 그래서 자신을 고용했다고 생각한다. 아무도 애덤이 그녀에게 '여자 문제'의 해결을 기대한다고 말해주지 않았다.

알고 보니 메리는 능수능란한 사내 정치가였다. 톰과 딕의 승진 경쟁을 파악했고, 이기기로 결심했다. 실제로 메리가 앞서기 시작했다. 보너스와 승진의 가장 큰 몫은 메리의 팀원들 차지가 되었다. 그들이 일을 제일 잘해서라기보다, 메리가 다른 팀 구성원 중 가장 취약한 사람들을 알아보고 효과적으로 깎아내렸기 때문이다.

톰과 딕의 팀에서 가장 무방비한 사람들은 대부분이 비주류 집단이었다. 그러나 메리는 이 사실을 인식하지 못했다. 톰이나 딕과 마찬가지로, 인종이나 성별을 따진 것이 아니라 승리에 집중했을 뿐이다. 결국 톰과 딕 아래에 있던 성과가 가장 좋은 직원들은 메리의 팀으로 옮기려고 수를 쓰기 시작했다. 이제 보너스와 승진을 가져오는 건 메리였으니까. 많은 여성이 메리에게 톰의 행동을 고발했다. 메리는 이 정보를 전략적으로 써야 한다는 것을 잘 알았다. 데니스와 마찬가지로, 애덤에게 말하면 역풍을 맞을 거라고 예상한 것이다.

한편, 애덤은 혼란스러웠다. 메리는 왜 톰과 딕의 팀에 있는 젊은 여성들을 지지해 주지 않는 걸까? 메리가 자기 밑에 있는 여자들을 얼마나 맹렬하게 지원하는지는 보이지 않는 모양이었다. 톰과 딕이 서로의 팀에 있는 여자들을 공격하는 건 불편하지 않았다. 그러나 메리가 같은 이유로 같은 일을 하면, 애덤은 이런 의문이 들었다. "여자들은 왜 서로 싫어하지?" 애덤은 메리의 내면화된 여성 혐오를 비난하며 스스로 깨어 있는 사람이라고 생각했다. 하지만 절대 메리에게 직접 말하지는 않았다.

톰과 딕은 메리의 존재에 위협을 느끼고 힘을 합쳤다. 해리 같은 약골을 괴롭힐 때가 좋았다고 농담을 했다. 그들은 메리가 사라지길 바랐다. 승진 시즌이 돌아왔다. 애덤은 네 번째 수석부사장을 뽑기로 했다. 톰, 딕, 메리 중 누구라도 자신의 부하 직원을 이 자리에 앉힐 수 있다면,

최고경영진에 귀중한 아군이 생기는 셈이었다. 권력 다툼은 어느 때보다 치열해졌다.

이 싸움에서 메리에게 불리한 점은 또 있었다. 애덤은 사석에서 회의실에 여자는 한 명이면 충분하다고 천 번은 말했을 것이다. '여자들 기싸움'을 견딜 수 없다는 것이었다. 메리에 맞서 똘똘 뭉친 톰과 딕은 애덤을 은근히 구슬려 애초에 메리를 고용한 숨은 이유를 상기시켰다. '여자 문제'를 고치려고 메리를 고용했는데, 악화되기만 하지 않았던가. 물론 메리의 직무 설명서에는 그런 내용이 없었지만, 톰과 딕은 애덤의 속내를 알고 있었다.

여기서부터 악마 같은 계획이 펼쳐졌다. 톰과 딕은 톰이 키스했던 팀원 애니카를 새로운 수석 부사장 자리에 앉히면 메리를 끝장낼 수 있겠다고 생각했다. 결국 애덤은 최고경영진에 여자가 한 명이길 바랐으니까.

반면, 메리 역시 애덤이 한 명 이상의 여자 임원을 원하지 않는다는 사실을 확실히 알고 있었다. 애니카가 승진하면 메리는 해고될 가능성이 컸다. 메리가 직위를 수락할 때 받은 스톡옵션은 200만 달러의 가치가 있었지만, 아직 절반밖에 귀속되지 않았다. 그러므로 해고되면 100만 달러가 손해였다. 당연하게도 메리는 애니카의 능력에 격하게 의문을 제기했다. 여자가 수석 부사장이 되면 메리는 '정리 해고'될 테니까. 즉, 애덤이 메리를 괴롭혀서 그만두게 만들거나 해고해 버릴 터였다. 메리로서는 전력을 다할 수밖에 없었다. 메리는 자기 팀의 아널드가 수석 부사장으로 승진하도록 열렬히 지원했다. 톰과 딕은 세력을 모았고, 아주 지독하게 아널드의 승진에 반대했다. 말할 것도 없이, 애덤은 톰이나 딕이 '내면된 남성 혐오'를 갖고 있다고는 추호도 생각하지 않았다.

그러나 애덤은 메리가 애니카의 승진을 반대하는 것이 메리의 내면화된 여성 혐오의 증거라고 생각했고, 메리가 '다른 여자를 돕지 않는다'는 결론을 내렸다. 애덤은 자신이 메리와 '여자 문제'를 논의한 적이 없다는 사실조차 인지하지 못한 채, 메리가 '여자 문제'를 해결하는 데 실패했다고 생각했다. 또 메리는 애덤이 가장 혐오하는 종류의 갈등에 대한 욕받이가 되었다. 톰과 딕 모두 메리를 싫어했고, 애덤은 그 이야기를 듣는 것에 신물이 났다. 애덤은 애초에 왜 메리를 고용했을까 생각했다. 저렇게 비호감이고 공격적인데 왜 몰랐지?

톰과 딕은 자신들이 메리에 대해 이야기하는 것을 애덤이 지겨워한다는 사실을 알았으므로, 그에게 메리를 험담하라고 애니카를 부추겼다.

"하지만 전 메리가 좋아요." 애니카가 반발했다.

"메리는 널 싫어해." 톰과 딕이 말했다. "이를 악물고 네 승진을 반대한다고."

"정말요? 왜 그럴까요?"

"사장님한테 물어봐."

톰과 딕은 또한 메리를 직접 괴롭히기로 했다. 메리와 둘만 있게 되면 노골적으로 성적인 발언을 했다. 메리가 큰 계약을 수주하자 고객과 잤다는 소문을 퍼뜨렸다. 톰은 바지를 내리고 복사기에 앉아서 엉덩이와 고환 사본을 만들어 메리에게 보냈다.

마침내 진절머리가 난 메리는 애덤에게 사진 이야기를 했다. 톰이 애니카에게 키스한 이야기도 했다. 애덤은 이런 문제를 제일 싫어했다. 게다가, 메리에게 질려 있었다. 메리는 모든 상황이 좋을 때조차 공격적인 여자였고, 최근에는 평소보다 더 다혈질로 보였다. 그래서 애덤은 그냥 쉬운 길을 택하기로 했다. 메리를 해고하고 퇴직금을 두둑이 챙겨주며 자신의 삶에 평화가 돌아오길 빌었다. 애니카의 승진을 거절하고 아놀드를 승진시켰다. 그는 여자와 일하는 것이 지긋지긋했다.

그러나 애덤의 삶은 평화로워지지 않았다. 애니카는 퇴사했다. 애니카와 메리는 애덤의 경쟁사를 차렸다. 그리고 투명하고 공정한 승진 시스템을 만들었다. 메리의 회사는 부정의가 적은 문화로 유명했다. 애덤의 회사에서 가장 능력 있는 직원 몇몇이 메리의 회사로 옮겼다. 애덤의 회사에 있던 여자의 반 이상이 떠났다. 7년이 지나자 메리의 회사는 가장 큰 경쟁사로 성장했다.

애덤은 톰, 딕, 해리, 메리가 모두 자신이 만든 게임의 룰에 따라 움직였을 뿐이라는 사실을 인식하지 못했다. 하지 않은 것인지도 모른다. 처음부터 메리가 이길 수 없는 불공평한 시스템이었던 것도 사실이지만, 여자도 이길 수 있게 시스템을 바꾼다고 문제가 모두 해결되는 것은 아니다. 애덤이 무의식적 차별을 없앨 수 있었다고 해도 여전히 나쁜 시스템이다. 회사에 하버드를 졸업한 백인 남성밖에 없다고 해도 비효율적이었을 것이다. 시스템 자체에 문제가 있기 때문이다. 최고경영진이 힘을 합쳐 같은 방향으로 나아가게 만드는 환경이 아니다. 애덤의 의도는 좋았을지도 모른다. 심지어 이 시스템을 만들기 위해 컨설턴트에게 거액을 지급했을지도 모른다. 그러나 일을 가장 잘하는 임원에게 보너스를 주고 승진시키는 대신, 그의 시스템은 따돌림에 가장 능한 사람에게 보상을 주었다. 이것은 협업이 아닌 강요를 조장한다.

이것이 바로 '잔인한 비효율'이다. 이 이야기에서는 보너스와 승진이 결정되는 방식에 의해 순응의 흐름이 만들어지고 강화되었다. CEO에게 책임을 묻는 견제와 균형이 없었고, CEO는 너무나 갈등을 싫어해서 톰에게 책임을 묻기를 거부했기에 강요의 흐름이 만들어지고 강화되었다. 메리가 이 시스템의 룰에 따라 동등한 경쟁을 할 수 없었던 것은 불공평했다. 그러나 더 큰 부정의는 시스템 그 자체다. 본질적인 문제가 있었고, 결국 모두에게 끔찍한 상황이 되었다. 메리와 회사의 모든 비주류 집단 사원들에게는 최악이었고, 다른 모든 구성원에게도 그리 희망찬 곳은 아니었다.

잔인한 비효율에서 공정한 직장으로 변화하기

잔인한 비효율의 특성을 갖고 있는 조직은 다음의 체크리스트부터 확인하고 해결을 위한 노력을 시작해야 한다.

순응 요구에서 개인성 존중으로 나아가기

☐　　선입견 차단의 규범이 있다.

☐　　구성원들이 행동 강령을 숙지하고 있다.

☐　　선입견의 정량화가 일상적인 경영 절차에 녹아 있다.

강요에서 협업으로 나아가기

- ☐ 따돌림은 대가를 치른다.
- ☐ 견제와 균형의 구조가 있다.
- ☐ 신뢰받는 신고 절차가 확립되어 있다.
- ☐ 구성원들이 동의의 문화를 이해한다.

시스템 2 | 독선적 수치심 주기

주인의 도구로는 주인의 집을 무너뜨릴 수 없다.

오드리 로드

"왜 그런 놈이 살아 있지?" 드미트리가 말했다. 분노로 제정신이 아니었다.
"말해봐, 그런 놈이 이 땅을 더럽혀도 괜찮다는 거야?"

표도르 도스토옙스키(Fyodor Dostoyevsky), 《까라마조프의 형제들》

부당한 태도와 행동을 보인 사람은 책임을 져야 마땅하다. 그러나 아무리 구성원의 편견 때문에 치가 떨려도 리더의 신념과 생각을 따르라고 강요할 수는 없다. 물론 그러고 싶을 때가 있겠지만, 3중의 문제가 있다. 첫째, 효과가 없다. 사람들이 편견에 물든 신념을 숨기도록 위협하는 것은 가능하지만, 생각하는 방식을 진짜로 바꿀 수는 없다. 편견이 더 파괴적이고 은밀한 방식으로 표출될 가능성만 커질 뿐이다. 둘째, 그

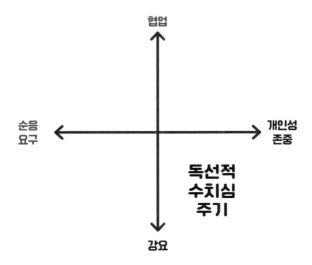

러한 따돌림의 전술은 도덕성 수호라는 핑계가 있어도 협업의 원칙에 어긋난다. 내가 독선적 수치심 주기라고 이름 붙인 부당한 시스템이 형성될 것이다. 그러면 세 번째 문제가 생긴다. 이 시스템은 불안정하다. 우리는 순응을 요구하는 편견을 존중할 필요가 없다. 아니, 그런 편견을 없애려 해야 한다. 그러나 우리가 그러한 편견을 가진 사람을 존중하지 않으면, 시간이 지나면서 순응을 요구하는 건 우리 쪽이다. 역설적이게도, 개인성을 존중한다는 명목으로 독선적 수치심 주기에서 잔인한 비효율의 영역으로 미끄러져 들어가는 것이다.

그러나 한 개인 또는 집단에게 다른 개인 또는 집단을 존중하라고 하면서 수치심 주기를 사용하는 일은 너무나 자주 일어난다. 2020년 7월 책임과 수치심에 대한 팟캐스트에서, 작가 브레네 브라운은 이런 종류의 강요에 대해 경고했다.

수치심은 사회정의의 효과적인 도구가 아니다. 수치심은 억압의 도구다. 수치심은 백인 우월주의의 도구다. 모욕과 폄하는 부정의의 도구다. 정의의 도구가 아니다. 수치심은 우리가 더 나은 사람이 될 수 있다는 믿음을 침식한다. 치유보다는 위험하고 파괴적인 행동을 야기할 가능성이 크다. 수치심 자체가 근본적으로 인간성을 파괴한다. 오드리 로드의 말을 다시 생각해 보자. "주인의 도구로는 주인의 집을 무너뜨릴 수 없다." (⋯) 수치심은 수치심과 폭력을 부른다.[2]

독선적 수치심 주기는 비난만 하고 성장과 구원을 허락하지 않는 확실한 고정형 자세의 사례다. 수치를 당하는 사람은 자신의 잘못된 논리나 파괴적인 행동을 돌아보기보다 동요하고 충격받아 자기를 방어하는 데 치중한다. 상대편에도 문제가 있다. 수치심을 주는 사람은 자신의 결함 있는 논리나 강압적인 태도를 자각하지 못한다.

수치심 주기는 하향식으로 이루어질 때가 있다. 상사나 관리자가 최악의 행동을 하는 것이다. 상향식일 때도 있다. 트위터나 직원 인트라넷에서 비난이 난무하는 경우다. 양쪽 다 직장에서 진정한 협업을 불가능하게 한다. 심리학자 리사 시벨베인(Lisa Schievelbein)은 다음과 같이 설명했다. "수치를 당하는 건 고통스러운 경험입니다. 또한 동기부여와 대인 행동에 파급 효과가 크다는 점에서 문제가 있습니다. 연구 결과, 수치심으로 인한 분노가 건설적이지 않은 방법으로 처리되는 경향이 드러났습니다. 직간접적 공격성, 분노, 과민성, 타인 비난, 간접적인 적대감 표현 등으로 표출됩니다."[3]

수치심 주기가 난무하는 이유는 상대적으로 쉬우면서도 강력하기 때문이다. 서로 존중하며 생각을 교환하는 것보다 훨씬 쉽다. 공개 포럼에서 날 선 발언을 하거나 엔터 키를 한 번 쳐서 누군가를 깔아뭉개는 말을 내보내는 데는 큰 노력이 들지 않으나, 그 잠재적 영향은 엄청나다. 비난 발언들이 유해 잡초처럼 SNS를 순식간에 잠식하는 것도 놀랄 일이 아니다.

그러나 수치심을 느끼는 것과 수치를 당하는 것의 차이를 이해하는 것은 중요하다. 다른 사람을 해치는 말이나 행동을 했을 때 누군가 그 사실을 지적하면 우리는 수치심을 느낀다. 문제를 지적한 사람에게 창피를 주려는 의도가 없었고, 귀중한 피드백을 받은 경우에도 마찬가지다. 우리는 수치심을 느끼면 잘못을 부정하며 후퇴하거나 맞받아치며 공격에 나선다. 때로는 두 태도를 모두 보인다. 그러나 우리는 수치스러운 기분을 다잡고 무엇을 잘못했는지 인지하는 법을 배워야 한다. 브라운은 팟캐스트에서 위의 중요한 차이를 강조했다.

인종차별주의자라는 이유로 수치를 당하는 것과 수치심을 느끼는 것 사이에는 중대한 차이가 있다. 내 감정을 통제하고, 수치심을 딛고 생산적인 방향으로 나아가는 것은 내 몫이다. 방어적인 태도 없이, 더는 잘못을 하지 않고, 합리화하지 않고, 가르침을 달라고 강요하지 않고, 용서를 강요하지 않고, 내게 책임을 묻는 사람—보통 흑인이거나 유색인종—에게 위로를 강요하지 않고, 그렇게 내 감정을 통제하는 것은 내 책임이다.[4]

수치심 주기를 근절하는 데 힘쓰는 사람은 진짜 질문에도 충실해야 한다. 자기 자신과 서로에게 존중과 용기로 책임을 물어야 한다. 더 잘 경청하고, 자기 자신의 수치심을 다스려야 한다. 그리고 이러한 대화는 처벌과 모욕이 아니라 충고와 응원이어야 한다. 그래야 우리는 부정에서 벗어나 이상적인 인간이 되고, 모두가 가장 창의적이고 생산적인 경력을 쌓는 공정한 직장을 만들 수 있다.

상향식 수치심 주기: 비난하는 군중

브라이언 스티븐슨(Bryan Stevenson)이 썼듯이, "우리는 모두 자신이 저지른 가장 나쁜 짓보다는 나은 사람이다."[5] 내 최악의 순간이 모든 사람의 입방아에 오르내리며 나를 영원히 정의하길 바라는 사람은 없다. 최악의 순간 때문에 누군가에게 오해받고 감시당하고 싶은 사람은 없다. 모든 SNS를 비난하는 것이 아니다. 과한 면이 있다 해도 영상과 SNS는 BLM 운동과 미투 운동에서 부정의보다는 정의를 위해 엄청난 힘이 되었다.

SNS에서 어떤 사건이 폭발적인 관심을 얻어 엄청난 긍정적·부정적 파급력이 일어날 때, 리더라면 온라인 군중을 눈먼 채 따라가기보다 앞장서서 이끌어야 한다. 또한 이 새로운 도구로 사람들에게 책임을 묻되 성급히 결론부터 내리거나 수치심을 무기 삼아 휘두르지 않는 방법을 배워야 한다.

정의와 부정의의 문제에 대응하는 데 있어 비난하는 군중이 어떤 모습인지 생각하기 전에, 대부분의 사람에게 그다지 심각하지 않은 문제로 예를 들어보자. 바로 자전거 에티켓이다.

나는 사무실이 캘리포니아의 한 마을 곳곳에 흩어져 있는 회사에서 일한 적이 있다. 상사의 사무실은 내 사무실에서 1.6킬로미터 정도 떨어져 있었다. 자전거로는 6분, 걸으면 23분이 걸렸다. 주차할 곳이 없어서 차를 타고 다닐 수는 없었다. 사원들이 편하게 돌아다닐 수 있도록, 회사에서는 공유 자전거를 여러 대 마련했다. 가끔 한 건물에서 회의를 끝내고 5분 만에 다른 건물로 이동하려면 자전거를 타야만 했다. 우연히도 상사의 사무실은 회사 부지의 끝부분에 있어서 자전거가 없었다. 규칙에 따라 내가 타고 간 자전거를 건물 밖에 세워 둘 경우, 누군가 그걸 타고 가면 나는 발이 묶여버렸다. 그래서 나는 다음 미팅에 늦지 않기 위해 자전거를 회의실 안에 끌고 들어가기 시작했다.

나는 몰랐지만, 그 건물에 자전거가 없어서 힘들어하는 사람은 나뿐만이 아니었다. 하루는 한 직원이 내가 자전거를 회의실에 끌고 들어가는 걸 보았는데, 그는 익명으로 수천 명의 사원들이 보는 게시판에 글을 올려 자전거 에티켓을 위반하는 사람이 있다고 알렸고, 대체 어떤 끔찍하고 이기적인 인간이 이런 짓을 하느냐며 동조를 구했다. 사람들은 분노했다. 나는 회사 인트라넷 게시판을 다 읽을 만큼 시간이 없었고, 그래서 자전거를 꿍쳐두는 나쁜 놈에게 모두들 화가 났으며 그 주인공이 바로 나라는 사실을 몰랐다. 다음 날 내가 또 회의실에 자전거를 가져갔을 때, 그는 내 사진을 찍어서 '제일 쿨하지 못한 짓'이라는 제목을 달아 게시했다. 댓글이 더 달렸다. 모두가 도덕성을 논하며 분노하고 비난했다. 꽤 규모 있는 회사라서 내 신원을 알아내는 사람이 생기기까지 시간이 좀 걸렸지만, 결국은 누군가 실명을 밝혔다. 나는 친구에게 이 들끓는 스캔들을 경고하는 전화를 받고서야 상황을 알게 되었다.

게시글을 쓴 사람의 지적은 타당했다. 그 건물에서 일했던 그 역시 자전거가 필요할 때 늘 없어서 짜증이 났던 것도 이해할 수 있었다. 그러나 그가 고의로 내게 수치심을 주었기 때문에 처음에는 그의 관점을 이해할 수 없었다. '나를 따라다니면서 사진을 찍고, 프라이버시를 침해하고, 공개된 인트라넷에서 내 도덕성 문제를 제기한 이 개자식은 누구지?' 나는 너무 흥분해서 이 문제가 발생한 데에는 애초에 내 책임도 있다는 사실을 생각할 수가 없었다. 시간이 남아돌아서 내가 미친 듯이 페달을 밟아 미팅에 가는 사이에 몰래 사진을 찍을 수 있는 할 일 없는 자식은 해고당해야 마땅하다는 생각이 들 뿐이었다. 나는 심지어 그의 행동에 대해 정당한 불만을 제기할 수도 없었다. 왜 내게 직접 말하지 않았나? 나 때문에 피해를 입고 있다고 말했더라면, 나는 "정말 죄송합니다. 늦으면 안 되는 미팅이 있었어요. 하지만 다시는 이러지 않을게요. 공용 자전거에 의지하지 않고, 내일은 제 자전거를 가져와서 자물쇠를 달죠 뭐"라고 했을 것이다.

내가 돌아가는 상황을 인지할 때쯤 인사팀은 해당 게시글을 내리고 게시자를 따로 불러 공개적으로 동료에게 수치심을 주는 방법으로 이런 문제를 해결하려 하면 안 된다고 말했다. 내게는 다행이었다. 또한 내게도 무슨 일이 있었는지 알려주고 너무 가혹한 취급을 당했다며 안타까움을 표시했다. 이 상황의 원인이었던 자전거 문제의 해결을 약속했으며, 그사이 회의실에 자전거를 끌고 들어가지 말아달라고 부탁했다. 나는 그 말을 따랐다. 이 문제에 인사팀이 개입하지 않아서 내가 직접 게

시자를 만나 대응했다면, 얼마나 많은 아는 사람과 또 모르는 사람이 이 싸움에 끌려들었을지 모를 일이다. 시간 낭비, 에너지 낭비다.

자전거 도둑이라는 꼬리표를 금방 뗄 수 있었던 건 운이 좋았다. 자전거 도둑은 그렇게 끈질긴 꼬리표가 아니다. 그러나 내가 자전거 맡아 두기가 아니라 내면화된 여성 혐오, 인종차별, 동성애 혐오 때문에 수치를 당했다면?

수치심 주기는 좋은 의도로 시작되는 경우가 많다. 무례한 취급을 받는 취약한 개인이나 집단을 방어하려는 것이다. 또는 나도 수치를 당한 적이 있으니 반대로 남을 비판해도 된다고 생각하기도 한다. 또는 제대로 기능하지 않는 시스템에 질려서 시스템을 고치는 대신 사람을 비난한다. 내가 자전거를 숨긴다고 모욕을 준 남자도 그랬다. 또는 나보다 강한 상대에게 수치심을 주면서, 어쩐지 그래도 된다거나 견딜 수 있을 거라고 생각하기도 한다. 우리는 종종 상대가 권력을 가졌든 가지지 않았든 간에, 일반적인 인간의 품위를 지키면서 대해야 한다는 사실을 잊는다.

위의 모든 이유로, 우리는 문제를 해결하는 방법을 찾는 대신 수치심을 주는 길을 택한다. 내가 당한 나쁜 짓을 그대로 돌려주면 단지 부정의의 악순환이 멈추지 않게 하는 연료가 될 뿐이다. 수치심 주기는 상황을 바꾸지 못한다. 가끔은 수치심 주기를 통해 억압받는 사람이 억압하는 사람의 위치로 올라서기도 한다. 결국 나쁜 상황에서 수치심 주기를 선택하면 여전히 나쁜 상황에 있거나, 나쁜 사람이 되었거나, 둘 다. 독선적인 수치심 주기는 정의의 명목으로 행해지는 부정의이며, 해결이 아니라 복수이고, 결국 효과가 없다는 것을 알게 된 시점부터는 절망의 행동이다.

집단적인 수치심 주기는 심지어 더 위험하다. 다른 사람에게 수치심을 주는 것은 중독성 있는 일이며, SNS는 이런 종류의 커뮤니케이션을 부추기는 경향이 있다. 그래서인지 비난하는 군중은 온라인에만 있는 것이 아니라 오늘날의 직장에서도 점점 흔한 일이 되어간다.

독선적인 수치심 주기가 쉽게 발생하는 상황이 또 있다. 단순 다수가 아닌 절대다수가 존재할 때다. 거의 모든 사람이 한 가지 관점을 공유할 때, 절대다수를 차지한 쪽은 의견이 일치하지 않는 사람에게 수치심을 주는 방식으로 반대 의견을 무시할 가능성이 크다.

비난하는 군중이 어떤 입장에 서 있든, 집단적인 비난은 실용적 차원과 윤리적 차원 양쪽 모두에서 비생산적일 수밖에 없다. 이 군중은 일반적으로 자신들이 어떤 권리를 보호하고 있다거나 누군가에게는 부당하지만 다른 사람들에게는 그렇지 않은 시스템을 무너뜨리고 있다는 도덕적 우월감을 느낀다. 개인의 권리를 보호하고 있다는 개념 때문에 비난하는 군중은 도덕적 수치심 주기의 사분면에 있다. 강요하지만 순응을 요구하지는 않는 것이다.

수치심 주기보다 효과적으로 직장 부정의에 대처하는 기술

강요하지 않고 협업하기

심리학자 칼 로저스(Carl Rogers)는 《적극적 경청(Active Listening)》에서 독선적 수치심 주기와 같은 강요의 행동을 벗어나 생산적이고 협력적인 해결책을 도출하는 기술을 제안한다.[6] 두 사람이 서로 이해하고 있음을 확인하는 것이 목표다. 로저스는 찬성/반대, 승자/패자의 토론을 하지 말고 양쪽이 상대의 관점을 말로 표현해 보라고 제안한다. 상대의 입으로 자신의 주장을 들으면서 수정되거나 조정될 수 있는 부분을 파악하는 것이다. 상대의 말을 듣고 나 자신의 의견과 논쟁하면, 생각을 명확히 할 수 있다. 수사학자 소냐 포스(Sonja Foss)와 신디 그리핀(Cindy Griffin)은 이와 비슷한 '초대하는 논쟁(Invitational Argument)'을 개발했다. 존중을 잃지 않는 반대의 전략이다.[7] 나 역시 《실리콘밸리의 팀장들》에서 업무상 논쟁이 너무 격렬해지면 역할을 바꿔보라고 제안했다. 이것은 의견과 자아를 분리하여 서로 경청하고 존중할 수 있는 방법이다.

2장에서 언급한 워킹맘에 대한 나와 동료의 논쟁을 떠올려보자. '아이들에게 무엇이 최선인지'에 대해 같은 의견을 가져야 함께 일할 수 있는 것은 아니었다. 그러나 서로를 개인으로서 존중하고 서로의 방식이 있다는 사실을 인정하기 위해 이 문제를 충분히 이야기해야 했다. 나는 어린아이의 엄마는 집에서 살림을 해야 한다는 그의 편견을 존중하지 않았고, 지금도 존중하지 않는다. 그러나 더 넓은 관점에서 나는 그를 인간으로서 존중했고, 지금도 존중한다. 의견이 일치하지 않아도 그와 함께 일하고, 이야기하고, 내 선택을 존중해 달라고 요구하고, 그의 선택을 존중하는 것은 가능했다.

대등한 위치에 서기

우리가 타인에게 수치심을 주는 한 가지 이유는 불공평한 권력에 대항하고 있다는 생각이다. 몰리 아이빈스(Molly Ivins)는 풍자를 "사람을 공개적으로 모욕하거나 조롱하는 것"으로 정의했으며, "권력이 없는 자가 권력이 있는 자에게 대응하는 무기"라고 했다.[8]

나는 강자에 대항하는 약자의 무기를 빼앗고 싶지 않다. 누군가 나를 풍자하고 공개적으로 조롱한다면, 나는 그 비판에서 배울 점을 찾으려 노력할 것이다. 그러나 내게 효과가 있는 만큼 당신의 상사에게도 효과가 있을지는 모르겠다. 상사에게 책임을 묻지 말라는 말이 아니다. 다만, 당신이 쓸 수 있는 도구 중에 수치심보다 효과적인 것들이 있다는 말이다. 당신이 코미디언이나 저널리스트라면 풍자가 가능할지 모른다. 그러나 상사에게 이 전략을 쓰면 불필요한 적을 만들게 될 수 있다. 물론 그 사람은 당신이 무슨 말을 어떻게 하든 적이 되었을 수도 있다. 하지만 어쩌면, 정말 어쩌면, 그 사람은 방법은 옳지 않았지만 사실은 당신의 아군이 되려 한 것인지도 모른다. 수치심 주기보다 더 빠르게 잠재적 아군을 적으로 돌리는 길도 없다.

권력이 있는 사람을 같은 인간으로 생각하고 접근하면, 그들에게 수치를 주지 않을뿐더러 그들을 두려워하지 않고 책임을 물을 수 있게 된다. 사회생활을 하면서 상사나 '윗사람'을 동등하게 대하는 사람들이 가장 효과적으로 반론을 제기한다는 것을 알게 되었다. 그런 사람들은 비판이 필요할 때 망설이지 않는다. 자신의 의견을 숨기지도 않는다. 그들은 아부하지 않고, 권위를 가진 사람을 끌어내려야 할 폭군으로 생각하지도 않는다. 이런 사람들은 보통 신뢰를 얻는다. 물론 리스크는 있다. 가끔은 권위를 가진 인물에게 맞서면 문제가 생기기도 한다. 하지만 내 경험으로는, 위험을 무릅쓰면 결국 보상이 따른다.

취약하다고 느낄 때 대등한 위치에 서기는 어렵다. 선입견을 지적하는 것이 불편할 수 있다. 당신을 따돌리는 사람이 대가를 치르게 하기 어려울 수 있다. 견제와 균형의 시스템 또는 신고 시스템이 있어도, 보복이 두려워서 공론화가 망설여질 수도 있다. 더 적극적인 자세를 취하고, 다른 사람들을 쓸모없고 가치 없는 인간이라고 폄하하기보다 효과적으로 부정의에 대응하려면 어떻게 해야 할까?

심리학자이자 《블러프(The Biggest Bluff)》의 저자인 마리아 코니코바(Maria Konnikova)는 포커를 치면서 인생과 일에서 적극적인 자세를 취하는 법을 배웠다고 한다. 나쁜 패가 들어왔을 때도 강력한 패를 쥔 것처럼 행동할 수 있게 되었다.

수동성은 안전하게 느껴지지만, 그건 가짜다. 수동적인 사람은 큰 어려움을 겪지 않을 것이라고 생각한다. 그러나 실제로, 모든 수동적인 결정은 느리지만 꾸준히 판돈을 잃게 만든다. 그리고 내가 포커판에서 수동적인 판단을 하고 있다면, 더 뿌리 깊은 문제가 있는지도 모른다. 내가 인생에서 늘 수동적인 선택을 함으로써 판돈이라고 할 만한 것들을 엄청나게 잃어버린 건 아닐까? 사실 물러나지 말아야 했는데 다른 사람의 허풍 때문에 지레 그 상황에서 후퇴한 적은 없을까? 능동적으로 통제권을 쥐고 상황을 반전시키는 대신, 수동적으로 상황에 머물렀다가 결국 상대가 나를 이기게 내버려둔 적은 없었나? 한 발 빼는 것은 쉬운 해결책으로 보이지만, 사실은 그렇지 않다. (…) 유쾌하지는 않지만 중요한 깨달음이었다. 이제 알았으니 그렇게 살기 위해 노력할 것이다.[9]

권력관계와 상관없이 다른 사람들을 인간적인 차원에서 대등하게 대하는 연습을 해보자. 게임은 유용하다. 피드백이 즉각적이고 깔끔하기 때문이다. 체스나 즉흥 기술을 연습할 수도 있다. 안전한 집단과 대응하는 방법들을 연습하는 것도 좋다. 동료 하나는 상사가 자신에게 저지른 불쾌한 일을 함께 이야기하는 스파게티 만찬을 열곤 했다. 그리고 다 함께 그 상황에 '할 수 있었을 말'을 연습했다. 분노가 치미는 이야기들이었지만, 여러 가지 재미있는 대응책을 함께 생각해 내며 자신감을 끌어올릴 수 있었다.

휩쓸리지 않기

트위터나 회사 인트라넷에 성난 군중이 모이더라도 거기에 휩쓸리지 말라. 표적이 된 사람에게 연락해서 자초지종을 들어보라. 진짜 나쁜 짓을 저질렀다고 해도 마찬가지다. 2장에서 언급했던 데릭 블랙이 백인민족주의를 어떻게 버렸는지에 대해 쓴 《혐오를 넘어》는 이런 개입의 훌륭한 사례다.[10]

트위터에서 누군가 수치스러운 짓을 한 영상이 돌아다니는 것을 보면, 당신이 어떤 짓을 한 뒤 나중에 부끄러웠던 순간을 떠올려 보라. 당신이라면 어떻게 더 나은 행동을 할 수 있었을지 생각해 볼 기회로 삼자. 쉽게 이렇게 말하지는 말자. '저 사람 정말 끔찍하네! 내가 저 정도로 나쁜 사람은 아니라서 다행이야.'

하향식 수치심 주기: 무관용 원칙

비난하는 군중의 힘은 아래에서 위로 향한다. 구성원의 지위보다는 규모로 말미암아 권력이 생긴다. 약한 리더는 이런 군중을 두려워하며 무슨 짓을 해서든 군중의 분노를 피하려 한다. 강한 리더는 이로부터 배우려 하고, 군중을 이끌어 더 생산적인 결과를 얻는다.

리더들이 군중을 자극하지 않기 위해 선택하는 방법 중 하나가 무관용 원칙, 이른바 '원 스트라이크 아웃'이다. 이것은 원하지 않는 행동을 밟아 뭉개는 하향식 시도다. 물론 매력적인 접근법이다. 문제의 태도와 나쁜 행동을 반대하는 강력하고 도덕적인 리더라는 신호를 보낼 수 있다. 또 모호한 대처를 없애겠다는 약속이며, 제반 절차의 시간·에너지·비용을 줄인다. 안타깝게도 이런 제도는 효과도 없고 불공평하다.

무관용 원칙은 문제를 피하려 한다. 하지만 문제를 고치는 것이 더 나은 목표다. 진정한 문제 해결은 힘들고 지저분한 과정이 될 수 있다는 것을 먼저 알아야 한다. 또한 실수로 이해하고 부드럽게 교정해야 할 사건과 분명하게 불이익을 주어야 할 일을 구분하는 법을 배워야 한다. 혐의를 받는 사람에게도 부당하지 않으면서 피해자 또한 보호하는 적절한 절차를 수행하는 것이기도 하다.

리더의 일은 직장의 부정의에 대항하여 단호한 태도를 취하는 것이지, 본인이 멋지게 보일 수 있도록 그만한 권력을 갖지 못한 사람들에게 수치심을 주는 것이 아니다. 이 행동은 도덕성 전시(virtue signaling)로 불리며, 또 다른 형태의 따돌림에 불과하다. 리더는 모두가 실수를 할 수 있지만 자신의 실수를 책임지고, 그 과정에서 더 효과적으로 팀원과 협업하는 방법을 배울 수 있도록 진정한 존중이 있는 근무 환경을 만들어야 한다. 편견이나 따돌림에 더 심한 따돌림으로 응수하면 그 목표를 이룰 수 없다.

또한 모호성을 없애겠다는 어떤 방침도 거짓된 약속이다. 많은 리더가 무관용 원칙을 두면 지저분하거나 복잡한 판단을 내려야 하는 상황을 피할 수 있을 것으로 생각한다. 그러나 지저분한 상황을 마주하고 복잡한 판단을 내리는 것은 존중이 있는 업무 환경을 만드는 데 필수적인 부분이다. 리더가 잘못된 판단을 내릴 때도 있을 것이다. 그러나 리더역시 잘못된 판단으로부터 배우고 리더로서 성장할 기회를 얻을 수 있다. 다른 팀원들도 이와 같은 기회를 누릴 수 있게 해야 한다.

한마디로 무관용 원칙은 의도치 않게 심각한 결과를 가져온다. 취약한 사람을 보호하지도 못하고, 가해자가 행동을 바꾸도록 설득하지도 못한다.

회사에서 특정한 행동이 해고 가능한 행위라고 판단하면, 리더는 모든 구성원에게 이 사실을 알려야 한다. 그러나 아무리 명확히 선을 그어도 개별 사건이 그 선의 어느 쪽에 있는지 판단하려면 공정한 절차가 필요하다. 이러한 상황은 변동이 많고 복잡하며, 감정이 이성적 판단을 흐리기도 쉽다. 기억하자. 천천히 모든 모호성과 복잡성을 고려하는 것은 규정 위반 혐의를 받는 사람의 편을 든다는 의미가 아니다. 군중이 아무리 격렬하게 목을 치라고 외치고 있더라도 반드시 필요한 절차다.

어떤 조직의 한 신경다양성(neuro-atypical, 자폐스펙트럼, 지적스펙트럼, ADHD 등 뇌신경의 차이로 말미암아 발생하는 차이를 장애로 보지 않는 용어—옮긴이)

직원이 트위터에 이렇게 올렸다. "나는 성전환한 여자가 진짜 여자보다 훨씬 더 좋다." 그는 자신이 한 말의 함의를 모른 채 시스젠더(생물학적 성과 성 정체성이 일치하는 사람—옮긴이) 여성과 성전환 여성 모두를 모욕했다. 경영진에서는 무관용 원칙을 적용하여 그를 해고해야 한다고 주장했으나, 다행히 리더는 이 사건은 교육이 필요한 사안이라고 다른 임원들을 설득했다.

많은 회사가 SNS에서 광범위한 질타를 받은 게시글을 쓴 직원을 해고하기 시작했다. 사람들은 이런 해고에 대해 SNS 플랫폼을 비난한다. 그러나 트위터는 그 사람들을 해고하지 않았다. 그들의 상사가 내린 결정이다. 가끔은 게시글을 비난했던 사람조차 작성자가 해고되면 죄책감을 갖는다. 행동이 바뀌길 원한 것이지, 꼭 그 사람이 해고되길 바라지는 않았던 것이다.

그러니 당신이 상사라면, 공개적으로 어떤 말을 하는 것이 해고 사유가 되는지 충분히 생각해 보자. 이 방침을 행동 강령에 포함하고 분명히 알리자. 그리고 구성원의 말이나 행동이 SNS에서 폭격을 맞고 있고, 행동 강령에서 다루고 있지는 않지만 끔찍하게 잘못되었다면, 다음의 질문을 해보자. 인터넷에서 이 사건이 일파만파 퍼지는 것은 해당 구성원 한 사람이 나빠서인가? 아니면 분명히 나쁘지만 어디서나 항상 일어나는 일이기 때문인가? 이것이 '나쁘지만 항상 일어나는' 일이라면, 같은 일을 하고 있는 다른 직원들이 있다는 뜻이다. 어쩌면 당신도 그 일을 했을지 모른다. 이때는 구성원을 비난하며 "당신은 끔찍한 사람이고 우리와 더 이상 일할 수 없겠네요"라고 할 것이 아니라, "이 행동은 정말 나쁘지만, 우리 역시 그 행동을 하고 있으며 이제 멈춰야 합니다. 이번 일로 배우고 변화합시다"라고 접근해야 옳다. 자문해 보자. 표적이 된 구성원을 해고하는 것(무관용 원칙)이 그 행동을 멈추는 가장 좋은 방법인가? 아니면 다른 구성원들까지 겁먹게 하고 억울함과 공포를 불러일으킬 뿐인가? 이번 일을 기회로 삼아 모두를 교육하고, 홍보 문제를 피하는 것보다 더 평등한 직장을 만드는 것이 중요하다는 것을 증명할 수 있는가? 문제의 구성원을 해고하지 않으면 SNS의 군중이 회사를 비난할까 봐 두렵다는 이유만으로 덜컥 누군가를 해고하지는 말자. 이때야말로 리더십을 보일 때다.

나는 무관용 원칙의 유혹을 이해한다. 나도 그 쉬운 답의 유혹에 굴복한 적이 있고, 내가 존경하는 리더들이 같은 함정에 빠지는 것을 본 적도 있다.

나는 CEO 앤드루를 코칭하고 있었는데, 그는 회사 프로그래머들의 남성 중심적 문화를 바꾸길 원했다. 특히 90%가 남자였고, 문화가 지극히 공격적이고 강압적이었던 엔지니어링 팀을 우려했다. 직원들은 "원래 그렇다"라고 입버릇처럼 말했다. 그러나 팀에 있는 몇 안 되는 여자들에게는 '원래 그렇다'가 적용되지 않았다. 여자가 남자들과 같은 방식으로 일에 나서면 "공격적이다", "까칠하다"라는 말을 들었고, 특히 가장 공격적인 남자들에게 무시당했다. 그러나 극도로 공격적이지 않으면 반대로 성과 평가에서 "너무 무르다"라거나 "임원의 자질이 없다"라는 말을 듣고 승진하지 못했다. 여자 팀원들이 진퇴양난에 빠진 것도 당연하다.

많은 여자가 앤드루에게 회사 문화에 대해 불평했고, 그는 남자들을 타일렀다. 그러나 시간이 지나도 아무것도 바뀌지 않자 그는 화가 나기 시작했다. 최고경영진과 미팅하는 자리에서 그는 마침내 폭발했다. 독선적인 분노를 드러내며 탁자에 주먹을 내리꽂았다. "더는 이런 행동을 용납하지 않을 거야!" 앤드루는 앞으로도 여직원들에게서 똑같은 불평이 계속 나오면 신속하고 가혹한 대가가 있을 것이라고 경고했다.

그가 회사 문화에 관심이 있다는 것은 기뻤으나, 나는 마음 깊이 익숙한 통증을 느꼈다. 내가 처음 CEO가 되었을 때, 나도 같은 짓을 했다. 성차별적 태도와 행동에 대해 사람들을 처벌했지만 효과가 없었다. 강아지의 코에 똥을 문질러서 배변 교육을 시키려는 것과 비슷했다. 공포와 수치심에 질린 강아지는 다음에는 소파 뒤에 똥을 싼다. 여전히 냄새가 나지만 찾기는 더 힘들다. 사람은 보통 개보다 똑똑하다. 선입견을 인식하게 하고, 수치심을 주지 않고 왜 그것이 문제인지 설명하고, 스스로 고칠 기회를 주는 편이 훨씬 낫다.

리더라면 사건이 일어날 때마다 구체적인 상황을 살피려는 의지 없이 절대적인 규칙을 만들어 적용하기보다, 어떤 사건이 일어났을 때 고려해야 할 원칙들을 언어로 표현하는 것이 중요하다.

상사의 독선적 수치심 주기가 방어적인 이유로 발생하는 경우도 있다. 릭은 점심 도시락을 회사 전자레인지에서 데우는 여직원에게 이렇게 말한 적이 있다. "진짜 그걸 다 먹어?" 직원이 불쾌감을 분명하게 표하자, 릭이 말했다. "예민하게 굴지 마!" 릭은 자신의 실수를 지적하는 그녀에게 수치심을 주었다.

릭이 이런 식의 따돌림 발언을 한 뒤 화를 내며 도리어 모욕을 준 것은 이번이 처음이 아니었다. 사실 릭은 쓸데없는 수모를 주기로 유명했다. 여직원은 동료 몇을 모아 함께 불만을 말했다. 릭은 이렇게 대답했다. "너희들은 온실 속 화초야. 너희 세대는 농담을 받아들일 줄 몰라." 그래서 직원들은 릭의 상사에게 갔다.

릭의 상사는 릭에게 설명했다. "직원들에게 어떻게 느껴야 할지 강요할 수는 없어. 실제로 느낀 기분에 대해 수치심을 준다고 팀의 모습이 나아지지도 않지. 팀원들과 잘 지내는 법을 찾아봐. 안 그러면 성과가 안 나서 해고당할 거야."

무관용 원칙보다 효과적인 방식은?

협업의 문화 만들기: '내쫓는' 것이 아닌 '초대하는' 법을 가르쳐라

리더는 수치를 당한다 해도 그 잘못된 방식의 피드백에서 배울 수 있어야 한다. 비판이 리더인 당신에게 향하고 있다면, 비판을 비판하지 말고 배워야 한다. 하지만 팀 사람들이 서로에게 수치심을 주고 있다면, 더 나은 의사소통 방식을 가르쳐주어야 한다.

다양성 컨설턴트 제이미 워싱턴(Jamie Washington) 목사는 '깨시민 올림픽: 고등교육의 맥락에서 사회정의에 대한 오만의 문화 읽기(Woke Olympics: Navigating a Culture of Social Justice Arrogance in the Context of Higher Education)'라는 제목의 강연에서 훌륭한 조언을 주었다.[11] 그는 '내쫓는' 것과 '초대하는' 것의 차이를 설명하며, 교육자와 리더가 교실이나 팀의 문화를 망치는 독선적 수치심 주기를 막을 방법을 제안했다. 또 그는 리더의 역할이 배움의 문화를 만드는 것이라고 말했다. 사람들이 "유죄 선고, 개조, 설득"[12]의 악순환에 갇히기보다 서로의 경험과 생각을 고려하도록 초대하게 하라는 것이었다.

초대하기는 타인에게 수치심을 주거나 모욕을 던지는 것보다 훨씬 오래 걸린다. 어려운 대화를 하는 것은 다른 사람을 도매금으로 비난하는 행위처럼 빠른 타격감은 주지 못한다. 힘든 일이다. 그러나 수치심 주기와는 달리, 이 과정은 공정한 환경을 만든다. 투자한 것보다 얻는 바가 클 것이다.

안전한 스크린 뒤에서 가혹한 판단을 내놓을 수 있는 원격 근무와 커뮤니케이션 툴의 시대에 초대의 문화는 특히 중요하다. 도덕적 관종의 영향을 최소화하는 것도 리더의 책임이다.

당신에게 책임을 묻도록 허락하라

어떤 일을 잘못하고서 책임을 묻는 말을 들으면 자연스럽게 수치심을 느낀다. 그렇다고 수치를 당한 것은 아니다. 부끄러움을 느끼는 것이다. 둘 사이에는 큰 차이가 있다.

그러니 비난하는 군중이 수치심을 줄 때조차 피드백을 받았다고 생각하라. 리더가 해결해야 할 문제가 있을지도 모른다. 누군가, 또는 성난 군중이 당신의 책임을 제대로 설명하지 못해도 일단 경청하라. 그리고 공격 너머의 인간을 이해하려 노력하라. 가혹하게 던져진 피드백에도 인간적으로 건넨 비판과 마찬가지로 배울 점이 있다.

가끔은 리더로서 팀을 위해 감정적 충격을 흡수해야 할 때가 있다. 해결되지 않은 모두의 문제를 보여주는 화면이 되어야 할 때도 있다. 굉장히 불편한 일이지만, 리더가 해야 할 일이다. 그러나 더욱 끔찍한 것은 당신 또는 당신이 소속된 회사의 잘못에 대해 정중하고 명확한 설명을 들을 때다. 기분이 굉장히 나빠져서 본능적으로 받아치고 싶어진다. 반격을 할 권력도 있다. 아마 당장은 빠져나갈 수 있을 것이다. 그 유혹에 지지 말자. 이런 순간이 올 것을 미리 알고 권력을 내려놓고 배울 수 있다면, 장기적으로 더 성공할 것이다.

수치심이 뇌를 장악하게 두면 안 된다. 그러나 그러려고 해도 실패할 때가 있다. 수치심은 인간의 뇌를 '싸울까, 도망칠까' 생각하는 도마뱀 수준으로 단순화하고 전두엽의 기능을 꺼버린다. 이 상황을 이겨내라니, 말이 쉽지 절대 쉽지 않다. 그러나 리더라면 다른 사람에게 책임을 묻는 만큼 다른 사람들도 당신의 책임을 물을 수 있게 해주어야 한다는 것을 결코 잊어서는 안 된다.

비판을 비판하지 말라

수치심을 느끼지만 수치를 당한 것은 아닐 때도 있다. 실제로 수치를 당할 때도 있다. 어느 쪽이든 리더인 당신에게 비판이 가해졌다면, 비판을 비판할 때가 아니다. 초인적인 노력을 발휘해서 최대한 방어적인 마음을 누르고 경청하고, 의문을 가지고, 방금 들은 말을 이해하려고 노력할 때다.

권력을 내려놓아라

리더가 할 수 있는 일을 모두 했다고 해도, 즉 선입견을 차단하는 규범을 만들고, 따돌림에 불이익을 주고, 견제와 균형을 세우고, 익명 신고 시스템을 만들었어도, 팀원들은 리더의 부당한 행동에 피드백을 주면

3부 | 오직 일에만 집중하도록!

서 여전히 보복이 두려울 수 있다. 이때는 팀원들이 당신에게 수치심을 주는 편을 택할 수 있다. 구성원들이 안전하다고 느끼게 하기 위해 많은 노력을 기울였다면, 이럴 때 더욱 고통스럽다. 대체 뭘 더 어떻게 해야 신뢰를 얻을 수 있었을까? 할 수 있는 일을 다 하고도 여전히 직장에서 이렇게 부당한 방식으로 공격받고 있다니! 리더의 권력으로 군중을 깔아뭉개고 싶은 충동이 든다.

브레네 브라운은 이것을 '갑옷 입기(armoring up)'라고 부른다. 많은 리더가 수치심을 느끼거나 수치를 당했을 때 밟게 되는 비생산적 단계가 있다.

- 나는 부족해.
- 그러니까 날 공격할 거야.
- 이 문제를 솔직하게 이야기할 수는 없어.
- 엿 먹으라지.
- 사실 이건 그들의 문제야, 왜냐하면 그들은…….
- 사실 내가 그들보다 낫잖아!

브라운은 '나는 부족해'에서 '내가 더 나아'까지의 과정이 놀랍도록 빠르다고 설명한다. 사실 우월감을 느끼는 것은 고통을 받고 수치스러워하는 것과 정확히 같은 고정형 자세다.[13]

리더라면 뇌의 기능을 발휘하여 수치심에서 벗어나 더 생산적인 지점으로 이동하라. 책임을 지고 일을 바로잡기 위한 조치를 취하라. 당신보다 권력이 없는 사람들에게 당신의 기분을 달래라고 요구하지 말라.

온라인 커뮤니케이션을 관리하라

리더들은 그냥 익명 댓글을 금지하고 싶을 것이다. 성급하게 남에게 수치를 주는 것은 너무나 흔한 일이며, 공개 온라인 커뮤니케이션 툴은 순식간에 군중을 모은다. 상호 비난이 시작되고 커뮤니케이션이 역효과를 낳는 시점이 되면 리더가 개입해야 한다. 권력으로 입을 막는다는 비난을 받을 것이므로 어려운 일이 될 것이다. 그러나 리더의 책임은 빠르고 공정하게 일을 끝내는 것이다. 팀원들 간의 독선적인 수치심 주기는 일에 방해가 된다.

무관용을 관용해야 하는가? 그렇지 않다

우리는 우리가 고치고 싶었던 바로 그 문제를 다시 낳을 새로운 내집단과 외집단을 만들어내지 않는 방식으로 싸워야 한다. 기준은 언제나 협업이다. 무관용은 팀을 파편화한다. 파편화를 어떻게 치유할 수 있을까? 새로운 편견을 만들어 기존의 편견에 맞서는 것은 실용적인 차원에서도, 윤리적인 차원에서도 효과적이지 않다.

심리학자 고든 올포트(Gordon Allport)는 1958년 출간한 《편견(The Nature of Prejudice)》에서 수치심 주기와 본질주의의 함정을 경고했다. "메사추세츠의 한 학생은 자신이 관용의 사도라고 생각하며 이렇게 썼다. '흑인 문제는 멍청한 남부 백인들이 순백의 뇌로 생각이라는 걸 할 때까지 풀리지 않을 것이다.' 이 학생의 긍정적 가치는 이상적이다. 그러나 역설적이게도, 그의 전투적인 '관용'은 자신이 허용할 수 없다고 판단한 사람들에게 편견 가득한 비난을 퍼부었다."[14]

남부의 인종차별은 실제로 존재하며, 해결해야 할 문제다. 그러나 메사추세츠의 학생은 모든 남부 사람을 싸잡아 정의했고, 인종차별은 자신이 속한 지역 외의 어떤 곳에 있는 누군가가 하는 일이라고 치부했다. 다른 사람에게 수치를 주는 것은 보통 자신의 문제에 대한 부정의 한 형태다. 이 학생은 '인종차별'이라는 단어를 써야 할 맥락에서 '흑인 문제'라고 썼다. 흑인이 문제가 아니라 인종차별이 문제다. 남부 사람들을 도매금으로 넘기면서 자신의 인종차별을 인지하는 데는 실패했다. 또한 남부에서 인종차별에 맞서 싸우는 흑인과 백인들에게 힘을 실어주지도 못했다.

누구나 메사추세츠의 학생이 저지른 실수를 한다. 인종차별뿐 아니라 모든 형태의 무관용에 있어서. 남자와 남성성을 공격하는 것은 페미니즘의 대의에 맞지 않는다. 또 다른 종류의 유해한 편견을 강화할 뿐이다. 그리고 아일랜드, 이스라엘, 인도의 종교적 편협함을 지적하며 그 나라 국민을 모두 광신주의자로 낙인찍는 것은 이 지역에서 종교의 자유를 위해 싸우는 사람들에게 피해를 주며, 이런 말을 하는 사람은 정작 자신의 종교적 편협함을 인지하지 못한다.

백인이 반인종차별 운동에 참여하면서 무의식적으로 백인 우월주의 문화의 근본 태도를 반영하는 '우월성'의 시각을 버리지 않는 경우가 있다.[15] 스스로 우월하다고 느끼는 집단의 수치심 주기가 입 밖으로 뱉은 말이 곧 사상이라는 전체주의적 관념과 결합되고, 잘못된 발언에 대한 처벌이 너무 가혹해지면, 독선적 수치심 주기는 빠르게 잔인한 비효율

로 미끄러져 간다.[16]

진짜로 나쁜 행위자와 실수한 뒤 그 실수로부터 배울 수 있는 사람을 구분하는 것은 중요하다. 실수를 인정할 수 있는 환경에서는 자신이 실수할 경우를 대비해서 진짜로 나쁜 사람을 보호할 필요가 없어진다. 말이나 행동을 실수한 데 대한 처벌이 너무 가혹하면 사람들은 실수했을 때 인정하지 않을 것이고, 자신이 같은 집단으로 묶일지 모르는 훨씬 나쁜 행동까지 감싸려 할 것이다. 물론 선입견에서 폭력으로 이어지는 흐름을 이해하는 것은 중요하다. 그러나 선입견에서 비롯한 말을 한 사람과 폭력을 행사한 사람을 똑같이 취급할 수는 없다.

독선을 잠재우고 공정한 직장으로 나아가는 법

어떤 회사의 특징이 독선적인 수치심 주기라면, 이미 공정한 직장 체크리스트의 일부를 채웠다는 점은 긍정적이다. 퇴치해야 할 나쁜 흐름이 둘이 아니라 하나라는 뜻이다. 나쁜 소식은 나머지 체크리스트를 채우지 않으면 앞으로도 나쁜 일이 일어날 뿐 아니라 이미 해놓은 좋은 변화가 역행한다는 것이다. 따돌림이 빠르게 차별과 학대로 이어진다는 점에서, 독선적 수치심 주기는 불안정한 상태다.

개인성 존중: 어느 정도 성과를 이루었다(그러나 수치심 주기를 그냥 놓아두면 이 부분도 오염될 것이다).

☑️ 선입견 차단의 규범을 만든다.

☑ 구성원들이 행동 강령을 숙지하고 있다.

☑ 선입견의 정량화가 일상적인 경영 절차에 녹아 있다.

강요에서 협업으로 나아가기: 아직 할 일이 남아 있다.

☐ 따돌림은 대가를 치른다.

☐ 견제와 균형의 구조가 있다.

☐ 신뢰받는 신고 절차가 확립되어 있다.

☐ 구성원들이 동의의 문화를 이해한다.

'그런 종류의 사람'은 고용하지 않기 때문에 따돌림의 대가를 정해 둘 필요가 없다고 생각할지 모른다. 한마디로 말도 안 되는 말이다. 따돌림이 효과가 있다면 누구나 따돌림 가해자가 될 가능성이 있다. 따돌림에 대가가 없다면 이 가능성은 절대 작아지지 않고 커질 뿐이다. '신뢰해도 되는' 임원을 고용했다고 생각할지도 모른다. 그러나 권력은 부패하고, 가장 고결한 인간도 타락할 때가 있다. '그런 종류의 일'은 당신의 조직에 절대 없을 것이므로 믿을 만한 신고 시스템이 필요하지 않다고 생각할 수 있다. 그러나 그런 일은 어디서나 일어난다. 어떤 '종류'의 인간이 따돌림, 괴롭힘, 폭력을 행사하는지는 알 방법이 없다. 그래서 상습 범죄자가 몇 년이나 처벌을 받지 않는 것이다. 동의의 문화는 상식이니 명시적으로 말할 필요가 없다고 생각할 수도 있다. 미투 운동이 일어나면서 회사를 비롯한 모든 곳에서 동의에 대한 확실한 규칙이 필요하며, 이를 이행해야 한다는 사실이 분명해졌다. 경찰 폭력이 지금처럼 자주 일어나는 상황이라면, 더 엄격한 공권력 행사의 규칙이 필요하며 이를 어기는 경찰에게는 책임을 물어야 한다.

선입견 차단이 무기로 쓰이게 해서는 안 된다. 서로 선입견을 지적할 때도 상대를 이해하기 위해 노력해야 한다. 상대의 도덕성을 공격함으로써 선입견을 차단하는 것은 나사못을 뽑을 때 망치를 쓰는 것과 같다. 목적에 맞지 않을 뿐 아니라 손상이 따른다. 도덕적 관종이 이런 사건을 일으키면 과연 효과적이거나 공정한 행동이었는지 생각해 보라고 하라. 당사자를 따로 불러 이야기하되 그냥 넘어가지 말라. 따돌림에는 대가가 있어야 한다. 무관용 원칙으로 권력을 보여주려 하지 말고 견제와 균형으로 제한하라. 권한을 가진 사람이 이를 남용하여 힘없는 사람을 괴롭히는 일을 막을 수 있다. 또한 어떤 직급의 리더도 관용을 명목으로 무관용을 저지르는 무관용 원칙을 도입하지 못하게 된다. 마지막으로, 폭력이나 트라우마로 고생하는 사람들이 불만을 제기할 수 있도록 믿을 수 있는 신고 시스템을 설치하라. 사건이 공정하게 조사될 것이며, 2차 가해가 없을 것이라고 확실히 알려라. 모두가 동의의 문화가 무슨 뜻인지 이해하고 그 규범을 지키게 만들어야 한다.

공정한 직장으로 나아가려면 리더십이 필요하지만, 리더 혼자서는 할 수 없는 일이다. 피해자나 조력자 역시 자신의 뜻을 전달할 방법들을 반드시 알아야 한다. 당신의 리더는 이 책의 조언을 모두 따르지 않았다고 해도, 아니면 전혀 따르지 않았다고 해도, 당신이 변화를 시작할 수 있다. 선입견을 차단하기 위해 할 수 있는 일을 생각해 보라. 출구를 찾고, 가능할 때 직장을 그만두면서 따돌림이 대가를 치르게 하고, 견제와 균형의 시스템을 만들 수 있다. 견제와 균형의 시스템이나 믿을 수 있는 신고 시스템이 없어도 선택지는 있다. 다른 직장을 찾거나, 인사팀에 말하거나, 법적 조치를 취하거나, 사건을 공개하라. 당신이 목소리를 내고 행동하는 것은 중요하다. 그렇지 않으면 다른 사람들은 너무나 쉽게 부정하고 외면하는 길을 택할 것이다.

시스템 3 | 무의식적 배제

무의식적 배제는 단연코 가장 흔하게 나타나는 직장 부정의의 형태다. 극적인 형태로 드러나지도 않으며, 꼬집어내기가 가장 힘들다. 특히 가해자가 상황을 자각하기 어렵다. 당신이 내집단에 있거나 최소한 그 근처에라도 있다면, 사람들은 서로 끈끈하고 모두 유쾌하고 예의 바르다. 서로 농담도 주고받는다. 스포츠와 TV에 대해 이야기하고, 밥이 체스 신동인 일곱 살 딸을 자랑하면 동료들은 관심을 보인다. 육아휴직 정책도 관대하다. 그러나 11명의 수석 부사장 중 여자는 한 명뿐이고, 모두가 백인이다. 아무도 이에 대해 심각하게 생각하지 않는다. 그저 여자는 부담스러운 직책을 원하지 않기 때문이라고 생각한다. 왜 임원이 모두 백인인지는 생각해 보지도 않는다. 어느 리더는 이러한 양상을 '거짓된 조화(false harmony)'라고 했다. '동호회식 경영(country club management)'이라고 이름 붙인 사람도 있다.

피해자도 무의식적 배제를 파악하기 힘들다. 잔인한 비효율은 느껴진다. 확실하게 피해를 보고 있기 때문에 뭔가 잘못되었다는 것을 알 수

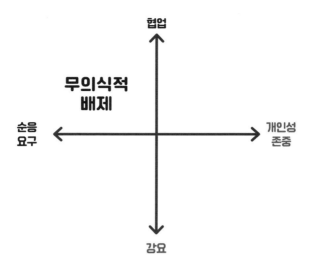

있다. 독선적인 수치심 주기는 냅다 뺨을 때린다. 그러나 무의식적 배제는 은밀하게 움직인다. 가리켜 봤자 "여기 아무것도 없는데"라는 답이 돌아올 때가 많다. 은행 임원이 "예쁜 여자를 뽑아도 되는 거였어?"라고 말했을 때 내가 겪은 상황은 무의식적 배제다. 다음의 이야기는 무의식적 배제가 나타나는 양상을 보여준다.

샐리의 반란

나는 가칭 패스트 그로잉 테크 컴퍼니 X에서 일하고 있었다. 상품 팀의 유일한 관리직 여성이었던 샐리는 동료 중 한 명이 자신의 몇 배나 많은 스톡옵션을 받았다는 것을 알게 되었다. 인정하기 어려운 일이었지만, 긍정적으로 생각하려 노력하며 실적을 내서 승진하는 데 집중했다.

그러나 인상적인 성과에도 불구하고 샐리는 시간이 지나도 승진하지 못했고, 점점 동기부여를 찾기가 힘들어졌다. 그녀는 내게 최근의 성과 평가를 보여주었다. 샐리의 상사 밥은 샐리가 '공격적'이며 '기술력이 부족'하다고 썼는데, 실리콘밸리식으로 해석하면 함께 일하기 힘들고 실력이 별로라는 뜻이었다. 내 성차별 레이더가 꿈틀댔다. 어떤 객관적 지표로 봐도 샐리는 최근에 먼저 승진한 몇몇 남자들보다 훨씬 덜 공격적이었다. 또 실적이나 학력이나 직무 경험, 어느 면으로 봐도 샐리보다 먼저 승진한 남자들이 더 '기술력이 좋다'고 볼 수 없었다.

샐리는 네드가 먼저 승진하리라는 것을 알게 되었다. 네드는 회사에서 이룬 것이 샐리보다 적었다. 네드가 승진하는데 왜 자신은 승진하지 못하는지 묻자, 밥은 다시 '공격적' 운운했다. 그의 판단을 뒷받침할 네드의 성과가 없었기 때문이다. 네드가 샐리를 제치고 승진하는 것에 대한 밥의 설명은 너무나 명백하게 불공평했고, 샐리는 자신이 생각하지 못한 부분이라도 있는지 의아했다. 나는 샐리가 문제가 아니라 확실히 성별 선입견이 작용했다고 말해주었고, 그녀는 눈에 띄게 안심했다. 자책을 멈출 수 있었기 때문이다.

나는 밥과의 다음 미팅에서 최근에 승진한 임원을 언급했다. 그 남자가 얼마나 공격적인지에 대해 말을 꺼냈다. 밥이 대답했다. "알아요. 성질 더럽죠. 하지만 일을 해야 하니까요."

나는 미끼를 던졌고, 밥은 그것을 확 물어버렸다.

"샐리는요?" 내가 물었다. "샐리가 너무 공격적이라 승진시킬 수 없다고 했다면서요. 남자 임원처럼 샐리도 일을 해야 하지 않나요? 딜레마에 몰아넣고 있는 것 아니에요?"

"샐리는 임원다운 면모를 더 갈고닦아야 해요."

"제 경험상 그 말은 '샐리가 남자여야 한다'는 말인데요. 샐리는 남자가 아니에요. 하지만 굉장히 유능하죠."

"샐리의 팀원들이 샐리를 좋아하는 건 알아요. 마치 엄마 암탉처럼……."

나는 손을 들었다. "밥, 그만해요!"

"왜요?" 밥은 전혀 모르겠다는 듯 혼란스러운 표정을 지었다. 그러나 나는 순진한 척하는 표정에서 밥이 실수를 자각했다는 것을 읽었다.

"방금 한 말을 생각해 보세요. 팀원들이 좋아하는 남자 팀장을 엄마 암탉이라고 부르진 않을 거예요. 모욕할 의도가 아니라면요." 밥은 입을 열려고 했지만, 내가 뒷말을 대신했다. "물론 아빠 수탉이라고도 하지 않겠죠."

"아, 세상에. 킴, 너무 예민하게 굴지 말아요!" 이제 그는 나를 따돌리기 시작했다. 성별 고정관념으로 나를 옥죄며 내가 물러나길 바랐다. 나는 물러날 생각이 없었다. 내 일 중 하나는 임원진이 관리직 여성을 채용하고 승진시키도록 돕는 것이었으니까. 내가 돈을 받는 것은 이러한 문제에서 그들을 압박하기 위해서였다. 나는 내가 할 일을 했다.

"문제는 두 가지예요. 첫째는 자기 선입견을 알지도 못한다는 것. 일관성이 없고 이중 잣대를 들이대고 있죠. 그래서 당신의 의사 결정이 왜곡되고 있어요. 둘째로, 계속 그런 식으로 얘기한다면, 그러니까 여자를 엄마 암탉이라고 부르거나 예민하다거나 공격적이라고 한다면, 자격 없는 사람을 승진시키게 될 뿐 아니라 법적으로 곤란한 상황이 올 수 있어요."

"이거 봐요, 나는 승진시킬 수 있는 사람은 모두 승진시켜요." 밥은 방어 태세를 취했다. "내가 네드보다 샐리를 먼저 승진시켰다면, 네드는 미쳐 날뛰었을 겁니다."

"하지만 샐리가 미쳐 날뛰었다면, 당신은 히스테리를 부린다거나 임원의 면모가 없다거나 공격적이라거나 하는 헛소리로 비난했겠죠. 하지만 네드의 나쁜 행동은 보상해 주고 있네요?"

"네드는 그만뒀을 거예요. 샐리는 아니지만."

"어떻게 알죠?"

"샐리는 충성도가 높아요."

"충성도가 높다고 불이익을 주는 거예요? 샐리만큼 실적도 없고 충성도를 증명하지 못한 사람이 미쳐 날뛸 거라는 이유만으로 승진시킨다고요? 말이 되는 소린가요?"

밥이 한숨을 쉬었다. "CEO가 허락만 하면 샐리를 승진시킬 거예요. 내가 말했지만 먹히지 않았다고요. 올해 여러 명을 승진시키고 싶지 않대요. CEO랑 말해봐요."

CEO는 샐리의 실적을 알았고, 샐리가 승진했어야 한다는 데 동의했다. 내가 말을 꺼내기도 전에 CEO는 샐리가 '너무 공격적'이라는 건 말도 안 된다고 했다. 이 일 이전에, 키런 스나이더(Kieran Snyder)는 〈포춘〉에 성과가 좋은 남자와 여자가 각각 받는 성과 평가에 대한 기사를 썼다. 똑같은 특징에 대해 남자는 보상을, 여자는 불이익을 받는다. 이 기사는 회사의 민감한 부분을 건드렸고, 인트라넷에서도 활발한 논의가 일어났다. CEO는 그 기사를 읽고 나서 최근의 성과 평가를 찾아보고 남자에게 '너무 공격적'이라고 언급한 예는 한 차례도 없다는 것을 발견했다. 그러나 여성이 그런 평가를 받는 일은 흔했다. CEO는 밥과의 이야기에서도 언급된 공격성이 엄청난 임원 이야기를 꺼냈다. "선입견이 확실하네요. 터무니없어요." CEO가 말했다.

CEO는 상황을 이해했고, 나는 만족스러웠다.

"그래서 어떻게 하실 거예요?" 내가 물었다.

그는 약간 시무룩해졌고, 사실 처음에는 밥에게 말해서 샐리를 승진시키고 싶었다고 털어놓았다. 그러나 이것은 그의 경영 철학에 어긋났다. 그는 임원들에게 누구를 승진시키라거나 시키지 말라고 말할 권한이 없었다.

나는 진심으로 그의 원칙에 동의했다. "팀을 운영하는 방식을 강요할수는 없죠. 하지만 밥의 밑으로 부사장 자리를 하나 더 준다면요?"

"그래도 샐리가 승진하진 못할 거예요. 이미 트레이를 다음 타자로 결정한 것 같더라고요. 그리고 밥에게 자리를 하나 더 주면 다른 임원들도 요구할 거고 부사장이 너무 많아질 겁니다."

내 경력에서 가장 좌절스러운 순간이었다. 이 CEO는 진심으로 평등한 업무 환경을 만들 의지가 있었다. 그러나 밥에게 승진 대상자를 정해주는 것은 우리가 공유하는 경영 철학에 어긋났다. 사람들에게 어떤 일을 강요하는 것은 효과가 없다. 승진위원회는 도움이 될 수도 있었지만, 제품 팀과 엔지니어링 팀의 관리자는 모두 남자였기 때문에 그저 선입견이 강화될 공산이 컸다. 당시에는 선입견 퇴치사나 선입견 정량화를 생각해 본 적도 없었다. 사실 6장에서 설명한 아이디어를 생각한 건 이 사건 때문이었다. 같은 입장에 있는 CEO를 만났을 때 추천할 해결책이 필요했다.

샐리는 결국 다음 일이 정해지지도 않은 상태로 그만두었다. 고통스러운 결정이었다. 샐리는 자기 밑에서 일하는 여자들을 위해서라도 회사에 머무르고 싶었지만 소용없는 일 같았다. 여자들은 이 회사에서 어느 수준까지는 성장했지만 그 뒤로는 경력이 정체되었다. 앙심을 품거나 회의감을 느끼며 그 회사에 머무르는 것은 샐리에게도, 회사의 다른 여자들에게도 좋지 않았다. 회사를 떠나면 적어도 여자 동료들에게 여자를 부당하게 대우하는 문화를 참을 필요가 없다는 신호는 될 것이다. 나는 옳은 결정이라고 말해주었다. 나는 비슷한 문화의 회사에서 30년간 버티며 싸운 기술 회사 임원을 알고 있었다. 심각한 억울함이 결국 우울증으로 이어졌던 잊지 못할 사건이었다.

정말 애석한 일이었다. 샐리는 떠나고 싶지 않았다. CEO는 샐리를 붙잡으려 했다. 샐리를 상사로서 존경하던 팀원들도 마찬가지였다. 모두에게 좌절스러운 일이었고, 회사의 리더들은 어리둥절했다. 그들은 회사에 성과주의가 있다고 믿었고, 선입견이 승진 결정을 왜곡했다는 사실을 부정했다. 샐리처럼 훌륭한 리더를 왜 붙잡지 못했는지 이해할 수 없었다.

회사의 여자 직원들은 샐리가 의도한 메시지를 이해했다. 샐리가 받은 취급에 낙담해서 다른 일자리를 찾기 시작한 것이다. 몇 달 후, 빠르게 성장하는 기술 회사가 샐리에게 부사장급 직책을 제안했다. 샐리와 일하는 것을 좋아했던 여러 남녀 직원이 샐리를 따라 새 회사로 옮겼다. 샐리는 일을 제대로 해냈고 곧 최고상품책임자가 되었다. 이 회사는 실리콘밸리에서 가장 성공한 회사 중 하나가 되었다. 누구라도 지난 몇 주, 몇 시간 안에 그 회사 제품을 써봤을 만큼 성장했다. 네드는? 네드 역시 꽤 괜찮은 경력을 이어가고 있었지만, 혜성과 같은 샐리의 부상에는 댈 것이 아니었다.

몇 년 후, 나는 그 회사를 그만둔 직원들과 연락을 주고받았다. 샐리가 떠나면서 회사의 임원급 직원들도 많이 떠났고, 그 자리에 최고의 후보자들이 오려 하지도 않는다는 것이었다.

결국 샐리는 마지막에 웃는 자가 되었다. 누군가는 샐리가 시스템이 제대로 돌아가고 있다는 증거라고 말할지 모른다. A회사가 샐리의 가치를 제대로 몰라서 B회사에 갔다고 말이다. 그러나 샐리와 같은 성공 스토리가 하나 있다면, '공격적이다', '기술력이 부족하다' 또는 '임원의 면모가 없다'라는 꼬리표를 달고 경력 정체를 겪는 여성은 셀 수 없이 많다. 수많은 여자가 피라미드의 꼭대기까지 오르지 못하는 반면, 남자들은 높은 보수를 받는 중심 직책까지 빠르게 올라간다.

나는 샐리의 어마어마한 성공이 시스템의 결함과 기능 불량을 보여준다고 생각한다. 더 건강한 환경이었다면, 회사들은 비주류 집단의 직원을 공정하게 대하는 법을 찾지 못해 떠나도록 내버려두지 않고 샐리와 같은 임원을 유지하기 위해 더 좋은 시스템을 갖추고 있었을 것이다.

절대다수의 문제

무의식적 배제는 주류 집단이 절대다수를 차지하고 무의식적 선입견이나 편견이 일상의 소통은 물론 고용, 승진, 성과 평가 등 중요한 결정에까지 영향을 미칠 때 발생한다. 이 사분면의 사람들은 협업을 중시하기 때문에 따돌림을 막기 위한 안전장치를 한다. 괴롭힘은 빠르게 대가를 치른다. 그러나 절대다수를 차지한 사람들은 차별이 일어나고 있다는 사실을 격렬하게 부정한다.

절대다수의 주류 집단은 자신들이 포용적이고 협력한다고 생각할 것이다. 이들은 비주류 집단의 사람들을 폄하하거나 침묵시키거나 차별할 의도가 없다. 한 집단이 산을 오르며 좁은 길에서 한 명의 등산객과 마주치는 상황과 비슷하다. 집단은 작정하고 한 등산객을 길 옆으로 밀어버리려는 것은 아니다. 그러나 집단 구성원들이 잘 소통하여 적극적인 배려 조치를 취하지 않으면, 그 한 명은 집단이 지나갈 동안 독이 있는 옻나무 밑에 서 있어야 할 확률이 높다. 이 집단은 이야기하고 웃으며 친근하게 손을 흔들고, 자신들이 막 누군가를 밀쳐냈다는 것을 인지조차 하지 못할 것이다.

무의식에서 의식으로

무의식적 배제의 특징을 보이는 조직은 이미 공정한 직장 쪽으로 몇 걸음 나아간 것이다. 독선적 수치심 주기 사분면에 있는 조직과는 체크리스트의 상태가 사뭇 다르다. 모두가 개인성을 존중하는 문화를 만들기 위해 해야 할 일에 집중해야 한다.

리더에게 이와 같은 실패는 특히 실망스럽다. 이미 최악의 상황이 일어나지 않도록 최선을 다했을 것이다. 일터와 사람들을 아끼기 때문이다. 리더는 스스로 선입견이나 편견이 있다고 생각하지 않는다. 자신의 조직이 차별적이라고는 상상도 하지 못한다. 바로 이 부분이 문제다. 이런 조직의 리더는 좋은 의도만을 생각하지 해결되지 않은 문제를 생각하지 않는다. 바라는 대로 조직의 모습을 보고 있을 뿐 현재 상태를 보고 있지 않다. 조직 내에서 실제로 무슨 일이 일어나고 있는지 이해하려면 도움이 필요하다. 선입견 정량화와 선입견 차단기에 투자하고 그 결과를 믿어야 한다. 모든 구성원이 회사의 행동 강령을 이해하게 하고, 지속적으로 적용하는 것도 중요하다. 이러한 조치를 통해 모든 문제를 해결하지는 못해도 앞으로의 계획을 시작할 수는 있다.

개인성 존중: 아직 할 일이 남아 있다.

- ☐ 선입견 차단의 규범을 만든다.
- ☐ 구성원들이 행동 강령을 숙지하고 있다.
- ☐ 선입견의 정량화가 일상적인 경영 절차에 녹아 있다.

강요하지 않고 협업하기: 어느 정도 성과를 이루었다.

- ☑ 따돌림은 대가를 치른다.
- ☑ 견제와 균형의 구조가 있다.
- ☑ 신뢰받는 신고 절차가 확립되어 있다.
- ☑ 구성원들이 동의의 문화를 이해한다.

11장

공정한 직장

낙관주의를 가질 때

역사 속에서 불가능했던 꿈이 현실이 된 수많은 경우를 생각하면 힘이 난다. 일반적인 억압의 시스템에 대항하여 수백만 명이 노력할 때, 역사의 기념비적인 전환은 몇 번이고 일어났다. 수백 년이나 지속된 노예제가 폐지될 거라고는 상상도 못한 사람이 많았다. 그러나 프레더릭 더글러스(Frederick Douglas), 해리엇 터브먼(Harriet Tubman), 그리고 흑인 노예 탈출 비밀 결사 언더그라운드 레일로드(Underground Railroad)에 목숨을 건 수천 명의 노예가 있었기에 그 일은 현실이 되었다. 백인 조력자들과 리더들도 힘을 보탰다.

10년 전에 동성애자가 결혼을 통해 자신의 사랑과 헌신을 표현할 권리를 얻는 것은 불가능해 보였다. 동성 결혼을 지지하는 사람들조차 승

465

산 없는 시도라고 생각했지만, 어쨌든 밀어붙였다. 그 결과는? 몇 년 전만 해도 불가능해 보였던 동성 결혼은 오늘날 흔히 있는 일이 되었다.

#BlackLivesMatter, LGBTQIA, #MeToo의 활동가들은 부정의가 작용하는 양상과 이를 강화하는 시스템을 그대로 드러냈다. 이러한 시스템은 바로 여기, 바로 지금 존재하며 우리 모두에게 피해를 준다. 마틴 루서 킹(Martin Luther King)이 1963년 〈버밍엄 감옥에서 보내는 편지(Letter from Birmingham Jail)〉에 썼듯이, "어딘가의 부정의는 모든 곳의 정의를 위협한다. 우리는 벗어날 수 없는 상호의존성의 관계에 있으며, 동일한 운명의 그물에 묶여 있다. 누군가에게 직접적으로 영향을 주는 요소는 모두에게 간접적인 영향을 준다."[1]

선입견, 편견, 따돌림, 차별, 괴롭힘, 신체적 침해가 서로 다른 사람들에게 유사하게 적용되는 양상을 인식하면, 우리는 그 흐름을 차단하고 직장을, 그리고 물론 이 세상을 더 정의롭게 만들 수 있다. 상호 연결성에 대한 이해가 깊어지고 있기에 나는 미래를 낙관한다. 2020년 6월, 브루클린의 여장 동성애자 웨스트 다코타(West Dakota)와 메리 체리(Merrie Cherry)는 잔인한 현실을 지적했다. 흑인 트랜스젠더는 특히 높은 비율로 경찰 폭력에 희생되고 있었기 때문에 경찰 살인에 대한 데모에 참가하는 것은 그들에게 특히 위험했다. 두 사람은 1917년 흑인인권단체 NAACP가 조직한 것과 같은 침묵시위가 더 안전할 거라고 판단했다. 그때는 1만 명이 흰옷을 입고 뉴욕에서 5번가를 행진하며 흑인에 대한 폭력을 중단할 것을 촉구했다. 두 동성애자는 침묵시위를 조직하기로 했다. 2주 뒤, 1만 5000명이 흰옷을 입고 브루클린에 모여 흑인 트랜스젠더의 생명도 소중하다고 주장했다. 조직위원회는 충격을 받았다. 그들은 아주 적은 비주류 집단의 일부였다. 왜 그렇게 많은 사람이 참가했을까? 참가자 한 사람이 인터뷰에서 말했다. "한 명이 쓰러지면 우리 모두 쓰러질 거예요. 그럼 저는 갈 곳이 없겠죠."[2]

이처럼 광범위한 관심과 연대는 근본적인 변화를 이끌 수 있다. 그러나 변화는 의식적이고 선제적인 내외적 노력 없이 일어나지 않는다. 공정한 직장을 만들고자 한다면 우리가 만든 부정의를 강화하는 시스템을 개혁해야 한다. 그리고 우리의 마음을 들여다보아야 한다. 나 자신의 단점에 대해 '다른 사람들'을 비난하려고 노력하면, 즉 다른 사람의 부정의는 보지만 나 자신의 것은 보지 못한다면, 우리는 정의를 위한 적절한 단계를 밟는 것이 아니라 부정의 상태로 후퇴하는 것이다.

우리는 또한 많은 사람이 여전히 부당한 기득권을 유지하는 데 혈안이 되어 열렬하게 자신의 편견에 의한 신념을 다른 사람에게 강요하고 있다는 불편한 진실을 부정할 수 없다. 나는 강간이 윤리적으로 용납될 수 있다고 진심으로 믿는 사람들이 있다는 사실을 무시했다. 직장에서 이 역겨운 생각과 정면으로 맞닥뜨리기 전까지는 그랬다. 나는 백인이 다른 인종보다 우월하다고 진심으로 믿는 사람은 없다고 생각하고 싶다. 그러나 2016년부터 2020년까지 가장 고통스러운 깨달음 중 하나는 우리가 무의식적 선입견이라고 무시했던 태도들이 사실 차별 정책을 합리화하는 데 쓰이는 의식적 편견이었음이 드러난 것이다. 역사적으로 그랬듯이, 부도덕한 리더들은 이러한 편견을 등에 업고 사람들의 공포를 이용해서 권력을 잡는다. 오늘날도 다르지 않다. 부정의와 싸우려면, 우리는 그런 속임수에 맞서서 선입견, 편견, 따돌림, 괴롭힘, 차별, 신체적 침해를 마주할 때마다 이의를 제기해야 한다.

그와 동시에, 정의를 위한 싸움에서 사람들을 대하는 방식이 우리의 가치에 모순되지 않아야 한다는 점을 기억하라. 우리가 거부하는 편견을 가진 사람을 대할 때도 마찬가지다. 우리의 사고방식을 다른 사람에게 강요하려 하면 효과가 없고, 우리 자신이 스스로 부패하게 될 것이다. 모두가 동의하지 않을 때 동의하는 척하는 것도 마찬가지다. 우리와 의견이 다른 사람과의 관계를 거부하면 작은 논쟁을 잠깐 피할 수는 있겠지만, 너무 오랜 시간이 지나면 대규모 의견 충돌이나 해소할 수 없는 차이로 이어질 것이다.

가능성을 다시 정의하다

공정한 직장은 완전한 변화를 요구하며, 완전한 변화에는 모두의 동의가 필요하다. 현재 상황이 나쁘고, 더 나빠질 수 있다는 데 조직 전체가 동의해야 이를 개선하기 위해 모두가 헌신할 조건이 마련된다. 새로운 일터를 건설하기 위해 공동체 전체가 힘을 합쳐야 한다. 집단 대 집단, 일반 구성원 대 경영진이 되어서는 안 된다.

이럴 때 쓰는 비유에 신중하자. 나는 공정한 직장을 만드는 과정을 공동의 이익을 위해 협력해야 할 업무인 창고 짓기에 비유하고 싶다. 전쟁이나 '강력한 리더' 등의 용어를 피하자. 커다란 변화를 혁명으로 칭하고 싶은 충동은 이해한다. 그러나 혁명은 지금의 세계를 파괴하고 억압받던 자가 억압하는 자가 되는 신세계를 만들자는 의미일 때가 많다. 아무도 그런 변화를 원하지 않는다.

목표는 억압을 없애는 것이다.

잔인한 비효율의 시스템은 강력하지만, 직장 부정의의 원인이 되는 태도와 행동을 살펴보고 각각의 흐름을 가장 효율적으로 중단시키는 방식으로 대응하면 악순환을 더욱 강력한 공정한 직장의 선순환으로 바꿀 수 있다.

역사의 이 순간 당신이 리더라면, 사람들이 자신의 일을 사랑하고 힘을 모아 일하는 직장을 만들 진정한 기회를 잡은 것이다. 그러나 당신의 팀이나 회사에 있는 사람들이 몇 년간 부당한 환경에서 고통받았다면, 아무리 선의에서 출발했더라도 작은 변화로는 불충분하다는 것을 알아야 한다. 끔찍한 일이 일어났을 때 그 사건을 무의식에 묻어두고 싶은 본능은 강력하다. 여기에 굴복하지 말자. 사람들이 자신의 이야기를 공유하도록 유도하자. 고통스럽더라도 자세한 상황을 알아야만 문제를 이해할 수 있다.

일단 시작하면 어쩔 수 없이 잘하는 부분과 잘못하는 부분이 생길 것이다. 잘못된 부분 때문에 나아가기를 멈추지 말라. 여기서 성공의 열쇠는 모두(자기 자신을 포함해서)에 대한 공감과 문제를 인식했을 때의 완전한 솔직함, 그리고 행동이다. 상황은 바뀌어야 하며, 리더도 그 변화의 일부여야 한다. 어떤 의미에서 부정의를 유발하는 태도와 행동은 해결하는 것이 아니라 관리하는 것이다. 그래서 리더를 관리자라고 한다. 그러나 일터를 바꾸고자 하는 리더의 노력은 공정한 직장이라는 윤리적으로도, 현실적으로도 엄청난 보상을 얻을 것이다. 인간의 선한 본성을 이끌어내는 조직 시스템을 설계하면, 인간이 성취하지 못할 것은 없다.

평등한 환경을 창조하는 유일한 방법은 모두가 적극적으로 참여하는 것이다. 혼자 이 일을 할 수는 없으나, 리더가 앞서 설명한 기초 작업을 적절히 한다면 이런 행동이 불러일으키는 감사와 기대가 퍼져 나갈 것이다. 공포와 분노와 불안이 가라앉으면서 구성원들은 일에 집중할 수 있는 지적·감정적 에너지를 갖게 될 것이다.

사랑과 기쁨

웰즐리대학교 2018 학번의 졸업 연설에서, 제22대 미국 계관 시인 트레이시 K. 스미스(Tracy K. Smith)는 우리가 이상을 이루기 위해 사랑과 기쁨으로 일해야 한다는 것을 아름다운 문장으로 상기시켰다.

우리는 정치, 인구 구성과 정책 등을 말할 때 '사랑'이라는 말을 피하고 대신 '관용'이라는 말을 씁니다. 그러나 관용은 불충분합니다. 관용은 국가를 버스라고 상상할 때, 내 옆에 너를 위한 자리를 내주지만 내가 언제나 내 자리라고 생각했던 영역을 네가 너무 많이 침범하면 다시 밀어내겠다는 뜻입니다. (…) 관용은 인지의 전환을 요구하지 않습니다.

그러나 사랑은 극적인 전환입니다. 사랑은 너의 바람이 나의 바람만큼 중요하다고 말합니다. 내가 너를 존중하고 보호해야만 나 자신을 진정으로 존중하고 보호할 수 있게 되는 것입니다. (…) 사랑은 너에게 네가 원하는 것을 주는 것이 나 자신을, 또 너와 내가 함께 만든 우리를 아끼는 길이라고 말합니다. (…)

나는 사랑을 받아들이기 위해 공포를 뛰어넘고, 권력이나 권한에 대

한 집착을 뛰어넘어야 합니다.[3]

많은 사람이 깊은 두려움을 가지고 공정함의 과제를 바라보지만, 우리는 기대를 안고 공정한 직장을 만들기 위해 할 일을 해나갈 수 있다. 우리는 심지어 잘 알지도 못하는 사람과의 사소한 접촉에서 이러한 사랑과 기쁨을 경험할 수 있다. 나는 최근에 홀런드앤드나이트 로펌의 전사 다양성과 포용 프로젝트를 이끄는 파트너 변호사 티파니 리와 팟캐스트를 녹음했다. 우리는 각자 아버지를 얼마나 사랑하는지, 하지만 동시에 아버지의 인종차별에 대한 생각을 왜 그대로 받아들일 수 없는지에 대해 이야기했다.

티파니의 아버지는 직장에서 세 가지 화제를 절대 피하라고 늘 충고했다고 했다. 인종, 종교, 정치. 그러나 지금은 직장에서 그 이야기를 하는 것이 그녀의 일이다. 나는 아버지의 조언을 되새겼다. "너는 인종차별주의자가 아니야. 네가 무슨 짓을 하든 인종차별이었다고 인정하지 마!" 그러나 내 말이나 행동이 인종차별적이었다는 것을 인정하지 않으면 나는 지독한 솔직함 철학에 따라 살 수 없다. 내 행동이 무엇이 잘못되었는지 인지하기를 거부하면 또 잘못하게 될 것이다.

그래서 티파니와 나는 인종에 대해 지독하게 솔직한 대화를 해보기로 했다. 어떻게 됐을까? 하늘은 무너지지 않았다. 사실, 우리는 멋진 대화를 했다. 많이 웃었고 즐거웠다. 우리의 팟캐스트가 세상을 바꿨다거나 인종차별주의를 끝장냈다는 이야기가 아니다. 단지 우리 모두가 그런 대화를 더 한다면, 한 개인에게는 작은 걸음이지만 인류에게는 큰 걸음을 뗄 수 있다는 것이다.

공정한 직장의 모습과 분위기

모든 것이 대체로 괜찮은 직장에서 일한 적이 있는가? 공정한 상사, 서로 존중하는 동료들, 최선의 성과를 낼 수 있는 분위기가 있는 곳. 선입견, 편견, 따돌림, 차별, 괴롭힘, 신체적 침해가 없거나 거의 없는 곳. 그런 경험이 없다고 해도, 상상력을 발휘해 보자. 어떤 모습일까? 나는 디스 컴퍼니에서 일하면서 일에만 집중할 수 있다고 느꼈다. 그때의 이야기와 거기서 배운 교훈으로 이 책을 마무리하려 한다.

공정한 직장은 더 성공적이고 즐겁다

나는 안전하고, 편안하고, 동료들과 동등한 입지를 가졌다고 느끼는 환경에서 내 인생 최고의 성과를 낼 수 있었다. 내가 가진 것을 모두 일에 쏟아부었다. 나는 팀원들과 함께 그 규모의 팀에서 상상할 수 없는 성과를 내겠다는 약속을 지켰다. 우리는 비용을 줄이면서도 수익을 10배 늘렸다. 수익성이 매우 좋고 빠르게 성장하는 사업을 건설했다. 일하면서 즐거웠으며, 그때의 인간관계는 오랫동안 이어졌다. 나는 내 일과 함께 일하는 사람들을 사랑했다. 우리는 함께 엄청난 성취를 이루었다.

정의는 설계에 달려 있다

디스 컴퍼니의 업무 환경은 우연이 아니다.[4] 디스 컴퍼니는 효율성과

472

혁신을 최대화하기 위해 조직 설계를 최적화했다. 이 설계에는 두 가지 굉장한 장점이 있었다. 사업이 엄청난 기세로 성장했고, 정의가 이루어졌다. 핵심 원칙은 두 가지, 협업과 개인성 존중이었다.

강요하지 않고 협업하기

디스 컴퍼니의 리더들은 현대 경제에서 명령과 통제의 경영은 큰 효과가 없다고 믿었다. 관료주의는 비효율적이고, 혁신을 시들게 한다. 경영진은 실무진이 해야 할 일과 사고방식을 하달받는 '하향식' 리더십이 생산성과 창조력을 억누른다고 생각했다. 그래서 디스 컴퍼니는 초기에 실험적으로 관리직을 없애 보았다. 그 결과는 재앙이었다. 상하 관계는 어느 정도 필요했다. 그러나 지배적인 상하 관계일 필요는 없었다. 디스 컴퍼니는 제대로 작동하는 시스템을 만들었다. 협력적인 상하 관계였다. 여느 회사의 조직도와 마찬가지로 CEO, 부사장, 이사, 팀장 등이 있었다. 그러나 이 모델에서 모든 직급의 관리자는 회사의 경영 시스템, 절차, 조직 설계에 반영된 진정한 견제와 균형의 적용을 받았다.

핵심은 일반적인 회사와 달리 관리자가 권력의 원천인 채용, 승진, 연봉의 결정권을 갖지 않는다는 것이었다. 그 대신 더 나은 판단을 내릴 확률이 높은 소집단이 결정권을 가졌다. 심지어 CEO조차 채용 절차나 승진 절차를 거치지 않고 누군가를 채용하거나 승진시킬 수 없었다. 관리자들은 단독으로 보너스를 지급하거나 연봉

협업

↑

↓

강요

을 결정할 수 없었다.

아무도 직원들이 싫어하는 업무를 강요할 수 없었다. 회사의 최고경영진 세 명 중 한 명과 프로젝트에 참여한 엔지니어 팀의 논쟁은 지금도 잊을 수 없는 사건이다. 임원이 어떤 방식을 제안했고, 팀은 다른 아이디어를 냈다. 임원은 팀을 설득시키지 못했고, 그렇다면 프로젝트에 참여하는 엔지니어 수백 명 중 서너 명을 뽑아 자신의 아이디어를 실험해보자고 제안했다. 팀은 여기에도 반대했다. "보통 회사였다면 전부 내방식대로 해야 했을 거예요!" 임원이 소리쳤다. "내 아이디어를 시험해보고 싶어요." 팀은 다시 한번 임원의 아이디어가 왜 실효성이 없는지설명하고, 서너 명만 이 방법을 시험하려고 빠져도 일에 차질이 생길 거라고 했다. 임원은 지시를 취소했고, 팀은 이 주장이 옳았다는 것을 증명했다. 이들의 상품은 엄청난 성공을 거뒀다.

높은 수준의 쌍방 신뢰가 있어야 이런 모습을 볼 수 있다. 좋은 시스템은 이처럼 신뢰가 꽃피게 한다. 디스 컴퍼니의 절차는 전반적으로 협업에 최적화되어 있었고, 강요를 막았다. 성과 평가 시기에는 관리자가 직원을 평가하지만 반대로 직원도 관리자를 평가한다. 디스 컴퍼니에도 나쁜 행동을 하는 사람이 있었지만, 그럴 때는 동료와 관리자가 매우 빠르고 명확한 피드백을 주었다. 나쁜 행동을 한 사람이 관리자라면? 관리자의 상사가 이 일을 알고 행동을 지적하기도 전에 팀원들이 관리자를 떠날 것이다. 디스 컴퍼니에서는 직원이 관리자의 승인 없이 팀을 바꾸기가 쉬웠다. 디스 컴퍼니의 어느 누구도 따돌림 가해자 밑에서 일하면 안 된다는 합의가 있었기 때문이다.

상하 관계가 있는 이유는 두 가지였다. 첫째, 책임 소재를 분명히 하기 위해. 둘째, 직원들이 성장할 수 있는 코칭 및 멘토링 시스템을 제공하기 위해. 관리자들은 책임이 있었으나, 업무를 위한 '통제권'을 받지는 못했다. 소속 팀원 하나하나와 진실한 관계를 쌓고 사람들이 일하도록 동기를 부여하거나 설득해야 했다.[5] 할 일을 명령하는 것은 디스 컴퍼니에서 통하지 않았다. 사실, 관리직의 권한으로 소속 팀원에게 어떤 일을 강요하고 반발을 억누르는 것은 몇 안 되는 해고 사유였다. 그 대신 디스 컴퍼니에서는 협업이 자연스러웠고, 아이디어가 여기저기서 나왔다.

치타의 가장 큰 능력이 속도라면, 인류의 초능력은 협업이다. 우리는 함께 일할 때 최고의 능력을 발휘하여 개인으로서 꿈꾸는 성취보다 훨씬 많은 것을 달성할 수 있다. 한 사람이 다른 사람들을 지배하는 것은 무서운 일이다. 그러므로 협업이 성공하려면 따돌림, 괴롭힘, 독단적이고 자기중심적일뿐더러 사실관계를 무시하는 의사 결정 등의 강요 행동을 사전에 예방할 수 있는 조직을 설계해야 한다.[6]

개인성을 존중하라, 순응을 강요하지 말라

디스 컴퍼니의 리더들은 다양성이 있는 팀이 더 혁신적이라고 믿었다. 따라서 모든 직원의 개인성을 존중하는 것이 중요했다. CEO는 직원들에게 촉구했다. "내가 잘못하면 말해주세요! 내가 틀렸다면 알고 싶어요." CEO가 직원들의 개인성을 존중하는 것이 전부가 아니었다. 직원들 역시 서로를, 그리고 CEO를 존중했다. 개인성의 존중은 어떤 문제에 대해 마음대로 말해도 된다는 의미가 아니다. 한 사람의 무지와 다른 사람의 전문성에 똑같은 무게를 둔다는 의미도 아니다. 끝없는 언쟁과 논의가 용납되어야 한다는 의미도 아니다. 선입견이나 편견 없이 진심으로 모두의 말을 경청한다는 뜻이다. 보통과는 다르고 예상하지 못했던 삶의 방식은 물론 다른 관점에도 열려 있다는 뜻이다.

이 회사에서 가장 눈에 띄는 사람은 커다란 토끼 귀를 쓰고 다녔다. 누구도 그에 대해 뭐라고 하지 않았다. 그리고 누구도 일반적이지 않은 모자 선택을 이유로 이 직원의 전문성을 무시하지 않았다. 대부분의 회사에서 토끼 귀를 쓰고 나타나면 무시나 조롱을 당할 것이다. 우리의 뇌는 예상하지 못한 것을 자동적으로 검열하거나 무시하기 때문이다. 그러나 디스 컴퍼니에는 다른 관점을 허용하는 규범이 있었다. 직책이나 의복 선택 때문에 누군가는 주목받고 누군가는 주목받지 못하는 일은 없었다. 디스 컴퍼니의 문화는 단순히 차이를 관용하는 것이 아니었다. 의견 불일치와 논쟁을 환영할 뿐 아니라 반대 의견을 내는 것이 의무인 문화를 만들었다.

초기의 디스 컴퍼니는 모든 개인이 가장 자기다운 모습으로 출근할 수 있고, 목소리를 냈을 때 아무도 입을 막지 않고 자기 말을 경청할 거라고 확신하는 환경에서 더 성과가 좋고 협업이 잘 이루어진다는 것을 증명했다. 생산성이 증가하고, 혁신이 활발해지고, 모든 것이 더 공정하다. 모두가 더 행복하다. 선순환의 고리가 생긴다.

내 경험이 지나치게 이상적이었다는 건 인정한다. 나는 공정한 직장을 몇 명이나 경험했을지 궁금했고, 충동적으로 트위터에 글을 올렸다. "직장 부정의가 거의 없는 곳에서 일해 본 적이 있나요? 최소한의 선입견 없음, 편견 없음, 따돌림 없음, 차별 없음, 괴롭힘 없음, 성폭력 없음! 그렇다면 당신의 이야기를 들려줄 수 있나요? DM 주세요!"

나는 대부분의 반응이 부정적일 거라고 예상했다. 물론 부정적인 반응도 있었다. "상사와 동료가 모두 로봇인 적이 있었냐는 말인가요?" "아니요. 스타트업의 세계에서는 그거야말로 유니콘이죠, 하하." 하지만 답변의 53%, 즉 절반 이상이 긍정적이었다. 답변을 보내온 모르는 사람들과 통화하면서 내가 혼자가 아니라는 것을 확신했다. 이런 이야기들을 들었다.

"제가 일하는 곳이 그래요. 지금 직장에 매우 만족합니다."

"기업 컨설턴트로 10년간 일했던 첫 직장에서 진짜로 경험했어요. 채용 원칙이 핵심이었어요. 현명하고 선한 사람을 뽑았죠. 친절을 중요하게 여기는 곳이었어요."

"지금요…… 저는 신뢰받고 있어요. 그게 제일 중요한 것 같아요. 누가 절 믿어주는 건 큰 동기부여가 돼요."

"저 할 말 있어요. 최근 뉴스를 보면 믿기 힘들겠지만, 미시간에 그런 곳이 있었어요. 트랜스젠더 직원도 있었고, 임신 중에 승진한 사람도 있었죠. 기술 분야 최고의 직장이었고, 동료들과 아직도 친해요."

"그런 경험이 있어요. 캐나다에서 가장 일하기 좋은 곳 1위에 오른 회사였는데, 업무 환경이 이럴 수도 있구나 하고 많이 배웠어요. 완벽보다는 실험, 짐작하지 말고 물어보기, 자존심 세우기보다는 친절하기."

공정한 직장은 목적지가 아니라 과정이다

공정한 직장에 대해 기억해야 할 가장 중요한 부분은 이것은 목적지가 아니라 과정이라는 것이다. 결승선 같은 건 없다. 도달하기 위해 매 순간 노력해야 한다. 매달, 매주, 심지어 매일, 매 시간. 공정한 직장은 가파른 언덕의 꼭대기에 있다고 생각하자. 굉장히 멋진 풍경이지만, 이를 즐기려면 매일 언덕을 올라야 한다. 아니면 건물이라고 생각하자. 좋은 엔지니어와 근로자들을 고용하고, 좋은 자재를 사용하고, 기반을 잘 닦으면 막 지은 것보다는 오래 버틸 것이다. 그러나 제대로 건설했더라도 청소와 유지, 보수를 게을리하면 금방 폐가가 된다. 공정한 직장 만들기는 한 번 하면 끝나는 일이 아니라 매일 해야 하는 일 중에서도 핵심적인 책임이다. 심지어 아름답고 잘 관리된 건물도 그 안의 사람들이 인간 말종처럼 행동하면 끔찍한 곳이 된다.

모든 것은 늘 변한다. 리더가 보호 장치를 설치하고 계속 확인·보완하여 사람들이 함께 일하는 방식에 강요와 순응이 스며들지 않도록 돌보지 않으면, 직장 부정의와 이에 동반되는 비효율이 회사의 문화를 좀먹을 것이다. 인간 본성에서 가장 숨기고 싶은 측면이 드러나 서로 도우려는 노력을 저해하고 강요의 본능을 깨울 것이다. 개인성을 존중하지 못하고, 순응을 요구하게 될 것이다.[7] 이러한 힘에 저항하고 공정한 직장을 유지하려면 지속적인 관심이 필요하다.

이 프로젝트를 시작했을 때, 나는 이미 모든 것을 깨닫고 내가 배운 것을 다른 사람과 공유한다고 생각했다. 다른 사람들, 특히 사회생활을 막 시작한 젊은 여성들을 돕기 위해 이 책을 쓴다고 생각했다. 그러나 사실 이 책을 쓰는 것은 나를 해방시키는 과정이었다. 내가 평생을 질질 끌고 다닌 부정의 족쇄를 풀어버리려면 꼭 필요한 일이었다. 그 족쇄를 던져버리면서 평생 몇 번 경험하지 못한 해방감을 느꼈다. 나 자신의 침묵에 맞서고 내 이야기를 공유하는 것의 보상은 어마어마했다. 나 자신의 공포를 없애면서 희열을 느꼈다. 내 이야기가 독자들의 공포를 없애는 데 도움이 된다면 더욱 좋겠다.

쉽지는 않지만 단순하다

극복 불가능한 문제를 맞닥뜨리면 두 가지 핵심 개념으로 돌아가자. 첫째, 동료의 존재 자체를 존중하라. 그들이 어떤 사람이어야 하는지에 대한 기대에 순응하라고 요구하지 말라. 둘째, 동료와 협업하라. 지배하거나 강요하려 하지 말라.

다시 말해, 공정하게, 일에 집중하라!

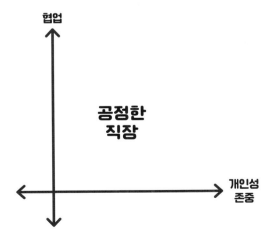

서문

1 다음의 2분짜리 영상에 '특권'의 의미가 가장 쉽게 설명되어 있다. https://twitter.
com/bbcbitesize/status/1290969898517254145?s=19. 클로디아 랭킨(Claudia
Rankine)은 *Just Us: An American Conversation* (Graywolf Press, 2020) 26쪽
에서 보통 페기 매킨토시(Peggy McIntosh)의 조어로 여겨지는 백인 특권(white
privilege)이라는 용어의 유래를 확인한다. 매킨토시 이전의 해당 용어의 사용에
대해 더 자세히 살펴보려면 다음을 참고하라. Jacob Bennett, "White Privilege:
A History of the Concept" (master's thesis, Georgia State University, 2012),
https://Scholarworks.gsu.edu/history_theses/54. P. McIntosh, *White Privilege
and Male Privilege: A Personal Account of Coming to See Correspondences
Through Work in Women's Studies* (Wellesley, MA: Wellesley College, Center
for Research on Women, 1988).

2 1인칭으로 서술된 이야기는 내게 일어난 일에 대한 설명이다. 3인칭으로 서술된 부
분은 내가 직접 목격한 일을 명확하고 효율적으로 전달하려고 재구성한 것이거나,
다른 사람이 해준 이야기다. 이름과 성을 모두 사용할 때를 제외하고, 이 책의 모든
이름은 가명이다. 이미 일어난 일에서 무엇을 배울 수 있는지, 어떻게 그 교훈을 적
용하고 더욱 공정한 직장을 만들 수 있는지에 집중하려고 본명을 사용하지 않았다.
또 미국에서 흔한 이름을 선택하여 실제 국가 또는 세계의 문화적 특성을 반영하지
않도록 했다. 특별한 이름을 선택하면 사람들이 실제 인물을 추측하면서 이야기의
핵심을 오해했기 때문이다. 러시아나 보츠와나의 이름을 사용하는 방법도 고려했지
만, 그러면 미국 독자들의 몰입을 방해할 것 같았다.

3 케이트 에이브럼슨(Kate Abramson)에 따르면, "'가스라이팅'이라는 용어는 영화
〈가스등(Gaslight)〉에서 왔다. 여기서 그레고리는 고의로 아내와 아내의 친구, 물
리적 환경을 조작하여 아내 파울라를 미치게 만든다." K. Abramson, "Turning up

the lights on gaslighting," *Philosophical Perspectives* 28 (2014): 1-30.

4 K. Manne, *Down Girl: The Logic of Misogyny* (Oxford: Oxford University Press, 2018).

5 나와 같은 상황을 맞은 적이 없다면, 아니 있다고 해도, 내 대응 방식이 이해가 가지 않을 수도 있다. 그러나 어떤 일이 일어났는지 알지 않으려 하는 것은 신뢰하는 사람에게 배반당했을 때의 흔한 심리적 반응이다. 심리학자 제니퍼 프리드(Jennifer Freyd)는 《나는 더 이상 너의 배신에 눈감지 않기로 했다(Blind to Betrayal)》에서 이 문제를 멋지게 다룬다.

6 성기 마찰(frot)은 마찰도착증(frotteurism)에서 온 말인데, 동의하지 않는 사람에게 성기를 문지르는 행위를 뜻한다. 내게 일어난 일이 일반적이지 않은 충격적 사건이라고 생각했지만, 사실은 너무 흔해서 용어로 정의되어 있을 정도였다. 프린스턴 럽(Princeton rub)이라고 부르기도 하는데, 이 경우는 보통 남성과 여성이 아닌 두 남성 사이에 일어난 사건을 말한다.

7 그 이유를 훌륭하게 분석한 문헌이 있다. Elsa Barkley Brown, "What has happened here: The politics of difference in women's history and feminist politics," *Feminist Studies* 18(2) (Summer 1992): 295-312.

8 한 사람이 하나 이상의 차원에서 정치적 위치가 미약한 경우를 교차성(intersectionality)이라고 한다. 교차성은 어떻게 한 사람의 사회적·정치적 정체성의 서로 다른 측면이 결합하여 특수한 차별의 형태를 만들어내는지 이해하는 방식이다. 이 개념은 백인 중산층 여성의 경험에 집중되어 있던 제1차 여성주의 운동의 논점을 확장하고자 했다. K. C. Williams, "Mapping the margins: Intersectionality, identity politics, and violence against women of color," *The Public Nature of Private Violence*, ed. M. A. Fineman and R. Mykitiuk (Abingdon, UK: Routledge, 1994), 93-118. 교차성에 대해 알고 싶다면, 인종과 성별(그리고 그 밖의 다양한 정체성과 억압의 축)의 상호 연결에 대한 킴벌리 크렌쇼의 TED 강연을 참고하라. https://www.ted.com/talks/kimberle_crenshaw_the_urgency_of_intersectionality?language=en.

9 작가 애니 장바티스트는 사람들이 주류 또는 비주류가 될 수 있는 12가지 측면을 개괄한다. 연령, 인종, 능력, 문화, 사회경제적 지위, 종교, 출신지, 성적 지향, 성별, 교육, 민족, 언어. *Building for Everyone* (Hoboken, NJ: Wiley, 2020).

10 "Delivering through diversity," January 2018, https://www.mckinsey.com/~/media/mckinsey/business%20functions/organization/our%20insights/

delivering%20through%20diversity/delivering-through-diversity_full-report.
ashx.

11 A. Swanson, "The industries where personal connections matter the most in getting a job," *Wasington Post*, March 20, 2015, https://www.washingtonpost. com/news/wonk/wp/2015/03/20/the-industries-where-personal-connections-matter-the-most-in-getting-a-job/.

12 D. Rock and H. Grant, "Why diverse teams are smarter," *Harvard Business Review*, November 4, 2016, https://hbr.org/2016/11/why-diverse-teams-are-smarter.

13 "Diversity wins: How inclusion matters," May 2020, https://www.mckinsey. com/featured-insights/diversity-and-inclusion/diversity-wins-how-inclusion-matters.

14 K. Holmes, Mismatch: *How Inclusion Shapes Design (Simplicity: Design, Technology, Business, Life)* (Cambridge, MA: MIT Press, 2018). 나는 저자 캣 홈스가 이 책에서 설명하는 포용적 디자인의 원칙 세 가지를 가져왔다. (1) 배제성을 인식할 것. 나에겐 쉽고 자동적인 새로운 기회가 다른 사람에게는 불가능할 수 있다. 내 특권이 남을 해치는 것을 인식해야 내려놓을 수 있다. 나는 3루에서 태어났으면서 본인이 3루타를 친 줄 아는 재수 없는 사람이 되고 싶지 않다. (2) 모든 사람에게 배울 것. 이 책이 최대한 많은 사람에게 도움이 되길 바랐기에, 광범위한 사람들의 관점을 찾아다녔다. (3) 한 사람을 위해 해결하고, 많은 사람을 위해 확장할 것. 여성 직장인인 나에게 피해를 주는 태도와 행동은 더 폭넓은 부정의와 관련이 있지만 똑같지는 않다.

15 흑인 여성이 분노를 박탈당하는 양상에 대한 심화된 분석이 궁금하다면 다음을 참고하라. *Eloquent Rage: A Black Feminist Discovers Her Superpower*, Brittney Cooper.

16 "Women in the Workplace," Lean In online report, 2020, https://womeninthe workplace.com/.

17 L. Buchanan, Q. Bui, and J. K. Patel, "Black Lives Matter may be the largest movement in U.S. history," *New York Times*, July 3, 2020, https://www. nytimes.com/interactive/2020/07/03/us/george-floyd-protests-crowd-size. html.

18 킴벌리 크렌쇼가 TED 강연에서 말했듯이, "어떤 문제에 이름이 없으면 그 문제를

볼 수 없고, 문제를 볼 수 없으면 해결할 수도 없다." https://www.ted.com/talks/
kimberle_crenshaw_the_urgency_of_intersectionality/transcript?language=en
#t-521044.

1부 생산성을 낮추는 가장 빠른 법

1 철학자 존 롤스(John Rawls)는 정의를 기본적인 공정성으로 정의했다. J. Rawls,
Justice as Fairness: A Restatement, 2nd ed. (Cambridge, MA: Belknap Press of
Harvard University Press, 2001). (국내 출간:《공정으로서의 정의》, 김주휘 옮김,
이학사, 2016)

2 선입견을 깊이 있게 탐구하는 제니퍼 에버하트의 글을 참고하라. Jennifer Eberhardt,
*Biased: Uncovering the Hidden Prejudice That Shapes What We See, Think,
and Do* (New York: Penguin Books, 2019). (국내 출간:《편견》, 공민희 옮김, 스노
우폭스북스, 2021)

3 노벨상을 받은 심리학자 대니얼 카너먼은 이를 빠른 생각(Thinking, Fast)이라고
부른다. D. Kahneman, *Thinking, Fast and Slow* (New York: Farrar, Straus and
Giroux, 2011). (국내 출간:《생각에 관한 생각》, 이창신 옮김, 김영사, 2018)

4 심리학자 고든 올포트(Gordon Allport)는 편견을 다음과 같이 설명했다. "지나치게
일반화된(그러므로 오류가 있는) 믿음과 관련된 (…) 좋아함과 싫어함의 태도이며
(…) 더 영구적인 태도의 정당화로 이어지는 신념 체계. 신념의 수용이 태도를 형성
하는 합리화 과정 중 하나다." G. W. Allport, *The Nature of Prejudice* (New York:
Doubleday, 1958). (국내 출간:《편견》, 석기용 옮김, 교양인, 2020)

5 "What's the difference between conflict and bullying?," PACER, retrieved May
31, 2020, https://www.pacer.org/bullying/resources/questions-answered/
conflict-vs-bullying.asp.

1장 역할과 책임

1 J. Freyd, P. Birrell, *Blind to Betrayal: Why We Fool Ourselves We Aren't Being
Fooled* (Hoboken, NJ: Wiley, 2013). (국내 출간:《나는 더 이상 너의 배신에 눈감지
않기로 했다》, 이순영 옮김, 책읽는 수요일, 2015)

2 M. Gomez, "Waitress discusses taking down man who groped her: 'We
deal with a lot,'" *New York Times*, July 22, 2018, https://www.nytimes.
com/2018/07/22/us/savannah-waitress-video.html.

2장 피해자를 위하여

1 C. Rankine, *Citizen: An American Lyric* (London: Penguin Books, 2015).

2 N. St. Fleur, "In the world of global gestures, the fist bump stands alone," NPR, July 19, 2014, https://www.npr.org/sections/goatsandsoda/2014/07/19/3318091 86/in-the-world-of-global-gestures-the-fist-bump-stands-alone.

3 유엔개발계획의 연구에 따르면, 성 선입견은 국제적으로 만연해 있다. 남성 91%와 여성 86%는 정치, 경제, 교육, 친밀한 관계에서의 폭력, 여성의 자율적 재생산권 등의 분야에서 성평등에 위배되는 하나 이상의 확실한 선입견을 드러냈다. Human Development Reports, retrieved May 31, 2020, http://hdr.undp.org/en/GSNI.

4 J. C. Williams and M. Multhaup, "For women and minorities to get ahead, managers must assign work fairly," *Harvard Business Review*, May 4, 2018, https://hbr.org/2018/03/for-women-and-minorities-to-get-ahead-managers-must-assign-work-fairly.

5 V. Jordan and A. Gordon-Reed, *Vernon Can Read! A Memoir* (New York: PublicAffairs, 2009).

6 R. Solnit, *Men Explain Things to Me* (Chicago: Haymarket Books, 2014).

7 Rankine, *Citizen*.

8 Always, "Always #LikeAGirl," YouTube, June 26, 2014, https://www.youtube.com/watch?v=XjJQBjWYDTs; and Disney Australia and New Zealand, "Planes clip—Disney—Head start clip," YouTube, July 30, 2013, https://www.youtube.com/watch?v=KM11r8MWYS8.

9 이런 질문을 하면 보통은 당황한 듯 "아, 네, 물론이죠"라는 대답이 돌아온다. 그러나 이런 반응이 나올 위험이 있다. "아, 하지만 여성분들이 정리를 더 잘하시니까요." 이제 당신은 선입견이 아닌 편견의 영역에 있으며, '나' 화법 대신 '중립' 화법을 써야 한다. 예를 들면, "그건 다른 분이 하셔야겠어요." (다음 부분을 읽어보자) 또는 상대가 따돌리는 말(그다음 부분을 읽어보자)을 할 수도 있다. 이 상황에서는 좀 더 지배적인 '너' 화법을 쓰자. "당신이 회의록을 쓰세요."

10 E. Crockett, "The amazing tool that women in the White House used to fight gender bias," *Vox*, September 14, 2016, https://www.vox.com/2016/9/14/12914370/White-house-obama-women-gender-bias-amplification.

11 J. Mayden(@jasonmayden), #curbsideministries(Instagram hashtag), https://www.instagram.com/explore/tags/curbsideministries/?hl=en.

12 J. Mayden(@jasonmayden), "Are you an accomplice or an ally?"(Instagram video), September 14, 2019, https://www.instagram.com/jasonmayden/tv/ B2Z9zIQHwlV/?hl=nb.

13 D. J. Travis, J. Thorpe-Moscon, and C. McCluney, "Report: Emotional tax: How black women and men pay more at work and how leaders can take action," Catalyst, October 11, 2016, https://www.catalyst.org/research/emotional-tax-how-black-women-and-men-pay-more-at-work-and-how-leaders-can-take-action/.

14 Elaine Blair, Review of *Good and Mad by Rebecca Traister and Rage Becomes Her* by Soraya Chemaly, *New York Times*, September 27, 2018, https://www.nytimes.com/2018/09/27/books/review/rebecca-traister-good-and-mad-soraya-chemaly-rage-becomes-her.html.

15 E. Saslow, *Rising Out of Hatred: The Awakening of a Former White Nationalist* (New York: Knopf Doubleday, 2018).

16 Aspen Institute, *The Legacy of Justice Scalia with Justice Ruth Bader Ginsburg*, YouTube, August 4, 2017, https://www.youtube.com/watch?v=auYG dE28KIQ.

17 L. R. Goldberg, "The structure of phenotypic personality traits," *American Psychologist* 48(1) (1993): 26-34.

18 C. A. Murray and the Institute of Economic Affairs, *The Emerging British Underclass* (London: Institute of Economic Affairs, 1990).

19 G. Barbot de Villeneuve and R. L. Lawrence, *The Story of the Beauty and the Beast: The Original Classic French Fairytale* (United Kingdom: CreateSpace Independent Publishing Platform, 2014).

20 J. Mangold et al., *Walk the Line* (film) (Beverly Hills, CA: 20th Century Fox Home Entertainment, 2006).

21 이 책을 읽지 말 것. J. B. Peterson, *12 Rules for Life: An Antidote to Chaos*. 좋은 조언도 있지만, 그 정도는 여성혐오주의에 찌들지 않은 다른 책에도 있다. "어깨를 펴고 꼿꼿이 서라"는 에이미 커디의 주장을 예로 들 수 있다. "스스로를 오늘의 타인이 아니라 어제의 자신과 비교하라"는 캐럴 드웩의 《마인드셋(Mindset)》에 있는 말이다. 파시즘과 공산주의 등 여러 전체주의 체제의 위험에 대한 분석이 궁금하다면, 앨런 불럭(Alan Bullock)의 《히틀러와 스탈린(Hitler and Stalin)》을 보라.

22 대상화에 대해 알아보려면 마사 누스바움(Martha Nussbaum)과 레이철 랭턴(Rachel Langton)을 읽어보라. 누스바움은 대상화가 나타나는 일곱 가지 일반적인 방식을 제시한다. (1) 사람을 특정인의 목적을 위한 도구로 대한다. (2) 사람을 자율성이나 권리가 없는 듯이 대한다. (3) 사람을 주체성이 없는 듯이 대한다. (4) 사람을 다른 비슷한 사람이나 도구로 교체할 수 있는 듯이 대한다. (5) 사람의 경계를 존중하지 않는다(예컨대 임신부의 배를 만지거나 다른 인종인 사람의 머리를 만진다). (6) 사람을 소유·구매·판매할 수 있는 것처럼 대한다. (7) 어떤 사람이 감정을 갖고 있지 않거나, 그 감정이 중요하지 않다는 듯 대한다. 랭턴이 세 가지를 더한다. (8) 사람이 신체 부위에 지나지 않는 것처럼 대한다. (9) 사람의 외모에만 집중한다. (10) 사람이 의견을 말할 수 없거나 말하면 안 되는 것처럼 대한다. 경영대학원에서의 내 경험은 8과 9에 해당한다. 다음을 참고하라. E. Papadak, "Feminist perspectives on objectification," in *Stanford Encyclopedia of Philosophy Archive*, ed. Edward N. Zalta, Summer 2020 ed., https://plato.stanford.edu/archives/sum2020/entries/feminism-objectification/. 추가 참고 자료. M. C. Nussbaum, "Objectification," *Philosophy & Public Affairs* 24(4) (1995): 249-91; and R. Langton, *Sexual Solipsism: Philosophical Essays on Pornography and Objectification* (Oxford: Oxford University Press, 2013).

23 TED Talk, "Your body language may shape who you are," Amy Cuddy, YouTube, October 1, 2012, https://www.youtube.com/watch?v=Ks-_Mh1QhMc. 이 강연과 관련하여 많은 논란이 일었다. K. Elsesser, "Power posing is back: Amy Cuddy successfully refutes criticism," *Forbes*, April 4, 2018, https://www.forbes.com/sites/kimelsesser/2018/04/03/power-posing-is-back-amy-cuddy-successfully-refutes-criticism/#17741a703b8e.

24 "What's the difference between conflict and bullying?," retrieved May 31, 2020, PACER, https://www.pacer.org/bullying/resources/questions-answered/conflict-vs-bullying.asp.

25 L. West, *Shrill* (New York: Hachette Books, 2017).

26 B. Brown, *Daring Greatly: How the Courage to Be Vulnerable Transforms the Way We Live, Love, Parent, and Lead* (New York: Gotham Books, 2012).

27 A. Wigglesworth, "Community organizer who trains police on bias injured by rubber bullet during protest," *Los Angeles Times*, June 6, 2020, https://www.latimes.com/california/story/2020-06-06/community-organizer-shot-byrubber-bullet-during-protest.

28 이러한 합리화에 대한 공식적인 심리학 용어가 궁금하다면 다음을 참고하라. J. M. Grohol, "15 common defense mechanisms," Psych Central, June 3, 2019, https://psychcentral.com/lib/15-common-defense-mechanisms/.

29 부정(denial).

30 구획화(compartmentalization).

31 K. Manne, *Down Girl: The Logic of Misogyny* (Oxford: Oxford University Press, 2018).

32 극소화(minimization).

33 구획화.

34 주지화(intellectualization).

35 주지화.

36 Management Leadership for Tomorrow, "Authenticity: Who You Are Is Non-Negotiable," Caroline Wanga, YouTube, April 29, 2020, https://www.youtube.com/watch?v=HAIiqOG4KBU.

37 T. Morrison, "A humanist view," May 30, 1975, https://www.mackenzian.com/wp-content/uploads/2014/07/Transcript_PortlandState_TMorrison.pdf.

38 이 현상에 대한 명확하고, 유쾌하고, 고통스러운 설명. H. Gadsby (dir.), *Nanette*, Netflix, 2018, https://www.netflix.com/title/80233611.

39 《퍼니어》의 저자 앤 리베라와의 대화에서(Evanston, IL: Northwestern University Press, forthcoming).

40 West, *Shrill*.

41 TEDx Talks, "I've lived as a man & a woman—here's what I learned, | Paula Stone Williams | TEDxMileHigh," YouTube, December 19, 2017, https://www.youtube.com/watch?v=lrYx7HaUlMY.

3장 관찰자를 위하여

1 부버의 설명은 다음과 같다. M. Buber and W. Kaufmann, *I and Thou* (New York: Charles Scribner's Sons, 1970). 내가 어떤 사람을 나의 '그대'로 생각하고 나-그대의 기본적인 대화법을 사용하면, 그는 더 이상 어떤 것들 사이의 어떤 것이 아니며 어떤 것으로 구성되어 있지도 않다. 그는 더 이상 다른 그들과 그녀들 사이의 그나 그녀가 아니며, 공간과 시간의 바둑판 위의 한 점이 아니며, 경험하고 설명할 수

있는 조건도 명명된 특징들의 느슨한 묶음도 아니다. 주변 사람들도 없이, 경계도 없이, 그는 '그대'가 되어 우주를 채운다. 그가 홀로 존재한다는 의미가 아니라, 모든 다른 것들이 그를 중심으로 존재한다는 것이다.

어떤 멜로디조차 음표나 단어나 라인이 아니라—사람은 통일성을 다양성으로 바꾸기 위해 갈기갈기 찢어야 한다—내가 너라고 부르는 인간과의 것이 된다. 나는 그에게서 우아함을 끌어낼 수 있다. 나는 이것을 또 하고, 또 해야 한다. 그러나 그 즉시, 그는 그대가 아니다.

2 "Bystander Resources," Hollaback!, retrieved June 3, 2020, https://www. ihollaback.org/bystander-resources/.

3 '도덕적 관종'이라는 용어는 철학자 브랜던 웜키(Brandon Warmke)와 저스틴 토시(Justin Tosi)가 만들었다. S. B. Kaufman, "Are you a moral grandstander?," *Scientific American*, October 28, 2019, https://blogs.scientificamerican.com/beautiful-minds/are-you-a-moral-grandstander/.

4 J. Haidt and T. Rose-Stockwell, "The dark psychology of social networks," December 2019, *Atlantic*, https://amp.theatlantic.com/amp/article/600763/.

5 B. Resnick, "Moral grandstanding is making an argument just to boost your status. It's everywhere," *Vox*, November 27, 2019, https://www.vox.com/science-and-health/2019/11/27/20983814/moral-grandstanding-psychology.

6 B. M. Tappin and R. T. McKay, "The illusion of moral superiority," *Social Psychological and Personality Science* 8(6) (2017): 623-31.

7 D. Fosha, *The Transforming Power of Affect: A Model for Accelerated Change* (New York: Basic Books, 2000).

8 T. Morris, "(Un)learning Hollywood's civil rights movement: A scholar's critique," *Journal of African American Studies* 22(4) (2018): 407-19.

9 T. Cole, "The white-savior industrial complex," *Atlantic*, January 11, 2013, https://www.theatlantic.com/international/archive/2012/03/the-White-savior-industrial-complex/254843/.

10 K. Swisher, "Yes, Uber board member David Bonderman said women talk too much at an all-hands meeting about sexism at Uber," *Vox*, June 13, 2017, https://www.vox.com/2017/6/13/15795612/uber-board-member-david-bonderman-women-talk-too-much-sexism.

11 M. Isaac, *Super Pumped: The Battle for Uber* (New York: W. W. Norton, 2019).

12 K. Schwab, "John Maeda's new design problem: Tech's utter lack of diversity," August 19, 2016, *Fast Company*, https://www.fastcompany.com/3062981/john-maedas-next-design-problem-the-tech-industrys-utter-lack-of-diversity.

4장 가해자를 위하여

1 D. Kahneman, *Thinking, Fast and Slow*.

2 당신이 남성이 많은 조직에서 일하는 남성이거나 백인이 많은 조직에서 일하는 백인이고 팀 전체가 이 책을 함께 읽고 있다면, 여러 명이 적은 수의 사람에게 이 부탁을 해서 부담스럽게 느껴질 가능성을 경계하라. 당신보다 성별 선입견을 잘 집어낼 수 있는 남자에게 부탁하거나, 당신보다 인종 선입견을 잘 알아챌 수 있는 백인에게 부탁할 수 있다. 같은 논리가 다른 종류의 선입견에도 적용된다.

3 드웩에 따르면, "당신의 성질이 돌에 새겨진 것이라고 생각하면, 즉 고정형 자세를 가지면, 끊임없이 절박하게 스스로를 증명하려 한다. 지능, 성격, 도덕적 특징 (…) 이런 기본적인 특징이 부족하다고 생각하거나 느끼는 것으로는 아무것도 해결되지 않는다." C. S. Dweck, *Mindset: The New Psychology of Success* (New York: Random House, 2006). (국내 출간: 《마인드셋》, 김준수 옮김, 스몰빅라이프, 2017)

4 M. B. Eddy, *Science and Health: With Key to the Scriptures* (Boston: Christian Science Publishing Society, for the Trustees under the will of Mary Baker G. Eddy, 1930).

5 S. Malovany-Chevallier, C. Borde, S. de Beauvoir, *The Second Sex* (New York: Knopf Doubleday, 2012).

6 D. Kahneman, *Thinking, Fast and Slow*.

7 Ibid.

8 이분법적이고 비하적인 성차별에 대해, 두 가지 중요한 문제를 생각해 보아야 한다. 첫째는 여성을 비하한다는 것이다. 둘째는 흑인 여성, 원주민 여성, 기타 유색인종 여성을 지워버린다는 것이다. "흑인 여성 역사학자는 백인 페미니스트의 주류 이론인 남성/여성 이분법의 연장선에서 젠더 문제를 분석하는 것을 대체로 지양한다." Evelyn Brooks Higginbotham, "African-American Women's History and the Metalanguage of Race," *Signs* 17(2) (Winter 1992): 251-74.

9 S. Iñiguez, *In an Ideal Business: How the Ideas of 10 Female Philosophers Bring Value into the Workplace* (Berlin: Springer Nature, 2020).

10 G. Stulp, A. P. Buunk, T. V. Pollet, D. Nettle, and S. Verhulst, "Are human mating preferences with respect to height reflected in actual pairings?," *PLoS One* 8(1) (2013).

11 T. Rose, *The End of Average: How We Succeed in a World That Values Sameness* (New York: HarperCollins, 2016). (국내 출간:《평균의 종말》, 정미나 옮김, 21세기북스, 2021)

12 K. Elsesser, "Power posing is back: Amy Cuddy successfully refutes criticism," *Forbes*, April 4, 2018, https://www.forbes.com/sites/kimelsesser/2018/04/03/power-posing-is-back-amy-cuddy-successfully-refutes-criticism/#17741a703b8e.

13 A. Flower Horne, "How 'good intent' undermines diversity and inclusion," *The Bias*, September 21, 2017, https://thebias.com/2017/09/26/how-good-intent-undermines-diversity-and-inclusion/.

14 R. Ewing, "'That's crazy': Why you might want to rethink that word in your vocabulary," *Penn Medicine News*, September 27, 2018, https://www.pennmedicine.org/news/news-blog/2018/september/that-crazy-why-you-might-want-to-rethink-that-word-in-your-vocabulary.

15 Here we are at "the Bathroom Problem" again: J. Halberstam, Female Masculinity (Durham, NC: Duke University Press, 1998).

16 L. West, *Shrill* (New York: Hachette Books, 2017).

17 B. Mulligan, "Everything I hate about Justin Caldbeck's statement," Medium, September 8, 2017, https://medium.com/@mulligan/everything-i-hate-about-justin-caldbecks-statement-11b6c9cea07e.

18 R. J. DiAngelo, *White Fragility: Why It's So Hard for White People to Talk About Racism* (Boston: Beacon Press, 2018).

5장 리더를 위하여

1 B. Walsh, S. Jamison, and C. Walsh, *The Score Takes Care of Itself: My Philosophy of Leadership* (New York: Penguin, 2009).

2 C. Steele, *Whistling Vivaldi and Other Clues to How Stereotypes Affect Us* (New York: W. W. Norton, 2010). (국내 출간:《고정관념은 세상을 어떻게 위협하는가》, 정여진 옮김, 바이북스, 2014)

3 F. Fontana, "The reasons women don't get the feedback they need," *Wall Street Journal*, October 12, 2019, https://www.wsj.com/articles/the-reasons-womendont-get-the-feedback-they-need-11570872601; and S. Correll and C. Simard, "Research: Vague feedback is holding women back," *Harvard Business Review*, April 29, 2016, https://hbr.org/2016/04/research-vague-feedback-is-holding-women-back?mod=article_inline.

4 S. Levin, "Sexual harassment training may have reverse effect, research suggests," *Guardian*, May 2, 2016, https://www.theguardian.com/us-news/2016/may/02/sexual-harassment-training-failing-women.

5 M. M. Duguid and M. C. Thomas-Hunt, "Condoning stereotyping? How awareness of stereotyping prevalence impacts expression of stereotypes," *Journal of Applied Psychology* 100(2) (2015): 343.

6 D. Kahneman, *Thinking, Fast and Slow*.

7 J. Mayden (@jasonmayden), #curbsideministries (Instagram hashtag), https://www.instagram.com/explore/tags/curbsideministries/?hl=en.

8 비올라 스폴린의 기술에 뿌리를 두고 있긴 하지만, 2020년 세컨드시티(The Second City)는 흑인·원주민·유색인종(BIPOC), 라틴계, 아시안·퍼시픽 아일랜더·중동·인도계 졸업생들의 공개 항의서 출간 이후 다른 연극 및 예술 기관 수백 곳과 함께 시스템의 인종주의 및 편견에 대해 고심했다. 세컨드시티의 리더들은 "우리는 모든 것을 해체하고 다시 시작할 준비가 되어 있다"라고 답변했고, 대규모 토론회를 열어 피드백을 수집한 후 단체의 문화를 샅샅이 점검했다. 이 글을 쓰는 지금, 세컨드시티는 조직 전체에 근본적인 변화를 일으키는 데 전념하고 있다. 시스템의 부정의가 있다면(거의 모든 곳이 그렇듯) 그 시스템 전체를 점검해야 한다. 11장에서 이 문제를 추가로 다룬다.

9 Workplace Bullying Institute, *2017 Workplace Bullying Institute U.S. Workplace Bullying Survey*, 2017, https://workplacebullying.org/multi/pdf/2017/2017-WBI-US-Survey.pdf.

10 B. Sutton, "How to survive a jerk at work," *Wall Street Journal*, August 10, 2017, https://www.wsj.com/articles/how-to-survive-a-jerk-at-work-1502373529.

11 R. O'Donnell, "How Atlassian got rid of the 'brilliant jerk': A Q&A with Bek Chee, global head of talent," HR Dive, July 24, 2019, https://www.hrdive.com/news/how-atlassian-got-rid-of-the-brilliant-jerk-a-qa-with-bek-chee-global/559168/.

12 D. Kahneman, *Thinking, Fast and Slow*.

13 R. I. Sutton, *The No Asshole Rule: Building a Civilized Workplace and Surviving One That Isn't* (New York: Grand Central Publishing, 2007).

14 S. Cooper, "Comedian Sarah Cooper on how her Trump parodies came to be," *In Style*, July 10, 2020, https://www.instyle.com/news/sarah-cooper-essay-trump-impressions.

15 A. W. Woolley, C. F. Chabris, A. Pentland, N. Hashmi, and T. W. Malone, "Evidence for a collective intelligence factor in the performance of human groups," *Science* 330 (6004) (2010): 686-88.

16 C. Duhigg, *Smarter Faster Better: The Transformative Power of Real Productivity* (New York: Random House, 2016).

17 C. Ingraham, "Rich guys are most likely to have no idea what they're talking about, study suggests," *Washington Post*, April 26, 2019, https://www.washingtonpost.com/business/2019/04/26/rich-guys-are-most-likely-have-no-idea-what-theyre-talking-about-study-finds/?arc404=true.

18 J. Jerrim, P. Parker, and N. Shure, "Bullshitters. Who are they and what do we know about their lives?," ISA Institute of Labor Economics, April 2019, https://www.iza.org/publications/dp/12282/bullshitters-who-are-they-and-what-do-we-know-about-their-lives.

19 Woolley et al., "Evidence for a collective intelligence factor," 686-88; C. Duhigg, "What Google learned from its quest to build the perfect team," *New York Times*, February 25, 2016, https://www.nytimes.com/2016/02/28/magazine/what-google-learned-from-its-quest-to-build-the-perfect-team.html; and Duhigg, *Smarter Faster Better.*

20 몇 가지 툴이 있으며, 이 책이 출간된 뒤에는 분명 새로 개발될 것이다. 현재 서비스 가능한 툴은 www.gong.io와 www.macro.io가 있다.

21 R. Umoh, "Why Jeff Bezos makes Amazon execs read 6-page memos at the start of each meeting," CNBC, April 23, 2018, https://www.cnbc.com/2018/04/23/what-jeff-bezos-learned-from-requiring-6-page-memos-at-amazon.html.

22 K. Scott, *Radical Candor: Be a Kick-Ass Boss Without Losing Your Humanity*, rev. updated ed. (New York: St. Martin's Press, 2019). (국내 출간: 《실리콘밸리의 팀장들》, 박세연 옮김, 청림출판, 2019)

2부 권력에 견제마저 없다면

1 J. Dalberg, Lord Acton, *Acton-Creighton Correspondence*, 1887, Online Library of Liberty, https://oll.libertyfund.org/titles/acton-acton-creighton-correspondence.

2 D. Keltner, D. H. Gruenfeld, and C. Anderson, "Power, approach, and inhibition," *Psychological Review* 110(2) (2003).

3 C. M. Pearson, L. M. Andersson, and C. L. Porath, "Workplace incivility," in *Counterproductive Work Behavior: Investigations of Actors and Targets*, ed. S. Fox and P. E. Spector (Washington, D.C.: American Psychological Association, 2005), 177-200.

4 D. Keltner, *The Power Paradox: How We Gain and Lose Influence* (New York: Penguin, 2016). (국내 출간: 《선한 권력의 탄생》, 장석훈 옮김, 프런티어, 2018)

5 M. Naim, *The End of Power: From Boardrooms to Battlefields and Churches to States, Why Being in Charge Isn't What It Used to Be* (New York: Basic Books, 2014). (국내 출간: 《권력의 종말》, 김병순 옮김, 책읽는수요일, 2015)

6장 리더로서 해야 할 일

1 이 책에서는 법적 정의를 자세히 다루지 않는다. 자세한 정보를 원하는 이들에게 평등고용추진위원회(Equal Employment Opportunity Commission, EEOC)의 웹사이트를 추천한다. 법률은 항상 집행되지는 않을지라도 많은 생각을 거친 것이며, 명확하다. 성에 기반한 차별의 정의는 다음과 같다. "Sex-Based Discrimination," U.S. Equal Employment Opportunity Commission, retrieved May 31, 2020, https://www.eeoc.gov/sex-based-discrimination.

2 우연히 들은 대화가 괴롭힘이 될 수 있다는 사실을 모르는 사람이 많다. 다시 말해, 두 사람이 직장에서 부적절한 농담을 하고 제3의 인물이 이것을 우연히 들었다면, 이것은 제3의 인물에 대한 괴롭힘이 될 수 있다. 괴롭힘의 법적 정의는 다음과 같다. "Harassment," U.S. Equal Employment Opportunity Commission, retrieved May 31, 2020, https://www.eeoc.gov/harassment.

3 조직적 용기는 경영진이 조직의 단점을 해결할 때 진실성을 가지겠다는 약속이라는 것을 기억하라. 용기 있는 리더들은 조직의 단기 재무 이익에 모든 것을 맞추고 싶은 유혹에 저항한다. 그 대신 그들은 조직에 의존하는, 특히 가장 취약한 구성원들을 존중하고 공정하게 대하는 것을 우선하며, 그 과정에서 조직의 장기적 성공에 투자

한다. J. J. Freyd and L. Schievelbein, "What is Institutional Courage," Center for Institutional Courage, May 5, 2020, https://www.institutionalcourage.org/.

4 J. M. Gómez and J. J. Freyd, "Institutional betrayal makes violence more toxic," *Register-Guard*, August 22, 2014, https://www.registerguard.com/article/20140822/OPINION/308229834.

5 이 책에서는 '다수'와 '소수'보다 '비주류'와 '주류'라는 용어를 쓴다. 여기서 보통은 '소수집단'이라고 하겠지만, 이 단어는 대부분의 경우 부정확하다. 예를 들면, 여성은 통계학적인 소수가 아니다. 그러나 직장에서 우리는 여성을 소수집단처럼 취급하는 경향이 있다. 그러므로 직장에서의 여성은 비주류 다수 집단이다. 백인 남성은 미국 인구의 30%이지만, 많은 직장에서 백인 남성은 절반이 넘는다. 그러므로 백인 남성은 기술 기업, 금융 기업과 다양한 산업군의 경영진에서 '주류 소수'의 위치에 있다. 학계에서는 보수주의자가 비주류다. 학술 문헌에서 일반적으로 사용되는 용어는 '소수화(minoritized)'다. I. E. Smith, "Minority vs. minoritized," *Odyssey*, October 17, 2019, https://www.theodysseyonline.com/minority-vs-minoritize. 저자 애니 장바티스트는 사람들이 주류 또는 비주류가 될 수 있는 12가지 측면을 개괄한다. 연령, 인종, 능력, 문화, 사회경제적 지위, 종교, 출신지, 성적 지향, 성별, 교육, 민족, 언어다. 내가 비주류가 된 경험은 주로 성별 문제에 집중되어 있지만, 나의 실제 경험보다 이 책의 틀을 확장시키려 노력했다.

6 B. Sutton, "Teams as a double-edged sword," Bob Sutton Work Matters, October 15, 2006, https://bobsutton.typepad.com/my_weblog/2006/10/teams_as_a_doub.html.

7 많은 사람이, 특히 나쁜 팀에서 일한 경험이 있다면, 제대로 기능하지 않는 팀은 고기능 팀보다 나쁜 결정을 내린다는 점을 지적했다. 고기능의 개인들이 형편없는 팀보다 나은 결정을 내리는 것은 사실이다. 그러나 고기능 개인이 팀의 책임자라면, 고기능 팀을 만드는 것이 그 사람의 일이다. 그러므로 저기능 팀은 팀장의 잘못이다. 이 경우의 팀장은 개인으로서 고기능의 참가자이지만 리더의 기능은 낮은 것이다. 해결책은 이 사람에게 더 이상의 권력을 주지 않는 것이다. 이 사람을 개인-참가자 역할로 돌려보내는 것이 해결책이다.

8 L. Miranda, *Hamilton: An American Musical* (New York: Atlantic Records, 2015), MP3.

9 이 부분을 반복적으로 보여주는 학술 문헌들을 환상적으로 검토한 "사회적 동질성의 선호와 만연" 부분을 읽어보자. D. H. Gruenfeld and L. Z. Tiedens, *Handbook* *of Social Psychology*, ed. S. T. Fiske, D. T. Gilbert, and G. Lindzey (Hoboken, NJ: John Wiley & Sons, 2010), 1252-87.

10 S. Beilock, "How diverse teams produce better outcomes," *Forbes*, April 4, 2019, https://www.forbes.com/sites/sianbeilock/2019/04/04/how-diversity-leads-to-better-outcomes/; D. Rock and H. Grant, "Why diverse teams are smarter," *Harvard Business Review*, November 4, 2016, https://hbr.org/2016/11/why-diverse-teams-are-smarter; and E. Larson, "New research: Diversity + inclusion = better decision making at work," *Forbes*, September 21, 2017, https://www.forbes.com/sites/eriklarson/2017/09/21/new-research-diversity-inclusion-better-decision-making-at-work/#7520fff14cbf.

11 "The state of Black women in corporate America, 2020," Lean In online report, https://leanin.org/research/state-of-black-women-in-corporate-america/section-1-representation.

12 D. Davis, "One of the only 4 Black Fortune 500 CEOs just stepped down—here are the 3 that remain," *Business Insider*, July 21, 2020, https://www.businessinsider.com/there-are-four-black-fortune-500-ceos-here-they-are-2020.

13 W. Kaufman, "How one college is closing the computer science gender gap," NPR, May 1, 2013, https://www.npr.org/sections/alltechconsidered/2013/05/01/178810710/How-One-College-Is-Closing-The-Tech-Gender-Gap.

14 거시적(기업/산업군 차원) 관점. S. L. Brown, K. M. Eisenhardt, and S. I. Brown, *Competing on the Edge: Strategy as Structured Chaos* (Cambridge, MA: Harvard Business School Press, 1998). 미시적(팀 차원) 관점. R. Sutton and H. Rao, *Scaling Up Excellence: Getting to More Without Settling for Less* (New York: Crown Business, 2014); D. Walsh, "Three ways to lead more effective teams," Insights by Stanford Business, September 13, 2018, https://www.gsb.stanford.edu/insights/three-ways-lead-more-effective-teams; A. Reynolds and D. Lewis, "The two traits of the best problem-solving teams," *Harvard Business Review*, April 2, 2018, https://hbr.org/2018/04/the-two-traits-of-the-best-problem-solving-teams; D. Walsh, "What climbing expeditions tell us about teamwork," Insights by Stanford Business, May 29, 2019, https://www.gsb.stanford.edu/insights/what-climbing-expeditions-tell-us-about-teamwork;

L. L. Thompson, *Making the Team: A Guide for Managers* (Upper Saddle River, NJ: Pearson Prentice Hall, 2004); and J. R. Hackman, *Groups That Work (and Those That Don't): Creating Conditions for Effective Teamwork* (Hoboken, NJ: Wiley, 1990).

15 M. James, "Culture fit vs. culture add: Why one term actually hurts diversity," *OV Blog*, May 9, 2018, https://openviewpartners.com/blog/culture-fit-vs-culture-add.

16 Canvas website, https://gocanvas.io/hire-better. 오픈테이블은 지원자의 특정 정보를 가려 무의식적 선입견을 제거하기 위해 '지원자 개인 정보 제거' 기능을 적용했다.

17 S. K. Johnson, D. R. Hekman, and E. T. Chan, "If there's only one woman in your candidate pool, there's statistically no chance she'll be hired," *Harvard Business Review*, April 26, 2016, https://hbr.org/2016/04/if-theres-only-one-woman-in-your-candidate-pool-theres-statistically-no-chance-shell-be-hired.

18 고위 경영진에 여성이 없으면, 여성이 CEO 커리어 트랙을 추구할 가능성은 낮다. V. Fuhrmans, "Where are all the women CEOs?," *Wall Street Journal*, February 6, 2020, https://www.wsj.com/articles/why-so-few-ceos-are-women-you-can-have-a-seat-at-the-table-and-not-be-a-player-11581003276.

19 데이터를 보면, 이것은 그녀 혼자만의 생각이 아니다. 보스턴컨설팅그룹의 연구를 보면 최고경영진에 여자가 많을수록 젊은 여성이 승진을 요구하는 경우가 많다. F. Taplett, R. Premo, M. Nekrasova, and M. Becker, "Closing the gender gap in sales leadership," Boston Consulting Group, November 21, 2019, https://www.bcg.com/publications/2019/closing-gender-gap-in-sales-leadership.aspx.

20 E. Larson, "3 best practices for high performance decision-making teams," *Forbes*, March 23, 2017, https://www.forbes.com/sites/eriklarson/2017/03/23/3-best-practices-for-high-performance-decision-making-teams.

21 S. Umoja Noble, *Algorithms of Oppression: How Search Engines Reinforce Racism* (New York: New York University Press, 2018); R. Benjamin, *Race After Technology: Abolitionist Tools for the New Jim Code* (Hoboken, NJ: Wiley, 2019); and C. O'Neil, *Weapons of Math Destruction: How Big Data Increases Inequality and Threatens Democracy* (New York: Crown, 2016).

22 C. Goldin and C. Rouse, "Orchestrating impartiality: The impact of 'blind' auditions on female musicians," *American Economic Review* 90(4) (2000):

715-41.

23 블라인드 오디션을 그만둬야 한다는 저자의 의견에 완전히 동의하지는 않지만, 생각해 볼 가치가 있다. A. Tommasini, "To make orchestras more diverse, end blind auditions," *New York Times*, July 16, 2020, https://www.nytimes.com/2020/07/16/arts/music/blind-auditions-orchestras-race.html.

24 D. Kahneman, *Thinking, Fast and Slow*, 232.

25 James, "Culture fit vs. culture add."

26 M. Lewis, *The Undoing Project: A Friendship That Changed the World* (London: Penguin Books, 2017). (국내 출간:《생각에 관한 생각 프로젝트》, 이창신 옮김, 김영사, 2018)

27 D. Speight, "Pattern recognition is the new insider trading," *Medium*, May 4, 2017, https://medium.com/village-capital/pattern-recognition-is-the-new-insider-trading-f051f49a00df.

28 D. Alba, "It'd be crazy if VC firms didn't fix their gender problem," *Wired*, May 21, 2015, https://www.wired.com/2015/05/ellen-pao-trial/.

29 B. Miller et al., *Moneyball* (flim) (Culver City, CA: Sony Pictures Home Entertainment, 2012).

30 C. Rankine, *Just Us: An American Conversation* (Minneapolis: Graywolf Press, 2020), 20.

31 Bridgewater, "How the economic machine works," https://www.bridgewater.com/research-and-insights/how-the-economic-machine-works.

32 See *Just Giving: Why Philanthropy Is Failing Democracy and How It Can Do Better* by Rob Reich and Winners Take All by Anand Giridharadas.

33 J. M. Grohol, "How do you use your limited time & brain cycles?," Psych Central, July 8, 2018, https://psychcentral.com/blog/how-do-you-use-your-limited-time-brain-cycles/.

34 막 지어낸 이야기가 아니다. 나는 실리콘밸리의 떠오르는 스타트업에서 일했고, 한 직원은 아파트에서 쫓겨나 감당할 수 있는 방이 없어서 차에서 살고 있었다. 내 남편은 세계 최고의 기술 기업에서 일하는데, 그곳의 한 직원은 회사 주차장에 트럭을 대놓고 거기서 살았다.

35 L. Stahl, "Leading by example to close the gender pay gap," *60 Minutes*, April 15, 2018, https://www.cbsnews.com/news/salesforce-ceo-marc-benioffleading-by-example-to-close-the-gender-pay-gap/.

36 P. Revoir, "John Humphrys and Jon Sopel slammed by bosses for joking about the gender pay gap," *The Sun*, January 11, 2018, https://www.thesun.co.uk/tvandshowbiz/5322720/bbc-gender-pay-gap-jokes-john-humphrys-jon-sopel/.

37 "Timeline: How the BBC gender pay story has unfolded," BBC News, June 29, 2018, https://www.bbc.com/news/entertainment-arts-42833551.

38 "BBC gender pay gap report 2019," BBC, retrieved June 9, 2020, http://downloads.bbc.co.uk/aboutthebbc/reports/reports/gender-pay-gap-2019.pdf.

39 K. Swisher, "Here I am to talk gender exclusion," pscp.tv, https://www.pscp.tv/w/1OdKrWeDwwvGX.

40 American Association of University Women, "The simple truth about the gender pay gap," Fall 2019 update, https://www.aauw.org/app/uploads/2020/02/Simple-Truth-Update-2019_v2-002.pdf.

41 National Partnership for Women and Families, "Quantifying America's gender wage gap by race/ethnicity," Fact Sheet, March 2020, https://www.nationalpartnership.org/our-work/resources/economic-justice/fair-pay/quantifying-americas-gender-wage-gap.pdf.

42 National Women's Law Center, "Wage gap costs Black women a staggering $946,120 over a 40-year career, NWLC new analysis shows," press release, August 22, 2019, https://nwlc.org/press-releases/the-wage-gap-costs-black-women-astaggering-946120-over-a-40-year-career-nwlc-new-analysis-shows/.

43 M. DiTrolio, "Today, Black Women's Equal Pay Day, illustrates just how much Black women are undervalued and underpaid," *Marie Claire*, August 13, 2020, https://www.marieclaire.com/career-advice/a33588879/black-women-equal-pay-day-statistics/.

44 Safi Bahcall, *Loonshots* (New York: St. Martin's Press, 2019), 222.

45 T. Tarr, "By the numbers: What pay inequality looks like for women in tech," *Forbes*, April 4, 2018, https://www.forbes.com/sites/tanyatarr/2018/04/04/by-the-numbers-what-pay-inequality-looks-like-for-women-in-tech/#75a3511960b1.

46 Gender Bias Learning Project, retrieved June 9, 2020, https://genderbiasbingo.com/about-us/#.XuAVg_IpDs1.

47 J. W. Wieland, "Responsibility for strategic ignorance," *Synthese* 194(11) (2017):

4477-97; A. Bailey, "Phi 363: Race, gender, and the epistemologies of ignorance," 2014, Illinois State University, https://cdn.ymaws.com/www.apaonline.org/resource/resmgr/Inclusiveness_Syllabi/epistemologiesofignorance_ba.pdf; S. Sullivan and N. Tuana, *Race and Epistemologies of Ignorance* (Albany: State University of New York Press, 2007); and L. McGoey, *The Unknowers: How Strategic Ignorance Rules the World* (London: Zed Books, 2019).

48 K. Abramson, "Turning up the lights on gaslighting," *Philosophical Perspectives* 28 (2014): 1-30.

49 주변에서 쉽게 볼 수 있는 현상으로, 근거가 되는 연구도 있다. 이사회나 최고임원진에 두 명 이상의 여성이 있으면 이점이 많다. M. Torchia, A. Calabrò, and M. Huse, "Women directors on corporate boards: From tokenism to critical mass," *Journal of Business Ethics* 102 (2011): 299-317.

50 J. Huang et al., McKinsey & Company, "Women in the Workplace 2019," October 15, 2019, https://www.mckinsey.com/featured-insights/gender-equality/women-in-the-workplace-2019.

51 A. C. Edmondson, *The Fearless Organization: Creating Psychological Safety in the Workplace for Learning, Innovation, and Growth* (Hoboken, NJ: Wiley, 2018).

52 M. Twohey and J. Kantor, *She Said: Breaking the Sexual Harassment Story That Helped Ignite a Movement* (New York: Penguin, 2019). (국내 출간: 《그녀가 말했다》, 송섬별 옮김, 책읽는수요일, 2021)

53 S. Fowler, "I wrote the Uber memo. This is how to end sexual harassment," *New York Times*, April 12, 2018, https://www.nytimes.com/2018/04/12/opinion/metoo-susan-fowler-forced-arbitration.html.

54 L. Guerin, "I'm not getting hired because I filed a lawsuit against my previous employer; is this retaliation?," Employment Law Firms, https://www.employmentlawfirms.com/resources/im-not-getting-hired-because-i-filed-a-lawsuit-against-m.

55 S. Cooney, "Microsoft won't make women settle sexual harassment cases privately anymore. Here's why that matters," *Time*, December 19, 2017, retrieved June 9, 2020, https://time.com/5071726/microsoft-sexual-harassment-forced-arbitration/.

56 D. Wakabayashi, "Uber eliminates forced arbitration for sexual misconduct claims," *New York Times*, May 15, 2018, https://www.nytimes.com/2018/05/15/ technology/uber-sex-misconduct.html; M. D. Dickey, "Google ends forced arbitration for employees," *TechCrunch*, February 21, 2019, https:// techcrunch.com/2019/02/21/google-ends-forced-arbitration-for-employees/; and K. Wagner, "Facebook followed Uber and Google and is ending forced arbitration for sexual harassment cases," *Vox*, November 9, 2018, https://www. vox.com/2018/11/9/18081520/facebook-forced-arbitration-change-sexual- harassment-uber-google.

57 Fowler, "I wrote the Uber memo."

58 D. Moyo, *Tiger by the Tail* (London: Little, Brown Book Group, forthcoming, 2021).

59 F. Brougher, "The Pinterest paradox: Cupcakes and toxicity," Digital Diplomacy, August 11, 2020, https://medium.com/@francoise_93266/the-pinterest-paradox- cupcakes-and-toxicity-57ed6bd76960.

7장 피해자와 조력자를 위하여

1 C. Cooper, "For women leaders, likability and success hardly go hand-in- hand," *Harvard Business Review*, April 30, 2013, https://hbr.org/2013/04/for- women-leaders-likability-a; P. Agarwal, "Not very likeable: Here is how bias is affecting women leaders," *Forbes*, October 23, 2018, https://www.forbes.com/ sites/pragyaagarwaleurope/2018/10/23/not-very-likeable-here-is-how-bias-is- affecting-women-leaders/#284fb888295f; and M. Cooper, "For women leaders, body language matters," Clayman Institute for Gender Research, November 15, 2010, https://gender.stanford.edu/news-publications/gender-news/women- leaders-body-language-matters.

2 O. Solon and S. Levin, "Top Silicon Valley investor resigns as allegation of sexual assault emerges," *Guardian*, July 3, 2017, https://www.theguardian. com/technology/2017/jul/03/silicn-valley-dave-mcclure-resigns-sexual-assault.

3 F. Brougher, "The Pinterest paradox: Cupcakes and toxicity," Digital Diplomacy, August 11, 2020, https://medium.com/@francoise_93266/the-pinterest-paradox- cupcakes-and-toxicity-57ed6bd76960.

4 K. Schwab, "Discrimination charges at Pinterest reveal a hidden Silicon Valley hiring problem," Fast Company, https://www.fastcompany.com/90523292/discrimination-charges-at-pinterest-reveal-a-hidden-silicon-valley-hiring-problem.

5 그렇다, 이 일은 실제로 밸런타인데이에 일어났다. 이런 일을 지어낼 수는 없다.

6 K. Manne, Twitter post, August 13, 2020, https://twitter.com/kate_manne/status/1293917612733353985.

7 Lean In circles, retrieved June 21, 2020, https://leanin.org/circles; and Meetup, "Women's Social," retrieved June 21, 2020, https://www.meetup.com/topics/women/.

8 "Computer Science at Colgate University," retrieved June 21, 2020, https://www.collegefactual.com/colleges/colgate-university/academic-life/academic-majors/computer-information-sciences/computer-science/computer-science/. 수치는 다음과 같이 변화했다. 2013년(로런이 WiCS를 창설하기 1년 전): 여성 전공자 1명, 남성 전공자 14명, 2016년(로런이 졸업하고 1년 뒤): 여성 전공자 11명, 남성 전공자 20명. 약 30%의 여성 전공자 비율 추세는 계속 이어졌다. 2017년: 여성 전공자 9명, 남성 전공자 24명. 2018년: 여성 전공자 16명, 남성 전공자 31명.

9 L. Respers France, "How Jessica Chastain got Octavia Spencer five times the pay," CNN, January 26, 2018, https://www.cnn.com/2018/01/26/entertainment/octavia-spencer-jessica-chastain-pay/index.html.

10 J. Bennett, "I'll share my salary information if you share yours," *New York Times*, January 9, 2020, https://www.nytimes.com/2020/01/09/style/women-salary-transparency.html.

11 여기에 대해서는 할 말이 많다. 다음 링크에서 트위터 타래를 모두 읽을 것을 추천한다. Twitter, https://twitter.com/mekkaokereke/status/1027552459873378304?lang=en. 아니면 구글에 들어가서 다음과 같이 검색해 보라. "mekka okereke difficulty anchor twitter."

12 C. Thompson, *Coders: The Making of a New Tribe and the Remaking of the World* (New York: Penguin, 2020).

13 3장의 전략적 방어를 기억하는가? 아래 표는 논리적으로 전략적 방어를 생각하는 방법 중 하나다.

14 American Civil Liberties Union, retrieved June 21, 2020, https://www.aclu.

org/know-your-rights/; MALDEF(Mexican American Legal Defense and Educational Fund), retrieved June 21, 2020, https://www.maldef.org/; NAACP Legal Defense and Educational Fund, retrieved June 21, 2020, https://www. naacpldf.org/about-us; National Center for Lesbian Rights, retrieved June 21, 2020, http://www.nclrights.org/forms/national-lgbt-legal-aid-forum/; National Immigration Law Center, retrieved June 21, 2020, https://www.nilc.org/; and NWLC Time's Up Legal Defense Fund, retrieved June 21, 2020, https://nwlc. org/times-up-legal-defense-fund/.

15 여러 업계의 최고 로펌이 무료 사건을 받는다. 은퇴한 변호사가 공익 사건을 맡기도 한다. '근처의 법적 지원', '무료 변호사' 등을 구글에서 검색해 보라.

16 Pennebaker, J. W. "Writing about emotional experiences as a therapeutic process." *Psychological Science* 8(3) (1997): 162-66.

17 S. Fowler, "I wrote the Uber memo. This is how to end sexual harassment," *New York Times*, April 12, 2018, https://www.nytimes.com/2018/04/12/ opinion/metoo-susan-fowler-forced-arbitration.html.

18 J. J. Freyd and L. J. Schievelbein, "The Call to Courage," Center for Institutional Courage, May 5, 2020, https://www.institutionalcourage.org/the-call-to-courage.

19 B. Brown, *Rising Strong* (New York: Spiegel & Grau, 2015). (국내 출간: 《인스타 리드 브레네 브라운의 라이징 스트롱》, 장승윤 옮김, 이마, 2016)

20 TED Talk, "The Power of Vulnerability | Brené Brown," YouTube, June 2010, https://www.ted.com/talks/brene_brown_the_power,_of_vulnerability#t-535103.

8장 최소한의 안전장치에 대하여

1 T. Willoughby, M. Good, P. J. Adachi, C. Hamza, and R. Tavernier, "Examining the link between adolescent brain development and risk taking from a social developmental perspective," repr., *Brain and Cognition* 89 (2014): 70-78.

2 S. Lacy, "The bear's lair: The untold story of gender discrimination inside UC Berkeley's IT department," *Pando*, February 23, 2018, https://pando. com/2018/02/23/bears-lair-untold-story-systemic-gender-discrimination-inside-uc-berkeleys-it-department/.

3 Girl Scouts, "Reminder: She doesn't owe anyone a hug. Not even at the holidays," retrieved June 21, 2020, https://www.girlscouts.org/en/raising-girls/happy-and-healthy/happy/what-is-consent.html.

4 내가 한 성별만 만나는 것이 잘못됐다고 열변을 토한 뒤에 한 성별만 악수를 하는 것은 괜찮다고 생각하는 것이 잘못됐다고 생각할 수 있다. 사실, 나는 여자와 악수를 하지 않을 거라면 남자와도 하지 않아야 공정하다고 생각한다. 그러나 이 경우에는 '접촉을 원하지 않는 사람과 접촉하지 않는다'는 원칙이 더 중요해 보였다. 내가 접촉을 시도한 사람이므로, 나는 그가 불편해하는 행동을 그만둬야 했다. 또, 일대일 만남을 거부하는 것은 악수를 거부하는 것보다 큰 불이익을 안긴다. 그러나 우리가 무대 위에 있었고 그가 남자와 악수를 한 뒤 나와의 악수는 거부했다면 문제가 됐을 것이다. 손등에 입술이 닿는 것만큼 역겹지는 않았겠지만 말이다.

5 J. A. Bargh, P. Raymond, J. B. Pryor, and F. Strack, "Attractiveness of the underling: An automatic power → sex association and its consequences for sexual harassment and aggression," *Journal of Personality and Social Psychology* 68(5) (1995): 768-81.

6 D. Keltner, D. H. Gruenfeld, and C. Anderson, "Power, approach, and inhibition," *Psychological Review* 110(2) (2003).

7 R. F. Baumeister and S. R. Wotman, *Breaking Hearts: The Two Sides of Unrequited Love* (New York: Guilford Press, 1994).

8 L. Loofbourow, "The myth of the male bumbler," *The Week*, November 15, 2017, https://theweek.com/articles/737056/myth-male-bumbler.

9 D. Yaffe-Bellany, "McDonald's fires C.E.O. Steve Easterbrook after relationship with employee," *New York Times*, November 3, 2019, https://www.nytimes.com/2019/11/03/business/mcdonalds-ceo-fired-steve-easterbrook.html; and H. Haddon, "McDonald's fires CEO Steve Easterbrook over relationship with employee," *Wall Street Journal*, November 4, 2019, https://www.wsj.com/articles/mcdonalds-fires-ceo-steve-easterbrook-over-relationship-with-employee-11572816660.

10 D. Enrich and R. Abrams, "McDonald's sues former C.E.O., accusing him of lying and fraud," *New York Times*, August 10, 2020, https://www.nytimes.com/2020/08/10/business/mcdonalds-ceo-steve-easterbrook.html.

11 통계의 출처: RAINN, "Scope of the problem: Statistics," https://www.rainn.org/

503

statistics/scope-problem/. RAINN cites Department of Justice, Office of Justice Programs, Bureau of Justice Statistics, "Female victims of sexual violence, 1994-2010," 2013.

12 J. J. Freyd, "Be a good listener," University of Oregon, retrieved June 21, 2020, https://dynamic.uoregon.edu/jjf/disclosure/goodlistener.html.

13 J. J. Freyd, "Complete meeting guide: How to talk about sexual harassment," Lean In, retrieved June 21, 2020, https://leanin.org/meeting-guides/how-to-talk-about-sexual-harassment.

14 여성이 성폭행을 당한 뒤 잔인하면서도 미묘하게 자신이 속한 조직의 사람들과 심지어 그 여성을 가장 사랑하는 사람들을 포함하여 주변인들에 의해 침묵하게 되는 방식이 예리하게 설명된 레이시 크로퍼드(Lacy Crawford)의 *Notes on a Silencing* 을 읽어보자.

15 M. R. Burt, "Cultural myths and supports for rape," *Journal of Personality and Social Psychology* 38(2) (1980): 217-30.

16 M. Angelou, "I did then what I knew how to do. Now that I know better, I do better," Good Reads, retrieved June 21, 2020, https://www.goodreads.com/quotes/9821-i-did-then-what-i-knew-how-to-do-now.

17 J. J. Freyd and L. J. Schievelbein, "The Call to Courage," Center for Institutional Courage, May 5, 2020, https://www.institutionalcourage.org/the-call-to-courage.

18 "MeToo Movement: The inception," Me Too, retrieved June 21, 2020, https://metoomvmt.org.

19 J. Sanders, "8 reasons NOT to call your child's genitals 'pet' names," *HuffPost*, January 9, 2017, https://www.huffpost.com/entry/8-reasons-not-to-call-your-childs-genitals-pet-names_b_58743186e4b0eb9e49bfbec3?guccounter=1.

20 MeToo, retrieved June 22, 2020, https://metoomvmt.org/resources/.

21 "The Callisto survivor's guide," retrieved June 22, 2020, Callisto, https://mycallisto.org/assets/docs/survivors-guide.pdf; and "Option B: Surviving abuse and sexual assault," Option B, retrieved June 22, 2020, https://optionb.org/category/abuse-and-sexual-assault.

22 E. Ensler, *The Apology* (New York: Bloomsbury, 2019). (국내 출간: 《아버지의 사과 편지》, 김은령 옮김, 심심, 2020)

23 검사를 받기 전에 그것이 어떤 의미인지, 어떻게 준비할지, 피해야 할 점은 무엇인지에 관하여 다음을 참고하라. "RAINN: What is a sexual assault forensic exam?," retrieved June 22, 2020, RAINN, https://www.rainn.org/articles/rape-kit.

24 Ted Talk, "#MeToo with Ashley Judd, Ronan Farrow, and Tarana Burke | Adam Grant," YouTube, April 2018, https://www.ted.com/talks/worklife_with_adam_grant_metoo_with_ashley_judd_ronan_farrow_and_tarana_burke?language=en.

25 M. Alexander, "My rapist apologized," *New York Times*, May 23, 2019, https://www.nytimes.com/2019/05/23/opinion/abortion-legislation-rape.html.

26 L. Garrison, producer, "The Harvey Weinstein case, part 1" (audio podcast), *New York Times*, January 9, 2020, https://www.nytimes.com/2020/01/09/podcasts/the-daily/harvey-weinstein-trial.html?showTranscript=1.

27 C. Miller, *Know My Name* (New York: Penguin, 2019). (국내 출간: 《디어 마이 네임》, 성원 옮김, 동녘, 2020)

28 M. Lipton, *Mean Men: The Perversion of America's Self-Made Man* (United States: Voussoir Press, 2017).

29 "Victims of sexual violence: Statistics," RAINN, retrieved June 22, 2020, https://www.rainn.org/statistics/victims-sexual-violence.

30 R. E. Morgan and B. A. Oudekerk, "Criminal victimization, 2018," U.S. Department of Justice, September 2019, https://www.bjs.gov/content/pub/pdf/cv18.pdf.

31 Ted Talk, "The Reporting System That Sexual Assault Survivors Want | Jessica Ladd," YouTube, February 2016, https://www.ted.com/talks/jessica_ladd_the_reporting_system_that_sexual_assault_survivors_want#t-124098.

32 J. J. Freyd and A. M. Smidt, "So you want to address sexual harassment and assault in your organization? *Training* is not enough; *education* is necessary," *Journal of Trauma & Dissociation* 20(5) 2019: 489-94.

33 J. J. Freyd, "What is DARVO?," University of Oregon, retrieved June 22, 2020, https://dynamic.uoregon.edu/jjf/defineDARVO.html; and T. Parker and M. Stone, directors, *It's Called DARVO* (video file), 2019, https://southpark.cc.com/clips/gfwbrf/its-called-darvo.

34 CASBS Symposium, *Betrayal and Courage in the Age of #MeToo* (video file),

2019, https://www.youtube.com/watch?v=dRxyVMzyTG0.

35 C. P. Smith and J. J. Freyd, "Institutional Betrayal Questionnaire (IBQ)" and "Institutional Betrayal and Support Questionnaire (IBSQ)," University of Oregon, retrieved June 22, 2020, https://dynamic.uoregon.edu/jjf/institutional betrayal/ibq.html#ibsq.

36 Miller, *Know My Name*.

37 J. Krakauer, *Missoula: Rape and the Justice System in a College Town* (New York: Knopf Doubleday, 2015). (국내 출간:《미줄라》, 전미영 옮김, 원더박스, 2017)

38 M. R. Burt, "Cultural myths and supports for rape," *Journal of Personality and Social Psychology* 38(2) (1980): 217-30.

39 L. Girand, "Ten competing sexual misconduct reporting 'solutions': Who benefits?," I'm With Them, 2019, https://www.imwiththem.org/perspectives/ten-competing-sexual-misconduct-reporting-solutions-who-benefits.

40 M. Twohey and J. Kantor, *She Said: Breaking the Sexual Harassment Story That Helped Ignite a Movement* (New York: Penguin, 2019).

41 S. Chira and C. Einhorn, "How tough is it to change a culture of harassment? Ask women at Ford," *New York Times*, December 19, 2017, https://www.nytimes.com/interactive/2017/12/19/us/ford-chicago-sexual-harassment.html.

42 Smith and Freyd, "Institutional Betrayal Questionnaire."

43 성범죄 예방 분야에서 일하는 좋은 컨설턴트는 많다. 내가 가장 잘 알고 훌륭하다고 생각하는 팀은 조직적용기를위한센터(Center for Institutional Courage)에 있는 프리드와 시벨베인의 '콜 투 커리지(Call to Courage)'다.

3부 오직 일에만 집중하도록!

1 T. Noah, *Born a Crime* (New York: Random House, 2016), 19.

9장 두 가지 나쁜 흐름

1 T. Morrison, *Song of Solomon* (New York: Knopf Doubleday, 2007). (국내 출간:《솔로몬의 노래》, 김선형 옮김, 문학동네, 2020)

2 S. de Beauvoir, *The Woman Destroyed* (New York: Pantheon, 1987). (국내 출간:《위기의 여자》, 손장순 옮김, 문예출판사, 1998)

3 이것은 '남성 혐오(이론적으로 여성 혐오의 반대말)'의 사례도 아니다. 러스는 남자에 대한 나의 선입견이 신체적 침해로 이어지는 미끄러운 비탈길에 서 있지 않았기 때문이다. 그러한 움직임은 이론적으로는 가능하다. 나오미 앨더먼(Naomi Alderman)의 소설 《파워(The Power)》에서 그 모습을 볼 수 있다. 물론, 남자는 현실 세계에서 다른 남자, 또 여자에 의해 강간을 당한다. 여성 교도관이 재소자에게 권력을 행사하여 성관계를 강요할 수 있는 교도소에서의 성범죄 등이 그 사례다. (C. Friedersdorf, "The understudied female sexual predator," *Atlantic*, November 28, 2016, https://www.theatlantic.com/science/archive/2016/11/the-understudied-female-sexual-predator/503492/를 참고하라.) 여자가 남자에게 성관계를 강요하면, 남자가 여자에게 성관계를 강요하는 것과 똑같이 나쁘다. 그러나 강간 피해자의 90%는 여성이다. (Department of Justice, Office of Justice Programs, Bureau of Justice Statistics, "Sexual Assault of Young Children as Reported to Law Enforcement," 2000, https://www.rainn.org/statistics/victims-sexual-violence를 참고하라.) 여자가 강간을 당하면, 이것은 개인적인 트라우마인 동시에 집단적인 트라우마가 된다. 수없이 반복해서 일어나는 힘의 작용의 일부인 것이다. 강간과 가정폭력은 대부분의 남자가 세상을 살아가는 방식을 알려주는 힘의 작용의 일부가 아닌데, 여성에게만큼 자주 일어나는 일이 아니기 때문이다.

4 K. Manne, *Down Girl: The Logic of Misogyny* (Oxford: Oxford University Press, 2018).

5 M. Fleming, "'Beautiful Girls' scribe Scott Rosenberg on a complicated legacy with Harvey Weinstein," *Deadline*, October 16, 2017, https://deadline.com/2017/10/scott-rosenberg-harvey-weinstein-miramax-beautiful-girls-guilt-over-sexual-assault-allegations-1202189525/.

6 D. Leonhardt, "The conspiracy of inaction on sexual abuse and harassment," *New York Times*, November 5, 2017, https://www.nytimes.com/2017/11/05/opinion/sexual-harassment-weinstein-horace-mann.html.

7 Ibid.

8 I. X. Kendi, *How to Be an Antiracist* (New York: Random House, 2019). (국내 출간:《안티레이시즘》, 이종인 옮김, 비잉, 2022)

9 Ibid.

10 L. King, "Black history as antiracist and non-racist," in *But I Don't See Color* (Rotterdam: SensePublishers, 2016), 63-79; J. Olsson, "Detour spotting for white antiracists," 1997, Racial Equity Tools, https://www.racialequitytools.org/resourcefiles/olson.pdf; and G. Hodson, "Being antiracist, not non-racist," *Psychology Today*, January 20, 2016, https://www.psychologytoday.com/us/blog/without-prejudice/201601/being-anti-racist-not-non-racist.

11 Ted Talk, "The urgency of intersectionality | Kimberlé Crenshaw," TEDWomen 2016, https://www.ted.com/talks/kimberle_crenshaw_the_urgency_of_intersectionality?language=en.

10장 세 가지 부정의 시스템

1 K. Swisher, "Hitting the glass ceiling, suddenly, at Pinterest," *New York Times*, August 14, 2020, https://www.nytimes.com/2020/08/14/opinion/pinterest-discrimination-women.html.

2 B. Brown, "Brené on shame and accountability," Unlocking Us podcast, https://brenebrown.com/podcast/brene-on-shame-and-accountability/.

3 L. J. Schievelbein, "The relationship of shame-proneness to depression, selfcompassion, an childhood maltreatment in a residential treatment population" (PhD diss., PGSP-Stanford PsyD Consortium, 2017, ProQuest Dissertations Publishing, publication no. 102'46945); and J. P. Tangney and R. L. Dearing, *Shame and Guilt* (New York: Guilford Press, 2002).

4 Brown, "Brené on shame and accountability."

5 B. Stevenson, *Just Mercy: A Story of Justice and Redemption* (New York: Spiegel & Grau, 2014), 290. (국내 출간: 《월터가 나에게 가르쳐 준 것》, 고기탁 옮김, 열린책들, 2016)

6 C. Rogers and R. E. Farson, *Active Listening* (Chicago: Industrial Relations Center, University of Chicago, 1957).

7 S. Foss and C. Griffin, "Beyond persuasion: A proposal for an invitational rhetoric," *Communication Monographs* 62(1) (1995): 2-18, https://doi.org/10.1080/03637759509376345.

8 Ibid., 179.

9 스티븐 더브너(Stephen Dubner)의 팟캐스트에 방송된 인터뷰. https://freakonomics.com/podcast/konnikova-biggest-bluff/.

10 E. Saslow, *Rising Out of Hatred: The Awakening of a Former White National-*

ist (New York: Knopf Doubleday, 2018).

11 NCORE Webinar Series, "Woke Olympics: Navigating a Culture of Social Justice Arrogance in the Context of Higher Education," YouTube, September 26, 2019, https://www.youtube.com/watch?v=0B_qPHYJsDY.

12 영상 자료, Ibid.

13 Brown, "Brené on shame and accountability."

14 G. W. Allport, *The Nature of Prejudice*, 25th anniversary ed. (New York: Doubleday, 1958), 26.

15 M. W. Hughey, "The (dis)similarities of White racial identities: The conceptual framework of 'hegemonic Whiteness,'" *Ethnic and Racial Studies* 33(8) (2010): 1289-309.

16 Allport, *The Nature of Prejudice*, 57.

11장 공정한 직장

1 M. L. King, Jr., *Letter from Birmingham Jail* (San Francisco: Harper San Francisco, 1994).

2 A. Patil, "How a march for Black trans lives became a huge event," *New York Times*, June 15, 2020, https://www.nytimes.com/2020/06/15/nyregion/brooklyn-Black-trans-parade.html.

3 T. K. Smith, Wellesley's 140th Commencement Address, June 1, 2018, https://www.wellesley.edu/events/commencement/archives/2018/commencement address.

4 모두에게 공정한 것도 아니었고, 그 정의가 영원하지도 않았다. 그러나 짧고 빛나는 순간 나는 공정한 직장의 가능성을 엿보았고, 그 가능성을 공유하는 것도 의미가 있다고 생각했다.

5 이것이 어떻게 가능했으며, 어떤 이유로 가능하지 않게 되었는지에 대해서는 할 말이 더 있다. 리더들이 공정한 업무 환경을 만들기 위해 할 수 있는 일에 대해서는 6장에서 구체적으로 언급했다. 나는 두 가지 때문에 이 시스템의 효과가 사라졌다고 생각한다. 첫째는 주식 배분 구조였다. 주식이 평등하지 않은 방식으로 배분되었다는 사실이 밝혀졌다. 디스 컴퍼니의 주식은 예상보다 훨씬 가치가 높아졌다. 이 보상 체계 때문에 사람들은 협업보다는 자신의 보상을 최대화하는 데 집중했다. 게다가 일부 임원들은 큰 보상을 받으며 타락했고, 다른 사람들을 학대할 자격이 있는 것

처럼 굴기 시작했다. 둘째는 이 회사가 강요를 방지하는 데 최적화되었으나 무의식적 차별을 선제적으로 막지는 못했다는 것이다.

6 엔지니어인 독자들을 위한 해명. 여기서 '강요'는 사전적 의미다. 협박 또는 무력을 사용하여 상대방에게 비자발적인 방식으로 행동을 강제하는 것. 강요는 협박의 효과를 강화하기 위해 신체적 고통/부상 또는 심리적 피해를 일으키는 행위를 동반할 수 있다. C/C++ 또는 기타 프로그래밍 언어에서 변수의 형 해석을 변환하는 테크닉을 의미하는 '형변환(coercion)'과 다르다. 예를 들어, 컴파일러는 문자를 정수로 취급한다. 컴파일러가 당신이 원하는 대로 움직이게 형변환하는 것은 괜찮지만, 다른 사람에게 강요하는 것은 괜찮지 않다.

7 D. H. Gruenfeld and L. Z. Tiedens, "Organizational preferences and their consequences," in *Handbook of Social Psychology*, ed. S. T. Fiske, D. T. Gilbert, and G. Lindzey (Hoboken, NJ: John Wiley & Sons, 2010), 1252-87.

일단 공정할 것
실리콘밸리의 MZ들

1판 1쇄 인쇄 2023년 1월 31일
1판 1쇄 발행 2023년 2월 7일

지은이 킴 스콧
옮긴이 석혜미
펴낸이 고병욱

기획편집실장 윤현주 **책임편집** 장지연 **기획편집** 유나경 조은서
마케팅 이일권 김도연 김재욱 오정민 복다은
디자인 공희 진미나 백은주 **외서기획** 김혜은
제작 김기창 **관리** 주동은 **총무** 노재경 송민진

펴낸곳 청림출판(주)
등록 제1989-000026호.

본사 06048 서울시 강남구 도산대로 38길 11 청림출판(주) (논현동 63)
제2사옥 10881 경기도 파주시 회동길 173 청림아트스페이스 (문발동 518-6)
전화 02-546-4341 **팩스** 02-546-8053
홈페이지 www.chungrim.com
이메일 crl@chungrim.com
블로그 blog.naver.com/chungrimpub
페이스북 www.facebook.com/chungrimpub

ISBN 978-89-352-1404-4 (03320)